WALTER TORMIN
DIE WEIMARER REPUBLIK

EDITION ZEITGESCHEHEN

Edition Zeitgeschehen

DIE WEIMARER REPUBLIK

HERAUSGEGEBEN VON WALTER TORMIN

MIT BEITRÄGEN VON
F. A. KRUMMACHER
WALTER TORMIN
RICHARD FREYH
ANDREAS HILLGRUBER

Fackel
träger

23. Auflage
unveränderter Nachdruck der 13. Auflage 1977
© 1973 Fackelträger-Verlag GmbH, Hannover
Alle Rechte vorbehalten
Nachdruck — auch auszugsweise — nur mit Genehmigung des Verlages
Gesamtherstellung: J. D. Küster Nachf. + Presse-Druck GmbH KG, 4800 Bielefeld
Printed in W.-Germany 1983
ISBN 3-7716-2092-8 · ISSN 0070-9050

Dr. Walter Tormin, Hamburg, geboren 1923; nach Studium (Geschichte, Latein und Pädagogik) von 1950 - 1961 Lehrer; seit 1963 Geschäftsführer des Kuratoriums für staatsbürgerliche Bildung, nach dessen Umwandlung in die Landeszentrale für politische Bildung von 1974 – 1976 deren Leiter. Abgeordneter der Hamburger Bürgerschaft von 1966 – 1976. Seit 1976 Senatsdirektor und Leiter des Amtes für Berufs- und Weiterbildung. Veröffentlichungen über die Rätebewegung 1918/19 und über die Geschichte der deutschen Parteien.

Inhalt

Richard Freyh

Stärke und Schwäche der Weimarer Republik

Andreas Hillgruber

Die Auflösung der Weimarer Republik

Aus dem Vorwort zur 1. Auflage

Das Erscheinen eines neuen Werkes über die Weimarer Republik bedarf der Begründung, zumal wenn dieses Buch keine völlig neuen Forschungsergebnisse oder bisher unbekannten Quellen vorlegen, sondern die Ergebnisse der Forschung zusammenfassen, übersichtlich darstellen und die Quellen leichter zugänglich machen will. In den letzten Jahren ist über die Geschichtsperiode seit dem ersten Weltkrieg, heute als »Zeitgeschichte« bezeichnet, eine so große Zahl von Büchern und Aufsätzen erschienen, daß es dem Fachhistoriker schon schwerfällt, die einschlägige Literatur vollständig zu übersehen. Die Bemühungen um die »Bewältigung der Vergangenheit« – ein unglücklicher Ausdruck für eine wichtige Sache – haben reiche Früchte getragen, so daß wir vielfach über die Zeitgeschichte besser unterrichtet sind, obwohl ein Teil der Quellen noch nicht zugänglich ist und obwohl die wissenschaftliche Arbeit erst vor verhältnismäßig kurzer Zeit begonnen hat, als über ältere Geschichtsperioden, für die alle Quellen offenliegen. Niemand kann heute behaupten, daß man Zeitgeschichte nicht lehren könne, etwa in der Schule, weil es noch nicht genügend wissenschaftlich gesicherte Ergebnisse gäbe oder weil noch keine zuverlässigen Unterlagen zur Verfügung ständen. Es gibt gute Quellensammlungen, zahlreiche Darstellungen orientieren über größere Zusammenhänge wie über spezielle Fragen, und auch an Büchern und Broschüren, die weniger der Forschung dienen, sondern die die Forschungsergebnisse verbreiten und den zeitgeschichtlich interessierten Leser in mehr oder weniger knapper Form mit ihnen bekannt machen wollen, fehlt es nicht.

Trotzdem haben die »Hefte zum Zeitgeschehen«, als sie 1960 zu erscheinen begannen, eine außerordentlich gute Aufnahme gefunden. Die Tatsache, daß sie sich inzwischen einen Platz in der zeitgeschichtlichen Literatur geschaffen haben, dürfte durch die besondere Form der Darstellung begründet sein, die in den Heften versucht wurde und die offenbar einem Bedürfnis entsprach. Diese besondere Form rechtfertigt auch die hier vorgelegte Zusammenfassung der Hefte in einer Buchausgabe. Im Gegensatz zu dem bisher in den meisten Geschichtswerken üblichen Verfahren, Quellen und Darstellung zu trennen und, soweit überhaupt Quellen gebracht werden, diese entweder im Anhang oder in einem besonderen Quellenband oder -heft abzudrucken und nur gelegentlich das eine oder andere Dokument im Text selbst ausführlicher zu zitieren, verbinden die »Hefte zum Zeitgeschehen« Darstellung und Dokument auf das engste miteinander. Sie wollen, soweit irgend möglich, die Geschichte aus ihren Quellen selber sprechen lassen, wobei jedoch keine bloße Quellensammlung entstehen soll, in der die einzelnen Dokumente unverbunden nebeneinander stehen, sondern eine fortlaufende Geschichtserzählung. Darstellender Text muß also hinzutreten, um die Quellen zum Sprechen zu bringen, ihre Entstehung und Bedeutung zu erläutern und um ihnen folgend den Ablauf des Geschehens zu schildern.

Damit hoffen Verfasser und Herausgeber ein Werk vorlegen zu können, das eine zuverlässige und bei aller Knappheit dennoch genügend gründliche Orientierung über einen wichtigen Abschnitt der deutschen Geschichte ermöglicht.

Hamburg, im August 1962   *Dr. Walter Tormin*

Vorwort zur Neuauflage 1977

Nachdem die »Weimarer Republik« bereits 1968 erheblich überarbeitet wurde, um neue Ergebnisse der Forschung und inzwischen erschienene Literatur zu berücksichtigen, hielten sich Autoren, Verlag und Herausgeber nach fast zehn Jahren erneut für verpflichtet, eine Überarbeitung vorzunehmen. Wiederum sind der Text und der Anhang aufgrund inzwischen veröffentlichter Quellen und anhand des gegenwärtigen Standes der wissenschaftlichen Forschung kritisch durchgesehen und, wo es notwendig war, ergänzt und korrigiert worden.

Entsprechend dem Stand der Forschung von 1962 (und noch von 1968) konzentrierte sich die Darstellung bisher auf die politische Geschichte, während die Wirtschafts- und Sozialgeschichte in den Hintergrund trat. Die Forschung hat gerade in den letzten Jahren in diesem Bereich erheblich aufgeholt. Der Umfang des Buches sollte jedoch nicht vergrößert und die Stofffülle nicht allzusehr vermehrt werden. Um trotzdem wenigstens in großen Zügen über die wirtschaftliche und soziale Entwicklung zu informieren, wurden eine Einleitung vorangestellt und der Statistische Anhang um weitere Tabellen ergänzt. Dagegen war es nicht möglich, auch das reiche kulturelle Leben der Weimarer Republik in die Darstellung einzubeziehen, weil das fast einen eigenen Band erfordern würde.

Literaturverzeichnis und Register wurden durchgesehen und ergänzt. Im übrigen erfuhren die bewährte Anlage und der Aufbau des Werkes keine Veränderung.

Hamburg, im April 1977   *Dr. Walter Tormin*

Walter Tormin

Einleitung: Grundzüge der wirtschaftlichen und sozialen Entwicklung

Die Zeit der Weimarer Republik wird oft als eine „Zwischenperiode" bezeichnet. Politisch stand sie zwischen dem Kaiserreich und der Herrschaft des Nationalsozialismus, sozialgeschichtlich zwischen der Epoche des stürmischen industriellen Wachstums und der voll entwickelten Industriegesellschaft. Genauer vielleicht wird sie als eine Periode gekennzeichnet, in der die Veränderungen der Wirtschaftsweise und der äußeren Lebensformen, die als „industrielle Revolution" bezeichnet werden, noch keinen adäquaten Ausdruck in der Struktur der Gesellschaft und im Denken der Menschen gefunden hatten. Einige Tatsachen und Zahlen sollen den Umfang der Veränderungen andeuten.

In Deutschland vollzog sich von etwa 1870 bis zum Ersten Weltkrieg die Industrialisierung, zwar später als in einigen Staaten Westeuropas, aber umso schneller und gründlicher. Die Industrieproduktion stieg von 1870 (Index 18) bis 1913 (Index 100) auf mehr als das Vierfache[1]), das Netto-Inlandprodukt je Einwohner von 1850 bis 1913 auf das 2,7fache. Noch deutlicher wird das Wachstum der Industrie beim Vergleich der Beschäftigtenzahlen und der Wertschöpfung mit dem bisher führenden Wirtschaftsbereich, der Landwirtschaft. Die Tabelle 7 im Statistischen Anhang zeigt, daß der Anteil des produzierenden Gewerbes (sogenannter sekundärer Sektor) an der Gesamtzahl der Beschäftigten von 1850 bis 1913 um 13 Prozent, der Anteil am Netto-Inlandprodukt sogar um 23 Prozent stieg, d.h. die Produktivität nahm noch erheblich mehr zu als die Zahl der Beschäftigten. Diese Zahl ging in der Landwirtschaft (primärer Sektor) gleichzeitig um 20 Prozent und der Anteil der Wertschöpfung um 22 Prozent zurück. Deutschland wurde in wenigen Jahrzehnten aus einem Agrarstaat zu einem der führenden Industriestaaten der Erde.

Grundlage des industriellen Wachstums waren die Eisen- und Stahlindustrie und der Bergbau, nach etwa 1900 auch die chemische und die Elektroindustrie. Begleitet wurde die Industrialisierung von einer starken Konzentrationsbewegung. Großbetriebe, Kartelle und Trusts bestimmten die Entwicklung, so daß sich keine breite Schicht von Mittel- und Kleinbetrieben bilden konnte[2]). Andererseits verschwand das Handwerk nicht, sondern hielt insgesamt etwa seinen Anteil an der Produktion und an der Beschäftigtenzahl, allerdings unter erheblichen Umstellungen, insbesondere von der

Produktion zu einem stärkeren Anteil des Handels und der Dienstleistungen (z. B. Reparaturen).

Noch stärker als die Sachgüterproduktion wuchsen der Verkehr und die Kommunikation jeder Art und bildeten ihrerseits die Voraussetzung für das Wachstum der Industrie. Mit den neuen technischen Errungenschaften (Eisenbahn, Dampfschiff, Telegraf, später Telefon, Automobil) konnten Personen in Leistungsbeziehungen zueinander treten, die vorher nie füreinander erreichbar waren. Von 1852 bis 1913 wuchsen die Verkehrsleistungen im Durchschnitt jährlich um 6,6 Prozent. Während der Anteil des Verkehrs am Sozialprodukt 1850 noch unter 1 Prozent lag, stieg er bis 1913 auf 6,4 Prozent und damit um das Achtfache[3]).

Deutschland wurde ein wichtiger Partner des blühenden Welthandelssystems mit einem Anteil von (1913) 12,1 Prozent[4]). Die *Wachstumsmaschine freier Welthandel*[5]) beruhte auf der Arbeitsteilung zwischen den Industriestaaten West- und Mitteleuropas und den Rohstofflieferanten der übrigen Welt oder, anders ausgedrückt, auf der Ausbeutung der Kolonien und halbkolonialer Gebiete.

Dieses System brach im Ersten Weltkrieg zusammen und erholte sich nie mehr. Während bis 1914 die wirtschaftliche Entwicklung in Deutschland und in den übrigen Industriestaaten trotz Konjunkturschwankungen insgesamt durch stetiges Wachstum gekennzeichnet war, begann jetzt eine uneinheitliche Entwicklung mit starken Rückschlägen und politischen Interventionen. Zwar erholte sich die deutsche Industrie nach dem Kriege verhältnismäßig gut und steigerte sogar in der Mitte der 20er Jahre die Produktivität beträchtlich, insbesondere durch intensive Rationalisierung[6]), der Anteil am (geschrumpften) Welthandel erreichte erst 1928 wieder 9,3 Prozent. Die Konzentrationsprozesse setzten sich fort, durch ein Kartellgesetz (1923) kaum behindert. Die Gründung des Chemie-Giganten I.G. Farben (1925) und der Vereinigten Stahlwerke (1926), die 47 Prozent der deutschen Stahlerzeugung zusammenfaßten, waren die spektakulärsten, aber keineswegs die einzigen Zusammenschlüsse. Nachdem schon vor dem Ersten Weltkrieg der Staat in der Wirtschaft durch Staatsbesitz (z. B. Kohlengruben, seit 1879 die wichtigsten Eisenbahnen in Preußen) und durch die frühzeitig einsetzende Sozialgesetzgebung (Krankenversicherung 1883, Unfallversicherung 1884, Invaliditäts- und Altersversicherung 1890) größeren Einfluß besessen hatte als in den meisten anderen Industriestaaten, nahm der Staatseinfluß während der Weimarer Republik weiter zu: Anteil der Staatsausgaben am Sozialprodukt 1913 = 15 Prozent, 1925 - 28 = 25 Prozent[7]). Zeitgenössische Wissenschaftler entdeckten das „Gesetz der wachsenden Staatstätigkeit". Besonders das Verkehrswesen, die Versorgungsbetriebe, der Wohnungsbau und zum Teil die Banken befanden sich in staatlicher oder kommunaler Hand. Schließlich wurde in der Weltwirtschaftskrise die Rolle des Staates grundsätzlich neu bestimmt. Von jetzt an galt – sehr im Gegensatz zur Auffassung des 19. und des beginnenden 20. Jahrhunderts – die Gestaltung des Wirtschaftsablaufs als wichtige Aufgabe staatlichen Handelns, insbesondere zur Sicherung der Vollbeschäftigung.

Das Wachstum der Industrie wurde begleitet und ermöglicht durch die Zunahme der Bevölkerung. Sie wuchs in Deutschland von 25 Mill.(1816) über 35 Mill.(1849) und 56

Mill.(1900) auf 66 Mill.(1933)[8]). Die Einwohnerzahl je qkm betrug 1816 46 und wuchs über 104 (1900) auf 140 (1933). Während die Zahl der Geburten zurückging, von 34,5 pro 1000 Einwohner (1871) auf weniger als die Hälfte, nämlich 14,7 (1933), stieg die Lebenserwartung von 35,6 auf 60 Jahre, insbesondere auch wegen des Rückgangs der Säuglingssterblichkeit.

Nachdem 1871 noch 64 Prozent aller Einwohner Deutschlands in Gemeinden mit unter 2000 Einwohnern, also in Dörfern, gewohnt hatten und nur 4,8 Prozent in Großstädten (mit über 100 000 Einwohnern), lebten 1933 nur noch 33 Prozent in Dörfern und 30,4 Prozent in Großstädten. 1871 gab es im heutigen Bundesgebiet 4 Großstädte mit zusammen ca. 1 Mill. Einwohnern, 1925 31 Großstädte mit 11,1 Mill. Einwohnern[9]). Das – allerdings nachlassende und am Ende des hier betrachteten Zeitraums schon zum Stillstand gekommene – Wachstum der Bevölkerung, ihre Konzentration in den Städten und die Erhöhung des Durchschnittsalters wurden begleitet von weiteren Erscheinungen sozialen Wandels: Größere Mobilität, Auflösung der festen sozialen Bezugssysteme (Stand, Nachbarschaft, Kirche), in die man hineingeboren wurde, Übergang von der Großfamilie mit mehr als zwei Generationen zur Kleinfamilie und Erhöhung der Erwerbsquote (Anteil der erwerbstätigen Personen), insbesondere durch Ausdehnung der Frauenarbeit.

Die Aufteilung der Erwerbstätigen auf die drei großen Bereiche Landwirtschaft – Industrie und Gewerbe – Dienstleistungen ist in der Tabelle 7 im Statistischen Anhang dargestellt. Charakteristisch für die Entwicklung einer Industriegesellschaft ist, daß neben dem kontinuierlichen Rückgang des primären Sektors zunächst der sekundäre Sektor rasch wächst, um dann auf hohem Niveau annähernd zu verharren, während das Wachstum des tertiären Sektors (jedenfalls bei den Beschäftigtenzahlen) später beginnt, die Zuwachsraten dann aber die des sekundären Sektors ein- und überholen. Parallel dazu ist die Entwicklung der Erwerbstätigen nach ihrer Stellung im Beruf zu sehen. Der Anteil der Selbständigen ging von 28 Prozent (1882, frühester Nachweis) über 19,6 Prozent (1907) auf 16,4 Prozent (1933) zurück, der Anteil der Beamten und Angestellten stieg in der gleichen Zeit von 6,1 Prozent über 10,3 Prozent auf 17,1 Prozent, während der Anteil der Arbeiter von 55,8 über 54,9 auf 50,1 Prozent leicht zurückging[10]).

Die groben Kategorien der drei Sektoren müssen durch weitere Hinweise ergänzt werden, um ein deutliches Bild zu ergeben[11]). Der „alte" Mittelstand der Selbständigen in Handwerk und Landwirtschaft verlor an Zahl und wirtschaftlicher Kraft, ohne jedoch völlig zu verschwinden. Mit dem „neuen" Mittelstand der Angestellten (und Beamten) entstand eine Gruppe, die kein Eigentum an Produktionsmitteln besaß und wie die Arbeiter vom Ertrag unselbständiger Arbeit lebte, sich von diesen aber durch ihre Schreibtischtätigkeit, durch bessere Schulbildung und im Schnitt höheres Einkommen, vor allem aber durch ihr Bewußtsein unterschied.

Die größte Gruppe, die Arbeiter, lebte anfangs unter außerordentlich schlechten sozialen Bedingungen, vielfach am Rande des Existenzminimums. Die „soziale Frage", von manchen Zeitgenossen als das entscheidende Problem der Epoche erkannt, wurde trotz allmählicher Verbesserung der sozialen Lage im Gefolge des wirtschaftlichen

Aufschwungs und des Erstarkens der Gewerkschaften vor dem Ersten Weltkrieg nicht gelöst. Nachdem in der Weimarer Republik durch die Anerkennung der Gewerkschaften als die berufenen Vertreter der Arbeiterschaft (1918) und die damit verbundene Durchsetzung des kollektiven Tarifvertrags, durch die Einrichtung der Betriebsräte (1920) und durch die Arbeitslosenversicherung (1927) merkliche Verbesserungen erreicht waren, brach in der Weltwirtschaftskrise das System sozialer Sicherungen wieder weitgehend zusammen. Wieder waren die Arbeiter (und die unteren Gruppen der Angestellten) am stärksten betroffen, insbesondere von der Arbeitslosigkeit.

Bei den „bürgerlichen" Schichten war die wichtigste Entwicklung die Trennung von Eigentum und Verfügungsmacht an Produktionsmitteln, ablesbar u.a. an der zunehmenden Bedeutung der Kapitalgesellschaften, die an die Stelle der Familienbetriebe traten (z.B. in der „Gründerzeit" Anfang der 70er Jahre des 19. Jahrhunderts) und nicht mehr vom Eigentümer, sondern von Angestellten geleitet wurden. Im Zusammenhang mit der erwähnten Konzentrationsbewegung bildete sich in Deutschland, anders als in Frankreich und Großbritannien, keine breite, auf eigenes Eigentum gestützte Bourgeoisie. Dagegen beteiligte sich die bisher herrschende Schicht, der Adel, der seine soziale Basis bisher im Großgrundbesitz, in Militär und Verwaltung hatte, jetzt auch an der Industrialisierung, die im halbfeudalen System des Kaiserreiches erfolgte. Soweit der Adel die Industrie nicht selber beherrschte, gelang es ihm, das industrielle Bürgertum in die bestehenden Machtverhältnisse zu integrieren und ihm seine Lebensformen und politischen Vorstellungen zu oktroyieren, „eine grandiose Leistung, unabhängig von ihrer Bewertung"[12]). So entstand eine „industrielle Feudalgesellschaft", eigentlich ein Widerspruch in sich.

Das Ende des Kaiserreiches und die Errichtung der Republik brachten keine neuen gesellschaftlichen Strukturen und keine neue führende Schicht hervor, sondern nur größere Instabilität. Wenige Angehörige besheriger Unterschichten stiegen – mühsam genug – in Führungspositionen auf, die soziale Zusammensetzung der Parlamentsfraktionen verschob sich zugunsten bisher Unterprivilegierter [13]), im ganzen aber galt der Buchtitel von Theodor Plivier „Der Kaiser ging, die Generäle blieben."

Der wichtigste Versuch, die Gesellschaft der Weimarer Republik zu beschreiben, war Theodor Geigers 1932 erschienene Untersuchung „Die soziale Schichtung des deutschen Volkes". Geiger unterscheidet, gestützt auf die Berufszählung von 1925, nach Einkommenshöhe, Verhältnis zu den Produktionsmitteln und Mentalität folgende fünf Schichten [14]):

Schichtbezeichnung	Anteil (v. H.)	zugehörige Gruppen	Mentalität
Kapitalisten	0,92	Großunternehmer, Großgrundbesitzer, Großrentner	Von der »Krise des kapitalistischen Denkens« erfaßt

Schichtbezeichnung	Anteil (v. H.)	zugehörige Gruppen	Mentalität
Alter Mittelstand	17,77	mittlere und kleine Selbständige in Handel, Handwerk und Landwirtschaft	im Verteidigungszustand, um ihr Prestige und ihre wirtschaftliche Situation zu sichern
Neuer Mittelstand	17,95	Beamte und Angestellte (vor allem mittlere und untere)	ideologische Unsicherheit, uneinheitliche Mentalität
Proletaroide	12,65	»abgeglittener alter Mittelstand«, »Tagewerker für eigene Rechnung«	uneinheitliche Mentalität, »Nationalsozialisten, Stahlhelm, Zentrum und Kommunisten teilen sich in diese Masse . . .«
Proletariat	50,71	Arbeiter in Industrie und Landwirtschaft	gemilderte Marxistische Mentalität; bei »Jungarbeitern« deuten sich Veränderungen der Mentalität an.

Es fällt auf, daß in der Spalte „Mentalität" im wesentlichen Unsicherheit vermerkt wird. Die Gesellschaft der Weimarer Republik hatte keine neuen Maßstäbe entwickelt, sondern den aus der Vorkriegszeit übernommenen Widerspruch zwischen Feudalismus und Industriesystem immer noch nicht überwunden.

Beim – oft vergeblichen – Versuch, wirtschaftliche Position und Sozialprestige zu behaupten, verband sich der alte mit dem neuen Mittelstand der Angestellten, die sich gegen das Absinken in das Proletariat wehrten, bei der Suche nach einem radikal-mittelständischen „dritten" Weg zwischen Kapitalismus und Sozialismus. In der Arbeiterschaft, insgesamt die stärkste und zuverlässigste Stütze der Weimarer Demokratie, gab es aber auch Gruppen, die sich nicht mit der „kapitalistischen" Republik abfanden, sondern sie durch einen wie auch immer vorgestellten „sozialistischen" Staat ersetzen wollten. Die Unternehmer der ersten beiden Gruppen andrerseits, zu denen auch der nach wie vor einflußreiche Adel zu rechnen ist, wollten ihre frühere politische Herrschaftsposition restaurieren oder ihre wirtschaftliche Macht, die sie durch die Ansprüche der Gewerkschaften und durch die staatliche Sozialpolitik (z. B. Zwangsschlichtung bei Tarifauseinandersetzungen) gefährdet sahen, absichern.

So dominierten Gruppeninteressen gegenüber dem Interesse an der gemeinsamen Verteidigung der demokratischen Verfassung. Sie wurde nicht als das geeignete Instrument erkannt, um die Industriegesellschaft politisch zu organisieren und die in ihr

14

unvermeidlichen Konflikte auszutragen. Aus diesen Konflikten und Unsicherheiten sehnte man sich zurück in die angeblich stabile Vergangenheit des Kaiserreiches oder träumte von einer konfliktfreien „Volksgemeinschaft". Am *Widerspruch zwischen einem politischen System, das die Demokratie gestattete, und einer sozialen Struktur, die sie verbot*[15]*)* ist die Weimarer Republik schließlich gescheitert.

F.A. Krummacher

Die Auflösung der Monarchie

Das Deutsche Reich und sein Monarch

„In diesem Augenblick gehen in ganz Europa die Lichter aus; wir alle werden sie in unserem Leben nie wieder leuchten sehen." Mit dieser düsteren Vorahnung, ausgesprochen beim Eintritt des Kriegszustandes zwischen dem Vereinigten Königreich von Großbritannien und Nordirland und den „Mittelmächten" Deutschland und Österreich-Ungarn am 5. August 1914, sollte der britische Außenminister Sir Edward Grey — er starb im Jahre 1933 — recht behalten. Sie bewahrheitete sich nicht zuletzt auch für einen Monarchen, der tags zuvor für das hereinbrechende Verderben andere Worte gefunden hatte. Am 4. August versammelte Wilhelm II., Deutscher Kaiser und König von Preußen, im Weißen Saal des Stadtschlosses zu Berlin die Führer der Parteien des Reichstages um sich und erklärte ihnen in einer Thronrede:

„Uns treibt nicht Eroberungslust, uns beseelt der unbeugsame Wille, den Platz zu bewahren, auf den Gott uns gestellt hat, für uns und alle kommenden Geschlechter. An die Völker und Stämme des Deutschen Reichs ergeht mein Ruf, mit gesamter Kraft, in brüderlichem Zusammenstehen mit unseren Bundesgenossen zu verteidigen, was wir in friedlicher Arbeit geschaffen haben. Nach dem Beispiel unserer Väter, fest und getreu, ernst und ritterlich, demütig vor Gott und kampfesfroh vor dem Feind, so vertrauen wir der ewigen Allmacht, die unsere Abwehr stärken und zu gutem Ende lenken wolle! — Sie haben gelesen, meine Herren, was ich zu meinem Volke vom Balkon des Schlosses aus gesagt habe. Hier wiederhole ich: Ich kenne keine Parteien mehr, ich kenne nur noch Deutsche! Zum Zeichen dessen, daß Sie fest entschlossen sind, ohne Parteiunterschied, ohne Stammesunterschied, ohne Konfessionsunterschied durchzuhalten mit mir durch dick und dünn, durch Not und Tod, fordere ich die Vorstände der Parteien auf, vorzutreten und mir das in die Hand zu geloben."[16])

Der Appell, Unterschiede der Partei, des Stammes und der Konfession hintanzustellen in der Stunde, da Fortbestand oder Untergang des Deutschen Reiches auf dem Spiele stand, kam nicht von ungefähr. Schon bald nach der Reichsgründung hatte Bismarck versucht, im „Kulturkampf" den politischen Einfluß der Katholischen Kirche und der mit ihr verbundenen Zentrums-Partei und mit dem „Sozialistengesetz" die Partei des aufstrebenden Arbeiterstandes auszuschalten — in beiden Fällen ohne Erfolg. In welcher Verfassung befand sich das Kaiserreich, befand sich das deutsche Volk, das nun verteidigen sollte, was es in friedlicher Arbeit geschaffen hatte? Die Verfassung des Deutschen Reiches vom 16. April 1871 erwähnte das „deutsche Volk" nur ein einziges Mal und hier auch nur recht beiläufig in ihrer Präambel:

Seine Majestät der König von Preußen im Namen des Norddeutschen Bundes, Seine Majestät der König von Bayern, Seine Majestät der König von Württemberg, Seine Königliche Hoheit der Großherzog von Baden und Seine Königliche Hoheit der Großherzog von Hessen und bei Rhein für die südlich vom Main gelegenen Teile des Großherzogtums Hessen schließen einen ewigen Bund zum Schutze des Bundesgebietes und des innerhalb desselben gültigen Rechts sowie zur Pflege der Wohlfahrt des deutschen Volkes. Dieser Bund wird den Namen D e u t s c h e s R e i c h führen und wird nachstehende Verfassung haben.

Die Wohlfahrt des deutschen Volkes war nun mit dem Ausbruch des Krieges aufs äußerste bedroht. Wem gab die Verfassung die Macht, einer solchen Bedrohung zu begegnen?

Artikel 11

Das Präsidium des Bundes steht dem König von Preußen zu, welcher den Namen D e u t s c h e r K a i s e r führen wird. Der Kaiser hat das Reich völkerrechtlich zu vertreten, im Namen des Reiches Krieg zu erklären und Frieden zu schließen, Bündnisse und andere Verträge mit fremden Staaten einzugehen, Gesandte zu beglaubigen und zu empfangen.

Artikel 15

Der Vorsitz im Bundesrat und die Leitung der Geschäfte steht dem Reichskanzler zu, welcher vom Kaiser zu ernennen ist.

Artikel 17

Dem Kaiser steht die Ausfertigung und Verkündigung der Reichsgesetze und die Überwachung der Ausführung derselben zu. Die Anordnungen und Verfügungen des Kaisers werden im Namen des Reiches erlassen und bedürfen zu ihrer Gültigkeit der Gegenzeichnung des Reichskanzlers, welcher dadurch die Verantwortlichkeit übernimmt.

Artikel 63

Die gesamte Landmacht des Reiches wird ein einheitliches Heer bilden, welches in Krieg und Frieden unter dem Befehl des Kaisers steht.

Wohl kannte die Bismarcksche Reichsverfassung ein Parlament, *dessen Mitglieder Vertreter des gesamten Volkes und an Aufträge und Instruktionen nicht gebunden waren*, den Reichstag. Doch waren ihm, abgesehen von dem Bewilligungsrecht für die Reichsfinanzen, keine wirklichen Rechte eingeräumt worden. Er konnte über alle politischen Fragen öffentlich reden, aber nicht entscheiden. Namentlich die Außenpolitik, Heer und Marine waren seinem Einfluß entzogen, waren ausschließlich Reservat des Kaisers. Zwar wurde er nach dem (in Europa sonst noch nirgends erreichten) allgemeinen, gleichen, direkten und geheimen Wahlrecht — allerdings nur für Männer ab 25 Jahren — gewählt, doch gab es im größten und mächtigsten Einzelstaat, Preußen, noch das Dreiklassenwahlrecht, das die Reichen begünstigte und die Ärmeren, also vor allem die Arbeiter, von der politischen Mitbestimmung ausschloß. Der Kanzler und die Staatssekretäre (Minister) wurden vom Kaiser ernannt, sie waren ihm und sonst niemandem verantwortlich. Die Einheit der politischen und militärischen Führung und die Entscheidung über alle großen Fragen der Staatspolitik lagen allein beim Monarchen, der sich auf Fürsten und Adel stützte, dem praktisch alle wichtigen Positionen in Armee und Verwaltung vorbehalten blieben.

Diese Verfassung war ein Kompromiß zwischen fürstlicher Gewalt und liberalen Forderungen auf dem Stand des Jahres 1871 – oder eigentlich 1867, da die Reichsverfassung fast wörtlich aus der Verfassung des Norddeutschen Bundes übernommen wurde. Während Deutschland sich in den folgenden Jahrzehnten zu einer der führenden Industriemächte der Erde entwickelte, blieb die politische Macht bei denen, die es gewohnt waren, die Welt von ihrer „Klitsche", ihrem Rittergut her zu beurteilen.

Eine Verbreiterung der politischen Willensbildung mußte beim Parlament und beim Wahlrecht einsetzen, deshalb wurde die „Parlamentarisierung" zum wichtigsten innenpolitischen Problem des Kaiserreiches. Der Reichstag sollte Einfluß auf die Politik, auch auf die Außenpolitik, erhalten, Kanzler und Minister seines Vertrauens zur Amtsführung bedürfen, also aus den Mehrheitsparteien des Reichstages hervorgehen. Das preußische Wahlrecht sollte demokratisiert und die ungerechte, die Rechtsparteien begünstigende Wahlkreiseinteilung bei den Reichstagswahlen korrigiert werden. Obwohl alle Parteien, außer den Konservativen, mehr oder weniger entschieden für diese Ziele eintraten, wurde bis 1918 so gut wie nichts erreicht. Zu fest gefügt war die feudale Gesellschaftsstruktur, zu zersplittert die Vertreter der Demokratisierung. Das Bürgertum schwankte zwischen dem Wunsch nach liberalen Reformen und der Unterwerfung unter die Führung des Adels. Die Arbeiterbewegung wurde nicht als Bündnispartner im Kampf gegen überlebte Machtpositionen erkannt, sondern als Gefahr für das Privateigentum und die herkömmliche Ordnung.

Von der Person des Monarchen – und von den Ratgebern, denen er sein Ohr lieh – hing alles ab. Das hatte auch Bismarck erfahren müssen, als er 1890 von dem damals 31jährigen Wilhelm II. entlassen wurde. Der junge Monarch war entschlossen, die Dinge selbst in die Hand zu nehmen, und er tat es mit den Worten: „Der Kurs bleibt der alte. Volldampf voraus!" Es blieben dies nicht die einzigen Worte, die Wilhelm II. selbst Lügen strafte, und in diesem Falle machte er sogar ihre zweite Hälfte wahr. An die Stelle des alten Kurses – er bedeutete, daß Deutschland „saturiert" und an weiterer Expansion nicht interessiert sei – sollte sehr bald ein „neuer Kurs" treten, der des Ausgreifens in die Welt nach dem gleichberechtigten Platz an der Sonne. Zwar holte das Reich im Zeitalter des Imperialismus damit nur nach, was andere vorgemacht hatten, doch weil Deutschland spät in die Weltpolitik eintrat und zu einem Zeitpunkt, als die Welt schon weitgehend verteilt war, provozierte es sofort Konflikte. Das Ausgreifen in die Welt war aber keineswegs ein einsamer Entschluß des Kaisers, sondern wurde von einer breiten Strömung vor allem im deutschen Bürgertum unterstützt. Der liberale Nationalökonom Max Weber sagte 1895 in seiner Antrittsvorlesung:

Nicht in erster Linie für die Art der volkswirtschaftlichen Organisation, die wir ihnen überliefern, werden unsere Nachfahren uns vor der Geschichte verantwortlich machen, sondern für das Maß des Ellenbogenraumes, das wir ihnen in der Welt erringen und hinterlassen. Wir müssen begreifen, daß die Einigung Deutschlands ein Jugendstreich war, den die Nation auf ihre alten Tage beging und seiner Kostspieligkeit halber lieber unterlassen hätte, wenn sie der Abschluß und nicht der Ausgangspunkt einer deutschen Weltmachtpolitik sein sollte.[17])

Am radikalsten wurde der Imperialismus vom „Allgemeinen deutschen Verband", den Alldeutschen, vertreten. Organisiert von Alfred Hugenberg, dem späteren Krupp-Direktor, vereinigte er einflußreiche Publizisten, Wissenschaftler, hohe Beamte und Militärs mit dem Ziel, *unserem Volk die Weltstellung zu gewinnen, wie sie seinem Rang als europäischer Großmacht entspricht.* Weiter hieß es im Gründungsaufruf von 1891: *Wir wollen zur Ausbreitung und Erhaltung unserer Art auf der Erde beitragen und dem Deutschen Reich die notwendige Erweiterung seines Wirtschaftsgebietes über See erringen helfen. Das Deutschtum, so lange in sich zerrissen und niedergetreten, soll von neuem, über alle Zonen hin, sich daran gewöhnen, in all seinen Angehörigen sich als das Volk zu fühlen, welches bestimmt ist, beherrschend in den Gang der Weltgeschichte mit einzugreifen und erhobenen Hauptes den Fremden gegenüberzutreten.*[18])

Eine der folgenreichsten Verwirklichungen solcher Losungen wurde der Bau einer Schlachtflotte, die der Kaiser seit 1898 durch den Admiral von Tirpitz mit Volldampf vorantreiben ließ und die zu einem Wettrüsten mit England führte. Mehrere Versuche, zu einem Ausgleich und zu einer maritimen Rüstungsbeschränkung zu kommen, scheiterten an der mangelnden Bereitschaft Wilhelms II., der glaubte, daß man den Engländern nur „die Zähne zeigen müsse", um sie gefügig zu machen.

Ein weiteres Beispiel dafür, wie man mit Engländern verkehren müsse, gab der Kaiser — seine Großmutter war die englische Queen Victoria — mit einem Interview, das im „Daily Telegraph" vom 28. Oktober 1908 erschien. Darin konnten die Engländer lesen, sie seien, „toll, toll, toll wie die Märzhasen", weil sie den freundschaftlichen Gefühlen des deutschen Kaisers mit einem Argwohn begegneten, „der einer großen Nation unwürdig ist"; sie hätten doch den Burenkrieg eigentlich mit Wilhelms Hilfe gewonnen, nach einem Feldzugsplan, den er den Engländern geliefert habe. Andere indiskrete Äußerungen verärgerten die Franzosen und die Russen, und die Japaner konnten erfahren, daß die deutsche Flotte gegen sie gebaut wurde. Kurz, eine Serie von Taktlosigkeiten. Am stärksten aber war die allgemeine Empörung in Deutschland selbst: es kam zum „Novembersturm", der das „persönliche Regiment" Wilhelms II. in vollem Umfang zur Debatte stellte. Im Reichstag erklärte der Reichskanzler Fürst Bülow am 10. November 1908:

„Meine Herren, die Einsicht, daß die Veröffentlichung dieser Gespräche in England die von Seiner Majestät dem Kaiser gewollte Wirkung nicht hervorgerufen, in unserem Lande aber tiefe Erregung und schmerzliches Bedauern verursacht hat, wird — diese feste Überzeugung habe ich in diesen schweren Tagen gewonnen — Seine Majestät den Kaiser dazu führen, fernerhin auch in Privatgesprächen jene Zurückhaltung zu

beobachten, die im Interesse einer einheitlichen Politik und für die Autorität der Krone gleich unentbehrlich ist. Wäre dem nicht so, könnte weder ich noch einer meiner Nachfolger die Verantwortung tragen."[19]) Die Verantwortung für das „Daily Telegraph"-Interview trug nun freilich Bülow selbst, der die Veröffentlichung des Artikels, ohne ihn gelesen zu haben, genehmigte, nachdem das Auswärtige Amt keine Bedenken erhoben hatte. Obwohl er dies keineswegs leugnete, stand im Mittelpunkt dieser Reichstagsdebatte dennoch die Person des Monarchen, etwas in dieser Form bisher ganz Undenkbares. Schlaglichtartig beleuchtete die Krise die Situation: Der Monarch, der eine Verkörperung der Stetigkeit sein sollte, war und blieb, auch wenn er sich fortan stärker zurückhielt, ein Element der Unruhe nach innen wie nach außen.

Obwohl es zwischen dem Kaiser und Bülow zu einer formellen Aussöhnung kam, war des Kanzlers Schicksal besiegelt: Als die Konservativen im Sommer 1909 wegen der von Bülow im Zusammenhang mit der Reichsfinanzreform vorgeschlagenen Erbschaftssteuer in die Opposition gingen, „jagte" der Kaiser, wie er sich ausdrückte, „das Luder fort". Nachfolger wurde Theobald von Bethmann Hollweg, ein erprobter Verwaltungsjurist, aber kein Kanzler mit der Sicherheit des wagenden Entschlusses. Der Historiker Friedrich Meinecke, der ihn kannte, sprach von der „inneren Schwäche dieses merkwürdigen Mannes, dessen staatsmännische Einsicht so hell und so gesund und doch nicht konzentriert genug war, um auch den Willen zur Durchsetzung zu nähren", und hat damit das Wesentliche getroffen.

Schwerste Aufgaben harrten auf ihre Lösung: Im Innern Ausgleich der seit langem zunehmenden Spannung zwischen dem zur Demokratisierung drängenden Volk der jungen Industriegesellschaft und der sich versteifenden Führung der alten Herrschafts- und Sozialordnung. Die Sozialdemokratie, die „Partei des Umsturzes", war zu einer Millionenbewegung angestiegen; bei den letzten Reichstagswahlen im Jahre 1912 gewann sie fast ein Drittel der Stimmen und 110 von 397 Mandanten. Die drei Parteien, die Bismarck nacheinander als „Reichsfeinde" bekämpft hatte, die Fortschrittspartei (im preußischen Verfassungtskonflikt 1862 - 1866), Zentrum und SPD, hatten jetzt die Mehrheit der Wähler hinter sich.

Daß diese Mehrheit freilich nicht sonderlich viel auszurichten vermochte, zeigte sich 1913 bei der sogenannten „Zabern-Affäre", Übergriffe des Militärs gegen Einwohner des elsässischen Städtchens. Als der Reichstag daraufhin mit demonstrativer Mehrheit ein Mißbilligungsvotum gegen den Reichskanzler beschloß, antwortete dieser mit dem fast höhnischem Hinweis auf das alleinige Recht des Kaisers, den Kanzler zu ernennen und zu entlassen. Dennoch hätte auf die Dauer kein Kanzler ständig gegen eine Mehrheit regieren können, selbst wenn ihn das Vertrauen des Monarchen gehalten hätte. Schon jetzt nämlich, nicht erst im Krieg erwies sich, *daß die Bismarcksche Verfassung nicht mehr im Stande war, die Probleme zu bewältigen.*[19a]) Innenpolitisch befand sich das Reich in einer ausweglosen Sackgasse.

Andererseits geriet Deutschland in der Außenpolitik immer stärker in die Isolation. Mißerfolge in Marokko und Kriege auf dem Balkan brachten Kaiser und Kanzler zu der

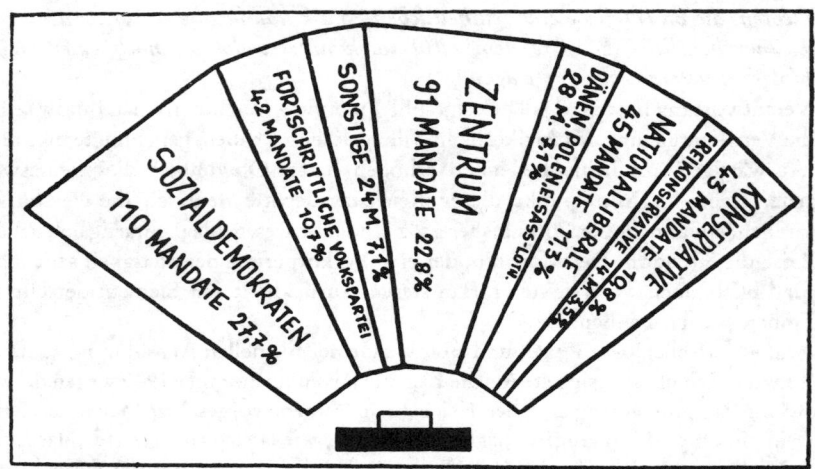

Die Zusammensetzung des Reichstages nach den Wahlen vom 12. Januar 1912

Überzeugung, daß ein Krieg gegen Frankreich und Rußland, in dem Deutschland seine Machtstellung verteidigen und ausbauen müsse, unvermeidlich sei. Um die Zahl der Gegner nicht zu groß werden zu lassen, sollte England neutral gehalten werden. Aber als 1912 der englische Kriegsminister Lord Haldane zu Verhandlungen nach Berlin kam, verlangten die Deutschen für ein Entgegenkommen in der Flottenfrage eine engere vertragliche Bindung Englands an das Reich. Dieser Preis schien den Briten zu hoch, weil dadurch die „entente cordiale" mit Frankreich gefährdet gewesen wäre, in der sie ihre Sicherheit in erster Linie gewährleistet sahen. Das Wettrüsten ging weiter. Der „Dreibund" Deutschland, Österreich-Ungarn und Italien (das allerdings ein unsicherer Bundesgenosse war) stand dem Vertragssystem zwischen Großbritannien, Frankreich und Rußland gegenüber.

Die Ermordung des österreichischen Thronfolgerpaares durch serbische Nationalisten in Sarajewo am 28. Juni 1914 entfachte die latente Spannung zur akuten Kriegsgefahr, und nach fünf Wochen internationaler Verhandlungen von äußerster Dramatik brach der Erste Weltkrieg aus. Die Diskussion darüber, warum und durch wessen Schuld, füllt seither ganze Bibliotheken und ist neuerdings wieder aufgelebt.

Nachdem in Deutschland von 1914 bis 1945 nahezu unangefochten die Schutzbehauptung des Kaisers und der Regierung vom „Verteidigungskrieg" galt, nach der das Reich keine Schuld am Kriegsausbruch trug oder jedenfalls weniger Schuld als andere, wurde diese Version, die angesichts der Dokumente nicht mehr aufrechtzuerhalten war, zunächst durch die These ersetzt, die der englische Ministerpräsident Lloyd George schon 1920 — allerdings in einem politischen Zusammenhang und nicht als historische

Erkenntnis – geprägt hatte, daß alle in den Krieg „hineingeschliddert" seien, also keiner recht verantwortlich zu machen sei. Die Forschung stellte auch diese Auffassung in Frage und kam zu dem Ergebnis, daß Deutschland 1914 bewußt einen Präventivkrieg riskiert, also angegriffen habe zur Abwehr eines unmittelbar bevorstehenden gegnerischen Angriffs.

Neuere Untersuchungen besagen dagegen, daß die politisch Verantwortlichen in Deutschland, Kaiser, Kanzler und militärische Führung, unterstützt und angetrieben von einer breiten imperialistischen und aggressiven Stimmung in einflußreichen Gruppen der Bevölkerung, den Krieg bewußt gewollt und objektiv ohne Not herbeigeführt hätten, als sich die Gelegenheit dazu bot. Sie hätten versucht, so faßt der Historiker Fritz Frischer seine umfangreichen Forschungen zusammen, *bevor die gegnerischen Mächte zu sehr erstarkt waren, diese zu unterwerfen und die deutschen politischen Ziele, die sich unter dem Begriff der Hegemonie Deutschlands über Europa subsummieren lassen, durchzusetzen.*[20])

Von den späteren Ergebnissen der Geschichtswissenschaft wußten die europäischen Völker im August 1914 noch nichts. *Alle hielten sich für Angegriffene. Gleichzeitig aber fanden alle es schön, angegriffen zu sein*[21]). So umschreibt Golo Mann treffend die Stimmung. Für die Gefühle der Deutschen fand der Kaiser in seiner Proklamation „An das Deutsche Volk" mit der Formel vom „tückischen Überfall" mißgünstiger Feinde, die „uns den Erfolg unserer Arbeit neiden", einen gültigen Ausdruck. Das Vertrauen in den Kaiser, so manchen harten Stoß es auch erfahren haben mochte, jetzt, in der Stunde der Gefahr, lebte es neu auf. „Nur wer vor 1914 gelebt hat, weiß eigentlich, was leben heißt", meinte später in verklärendem, aber für seine Zeitgenossen durchaus repräsentativen Rückblick der Historiker Friedrich Meinecke in Abwandlung eines bekannten Talleyrand-Zitates. Und dies alles vor dem Zugriff mißgünstiger Feinde zu verteidigen, dazu war jeder Deutsche bereit. Eine gewaltige Woge der „vaterländischen" Begeisterung ergriff das ganze Volk; auch die „vaterlandslosen Gesellen" schlossen sich nicht aus. Im Reichstag erklärte am 4. August der Abgeordnete Hugo Haase für die Sozialdemokratische Partei:

„Jetzt stehen wir vor der ehernen Tatsache des Krieges. Uns drohen die Schrecknisse feindlicher Invasionen. Nicht für oder gegen den Krieg haben wir heute zu entscheiden, sondern über die Frage der für die Verteidigung des Landes erforderlichen Mittel. Da machen wir wahr, was wir immer betont haben: Wir lassen in der Stunde der Gefahr das eigene Vaterland nicht im Stich. Wir fühlen uns dabei im Einklang mit der Internationale, die das Recht jedes Volkes auf nationale Selbständigkeit und Selbstverteidigung jederzeit anerkannt hat, wie wir in Übereinstimmung mit ihr jeden Eroberungskrieg verurteilen. Wir fordern, daß dem Kriege, sobald das Ziel der Sicherung erreicht ist und die Gegner zum Frieden geneigt sind, ein Ende gemacht wird durch einen Frieden, der die Freundschaft mit den Nachbarvölkern ermöglicht. Von diesen Grundsätzen geleitet, bewilligen wir die geforderten Kredite."[22])

Es gab nun also wirklich keine Parteien mehr, sondern nur noch Deutsche. Mit diesen Worten wurde der „Burgfriede" geschlossen: die soziale, geistige und parteipolitische

Spaltung des deutschen Volkes in Bürgertum und Proletariat, welche die wilhelminische Zeit charakterisierte, schien in einer geschichtlichen Stunde überbrückt. Oder doch nur überdeckt? Das sollte sich erst später erweisen; im Augenblick gab es diese Fragen nicht. Jetzt galt es vielmehr, den Ansturm der Feinde abzuwehren. Dazu sagte der deutsche Reichskanzler in der gleichen Reichstagssitzung:

„Wir sind jetzt in der Notwehr; und Not kennt kein Gebot! Unsere Truppen haben Luxemburg besetzt, und vielleicht schon belgisches Gebiet betreten. Meine Herren, das widerspricht den Geboten des Völkerrechts. Das Unrecht — ich spreche offen —, das Unrecht, das wir damit tun, werden wir wiedergutzumachen suchen, sobald unser militärisches Ziel erreicht ist. Wer so bedroht ist wie wir und um sein Höchstes kämpft, der darf nur daran denken, wie er sich durchhaut!"[23])

Aus diesem Eingeständnis sprach nicht eben kluge Staatspolitik. Was war geschehen? Der Plan des deutschen Generalstabes ging zurück auf dessen im Jahre 1913 verstorbenen Chef, den Grafen Schlieffen. Dieser hatte im Jahre 1905, als sich auf der Konferenz von Algeciras zum ersten Male die außenpolitische Isolierung des Reiches und die Möglichkeit eines Zweifrontenkrieges gegen Rußland und Frankreich abzuzeichnen begann, einen Plan entworfen, nach dem dieses Problem militärisch gelöst werden sollte: Bevor die schwerfällige russische „Dampfwalze" auf das Reich hin anrollen konnte, sollte die Hauptmacht des deutschen Heeres, in einer raschen Umfassungsbewegung um Paris herumschwenkend, die französischen Armeen in einem ungeheuren Cannae vernichtend schlagen, um dann anschließend den russischen Gegner niederwerfen zu können. Da aber der Sieg über Frankreich in längstens acht Wochen erkämpft sein mußte, blieb keine Zeit, um erst nach längeren Belagerungen den französischen Festungsgürtel zu durchbrechen. Also müßte man durch Belgien marschieren, ohne Rücksicht auf dessen – von England und auch von Deutschland garantierte – Neutralität. Nun war der Schlieffen-Plan nicht nur militärisch ein höchst riskanter Wettlauf mit der Uhr, in der Verletzung der belgischen Neutralität lag zudem auch seine politische Achillesferse. Denn die belgische Kanalküste, nur 50 Seemeilen von der englischen entfernt, in der Hand der stärksten Kontinentalmacht, das bedeutete die Bedrohung eines entscheidenden englischen Lebensinteresses, welche Interessen auch sonst für das Inselreich noch auf dem Spiel stehen mochten. Für die öffentliche Meinung in England bewirkte die Verletzung der belgischen Neutralität den Umschwung zugunsten des Krieges und gab der britischen Regierung den Anlaß, den an sich gar nicht eindeutigen Zusagen entsprechend, Frankreich beizustehen, um es vor der Gefahr eines deutschen Sieges zu bewahren. Am 4. August trat auch Großbritannien in den Krieg ein.

Die beiden ersten Kriegsjahre

Der erste Weltkrieg begann mit dem Vormarsch deutscher Heere in Belgien und Frankreich. Die Deutschen schienen das Gesetz des Handelns an sich gerissen zu haben, doch schon kam am 12. September in der Marneschlacht der Angriff zum Stehen. Das Cannae des französischen Heeres fand nicht statt, und noch vor Anbruch des Winters erstarrte die Front im Stellungskrieg. Damit waren die Hoffnungen auf eine schnelle Kriegsentscheidung, mit der die deutschen Soldaten ins Feld gezogen waren, begraben. Mehr noch: Die Ausführung des Schlieffen-Planes, der einzigen militärischen Lösung für das Problem eines Zweifrontenkrieges, um derentwillen man das politische Odium der Verletzung der belgischen Neutralität glaubte in Kauf nehmen zu können, war mißlungen. Wenn der Krieg nach den Plänen des Generalstabes nur durch einen „Blitzkrieg" gewonnen werden konnte, so war er im Grunde schon an der Marne verloren worden. Das wußte auch der Reichskanzler, mindestens seitdem der Generalstabschef von Falkenhayn ihm am 18. November 1914 mitgeteilt hatte: *So lange Rußland, Frankreich und England zusammenhielten, sei es uns unmöglich, unsere Gegner so zu besiegen, daß wir zu einem anständigen Frieden kämen. Wir würden vielmehr Gefahr laufen, uns langsam zu erschöpfen.* Bethmann Hollweg zog daraus in einem Brief an Unterstaatssekretär Zimmermann die Konsequenz: *Eine völlige Besiegung und Vernichtung unserer Gegner aber in entscheidender Schlacht erscheint, nach den allerdings stets reservierten Mitteilungen des Generalstabes, ausgeschlossen*[24])
Aber zunächst übertönten die Siegesnachrichten aus dem Osten diese bitteren Tatsachen. Dort hatten der neu ernannte Oberbefehlshaber der 8. Armee, der Generaloberst Paul von Beneckendorff und von Hindenburg, und sein Stabschef, General Erich Ludendorff, mit dem Sieg von Tannenberg die Gefahr, daß die russische Dampfwalze gegen Berlin und in den Donauraum vorrollen würde, abgewendet. Schon vor der Ernennung Hindenburgs und Ludendorffs freilich waren die Operationspläne im wesentlichen vorbereitet gewesen, deren erfolgreiche Ausführung durch die Korpsführer den deutschen Fahnen den Sieg brachte. Gleichwohl verband sich der Sieg von Tannenberg – das einzige Beispiel einer gelungenen Umfassungsschlacht mit zahlenmäßig unterlegenen Kräften, das die Kriegsgeschichte seit Cannae kannte – mit den Namen der beiden Feldherren und verhalf ihnen zu einem Nimbus, der später noch oft eine schicksalsschwere Rolle spielen sollte. Durch die siegreiche Winterschlacht in Masuren wurde er sogar noch gesteigert, aber entschieden war mit all dem noch nichts. Inzwischen waren auch die Türkei auf der Seite der Mittelmächte und Japan auf der Seite der Entente in den Krieg eingetreten. England blockierte die Deutsche Bucht; der Wirtschaftskrieg begann. Würde die Flotte, deren Bau mit so viel Energie und Begeisterung betrieben worden war, daß er auch die Außenpolitik überschattete, den Ring sprengen können? Dazu befahl der Kaiser am 6. Oktober 1914:

1. Die Entwicklung der Kriegslage macht es durchaus erforderlich, daß die Flotte zunächst in ihrem Bestande erhalten bleibt und sich nicht der Möglichkeit aussetzt,

daß sie mit überlegenen feindlichen Streitkräften zur Schlacht kommt. Seine Majestät befehlen daher, daß die Flotte sich zurückhält und Aktionen vermeidet, die zu größeren Verlusten führen können.
2. *Seine Majestät sind von der bisherigen Kriegführung zur See in hohem Maße befriedigt und erwarten von dem Geist der Führer und der Besatzungen, daß er durch die abwartende Haltung nicht leidet und daß Seine Majestät auf die Flotte rechnen können, wenn Allerhöchstderselbe den Zeitpunkt zum Einsetzen für gekommen erachten.*[25])

Der Zeitpunkt zum Einsetzen sollte im Grunde niemals kommen, und die Folgen der abwartenden Haltung auf den Geist der Besatzungen scheinen hier schon vorausgeahnt. Aber das sind spätere Sorgen. Das Jahr 1915 stand im Zeichen großer Siege im Osten, während an der Westfront kleinere und größere Stellungskämpfe geführt werden. Zwar entscheiden sie nichts, aber weite Landstriche Frankreichs und Rußlands, Belgien, Polen und Kurland sind von deutschen Truppen besetzt. Das nimmt sich recht erfolgreich aus und bestimmt auch die Frage der deutschen Kriegsziele.

Die Gruppen, die schon vor dem Krieg für die Hegemonie Deutschlands über Europa und für überseeische Gebietserwerbungen eingetreten waren, arbeiteten bald detaillierte Programme dafür aus, was alles erobert werden müsse. Reichskanzler Bethmann Hollweg legte, unter anderem auch um sich von allzu maßlosen Forderungen zu distanzieren, seine Vorstellung von den Kriegszielen am 9. September 1914 in der „Septemberdenkschrift" nieder:
Sicherung des Deutschen Reiches nach West und Ost auf erdenkliche Zeit. Zu diesem Zweck muß Frankreich so geschwächt werden, daß es als Großmacht nicht neu erstehen kann, Rußland von der deutschen Grenze nach Möglichkeit abgedrängt und seine Herrschaft über die nichtrussischen Vassallenstaaten gebrochen werden. Im einzelnen forderte das Programm: Frankreich sollte Grenzgebiete an Deutschland abtreten und in wirtschaftliche Abhängigkeit gebracht werden. Belgien sollte „Vasallenstaat" werden. Ganz Mitteleuropa sollte unter deutscher Führung zu einem Zollverein zusammengeschlossen werden. Mittelafrika sollte deutsche Kolonie werden.[26])
Das blieben, im wesentlichen unverändert, die Kriegsziele der Regierung auch in den folgenden Jahren, wenn Bethmann Hollweg diese Ziele auch nicht öffentlich bekannt geben konnte, weil er die Sozialdemokraten, die nahezu einmütig Gebietserwerbungen ablehnten, für die Bewilligung der Kriegskredite und zur Aufrechterhaltung der nationalen Einheitsfront brauchte. Trotzdem sickerte manches durch, und wenn auch im Zeichen des „Burgfriedens" die Erörterung von Kriegszielen in der Öffentlichkeit verboten war, wurden doch von Alldeutschen, von Nationalliberalen und Angehörigen des Zentrums, in der Industrie und in der Landwirtschaft, in Wissenschaft und Publizistik Kriegszielprogramme entworfen und den politisch Verantwortlichen zugeleitet.
Ein Beispiel war die „streng vertrauliche" Denkschrift an den Reichskanzler vom 20. Juni 1915, in der das geistige Deutschland seinen Willen äußerte. Insgesamt hatten sich

1347 Unterzeichner gefunden, darunter Hochschullehrer, Richter, Geistliche, Bürgermeister, Parlamentarier, Industrielle, Generale und Admirale, Künstler und Schriftsteller. Hier einiges aus dem Katalog der Wünsche:

Ganz gewiß, nicht Weltherrschaft, aber volle, der Größe unserer kulturellen, wirtschaftlichen und kriegerischen Kraft entsprechende Weltgeltung wollen wir. Alle Ziele nationaler Sicherung auf einen Schlag zu erreichen, das mag der Überzahl unserer Feinde gegenüber nicht ausführbar sein. Aber bis an die äußerste Grenze des Erreichbaren sollen die mit so großen Opfern erzielten militärischen Erfolge ausgenutzt werden.

Mit der französischen Gefahr wollen wir, nach Jahrhunderten französischer Bedrohung und nach einem von 1815 bis 1870 und von 1871 bis 1915 während Revanchegeschrei, ein für allemal aufräumen. Nicht durch unangebrachte Versöhnungsbemühungen, denen Frankreich noch stets äußersten Fanatismus entgegengesetzt hat. Wir warnen in diesem Punkte auf das allerdringlichste vor deutscher Selbsttäuschung. Wir müssen dieses Land um unseres eigenen Daseins willen politisch und wirtschaftlich rücksichtslos schwächen. An unserer Ostgrenze, Grenzwall und Grundlage zur Wahrung unseres Volkswachstums, bietet es Land, das Rußland uns abtreten muß. Es muß landwirtschaftliches Siedlungsland sein, das uns gesunde Bauern, diesen Jungbrunnen aller Volks- und Staatskraft, bringt.

Kämen wir in die Lage, England, dem mit eigenen Blutopfern immer sparsamen, eine Kriegsentschädigung aufzuerlegen, kein Geldbetrag könnte hoch genug sein. Vorzugsweise mit seinem Geld hat England die Welt gegen uns aufgestachelt. Der Geldbeutel ist der empfindlichste Teil dieser Krämernation, am Geldbeutel vor allem muß sie, haben wir die Macht dazu, rücksichtslos getroffen werden.[27])

Ein für allemal aufräumen ..., rücksichtslos schwächen ..., bis an die äußerste Grenze des Erreichbaren ... – man meint, die Grundgedanken des Vertrages von Versailles zu lesen, über den sich später in Deutschland gerade jene nicht genug empören können, die es, „hätten sie die Macht dazu", nicht anders getrieben hätten. Hier begann eine Saat zu keimen, die Deutschland, Europa und der übrigen Welt noch einmal Verderben bringen sollte. Mag sein, niemand wollte eine deutsche „Weltherrschaft", doch keiner der Unterzeichner bedachte, daß sie durch die Verwirklichung auch nur eines Teiles der genannten Kriegsziele für die Deutschen zum Greifen nahe sein, daß dies eine vollständige Umwälzung der politischen und wirtschaftlichen Machtverhältnisse in Europa bedeuten würde. Und diese Gefahr sahen die anderen Völker. Doch nicht nur jenseits der Grenzen hatte man die Gefahren vor Augen, die damit heraufzogen. Am 28. Juni 1915 schrieb der Unterstaatssekretär der Reichskanzlei an den Chef des Zivilkabinetts des Kaisers:

Die Friedenssehnsucht der Arbeiterschaft ist sehr groß und wird nur durch die Bemühungen der Führer am offenen Ausbruch verhindert. Das heftige Treiben auf der rechten Seite nährt das Mißtrauen, die Regierung könne doch den Krieg aus Eroberungssucht länger, als zum Schutz des Vaterlandes not tue, weiterführen, der Reichskanzler,

zu dem man das Vertrauen hat, daß er keine phantastischen Pläne hat und sich nur von seiner Pflicht leiten läßt, werde gestürzt werden.[28])
Der Unterstaatssekretär hatte hierbei wohl einen Artikel im Parteiorgan der SPD, dem „Vorwärts", vom 26. Juni vor Augen, in dem zu lesen stand: „Das Volk will keine Annexionen, das Volk will Frieden!" Das Blatt wurde wegen dieses Artikels beschlagnahmt. Aber neben einer Eingabe des Partei- und des Fraktionsvorstandes der SPD erreichte den Reichskanzler noch eine weitere Petition:
Wir halten für unsere Pflicht, diesen Annexionsbestrebungen mit aller Entschiedenheit entgegenzutreten und offen auszusprechen, daß wir in ihrer Verwirklichung einen folgenschweren politischen Fehler und nicht eine Stärkung, sondern eine verhängnisvolle Schwächung des Deutschen Reiches sehen würden.[29])
Berühmte Namen standen unter diesem Schriftstück: Albert Einstein, Theodor Wolff sowie die von Professoren wie Gerhard Anschütz, Hans Delbrück, Ernst Troeltsch, Alfred und Max Weber (der seinen Standpunkt von 1895 korrigiert hatte) und andere. Es war die wirkliche deutsche Geisteselite, aber es waren nur 141 Unterschriften. Hier zeichneten sich die Fronten ab, die später zu leidenschaftlichen politischen Gegensätzen werden und das deutsche Schicksal noch lange bestimmen sollten.
Einstweilen waren sich aber auch die Vertreter hochfliegender Annexionspläne nicht im Zweifel darüber, daß deren Verwirklichung die militärische Durchführbarkeit zur Voraussetzung hatte. Wie stand es damit? Hierzu trug der deutsche Generalstabschef von Falkenhayn Weihnachten 1915 dem Kaiser seinen Operationsplan für das kommende Jahr vor:
Den Gegnern strömen aus ihrer Überlegenheit an Menschen und Material erheblich mehr Kräfte zu als uns. Möglicherweise wird der nächste oder übernächste Winter Entbehrungs- und in deren Gefolge, wie ja immer, soziale und politische Krisen bringen. Sie müssen überwunden werden und werden überwunden werden. Zeit ist also gewiß nicht zu verlieren.
Wie aber den Feinden die Aussichtslosigkeit ihres Bemühens vor Augen führen, wie die militärische Entscheidung erzwingen, auf welches Glied der Entente sich konzentrieren? England? Italien? Rußland? Eines nach dem anderen scheidet der General aus und folgert:
Es bleibt allein Frankreich übrig. Es wurde bereits betont, daß Frankreich in seinen Leistungen bis nahe an die Grenze des noch Erträglichen gelangt ist — übrigens in bewundernswerter Aufopferung. Hinter dem französischen Abschnitt der Westfront gibt es in Reichweite Ziele, für deren Behauptung die französische Regierung gezwungen ist, den letzten Mann einzusetzen. Tut sie es, so werden Frankreichs Kräfte verbluten, da es ein Ausweichen nicht gibt, gleichgültig, ob wir das Ziel selbst erreichen oder nicht. Tut sie es nicht und fällt das Ziel in unsere Hände, dann wird die moralische Wirkung in Frankreich ungeheuer sein.[30])
Das Ziel, das der General v. Falkenhayn wies, trug den Namen Verdun. Am 21. Februar 1916 begann der Angriff, die sechs Monate andauernde „Hölle von Verdun", die über 300 000 Tote, Gefangene und Verwundete bei den Franzosen, 280 000 bei den

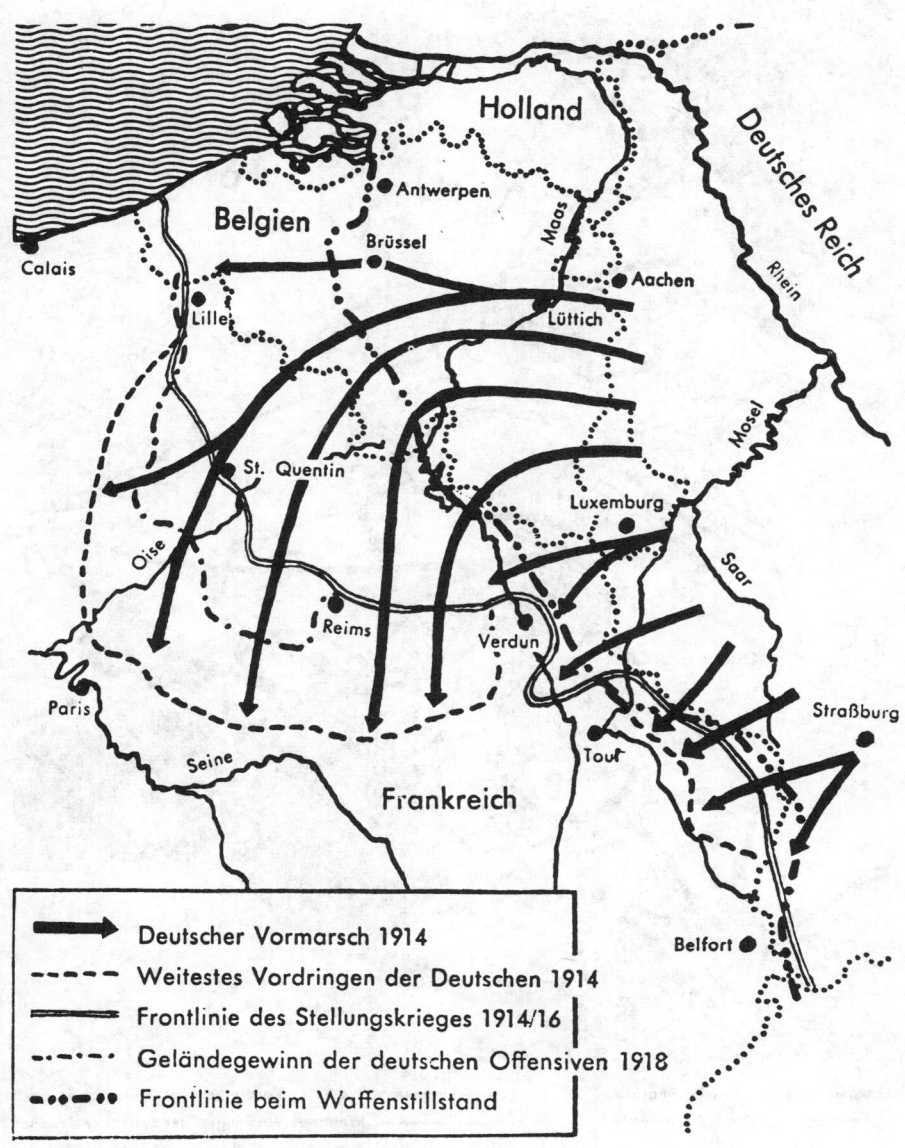

Holland

Deutsches Reich

Belgien
Calais
● Antwerpen
Brüssel
Maas
Rhein
● Aachen
Lille
Lüttich
St. Quentin
Mosel
Luxemburg
Oise
Saar
Reims
Verdun
Paris
Straßburg
Seine
Toul
Frankreich
Belfort

Deutscher Vormarsch 1914
Weitestes Vordringen der Deutschen 1914
Frontlinie des Stellungskrieges 1914/16
Geländegewinn der deutschen Offensiven 1918
Frontlinie beim Waffenstillstand

Westlicher Kriegsschauplatz

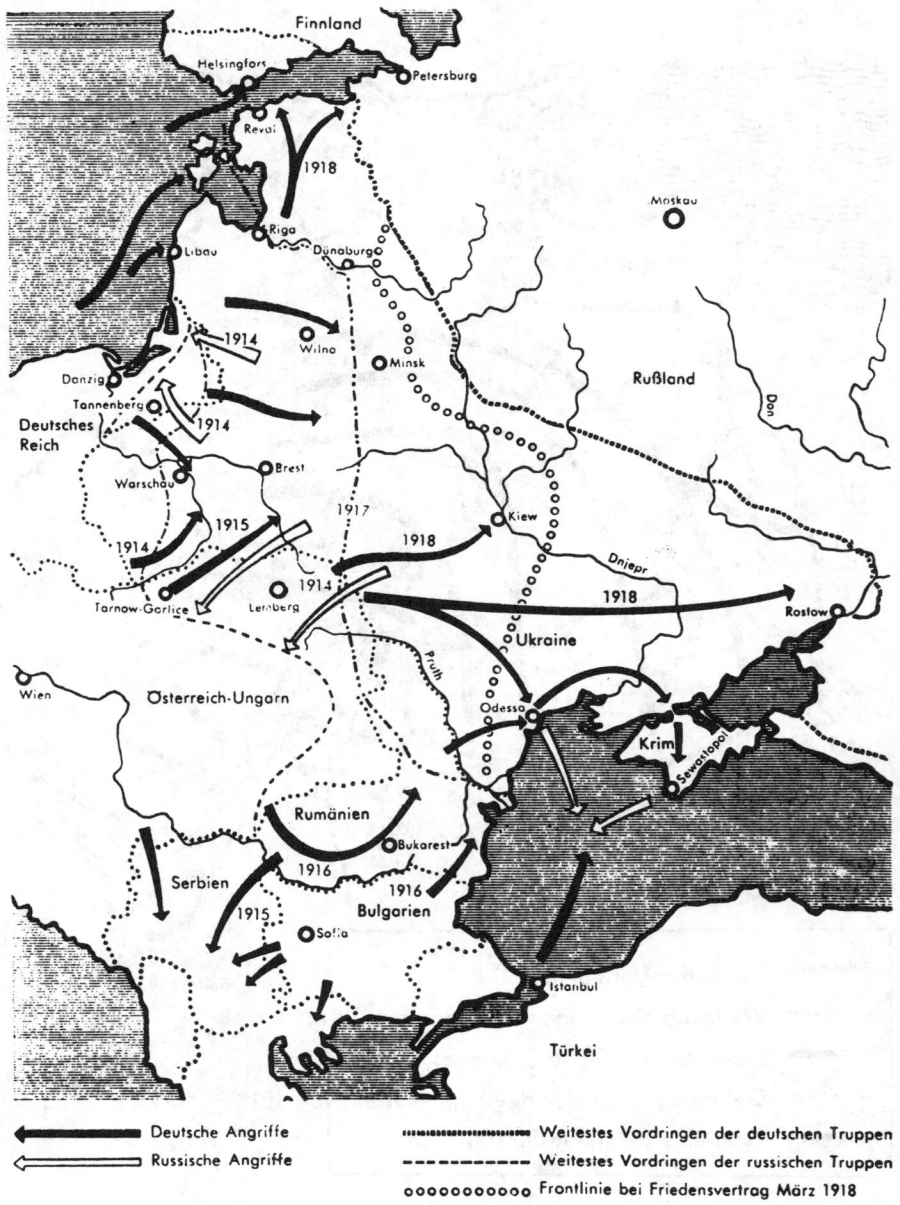

Finnland
Helsingfors
Petersburg
Reval
1918
Moskau
Riga
Dünaburg
Libau
1914
Wilna
Minsk
Rußland
Don
Danzig
Tannenberg
Deutsches
Reich
1914
Warschau
Brest
1915
1917
Kiew
1918
1914
Dniepr
1918
1914
Tarnow-Gorlice
Lemberg
Rostow
Wien
Österreich-Ungarn
Ukraine
Pruth
Odessa
Krim
Sewastopol
Rumänien
Bukarest
1916
Serbien
1916
1915
Bulgarien
Sofia
Istanbul
Türkei

← Deutsche Angriffe	•••••••••••••• Weitestes Vordringen der deutschen Truppen
⇐ Russische Angriffe	------------ Weitestes Vordringen der russischen Truppen
	ooooooooooo Frontlinie bei Friedensvertrag März 1918

Östlicher Kriegsschauplatz

Deutschen forderte. Ebenso ergebnislos endeten alle anderen Offensiven des Jahres 1916 der einen oder der anderen Seite, im Westen wie im Osten.

Hindenburg und Ludendorff übernehmen die Führung

Als schließlich Ende August 1916 Italien und Rumänien auf der Seite der Entente in den Krieg eintraten, wurde die politische und militärische Lage der Mittelmächte zunehmend bedrohlicher (vgl. Statistischer Anhang, Tabelle 2). Es kam zu der ersten schweren Vertrauenskrise in Deutschland, und unter ihrem Eindruck traf Kaiser Wilhelm die wohl folgenschwerste Personalentscheidung des ganzen Krieges. Er berief am 29. August 1916 an Stelle Falkenhayns den bisherigen Oberbefehlshaber Ost, den Generalfeldmarschall von Hindenburg, zum Chef des Generalstabes des Feldheeres und den General Ludendorff zum Ersten Generalquartiermeister. Der Kaiser tat dies nicht einmal aus eigenem Entschluß; vielmehr gab er damit einer Forderung der öffentlichen Meinung nach, soweit diese sich unter der Pressezensur äußern konnte, und diese Meinung hieß, Hindenburg hat uns bei Tannenberg „gerettet", er wird uns auch jetzt „retten". In den beiden populären Heerführern der Ostfront, die nun die Oberste Heeresleitung übernahmen, sah das Volk eine neue Bürgschaft für den Sieg.

Längst war die hochgestimmte Zuversicht der ersten Kriegswochen der Sorge gewichen: Der Krieg wird lange dauern, und die Zeit arbeitet gegen Deutschland. Dazu hatte vor allem auch die im Januar 1915 eingeführte Zwangswirtschaft beigetragen. Als erstes wurden Brotkarten eingeführt, dann Fleischkarten, im darauffolgenden Jahr wurden alle Lebensmittel rationiert. Die englische Wirtschaftsblockade begann sich auszuwirken und verhalf der Entente zu einem weiteren Verbündeten, den ein im Juni 1916 verbreitetes Flugblatt beim Namen nannte:

Hunger!
Was kommen mußte, ist eingetreten: Der Hunger! In Leipzig, in Charlottenburg, in Braunschweig, in Magdeburg, in Koblenz und Osnabrück, an vielen anderen Orten gibt es Krawalle der hungernden Menge vor den Läden mit Lebensmitteln. Und die Regierung des Belagerungszustandes hat auf den Hungerschrei der Massen nur die Antwort: Verschärften Belagerungszustand, Polizeisäbel und Militärpatrouillen. [31])

So allgemein war freilich der Hungerschrei noch nicht und vor allem nicht so stark, als daß er „nur" durch Polizeisäbel und Militärpatrouillen hätte beantwortet werden könne. Die Namen Hindenburg und Ludendorff bewirkten weit mehr, und das deutsche Volk vertraute fest darauf, daß die beiden sieggewohnten Feldherren die Befreiung von allen Kriegsnöten bringen würden. Zudem hatten ja auch die Feindmächte ihre Sorgen mit den ersten Anzeichen der Ermattung. In England führte die kritische Lage zu einem neuen Kabinett unter David Lloyd George, und in Rußland kündigte die Entlassung des Außenministers Sassonow die Krise an. Andererseits war in Österreich nach 68jähriger Regierungszeit Kaiser Franz Joseph I., die einigende Klammer des habsburgischen Vielvölkerstaates, gestorben. Ihm folgte auf dem Thron sein Großneffe Karl I. Noch zu Lebzeiten des alten Kaisers hatte der österreichische Außenminister Baron Burián den deutschen Reichskanzler aufgesucht, um ihm ein Friedensangebot der Mittelmächte vorzuschlagen. Der Zeitpunkt hierfür schien gekommen zu sein, als Anfang Dezember 1916 der Feldzug gegen Rumänien mit der Einnahme von Bukarest sein siegreiches Ende fand. Das deutsche Kaiserreich hatte in äußerst bedrohlicher Lage einer Übermacht standgehalten, zugleich aber auch die Grenze des bei dem gegebenen Kräfteverhältnis überhaupt Erreichbaren erreicht, nämlich: sich als europäische Großmacht zu behaupten. Ein Frieden der Verständigung, jetzt entschlossen angestrebt, hätte das gewährleistet, wenn auch einen entsprechenden Preis gekostet. Nicht anders hatte einst auch der Preußenkönig Friedrich der Große – sonst gern berufenes historisches Vorbild – den Siebenjährigen Krieg durch einen Kompromißfrieden beendet. Reichskanzler Bethmann Hollweg machte sich wenig Illusionen über die militärische Lage, aber er fürchtete den Zorn des „nationalen" Bürgertums mit seinen ausschweifenden Hoffnungen, die im Zeichen von siegreichen Schlachten so mächtig in die Halme geschossen waren. So hatte sich der Kanzler zum maßgeblichen Fürsprecher der Ablösung Falkenhayns durch Hindenburg und Ludendorff gemacht in der Hoffnung, in den beiden volkstümlichen Generalen Verbündete und einen populären Schutzschild für seine Friedenspläne zu finden. Eine verhängnisvolle Selbsttäuschung, denn die neuen Männer an der Spitze der Obersten Heeresleitung waren nicht auf einen politischen Verständigungs-, sondern auf einen militärischen „Siegfrieden" eingeschworen, und daß Deutschland und seine Verbündeten stark genug seien, einen solchen „Siegfrieden" zu erkämpfen, daran wollten sie nicht den geringsten Zweifel aufkommen lassen. So hörte sich das Friedensangebot der Mittelmächte, das Bethmann Hollweg am 12. Dezember 1916 vor dem Reichstag der deutschen Öffentlichkeit und der Welt bekanntgab, mehr wie eine stolze Erfolgsbilanz an:

Die Lage war ernst. Mit Gottes Hilfe haben unsere herrlichen Truppen einen Zustand geschaffen, der uns volle und größere Sicherheit bietet als je zuvor. Die Westfront steht. Und während an der Somme und auf dem Karst Trommelfeuer erdröhnte, während die Russen gegen die Ostgrenze Siebenbürgens anstürmten, hat Feldmarschall von Hindenburg in genialer Führung ohnegleichen und mit Truppen, die im Wetteifer aller Verbündeten in Kampf und Marschleistung das Unmögliche möglich gemacht haben, die ganze Westwalachei und die feindliche Hauptstadt genommen. Und Hindenburg rastet nicht! Die militärischen Operationen gehen weiter!

Zugleich ist mit den Schlägen des Schwertes unsere wirtschaftliche Versorgung fester fundiert worden. Große Vorräte an Lebensmitteln, an Getreide, an Öl und sonstigen Gütern sind in Rumänien in unsere Hände gefallen. Ihre Abführung ist im Gange. Trotz aller Knappheit wären wir auch mit dem Eigenen ausgekommen. Jetzt steht auch unsere wirtschaftliche Sicherheit außer aller Frage. Den großen Geschehnissen auf dem Lande reihen sich vollwürdig die Heldentaten unserer Unterseeboote an. Das Hungergespenst, das unsere Feinde gegen uns aufrufen wollten, das werden sie nun selbst nicht wieder los.

Unseren bisherigen Erklärungen der Friedensbereitschaft sind die Gegner ausgewichen. Jetzt gehen wir einen Schritt weiter. Seine Majestät hat in vollem Einvernehmen und in Gemeinschaft mit seinen hohen Verbündeten den Entschluß gefaßt, den feindlichen Mächten den Eintritt in Friedensverhandlungen vorzuschlagen. [32])

In dieser Note hieß es:

Wenn trotz dieses Anerbietens zu Frieden und Versöhnung der Kampf fortdauern sollte, so sind die vier verbündeten Mächte entschlossen, ihn bis zum siegreichen Ende zu führen. Sie lehnen aber feierlich jede Verantwortung dafür vor der Menschheit und der Geschichte ab. [33]).

Diese Worte zeugten von Siegeszuversicht und Selbstbewußtsein: wenn es sein muß, können wir auch anders! Deutschland habe den Frieden nicht angeboten, sondern angedroht unter Zuchthausstrafe bei Ablehnung, meinte damals ein neutraler Diplomat. Vor allem aber blieb das Angebot im allgemeinen und grundsätzlichen: über konkrete Vorschläge erfuhr man nichts, auch der Reichstag, die Vertretung des deutschen Volkes, nicht. So hielt am 14. Dezember die nationalliberale Fraktion dem Reichskanzler die „Ausschaltung des Reichstages bezüglich der Friedensbedingungen" vor:

„Als Vertreter dieses Volkes, das eine Heldengröße und eine Opferwilligkeit ohnegleichen gezeigt und den Krieg als einen Volkskrieg im besten Sinne des Wortes aufgefaßt und geführt hat, müssen wir Anspruch darauf erheben, daß ihm künftig die Möglichkeit gegeben wird, durch den Mund des Reichstags seine Stimme zu erheben und mitzuwirken bei der folgenschwersten Entscheidung, vor die je ein Volk gestellt worden ist. Diese Entscheidung, von der die ganze Zukunft unseres Volkes und Vaterlandes abhängt, erfordert gebieterisch, daß zwischen der Regierung und dem durch den Reichstag vertretenen Volk ein Vertrauensverhältnis bestehe, das wir jedoch durch die bisherige Ausschaltung des Reichstages für gefährdet erachten." [34])

Das war eine zutreffende Einschätzung der Wirklichkeit, und die Forderung nach politischer Mitwirkung bei der „folgenreichsten Entscheidung, vor die je ein Volk gestellt worden ist", entsprach der Einsicht, daß die Führung eines „Volkskrieges" auch einen „Volksstaat" an Stelle des seitherigen Obrigkeitsstaates bedinge. An der Front, wo jedermann im feindlichen Trommelfeuer „gleichberechtigt" war, hatte die Frage der Gleichberechtigung längst ihre Antwort gefunden, und schon im Jahre 1915 war das Wort von der innenpolitischen „Neuorientierung" aufgekommen, deren Notwendigkeit auch dem Kaiser vor Augen stand, als er im Januar 1916 bei Eröffnung des nach dem Dreiklassenwahlrecht gewählten Preußischen Landtages erklärt hatte:

„In dem ungeheuren Erleben dieses Krieges wird ein neues Geschlecht groß. Die ganze waffenfähige Mannschaft, geeint durch kameradschaftliche Treue bis in den Tod, schirmt Staat und Volk. Der Geist gegenseitigen Verstehens und Vertrauens wird auch im Frieden fortwirken in der gemeinsamen Arbeit des ganzen Volkes am Staat. Er wird unsere öffentlichen Einrichtungen durchdringen und lebendigen Ausdruck finden in unserer Verwaltung, unserer Gesetzgebung und in der Gestaltung der Grundlagen für die Vertretung des Volkes in den gesetzgebenden Körperschaften." [35])

Aber diese Ankündigung einer Reform der Bismarckschen Reichsverfassung blieb ein unverbindlicher Wechsel auf die Zukunft, „sobald der Friede siegreich erstritten ist . . . " Bis dahin sollte alles beim alten und vor allem die Entscheidungsbefugnis beim Monarchen bleiben. Das war auch die Meinung der herrschenden Klassen, Großgrundbesitz und Großindustrie, die die von der Zeit längst überholten sozialen Machtpositionen um jeden Preis behaupten wollten. So war denn auch der Reichstag am Zustandekommen des Friedensangebots vom Dezember 1916 nicht beteiligt, sondern vor vollendete Tatsachen gestellt worden.

Würden es die Alliierten, die darin ein Eingeständnis der Ermattung sahen – trotz der kraftvollen Sprache –, ablehnen können? Das deutsche Angebot war so vage und allgemein gehalten, daß es für die Alliierten leicht war, in ihrer Antwortnote vom 30. Dezember 1916 die schwachen Punkte mit ätzender Schärfe herauszustellen:

Eine Anregung ohne Bedingungen für die Eröffnung von Verhandlungen ist kein Friedensangebot. Der angebliche Vorschlag, der jeden greifbaren Inhalts und jeder Genauigkeit entbehrend durch die Kaiserliche Regierung in Umlauf gesetzt wurde, erscheint weniger als ein Friedensangebot denn als ein Kriegsmanöver. Er beruht auf der systematischen Verkennung des Charakters des Streites in der Vergangenheit, in der Gegenwart und in der Zukunft.

Für die Vergangenheit übersieht die deutsche Note die Tatsachen, die Daten und die Zahlen, die feststellen, daß der Krieg gewollt, hervorgerufen und erklärt worden ist durch Deutschland und Österreich-Ungarn.

Für die Gegenwart stützt sich das angebliche Angebot Deutschlands auf eine ausschließlich europäische „Kriegskarte", die nur den äußeren und vorübergehenden Schein der Lage und nicht die wirkliche Stärke der Gegner ausdrückt. Ein Friede, der unter solchen Voraussetzungen geschlossen wird, würde einzig den Angreifern zum Vorteil gereichen, die geglaubt hatten, ihr Ziel in zwei Monaten erreichen zu können, und nun nach zwei Jahren merken, daß sie es niemals erreichen werden.

Für die Zukunft verlangen die durch die Kriegserklärung Deutschlands verursachten Verwüstungen, die unzähligen Attentate, die Deutschland und seine Verbündeten gegen die Kriegführenden und gegen die Neutralen verübt haben, Sühne, Wiedergutmachung und Bürgschaften. Deutschland weicht listig dem einen wie dem anderen aus.[36])

Diese Note war ein klassisches Stück internationaler politischer Propaganda, in dem schon manche Umrisse des späteren Vertrages von Versailles erkennbar werden: die alleinige „Kriegsschuld" Deutschlands und die Forderung nach „sanctions, réparations, garanties". Doch sollte sich die Feststellung, daß das deutsche Angebot sich ausschließlich auf die europäische „Kriegskarte" stütze, die nicht die wirkliche Stärke der Gegner ausdrücke, als nur zu richtig erweisen. Noch vor der Antwortnote der Alliierten hatte am 18. Dezember Woodrow Wilson, der soeben wiedergewählte Präsident der USA, die kriegführenden Mächte aufgefordert, Friedensvorschläge zu machen. Die Antwort der Alliierten an den Präsidenten verstand es geschickt, die Parole von „Freiheit und Gerechtigkeit" gegen den „preußischen Militarismus" auszuspielen, was seine Wirkung auf das amerikanische Volk nicht verfehlte. In umgekehrtem Sinne taten diese Parolen das auch beim deutschen Volk, an das Wilhelm II. noch am selben Tag, es war der 12. Januar 1917, einen Aufruf richtete:

Unsere Feinde haben die Maske fallen lassen. Erst haben sie mit Hohn und heuchlerischen Worten von Freiheitsliebe und Menschlichkeit unser ehrliches Friedensangebot zurückgewiesen. In ihrer Antwort an die Vereinigten Staaten haben sie sich jetzt darüber hinaus zu einer Eroberungssucht bekannt, deren Schändlichkeit durch ihre verleumderische Begründung noch gesteigert wird. Ihr Ziel ist die Niederwerfung Deutschlands, die Zerstückelung der mit uns verbündeten Mächte und die Knechtung der Freiheit Europas und der Meere.

Hellflammende Entrüstung und heiliger Zorn werden jedes deutschen Mannes und Weibes Kraft verdoppeln, gleichviel, ob sie dem Kampf, der Arbeit oder dem opfervollen Dulden geweiht ist. Der Gott, der diesen herrlichen Geist der Freiheit in unseres tapferen Volkes Herz gepflanzt hat, wird uns und unseren treuen, sturmerprobten Verbündeten auch den vollen Sieg über alle feindliche Machtgier und Vernichtungswut geben.[37])

Vier Tage danach erhielt der Reichskanzler ein Schreiben der Gewerkschaftsverbände, darunter auch die Namen von Carl Legien und Adam Stegerwald, das mit dem Gelöbnis schloß:

Die Antwort der Entente behebt jeden Zweifel darüber, daß Deutschland sich in einem Verteidigungskrieg befindet. In der vollen Erkenntnis, daß es sich um die Existenz unseres Landes und seiner Bevölkerung handelt, werden wir alle Kräfte des arbeitenden Volkes zur äußersten Kraftentfaltung anregen.[38])

Sie Edward Grey hatte recht behalten: In Europa waren die Lichter der politischen Vernunft ausgegangen. An ihrer Stelle herrschte das trübe Zwielicht von Propaganda und Ideologie, an die beide Seiten auf ihre Weise in ehrlicher Überzeugung glaubten. Daß es nicht aus schierer Bösartigkeit geschah, sondern in gutem Glauben, machte diese Tragik in ihren Auswirkungen nur um so verhängnisvoller. Man hatte es sich also gegenseitig „gegeben", und eine ernsthafte Friedensmöglichkeit schien nicht zu bestehen, solange die eine oder die andere Seite nicht im Kampfe besiegt oder innerer Erschöpfung erlegen war. Davon wähnte man sich allenthalben gleich weit enfernt.

Hilfsdienstgesetz und unbeschränkter U-Boot-Krieg

In Deutschland schien die innere Geschlossenheit wieder hergestellt; die Kräfte waren neu entfacht. „Hindenburg rastet nicht!", so hatte Bethmann Hollweg im Reichstag erklärt, und dies hatte der neue Chef der Obersten Heeresleitung, der OHL — wie man sie nannte —, in der Tat nicht getan, auch im Innern nicht. Seit es zum Stellungskrieg gekommen war, bei dem sich die Heere in einem Grabensystem unterirdischer Festungen verschanzten, war die Artillerie zur eigentlichen Beherrscherin des Krieges geworden. Erst nach tagelangem, wochenlangem Trommelfeuer aller verfügbaren

Kaliber, das kein menschliches Leben mehr in dem durchwühlten, umgepflügten Gelände zurücklassen sollte, konnte die Infanterie zum Angriff vorgehen. Dies waren die sogenannten Materialschlachten, die nicht mehr von Menschen allein, sondern von der Technik und Wirtschaftskraft der Nationen ausgefochten wurden. Zum ersten Male hatte die Sommeschlacht von Juni bis November 1916 die ungeheure Materialüberlegenheit der Ententemächte sichtbar gemacht. Es würde also bei dem entscheidenden Ringen des kommenden Jahres nicht nur auf die Leistungen der Truppen, sondern in steigendem Maße auf die Überlegenheit an Kanonen, Munition und Maschinengewehren ankommen. Um diese sicherzustellen, entwickelte der Feldmarschall in einer Denkschrift an den Reichskanzler die Pläne der OHL, deren Verwirklichung später den Namen „Hindenburg-Programm" erhielt:

11 Nr. 773 geh. op.   *Großes Hauptquartier, den 2. November 1916*

Wir können den Krieg nur gewinnen, wenn wir dem Heere so viel Kriegsgeräte zuführen, daß es den feindlichen Armeen gleich stark gegenübersteht, und wenn wir die Ernährung des gesamten Volkes sicherstellen. Das ist bei den reichen Mitteln, die unsere Feinde haben, nur möglich, wenn alles, was unser Land an Bodenschätzen birgt und was die Industrie und der Acker hergeben können, ausgenutzt wird lediglich für die Förderung des Krieges. Dieses Höchstmaß an Leistungen kann aber nur erreicht werden, wenn das gesamte Volk sich in den Dienst des Vaterlandes stellt. Alle anderen Rücksichten müssen dagegen zurücktreten; sie können in einem Kampf, der um Sein oder Nichtsein des Staates, um die Unabhängigkeit, die Wohlfahrt und die Zukunft unseres Volkes entscheiden wird, keine Rolle spielen.

Es ist nach meiner Überzeugung von höchster Wichtigkeit, daß ein Gesetz zustande kommt, in welchem ausdrücklich die Wehrpflicht für die gesamte männliche Bevölkerung hinsichtlich der Dauer auf das 16. bis 60. Lebensjahr und hinsichtlich der Verwendung auf die gesamte Kriegswirtschaft ausgedehnt wird. Jeder Mann muß seinem Können entsprechend in den Dienst gestellt werden, an der Drehbank, in der Schreibstube oder zu jeder anderen Betätigung, in der er dem Staat am meisten nutzt. Dem werden die Ausführungsbestimmungen zu entsprechen haben.

Ein Gesetz ist nötig, weil die Volksvertretung an der Verantwortung mittragen muß und weil bei einer Mitwirkung des Reichstages die Bevölkerung sich der neuen Aufgabe mit größerer Bereitwilligkeit unterziehen wird. Ich bin der Überzeugung, daß die Volksvertretung sich der Zustimmung zu dem Gesetz nicht entziehen wird, daß vielmehr die Annahme des Gesetzes sich zu einer Kundgebung unserer Stärke und unseres Willens von so ungeheurer Wucht gestalten wird, daß der Eindruck auf unsere Feinde groß sein wird und wir dem Frieden ein gutes Stück näher kommen werden.[39])

Dies ist ein in mehrfacher Hinsicht hochbedeutsames Dokument, das gleich einem Brennspiegel Antworten auf viele Fragen knapp zusammenfaßt. Der Feldmarschall gab bereits hier die Erklärung dafür, warum das Deutsche Reich im ersten Weltkrieg unterlag und unterliegen mußte. Die beiden „Wenn", die beiden Voraussetzungen, unter denen der Krieg „nur" gewonnen werden konnte — materielle Ebenbürtigkeit des deutschen Heeres mit den feindlichen Armeen und zugleich Sicherstellung der Ernährung —, sie waren eine Illusion, für die die Sicht durch den Blick auf die „europäische Kriegskarte" getrübt oder gar verhangen war. Diese Trübung des Blickes für die wirklichen Tatsachen sollte das Kriegsende überdauern und als Legende vom „Dolchstoß" der Heimat in den Rücken des kämpfenden Heeres noch viele Jahre ein neues, Verderben bringendes Wirken entfalten.

Damit hängt auch der Ruf nach der Volksvertretung zusammen, „die an der Verantwortung mittragen müsse", damit sich „die Bevölkerung der neuen Aufgabe mit größerer Bereitwilligkeit unterziehen wird". Immer wenn es galt, neue Lasten aufzuerlegen, war für Hindenburg der Reichstag dafür gut genug. Von anderen Entscheidungen blieb er nach wie vor ausgeschlossen. Der Feldmarschall übersah allerdings, daß Mitverantwortung und Mitwirkung der Volksvertretung auf die Dauer auch das Recht auf Mitbestimmung zur Folge haben mußten. Er selbst wirkte also durch seine Taktik an der Aushöhlung der Bismarckschen Reichsverfassung mit. Das „Gesetz über den vaterländischen Hilfsdienst" fand die Zustimmung der Parteien, einschließlich der Sozialdemokraten: am 5. Dezember 1916 konnte es verkündet werden:

Wir Wilhelm, von Gottes Gnaden Deutscher Kaiser, König von Preußen usw., verordnen im Namen des Reiches, nach erfolgter Zustimmung des Bundesrates und des Reichstags, was folgt:

§ 1

Jeder männliche Deutsche vom vollendeten siebzehnten bis zum vollendeten sechzigsten Lebensjahr ist, soweit er nicht zum Dienst in der bewaffneten Macht einberufen ist, zum vaterländischen Hilfsdienst während des Krieges verpflichtet.[40]

Diese totale Mobilmachung galt für alle unmittelbar kriegswichtigen Berufe, betraf aber auch die Tätigkeit in Presse, Schule und Seelsorge. Von entscheidender Bedeutung war, daß das Gesetz auch die Zustimmung der Gewerkschaften fand, die durch die Beteiligung an den zu bildenden Arbeiterausschüssen und an der Regelung des Schlichtungswesens als die Vertretung der Arbeiterschaft anerkannt worden waren. Die spätere Betriebsrätegesetzgebung und das moderne Betriebsverfassungsgesetz haben hier ihren Ursprung. Dem entsprach die Zuversicht, mit der ein Aufruf der Generalkommission der Gewerkschaften Deutschlands an die Arbeiter und Angestellten vom 8. Dezember schloß:

In dem Existenzkampf, den Deutschland um sein Bestehen und seine Zukunft führt, hat sich die Wahrheit glänzend durchgerungen, daß die Arbeiterklasse der bedeutsamste Teil des Volksganzen ist, ohne deren Opfersinn der geregelte Aufbau der Kriegswirtschaft nicht möglich wäre, der für die Selbstbehauptung unseres Volkes in diesem Kriege von entscheidender Bedeutung ist. Aber ohne ihre feste Organisation hätte die Arbeiterschaft auch diese Anerkennung nicht erreicht, und diese Organisation muß nach Beendigung des Krieges dafür sorgen, daß die Wiedergeburt Deutschlands im Zeichen der politischen Gleichberechtigung, der Anerkennung der Arbeiterorganisationen und der Sozialpolitik erfolgt.[41]

Vier Tage danach versammelten sich in den Germaniasälen zu Berlin über achthundert Delegierte als Vertreter von rund vier Millionen organisierter Arbeiter und Angestellter und beschlossen, „an der Durchführung des Krieges und der vaterländischen Hilfe nach Kräften mitarbeiten zu wollen". Damit war der erforderliche Rückhalt für einen neu geweckten „Aufbruch der Nation" im Innern gegeben; die Ablehnung des Friedensangebotes durch die Entente tat dazu das Ihrige. Man mußte also den Kampf fortsetzen und trat mit dieser Entschlossenheit in das Jahr 1917 ein. Würde es die Entscheidung bringen? Und vor allem: wie würde man sie erzwingen können?

Schon bald nach der Ernennung Hindenburgs und Ludendorffs hatte am 31. August im Hauptquartier eine Beratung zwischen der Reichsregierung und der Obersten Heeresleitung stattgefunden, bei der als erster der Chef des Admiralstabes, Admiral von Holtzendorff, das Wort ergriff. Das Protokoll verzeichnet:

Nach der militärischen Gesamtlage sind wir auf die Verteidigung angewiesen. Die Fortführung des Krieges seitens unserer Gegner ist völlig von England abhängig. Wir müssen daher England mit allen Mitteln verhindern, den Krieg fortzusetzen, dazu dient die Zerstörung seines Seeverkehrs. Wir haben es in der Hand, bis Jahresende Englands Kriegswillen zu brechen.[42])

Als das hierzu geeignete Mittel empfahl der Admiral die Wiederaufnahme des unbeschränkten U-Boot-Krieges. Wieder einmal war damit nicht nur ein militärisches, sondern zugleich und mehr noch ein hochpolitisches Problem zur Debatte gestellt, wie sich schon in der Vergangenheit gezeigt hatte. Im Oktober 1914 hatte der Kaiser befohlen, daß die Schlachtflotte „sich zurückhält und Aktionen vermeidet, die zu größeren Verlusten führen können." Wie richtig dies war, hatte Ende Mai 1916 die Skagerakschlacht bewiesen. Zwar waren die Verluste der Briten doppelt so hoch wie die der Deutschen, aber angesichts einer englischen Übermacht im Verhältnis von 2:1 mußte der Admiral Scheer die Schlacht abbrechen, um im Dunkel der Nacht zu entkommen. So enttäuschend dieser Ausgang für die siegesgewohnten Engländer auch war, die Blockade vermochte die deutsche Hochseeflotte nicht zu brechen.

Unter diesen Umständen hatten schon bald nach Kriegsbeginn die Unterseeboote eine außerordentliche Bedeutung gewonnen. Mit ihrer Hilfe glaubte man sich dem Würgegriff der Blockade entziehen und durch eine Gegenblockade vergelten zu können: Am 4. Februar 1915 begann der unbeschränkte U-Boot-Krieg gegen die feindliche Handelsschiffahrt; die Bezeichnung „unbeschränkt" besagt dabei die Versenkung von Handelsschiffen ohne vorherige Warnung, was sofort den Protest der Neutralen hervorrief. Als im Mai 1915 bei der Versenkung des englischen Dampfers Lusitania auch 139 amerikanische Staatsbürger ums Leben kamen, zog zum ersten Male die Gefahr eines Krieges mit den Vereinigten Staaten herauf. Im August kam es zu einem zweiten Zwischenfall, und um den Bruch mit Amerika zu vermeiden, wurde der U-Boot-Krieg im Kanal und in den Gewässern um Großbritannien schließlich ganz eingestellt. Ähnliches trug sich auch im Jahre 1916 zu. Zweimal war also schon der U-Boot-Krieg gegen England auf amerikanischen Druck hin zum Erliegen gekommen.

Vor dem Hintergrund dieser Ereignisse bezeichnete der Chef des Admiralstabes England als den entscheidend zu schlagenden Kriegsgegner, nicht anders als neun Monate vor ihm der Chef des Generalstabes nach Frankreich und Verdun gewiesen hatte, vor dessen Mauern der Krieg entschieden werden sollte. Würden nun die U-Boote die Wendung zum Sieg bringen? Holtzendorff schrieb am 22. Dezember 1916 „ganz geheim" an Hindenburg:

Wie die Verhältnisse jetzt liegen, können wir mit uneingeschränktem U-Boot-Krieg in fünf Monaten England zum Frieden zwingen. Ausgehend von der früher bereits als Monatsleistung genannten Vernichtung von 600 000 Tonnen Schiffsraum durch den uneingeschränkten U-Boot-Krieg und der in der Anlage näher begründeten Erwartung, daß durch ihn mindestens zwei Fünftel des neutralen Schiffsverkehrs von der Fahrt nach England von vornherein abgeschreckt werden, läßt sich errechnen, daß der englische Seeverkehr nach fünf Monaten um etwa 39 Prozent des heutigen zurückgegangen sein wird. Dies würde England nicht ertragen können, weder im Hinblick auf die Verhältnisse nach dem Kriege noch auch bezüglich der Möglichkeit, den Krieg fortzusetzen.[43]

Zu der Gefahr, daß Amerika nun auch in den Krieg gegen Deutschland eintreten könnte, meinte der Admiral, daß dies auf den Gang der Ereignisse keinen Einfluß haben werde. Für das Heranführen amerikanischer Truppen fehlte der Schiffsraum. Reichskanzler Bethmann Hollweg, der durch den deutschen Botschafter in Washington genau wußte, daß die *Erreichung des Friedens durch rücksichtslosen Unterseebootkrieg hoffnungslos war, weil dadurch die Vereinigten Staaten unbedingt sicher in den Krieg gezogen würden und infolgedessen der Krieg nur verlängert würde*[44], versuchte verzweifelt, auf diplomatischem Wege Amerika dennoch aus dem Kriege herauszuhalten und die Entscheidung über den U-Boot-Krieg hinauszuschieben. Als er der OHL erneut seine Bedenken vorhielt und sich dabei auf seine – verfassungsmäßige – Verantwortung berief, wurde er von Hindenburg in einem Fernschreiben vom 26. Dezember unwirsch zurechtgewiesen.

Da jetzt die Ansichten scharf auseinanderzugehen scheinen, muß ich es zur Wahrung der Stellung der OHL aussprechen, daß Euer Exzellenz zwar die ausschließliche Verantwortung beanspruchen, daß ich aber selbstverständlich auch weiter mit aller Kraft und in vollem Verantwortungsgefühl für den siegreichen Ausgang des Krieges dafür eintreten werde, daß militärisch das geschieht, was ich dazu für richtig halte.[45]

Schroff brachen hier Politik und Kriegführung in Deutschland auseinander, bis zum Ende des Krieges und noch lange über ihn hinaus. Hindenburg sah nur darauf, „daß militärisch das geschieht, was ich dazu für richtig halte". Aber dies war eben kein rein „militärisches Geschehen", denn es mußte ja auch weittragende politische Folgen haben. Bethmann Hollweg dagegen war ein klar denkender Mann, aber keine Natur, die sich gegen die Militärs durchsetzen konnte oder wollte. Als der Reichskanzler auf seinen Widerstand gegen den unbeschränkten U-Boot-Krieg verzichtete, büßte damit die politische Reichsleitung ihre Selbständigkeit endgültig ein und gab die Führung an die OHL ab. In der Kronratssitzung beim Kaiser am 9. Januar 1917 kamen die verschiedenen Standpunkte noch einmal zum Ausdruck. Der Chef des Geheimen Zivilkabinetts machte sich darüber diese Aufzeichnungen:

Am Nachmittag von 6 bis 7.15 fand dann der Kronrat beim Kaiser statt. Alle standen um einen großen Tisch, auf den der Kaiser blaß und erregt die Hände stützte. Holtzendorff sprach zuerst, vom Standpunkt der Marine aus gut und überaus siegesgewiß. England werde in höchstens sechs Monaten am Boden liegen, noch ehe ein Amerikaner das Festland betreten habe; die amerikanische Gefahr schrecke ihn nicht. Hindenburg sprach sehr kurz, betonte eigentlich nur, daß man von der Maßregel die Einschränkung der amerikanischen Munitionslieferungen erwarten müsse. Bethmann endlich legte in sichtlicher innerer Erregung nochmals die Gründe dar, die ihn bisher zum ablehnenden Votum gegen den U-Boot-Krieg bestimmt hätten, namentlich die Besorgnis vor dem alsbaldigen Übertritt Amerikas in die Reihen unserer Feinde mit allen daraus folgenden Konsequenzen, schloß aber damit, daß er angesichts der neuerdings veränderten Stellung der OHL und der kategorischen Erklärung des Admirals über den Erfolg der Maßregel seinen Widerspruch fallenlassen wolle. Der Kaiser folgte seinen Ausführungen mit allen Zeichen der Ungeduld und Ablehnung und erklärte dann zusammenfassend, daß somit der unbeschränkte U-Boot-Krieg beschlossen sei. Es werde Sache der Diplomatie sein, Amerika und die übrigen Neutralen über die Notwendigkeit der Maßregel aufzuklären.[46])

Das Argument der militärischen Fachleute, in diesem Falle der Marine, hatte also den Ausschlag gegeben. Es war nicht das Ergebnis nüchternen Kalküls, sondern emotionalen Wunschdenkens, das Hindenburg und Ludendorff in dem Bewußtsein, keine andere Wahl zu haben, zu dem Rettungsanker „U-Bootkrieg" greifen ließ. Sie selbst hatten ihn als „die letzte Trumpfkarte" bezeichnet und förmlich erzwungen, daß sie ausgespielt wurde. Am 1. Februar 1917 begann der unbeschränkte U-Boot-Krieg.

Die Stimmung beginnt zu sinken

Bethmann Hollweg war in dem Ringen um die wichtigste Entscheidung dieses Krieges unterlegen, und in einem Lande, dessen Tradition den Soldaten so hoch über alle anderen hinaushob, daß man auch dem Reichskanzler Generalsrang verlieh — um ihm den Makel des „Zivilisten" zu nehmen —, hätte es eines Übermenschen bedurft, um sich gegen die Volkshelden der Nation durchzusetzen. *So also ist das nicht, daß Ludendorff ein widerwilliges Volk in den neuen Seekrieg führt. Die Autorität der Sieger von Tannenberg ist eine stark demagogische; ihr Wille berührt sich mit der Sehnsucht der Massen.*[47])

Der Reichskanzler übernahm es auftragsgemäß, *Amerika und die übrigen Neutralen über die Notwendigkeit der Maßregel aufzuklären.* Allerdings wurde die Aufklärung dem amerikanischen Präsidenten erst am 31. Januar zuteil. Eine Woche zuvor hatte Wilson vor dem Senat noch für einen „Frieden ohne Sieg und den Stachel der Rache" plädiert; so mußte er die deutsche Note als eine Brüskierung empfinden, die ihn schlagartig ernüchterte. Am 3. Februar brach er die diplomatischen Beziehungen zum Deutschen Reich ab. Eine Reihe amerikanischer Staaten und China folgten diesem Beispiel. Am 17. März 1917 verfügte Wilson die Bewaffnung der nach Europa fahrenden Handelsschiffe. Bald kam es zu Zwischenfällen, die am 6. April die Kriegserklärung nach sich zogen, gebilligt von einer überwältigenden Mehrheit des Kongresses, vor dem Wilson am 2. April erklärt hatte:

„Der gegenwärtige deutsche Unterseebootkrieg gegen den Handelsverkehr ist ein Krieg gegen die Menschheit. Es ist ein Krieg gegen alle Nationen. Es sind keine Unterschiede gemacht worden, die Herausforderung hat der ganzen Menschheit gegolten. Jede Nation muß selbst darüber entscheiden, wie sie sie aufnehmen will. Wir haben keinen Streit mit dem deutschen Volke. Wir haben gegen dieses nur ein Gefühl der Sympathie und der Freundschaft. Seine Regierung hat nicht auf sein Betreiben gehandelt, als sie in den Krieg eintrat. Wir sind jetzt daran, den Fehdehandschuh dieses natürlichen Feindes der Freiheit aufzunehmen, und wir werden, wenn nötig, die ganze Kraft der Nation verwenden, seine Anmaßung und seine Macht im Zaume zu halten und zunichte zu machen. Wir freuen uns, jetzt, da wir die Tatsachen nicht vom Schleier falschen Scheins umgeben sehen, so für den endlichen Frieden und für die Befreiung ihrer Völker, mit Einschluß des deutschen, zu kämpfen für die Rechte der großen und kleinen Nationen und für das Vorrecht der Menschen, überall ihre Art, zu leben und zu gehorchen, zu wählen. Die Welt muß für die Demokratie sicher gemacht werden.“[48])

Dieser Entschluß führte den Ententemächten die schier unerschöpfliche Kraft eines ganzen Kontinents zu, der ihnen bisher schon in nicht geringem Maße wirtschaftliche Hilfe hatte zukommen lassen. Die deutschen Marineexperten hatten ausgerechnet, daß der Krieg schon entschieden sein würde, noch bevor sich das Eingreifen der Vereinigten Staaten auf das Kriegsgeschehen auswirken konnte. Doch wie, wenn ihnen ein Rechenfehler unterlaufen sein sollte? Dann war der Ausgang des Krieges nunmehr endgültig entschieden, und daß es so war, darüber besteht für die Historiker heute kein Zweifel mehr: Der Weltkrieg 1914 – 1918 ist durch das Eingreifen der USA entschieden worden. Dies ist freilich das Ergebnis rückschauender Betrachtung, dessen man sich damals auf keiner von beiden Seiten voll bewußt wurde. Immerhin, die Gewißheit des amerikanischen Beistandes, der nun nicht nur ein wirtschaftlicher, sondern auch ein militärischer sein würde, belebte die nachlassenden Kräfte der Franzosen und Engländer von neuem, und vor allem half sie einen schweren Schock überwinden: den Ausbruch der Revolution in Rußland, das damit als Verbündeter für die Entente auszufallen schien. Anfang März 1917 war es in Petrograd – wie die russische Hauptstadt Petersburg seit dem Kriegsausbruch hieß – zu neuen Streiks und Unruhen gekommen. Als die Truppen, die die „Ordnung wiederherstellen" sollten, zu den revoltierenden Arbeitern übergingen, war innerhalb weniger Tage das Schicksal der Monarchie in Rußland besiegelt. Am 12. März wurde unter dem Fürsten Lwow eine Provisorische Regierung gebildet; drei Tage später dankte Zar Nikolaus II. ab. Er wurde mit seiner Familie zunächst bei Petrograd, später in Sibirien gefangengesetzt und dort am 18. Juli 1918 von den Bolschewiken ermordet.

Doch auch nach der „Februar-Revolution" setzte die neue russische Regierung den Krieg an der Seite der Entente mit erneuten Anstrengungen fort; im Sommer sollte sogar die Kerenskij-Offensive einen neuen, wenn auch rasch wieder zusammenbrechenden Großangriff im Osten bringen. Für Deutschland ließ sich dagegen Hoffnung auf einen baldigen Frieden mit Rußland nur aus einem Weitertreiben der Revolution durch die Unterstützung ihres radikalen Flügels, also der Bolschewisten, schöpfen. So verfiel man in Berlin auf die schon seit längerem ventilierte Idee, Lenin und anderen im Schweizer Exil lebenden russischen Revolutionären die Rückkehr in ihre Heimat zu ermöglichen und sie als eine Art „Geheimwaffe" der Zersetzung nach Rußland einzuschmuggeln. Der Plan stammte freilich nicht, wie häufig angenommen, von Ludendorff, vielmehr gebührt das Urheberrecht Diplomaten und Parlamentariern gemeinsam mit Bethmann Hollweg. Als Lenin und etwa 30 andere Emigranten am 9. April 1917 von Zürich abreisen konnten, um dann unter militärischer Bewachung quer durch Deutschland zum Ostseehafen Saßnitz weiterbefördert zu werden, fungierte die OHL, indem sie den Transport genehmigte und technisch abwickelte, tatsächlich „nur" als Werkzeug des Auswärtigen Amtes. Schon knapp zwei Wochen später konnte der Leiter der deutschen Abwehr in Stockholm an die OHL telegrafieren: *Lenins Eintritt in Rußland geglückt. Er arbeitet völlig nach Wunsch.*[49]) Und da alles so reibungslos verlaufen war, ließ man im Mai und Juni noch zwei weitere Transporte mit insgesamt über 450 Personen auf dem gleichen Wege folgen. Welche Schleusen eines wahrhaft welthistorischen Kataraktes damit geöffnet wurden, darüber machte sich die politische und militärische Führung des Reiches ebensowenig Gedanken wie die Schweizer Behörden, die Lenin, und die amerikanischen und kanadischen Stellen, die Trotzkij ausreisen ließen.

Lenin begann also, „völlig nach Wunsch zu arbeiten", aber die Rückwirkungen des russischen Umsturzes auf Deutschland waren zunächst weniger militärischer als politischer, vor allem innenpolitischer Natur. Als erste waren die Lichter der russischen Monarchie ausgegangen, und das russische Volk schien sich in die Front der Demokratie gegen die Mittelmächte einzureihen. Würde der Hohenzollernmonarchie in Deutschland ein ähnliches Schicksal drohen? Auf jeden Fall war die Frage nach ihrer Zukunft mit schicksalsschwerem Nachdruck gestellt, auf die am 3. April 1917 ein Leitartikel im „Vorwärts" folgende Antwort gab:

Die Forderung nach der deutschen Republik kann nur von den Deutschen selbst, nicht aber von Russen, Franzosen, nicht von „Untertanen" des Königs von England oder des Königs von Italien erhoben werden. Kein Volk hat das Recht, einem anderen seine Staatsform mit Gewalt aufzudrängen, und kein Volk tut klug, wenn es einen solchen Versuch unternimmt, weil diese Staatsform eben dadurch, daß sie bloß aufgedrängt wird, auch entwertet wird.

Über die Wünsche des deutschen Volkes hinsichtlich seiner Staatsform sind wir einigermaßen unterrichtet. Bei den letzten Reichstagswahlen im Januar 1912 wurden in geheimer Wahl 12 188 000 Stimmen abgegeben, davon waren 4 238 000 sozialdemokratisch. Daß alle Wähler, die sozialdemokratisch stimmten, überzeugte Republikaner waren, möchten wir keineswegs behaupten; daß die restlichen 7 949 000 Wähler es nicht waren, darf man wohl als gewiß annehmen. Im Reichstag sind von 397 Abgeordneten 286 entschiedene Monarchisten. Unter solchen Umständen gibt es für eine demokratische Partei wie die Sozialdemokratie nur eine Möglichkeit: ihre Grundsätze zu vertreten und der Mehrheit Recht werden zu lassen. Man soll also die Stärke der Monarchie in

Deutschland nicht unterschätzen. Über ihre Zukunft wollen wir nicht prophezeien. Nur das eine soll gesagt sein: Findet die Monarchie in dieser Zeit kluge Ratgeber, dann kann sie sich für alle absehbare Zeit sichern und festigen. Das deutsche Volk ist in seiner Mehrheit nicht antimonarchistisch, es ist aber zweifellos in seiner Mehrheit demokratisch gesinnt, es will das gleiche Wahlrecht zu allen Vertretungskörpern, es will Selbstverwaltung und parlamentarisches System.[50])

So ließ sich das Organ der „Partei des Umsturzes" vernehmen. Bahnte sich hier eine Versöhnung an, der auch der Kaiser die Hand bieten würde? Diese Hoffnung erschien nicht unbegründet, als Wilhelm II. wenige Tage nach dieser Veröffentlichung eine „Osterbotschaft" ergehen ließ, in der er von der wunderbar versöhnenden Kraft sprach, welche das Bewußtsein, daß sich das Vaterland in bitterer Notwehr befand, ausgeübt habe. *Die Erlebnisse des Ringens um den Bestand des Reiches leiten mit erhabenem Ernst eine neue Zeit ein*, und den Erfordernissen dieser Zeit sei mit den rechten Mitteln und zur rechten Zeit zur Erfüllung zu verhelfen, *um für die freie und freudige Mitarbeit aller Glieder des deutschen Volkes Raum zu schaffen.* Unter den „rechten Mitteln" nannte der Kaiser die Abschaffung des Dreiklassenwahlrechts in Preußen, als die „rechte Stunde" freilich erst das „glückliche Ende des Krieges."[51])

Wieder einmal war dies ein Wechsel auf die Zukunft, aber in seinen Ankündigungen hatte sich der Monarch nun immerhin schon konkreter festgelegt. Konnte der antimonarchistischen Agitation damit der Boden entzogen werden? Über die Wünsche des deutschen Volkes hinsichtlich seiner Staatsform hatte sich der „Vorwärts" als gut unterrichtet erklärt, dabei allerdings seine Schlüsse aus den Reichstagswahlen von 1912 gezogen. Seither waren fünf Jahre vergangen, in denen mancher Stimmungsumschwung erfolgen konnte, nicht zuletzt auch unter dem Eindruck feindlicher antimonarchistischer Propaganda. Diese gab dem Preußischen Kriegsministerium Anlaß, sich auf einer Sitzung am 25. Mai 1916 mit ihr zu beschäftigen, und zwar mit Ergebnissen wie diesen: *Die feindlichen Bestrebungen, antimonarchistische Strömungen ins Heer und Volk zu tragen, haben in größerem Umfange eingesetzt und werden gerade in letzter Zeit unter Anwendung höchst bedenklicher Mittel genährt und aufs tatkräftigste verbreitet. Es ist allerhöchste Zeit, daß der starken Wühlarbeit der Feinde mit einer eigenen Propaganda in noch erhöhtem Maße entgegengearbeitet wird:*

Aufklärungsarbeit durch Kirche, Schule und in Lazaretten. Von Lehrern oder geeigneten Leuten, z.B. von verwundeten Offizieren pp., sind in ausgiebiger Weise monarchistische Vorträge zu halten, und zwar für die Jugend am besten nicht während der Schulzeit, sondern abends etwas feierlich (bei Licht, Eltern zugegen).

S.M. der Kaiser sowie sein ganzes Haus muß dem Volke wieder persönlich nahegebracht werden:

a) Öftere Reisen S. M. nach Berlin und zu den kleinen Bundesstaaten, die Gelegenheit bieten, sich weiteren Volkskreisen zu zeigen und mit ihnen Fühlung zu nehmen. Die Reisen müssen einen triftigen Grund haben, über den sowie über den Verlauf der Reise in besserer Ausstattung als bisher zu berichten sei.

42

b) *S. M. sollte seine Anteilnahme auch für die Arbeiterkreise in äußerlich sichtbarer Weise zeigen durch Besuche von großen Arbeitsbetrieben, Verleihung von Auszeichnungen an Arbeitgeber und -nehmer einschließlich Frauen.*

c) *Presse muß mehr Aufklärung im Wort, vor allen Dingen aber auch im Bild und Film bringen über die in harter Pflichterfüllung geleistete Arbeitstätigkeit des Monarchen und der Mitglieder seines Hauses, über die Einfachheit ihrer Lebensweise, Leistungen vor dem Feinde, Verluste pp.*[52])

Hierzu hat nach dem Kriege ein deutscher Historiker die Frage aufgeworfen, ob im Preußischen Kriegsministerium auch im Jahre 1759, nach der Schlacht von Kunersdorf, solche Konferenzen zur Stützung des Thrones Friedrichs des Großen stattgefunden hätten. Dabei wird zwar nicht beachtet, daß derlei Probleme des Volkskrieges und der Massenstimmungen im 18. Jahrhundert noch nicht bestanden; aber die Bemerkung, daß ein Königtum, das mit solchen Mitteln gerettet werden müsse, in Wirklichkeit schon tot sei, ist sicher mit der Einschränkung richtig, daß es den Todeskeim in sich trägt.

Trotz aller Besorgnisse, die im Preußischen Kriegsministerium zur Sprache gekommen waren, bewegte die Frage, ob Monarchie oder Republik, das deutsche Volk zu dieser Zeit durchaus nicht. Das zeigte sich bei dem ersten größeren Massenstreik, den eine neuerliche Kürzung der Lebensmittelrationen Mitte April 1917 vor allem in Leipzig und Berlin ausgelöst hatte, und so wurde die Frage „Monarchie oder Republik?" auch mit keinem Wort in einer Denkschrift erwähnt, in der die Vorstände der SPD und ihrer Reichstagsfraktion dem Reichskanzler am 28. Juni 1917 ein umfassendes Bild von der Lage des deutschen Volkes und seiner Stimmung gaben:

Die Ernährungsverhältnisse haben sich dauernd verschlechtert. Die Nahrungsmittel, die der Bevölkerung in den größeren Städten und in den Industriegebieten gegeben werden, sind längst nicht mehr hinreichend, die Menschen zu sättigen und ihre Kräfte zu erhalten. Viele Millionen leiden am quälenden Gefühl des Hungers. Die Stimmung der Bevölkerung ist durch die anhaltenden Entbehrungen aufs tiefste herabgedrückt. Die unzureichenden, meist verzögerten oder völlig verspäteten und dann auch noch in Halbheiten steckenbleibenden Maßnahmen der Behörden haben die Mißstimmung noch genährt. Macht sich doch auch gerade zur Zeit wieder ein geradezu verbrecherischer Wucher mit den Gemüse- und Obstpreisen unter den Augen der Behörden geltend.

Hinsichtlich der militärischen Verhältnisse wollen wir lediglich unsere Beobachtungen über die seelische Verfassung der Soldaten verzeichnen. Auch bei den Truppen greift die Kriegsmüdigkeit um sich. Der Glaube an die Möglichkeit eines entscheidenden Sieges ist mehr und mehr erschüttert. So bemächtigt sich der Soldaten draußen ebenso wie der heimischen Bevölkerung das Gefühl, alle ferneren Opfer sind ja doch vergeblich, die Überlegenheit der Gegner an Zahl und materiellen Mitteln ist zu groß, je länger der Krieg dauert, um so schlimmer wird sich die Lage für uns gestalten.

Es gibt jetzt nur einen Ausweg, um schlimmstes Unheil zu verhüten. Durch das offene Bekenntnis der Reichsleitung zu einem allgemeinen Frieden ohne Annexionen und Kontributionen würde in allen Ententeländern die aus der Tiefe des Volkes kommende Friedensströmung, die schon durch das Friedensangebot der Zentralmächte sichtlich gefördert wurde, sehr verstärkt. Auch die Wirkung einer solchen Erklärung auf die nach Frieden verlangenden Massen unseres Volkes würde die denkbar beste sein.

Die zweite, nicht minder bedeutsame Maßnahme zur Festigung der Stimmung unseres Volkes und zur Stärkung seines Willens zum Widerstand gegen die Bedrohung von außen ist die freiheitliche Neuordnung der Dinge im Innern. Das Volk in seinen weitesten Schichten muß die feste Überzeugung gewinnen, daß es wirklich zu seinem Recht im Reich, in den Bundesstaaten und Gemeinden kommen soll. Die freiheitliche Fortentwicklung der Reichsverfassung in der Richtung auf eine auf die Volksvertretung gestützte und von ihr ausgehende Regierung darf nicht verzögert werden.[53])

Während die Sozialdemokraten Verständigungsfrieden und Parlamentarisierung vorschlugen, zog General Ludendorff aus der Verschlechterung der Stimmung durchaus andere Schlußfolgerungen. Um den „Hetzern, Flaumachern und Schwächlingen" zu begegnen, erließ er Leitsätze für die „Aufklärungstätigkeit unter den Truppen", wofür man jedoch bald den Namen „Vaterländischer Unterricht" als passender ansah. Ludendorff befahl, daß „bei Abhaltung dieses Unterrichts eine Diskussion nicht zuzulassen" und insbesondere folgende Themen zu behandeln seien:

Die Gesamtgröße unserer bisherigen Erfolge rechtfertigt Vertrauen auf endgültigen Sieg. Siegesbewußtsein, Pflichttreue und Mannesstolz sind zu fördern. Entscheidung ist schon zu unseren Gunsten gefallen. Es gilt, sie endgültig zu sichern. Voraussetzungen hierfür sind gegeben.

Schwierigkeiten der Wirtschaftslage durch Lebensmittel und Kohlen sind vorhanden und anzuerkennen, besonders in der Heimat, sie werden aber mit Sicherheit überwunden. Jeder muß selbst helfen und schaffen. Das eigene Ich muß zurücktreten vor dem gemeinsamen großen Ziel. Friedensduselei verlängert ebenso wie Mißmut den Krieg. Einigkeit im Innern macht stark, alles andere schwächt.[54])

Der Erste Generalquartiermeister meinte allen Ernstes, die tief gesunkene Stimmung in der Heimat und an der Front dadurch heben zu können, daß man es mit der Wahrheit nicht allzu genau nahm und den Leuten weismachte, es gelte nur noch die „bereits gefallene Entscheidung" endgültig zu sichern. Daß die Entscheidung bereits zu unseren Gunsten gefallen sei, das glaubte nicht einmal Ludendorff selbst, aber wer andererseits ihm nicht aufs Wort glaubte, der war dann ein Hetzer und Flaumacher, der schwächte die Einigkeit und damit die Aussichten auf den Sieg. 15 Monate später wurde die ganz anders aussehende Wahrheit offenbar, aber da wusch Ludendorff seine Hände in Unschuld.

Das Ende des Burgfriedens

Als Ludendorff seine Propagandarichtlinien ergehen ließ, schrieb man den 31. Juli 1917, sechs Monate seit Beginn des unbeschränkten U-Boot-Kriegs, also genau jene Frist, innerhalb derer sich der Chef des Admiralstabes verpflichtet hatte, England friedensbereit zu machen. Offenbar war ihm doch ein Rechenfehler unterlaufen, und zu ähnlichen

Auffassungen war man auch schon einige Wochen zuvor im Hauptausschuß des Reichstages gekommen, der in Kürze über die fälligen neuen Kriegskredite zu beschließen haben würde. Hier ergriff am 6. Juli der Zentrum-Abgeordnete Matthias Erzberger das Wort, der alsbald auf die Kernfrage zu sprechen kam:

Was den uneingeschränkten U-Boot-Krieg betreffe, so habe der Staatssekretär der Reichsregierung nunmehr zugegeben, daß er und andere von den sechs Monaten gesprochen habe, nach denen die Friedensbereitschaft Englands eintreten werde. Man werde dem Staatssekretär daraus keinen Strick drehen, das werde die Geschichte tun. Wer sich jedoch so außerordentlich geirrt habe, könne vom Parlament nicht mehr das Vertrauen erwarten, das für die Durchführung des Krieges notwendig sei. In den bisherigen Berechnungen über den U-Boot-Krieg sei eben ein Rechenfehler vorhanden gewesen, den man nicht zum zweiten Male machen dürfe.

Durch die Aufgabe des U-Boot-Krieges werde man natürlich dem Frieden nicht näherkommen. Die Kriegführung müsse mit allen Mitteln weitergehen wie bisher. Aber wenn im Reichstag sich eine riesige Majorität oder vielleicht alle Abgeordnete zu dem Gedanken des 1. August 1914 zusammenfinden könnten: Wir stehen auf dem Standpunkt des Verteidigungskrieges und ziehen daraus alle Konsequenzen, wir streben einen Frieden des Ausgleichs an, der die Machtverhältnisse berücksichtigt, die durch den Krieg geschaffen worden sind, einen Frieden, der keine zwangsweise Unterdrückung von Völkern und Grenzteilen bringt; wenn der Reichstag das der Regierung sagen könne, so sei das der beste Weg, der zum Frieden führe. Man möge sich dabei gar nicht um die 25 000 Alldeutschen kümmern, sondern die Leute ruhig verrückt werden lassen. Sanatorien für sie zu bauen, sei viel billiger, als den Krieg noch ein Jahr fortzuführen. Die Art der diplomatischen Verwertung einer solchen Entschließung des Reichstages sei dann Sache des Reichskanzlers.[55])

Dieser Vorschlag einer Friedensresolution entsprach den Empfehlungen der sozialdemokratischen Denkschrift vom 28. Juni. Doch Erzberger und der nationalliberale Abgeordnete Stresemann warfen noch eine andere Frage auf, die sich entscheiden sollte, noch bevor es im Parlament zur Annahme der Friedensresolution kam: die des Reichskanzlers. Bethmann Hollweg, so meinte Stresemann, „sei doch durch seine Stellungnahme in den drei Kriegsjahren derartig belastet, daß es gerade ihm am schwersten würde, mit unseren Gegnern zum Frieden zu kommen". Der Reichskanzler hatte sich zwischen die inneren Fronten manövriert, die nun allesamt gegen ihn standen: die einen, weil sie gegen die Friedensresolution und die angekündigten inneren Reformen waren, die anderen, weil sie Bethmann Hollweg für zu schwach gegenüber der OHL hielten. Die OHL war es denn auch, die die Entscheidung traf. Am 12. Juli richtete Ludendorff an den Kaiser ein Fernschreiben:

Euer Majestät haben sich in der schwersten Krise, die über Deutschland und Preußen hereingebrochen ist, für den Verbleib des Leiters dieser Politik, den Herrn Reichskanzler, in seinem Amt entschieden. Euer Majestät wissen, daß es für mich als verantwortliches Mitglied der Obersten Heeresleitung unmöglich ist, zu dem Herrn Reichskanzler das Vertrauen zu haben, das als Grundlage für eine nützliche Zusammenarbeit zwischen

*dem Reichskanzler und der OHL zur glücklichen Beendigung des Krieges unerläßlich ist,
nachdem der Krieg nicht mehr allein auf rein kriegerischem Gebiet ausgefochten werden
kann. Das Vaterland muß an diesem Mangel an vertrauensvoller Zusammenarbeit
leiden. Euer Majestät ausgleichender Befehl kann dies nicht verhindern. Euer Majestät
kann ich in meiner Stellung nicht mehr dienen, und Euer Majestät bitte ich untertänigst,
mir den Abschied zu bewilligen.*[56])
Was der General hier „untertänigst" vorbrachte, war nichts Geringeres als ein
Ultimatum, dem sich Hindenburg anschloß. Der Kaiser beugte sich: Bethmann Hollweg
bekam seinen Abschied. Hierzu ist später bemerkt worden, daß Wilhelm II. in diesem
Moment schon abgedankt habe, ohne daß es ihm oder dem Lande zum Bewußtsein
gekommen sei. Denn ein König von Preußen, der sich von einem seiner Generale ein
Ultimatum stellen lasse und dulde, daß ein Offizier, der vor dem Feinde steht, nach
Hause zu gehen wünscht, weil ihm die Politik nicht gefällt, habe abgewirtschaftet. In
welchem Maße dies tatsächlich zutraf, zeigten auch die Umstände, unter denen der neue
Kanzler ausgewählt und ernannt wurde. Nach Artikel 15 der Reichsverfassung war der
Reichskanzler vom Kaiser zu ernennen. Diese Form wurde wohl auch jetzt noch
gewahrt, aber in welch fadenscheiniger Weise dies geschah, darüber machte sich der aus
dem Amt scheidende Kanzler folgende Aufzeichnung:
*Nachdem der Kaiser Bernstorff refüsiert hatte, beauftragte er Valentini, Hindenburg zu
fragen, wen er als Reichskanzler wolle. Valentini, der nicht persönlich mit Hindenburg
verhandeln wollte, fuhr unter Zustimmung des Kaisers zu Lyncker, um diesen die
Mission ausrichten zu lassen. General von Plessen, der bei Lyncker war, scheint den
Namen Michaelis aufgebracht zu haben. Darauf haben Valentini, Lyncker und Plessen
mit Hindenburg und Ludendorff konferiert, wobei Ludendorff gesagt hat, er könne
Michaelis nur auf das wärmste empfehlen. Derselbe sei vor einiger Zeit im Großen
Hauptquartier gewesen und habe den Eindruck gemacht, daß er der rechte Mann sei. Der
Kaiser hat auf Vortrag Valentinis Michaelis sofort akzeptiert, obwohl er ihn nicht kenne,
und Michaelis hat nach ganz kurzem Überlegen angenommen.*[57])
Ludendorff hatte also den Eindruck, Michaelis sei der rechte Mann, und der Kaiser
ernannte ihn, obwohl er ihn überhaupt nicht kannte. Dr. Georg Michaelis, der solcher
Art in entscheidender Stunde die politischen Geschicke des Reichs in die Hand nahm,
war ein wackerer Verwaltungsbeamter — Staatskommissar für Ernährung in Preußen —,
der freimütig von sich bekannte: *Ich bin bisher als gewöhnlicher Zeitgenosse neben dem
Wagen der großen Politik hergelaufen und habe mich nur wie ein Zeitungsleser auf dem
laufenden zu halten gesucht.*[58]) In die Geschichte ging er ein als der letzte aus der freien
Verfügungsgewalt und ohne Mitsprache der Parteien berufene Kanzler des Deutschen
Reiches und als der Strohmann der Obersten Heeresleitung, von der Deutschland
nunmehr praktisch regiert wurde.
Von nun an wurde *Hindenburg immer mehr zum heimlichen, aber wirklichen
Kriegskaiser, Ludendorff zum eigentlichen obersten Regierungschef. Die auctoritas des
ruhmreichen und höchst populären Feldherrn Hindenburg verband sich mit der potestas
des militärischen Organisators Ludendorff zur obersten staatlichen Gewalt.*[59]) Das Bild

des Kaisers war längst im Schatten des Doppelgestirns Hindenburg/Ludendorff verblaßt, bald hatten sich auch die Gewichte der politischen Macht verhängnisvoll verschoben. Denn wenn die in den Feldherren verkörperte staatliche Autorität im Bewußtsein des Volkes fortan den Platz des Monarchen einnahm, dann mußte unweigerlich im gleichen Moment, da die militärische Niederlage diese Autorität als trügerisch erweisen würde, auch die letzte Stunde für die Monarchie schlagen. Niemand konnte ahnen, welch innenpolitisch hochbrisanter Sprengstoff damit im Sommer 1917 unter den Hohenzollern-Thron gelegt worden war.

Fünf Tage nach der Ernennung des neuen Reichskanzlers faßte der Deutsche Reichstag mit 212 gegen 126 Stimmen die von dem Abgeordneten Erzberger vorgeschlagene Friedensresolution, mit der eine wichtige und in die Zukunft weisende innenpolitische Gruppierung sichtbar wurde. Die gleichen politischen Kräfte — SPD, Zentrum und Fortschrittspartei — die nacheinander von Bismarck bekämpft worden waren, die bei den Reichstagswahlen von 1912 die Mehrheit erhalten hatten und aus denen später die Weimarer Koalition bestehen sollte, bildeten am 19. Juli 1917 die Mehrheit, mit deren Stimmen ein Bekenntnis zur Friedensbereitschaft beschlossen wurde:

Wie am 4. August 1914 gilt für das deutsche Volk auch an der Schwelle des vierten Kriegsjahres das Wort der Thronrede: „Uns treibt nicht Eroberungssucht." Zur Verteidigung seiner Freiheit und Selbständigkeit, für die Unversehrtheit seines territorialen Besitzstandes hat Deutschland die Waffen ergriffen. Der Reichstag erstrebt einen Frieden der Verständigung und der dauernden Versöhnung der Völker. Mit einem solchen Frieden sind erzwungene Gebietserwerbungen und politische, wirtschaftliche oder finanzielle Vergewaltigungen unvereinbar. Der Reichstag weist auch alle Pläne ab, die auf eine wirtschaftliche Absperrung und Verfeindung nach dem Kriege ausgehen. Die Freiheit der Meere muß sichergestellt werden. Nur der Wirtschaftsfriede wird einem freundschaftlichen Zusammenleben der Völker den Boden bereiten. Der Reichstag wird die Schaffung internationaler Rechtsorganisationen tatkräftig fördern.

Solange jedoch die feindlichen Regierungen auf einen solchen Frieden nicht eingehen, solange sie Deutschland und seine Verbündeten mit Eroberungen und Vergewaltigung bedrohen, wird das deutsche Volk wie ein Mann zusammenstehen, unerschütterlich ausharren und kämpfen, bis sein und seiner Verbündeten Recht auf Leben und Entwicklung gesichert ist.[60])

Mit diesen Worten versuchte zum ersten Male eine Reichstagsmehrheit, die aus der prekären Situation realistischere Folgerungen gezogen sehen wollte, aktiv in das politische Geschehen im Kaiserreich einzugreifen. Zum ersten Male schaltete sich das Parlament als politischer Faktor ein, doch ließ die Friedensresolution Spielraum für viele Deutungen, so daß Reichskanzler Michaelis, an Parlamentsbeschlüsse ohnehin nicht gebunden, ihr mit der Einschränkung zustimmen konnte: „ ... wie ich sie auffasse ...", und das war gleichbedeutend mit der Auffassung der OHL, in deren Händen die tatsächliche Macht lag.

Deren politisches Sprachrohr wurde eine als unmittelbarer Gegenzug gegen die Friedensresolution gegründete neue Partei, unter deren Fahnen sich das „nationale

Bürgertum" — an seiner Spitze der Großadmiral von Tirpitz, der ostpreußische Generallandschaftsdirektor Wolfgang Kapp und der Vorsitzende des Krupp-Direktoriums Alfred Hugenberg — sammeln sollte. Sie nannte sich „Vaterlandspartei" und ließ sich in ihrem Gründungsaufruf vom 2. September 1917 so vernehmen:

Weite Kreise des deutschen Volkes stimmen mit der Stellungnahme der gegenwärtigen Reichstagsmehrheit zu den wichtigsten Lebensfragen des Vaterlandes nicht überein. Wen gäbe es, der nicht mit heißem Herzen den Frieden ersehnte! Nervenschwache Friedenskundgebungen verzögern aber nur den Frieden.

Nicht Sonderbestrebungen zur Erringung parteipolitischer Macht dürfen jetzt das Deutsche Reich zersplittern, der unbeugsame, nur auf des Vaterlandes Sieg bedachte Wille muß es einen! In dankbarem Aufblick zu unserem unvergeßlichen geliebten ersten Kaiser und seinem eisernen Kanzler, den Einigern der deutschen Stämme, eingedenk des Titanenkampfes gegen den verderblichen Parteigeist, den Otto von Bismarck in flammenden Worten vor Gott und der Geschichte anklagte, haben die unterzeichneten ostpreußischen Männer, treu den Überlieferungen ihrer Vorväter, die Deutsche Vaterlandspartei gegründet, um das deutsche Vaterland in dieser größten und ernstesten Stunde deutscher Geschichte vor dem Erbübel der Uneinigkeit und Parteiung zu schützen und zu schirmen. Die Deutsche Vaterlandspartei will Stütze und Rückhalt sein für eine kraftvolle Reichsregierung, die nicht in schwächlichem Nachgeben nach innen und außen, sondern in deutscher Standhaftigkeit und unerschütterlichem Glauben an den Sieg die Zeichen der Zeit richtig zu deuten weiß.

Wir leben nicht, wie unsere Feinde lügen, unter autokratischem Absolutismus, sondern unter den Segnungen eines konstitutionellen Staates, dessen soziales Wirken alle Demokratien der Welt beschämt und dem deutschen Volke die Kraft gegeben hat, der ungeheuren Übermacht seiner Feinde zu trotzen. Deutsche Freiheit steht himmelhoch über der unechten Demokratie mit allen ihren angeblichen Segnungen, welche Heuchelei und ein Wilson dem deutschen Volke aufschwatzen wollen, um das so in seinen Waffen unüberwindliche Deutschland zu vernichten. Mit allen Mitteln der List und der Lüge wollen die Feinde Deutschlands Söhne zum Verlassen ihres Kaiserlichen Führers bestimmen. Sie wissen nicht, was deutsche Treue heißt, wie die deutschen Bundesfürsten und Stämme, durch Blut und Eisen zusammengeschweißt, bis zum letzten Atemzug zu Kaiser und Reich stehen! Sie ahnen nicht, wie kriegerische Zucht uns Deutschen kein Opfer, sondern freiester Stolz ist.[61]

Die Gegensätze, die seit Beginn der „Weltpolitik" um 1890 sichtbar geworden waren und die sich dann an der Kriegszieldebatte entzündet hatten, waren durch den „Burgfrieden" nur oberflächlich und nur zeitweise überdeckt worden. Auf der einen Seite standen die Alldeutschen und ihnen Gleichgesinnte, die mehr oder weniger ausschweifende Annexionen forderten, die meist gleichzeitig die alte politische und gesellschaftliche Ordnung verteidigten und Gegner jeder Neuorientierung waren. Auf der anderen Seite forderten Mittel- und Linksparteien — in unterschiedlichem Ausmaß — Demokratisierung und Parlamentarisierung und lehnten in ihrer Mehrheit, wenigstens jetzt, Annexionen und Weltherrschaftspläne ab.

Diese tiefgreifende Spaltung des deutschen Volkes überlebte den ersten Weltkrieg und wurde noch der Weimarer Republik zum Verhängnis. Wo nüchterne Einsicht und mutige Erkenntnis der rauhen Wirklichkeit das Gebot der Stunde waren, verwechselten Deutsche, denen das „Opfer der kriegerischen Zucht" erspart geblieben war, Patriotismus und vaterländische Gesinnung mit starrsinniger Verblendung und dem Wahn, man könne der Lage mit flammenden Worten Herr werden. Es waren dieselben, von denen Erzberger gemeint hatte, sie in ein Sanatorium zu stecken, koste weniger als ein weiteres Jahr Krieg. Statt dessen fand die Vaterlandspartei in großzügigem Maße die Förderung der Behörden des Reiches, und noch für viele Jahrzehnte wird man in Deutschland für „Patrioten" nur diejenigen halten, die nicht gewillt, der Wahrheit ins Antlitz zu sehen, aber um flammende Worte niemals verlegen sind; die unausgesetzt von Verantwortung reden, um sich ihr immer noch rechtzeitig zu entziehen und sie anderen zuzuschieben. Erzberger irrte sich gründlich, als er meinte, jenem Staatssekretär des Reichsmarineamtes, der dem Haushaltsausschuß des Reichstages, mit den Knöcheln auf den Tisch schlagend, versichert hatte, die militärische Bedeutung Amerikas sei „gleich Null, Null und nochmals Null", oder jenem Admiralstabschef, der sein Wort als Seeoffizier dafür verpfändet hatte, daß kein amerikanischer Soldat das europäische Festland betreten sollte, werde die Geschichte den Strick drehen. Es tat dies weder die Geschichte noch sonst jemand, aber Erzberger mußte später seinen Mut, der Wahrheit ins Antlitz zu sehen und demgemäß zu handeln, mit dem Leben bezahlen. Er war nicht der erste und nicht der letzte in einer langen Reihe von Opfern des „Patriotismus" der flammenden Worte.

An der Schwelle des vierten Kriegsjahres

Zu einem Zeitpunkt, an dem nach den Worten Ludendorffs „Einigkeit stark macht, alles andere aber schwächt", war das deutsche Volk durch die Gegensätze von „Annexionisten" und Anhängern des „Verständigungsfriedens" stärker aufgespalten als je zuvor. Die einigende Klammer an der Spitze des Reiches, welche die Kluft hätte überbrücken sollen, fehlte; der Kaiser war gänzlich in den Hintergrund getreten. Die Reichsverfassung des Fürsten v. Bismarck bestand im Grunde nur noch auf dem Papier. Wie lange noch? Das hing nicht unwesentlich ab vom weiteren Gang der militärischen Ereignisse. An der Westfront scheiterten auch in diesem Jahr wieder alle Offensiven gegen die deutschen Stellungen trotz ungeheurem Einsatz von Material und Menschen, während an der Isonzofront den Österreichern und Deutschen Ende Oktober sogar ein großer Durchbruch bis an die Piave gelang. Doch vor allem: in Rußland hat nun Lenin „erfolgreich" gearbeitet und mit der Oktoberrevolution die Macht an sich gerissen. Um ihre Herrschaft zu errichten, brauchen die Bolschewisten vor allem einmal Frieden, so daß es am 15. Dezember zum Waffenstillstand und eine Woche später in Brest-Litowsk zum Beginn von Friedensverhandlungen kommt. Das sah nach einer relativ günstigen Bilanz für das Jahr 1917 aus: die im Osten frei werdenden Truppen würde man an die

Westfront legen können, um dort nun mit stärkeren Kräften die Entscheidung herbeizuführen, bevor die amerikanische Hilfe ins Gewicht fiel. Dieses Ziel hatte die OHL schon im Oktober 1917 mit einer Denkschrift über die Vorbereitung einer Offensive im Westen ins Auge gefaßt:

Wir müssen damit rechnen, daß mit Beginn des Frühjahres 1918 die Amerikaner dem Westkriegsschauplatz beträchtliche Kräfte zugeführt haben werden (10 bis 15 Divisionen). Als Leitgrundsatz unserer militärischen Gesamtlage bleibt nach wie vor, daß die Entscheidung auf dem Westkriegsschauplatz fällt. Sie wird in für uns günstigem Sinne um so eher fallen, je eher es uns gelingt, dem Engländer oder Franzosen einen vernichtenden Schlag beizubringen, bevor die amerikanische Hilfe wirksam werden kann. Dieser Schlag ist aber nur möglich, wenn wir die hierzu erforderlichen Kräfte frei machen können. Dieses Ziel muß also gesetzt und danach unser gesamtes Handeln auf allen Kriegsschauplätzen im Winter 1917/1918 eingerichtet werden. Wir brauchen zu dem Angriff 30 Divisionen.[62])

Nun hatte aber Ludendorff schon im Juli 1917 Abgeordneten des Reichstages zugegeben: „Der Krieg ist allein durch die Waffen nicht zu entscheiden. Volk und Heer müssen zusammenstehen", und bestätigte damit eine Feststellung, die kurz zuvor der Abgeordnete Stresemann getroffen hatte: *Die Innenpolitik ist heute ein Faktor zur Gewinnung des Krieges nach außen. Beide Seiten lassen sich nicht mehr voneinander trennen.*[63]) Wie stand es also um die Innenpolitik am Ende des Jahres 1917? Zwei Ereignisse waren hierfür von besonderer Bedeutung:

Mit dem Nachfolger Bethmann Hollwegs waren die OHL wie die Mehrheitsparteien des Reichstages gleichermaßen unzufrieden. Noch bevor es zum Rücktritt Michaelis am 31. Oktober 1917 kam, hatte sich im Parlament ein Interfraktioneller Ausschuß aus den Parteien der Friedensresolution (SPD, Zentrum und Fortschrittspartei) und den Nationalliberalen gebildet, der dem Kaiser folgenden Beschluß übermittelte:

Nach Rücksprache von Vertretern verschiedener Parteien des Reichstages mit dem Herrn Reichskanzler über die gesamte äußere und innere Lage sind wir gemeinschaftlich zu folgender Auffassung gelangt:

Sollte Seine Majestät der Kaiser zu dem Entschlusse kommen, einen Kanzlerwechsel eintreten zu lassen, so dient es dem höchsten Staatsinteresse, für ruhige innerpolitische Entwicklung bis Kriegsende volle Gewähr zu schaffen. Nur hierdurch kann jene Geschlossenheit hergestellt werden, deren das Volk in Waffen und in der Heimat dringend bedarf. Der Weg zu diesem Ziel ist eine vertrauensvolle Verständigung über die äußere und innere Politik des Reiches bis zum Kriegsende. Die innerpolitischen Schwierigkeiten der letzten Monate sind auf den Mangel einer solchen Verständigung zurückzuführen. Seine Majestät den Kaiser bitten wir daher, vor der von ihm zu treffenden Entschließung die zur Leitung der Reichsgeschäfte in Aussicht genommene Persönlichkeit zu beauftragen, sich mit dem Reichstag zu verständigen.[64])

Wie in die äußere Politik mit der Friedensresolution, so schaltete sich der Reichstag nun auch in die innere Politik als ein selbständiger Faktor mit der Forderung ein, bei der Ernennung eines neuen Reichskanzlers ein Wort mitzureden, wenn auch nicht bei der

Wahl der Person, so doch bei den Grundlinien der Politik, die dieser zu führen haben würde. Der Kaiser entsprach diesem Verlangen, und der als Nachfolger von Michaelis ausersehene bayerische Ministerpräsident Graf Hertling nahm die in fünf Punkten niedergelegten Forderungen des Interfraktionellen Ausschusses an. Das war ein weiterer wichtiger Schritt auf dem Wege zur Parlamentarisierung des Reiches, von dem die „Frankfurter Zeitung" schrieb:

Aus dem deutschen Obrigkeitsstaat wird der deutsche Volksstaat. Festgestellt ist, daß in Deutschland nur noch eine solche Regierung bestehen kann, die sich auf das Vertrauen einer Reichstagsmehrheit zu stützen vermag, daß eine Regierung gehen muß, die dieses Vertrauen nicht mehr genießt, und daß deshalb keine Regierung kommen kann, die sich dieses Vertrauens nicht vorher versichert.[65])

Dieser Kommentar spiegelt die damalige Stimmung derjenigen wider, welche die Umstände, unter denen es zur Ernennung des Grafen Hertling gekommen war, im Vergleich zu der praktisch durch Ludendorff vorgenommenen Berufung von Michaelis als einen großen Schritt nach vorn empfinden mußten. Ob die Wahl der Person eine gute war, das blieb hingegen zweifelhaft. Graf Hertling, von Hause aus Philosophieprofessor und als Parlamentarier und Diplomat nicht ohne Erfahrungen, war mit seinen 74 Jahren ein verbrauchter alter Mann, der auch nur widerstrebend sein Amt antrat. Würde er sich Staatsmännern wie dem um zwei Jahre älteren Clemenceau und dem englischen Premier Lloyd George — beide ebenso leidenschaftliche wie willensstarke Naturen — als ebenbürtig erweisen können? Und würde es ihm gelingen, „für eine ruhige innerpolitische Entwicklung bis Kriegsende volle Gewähr zu schaffen"?

Von einer solchen Entwicklung konnte ja schon lange keine Rede mehr sein, und im Frühjahr 1917 war noch ein folgenschweres Moment der Verschärfung dazugekommen: die Spaltung der Arbeiterbewegung. Die deutschen Sozialdemokraten hatten sich 1914 entschlossen in die nationale Verteidigungsfront eingereiht, eine Haltung, an der sie während der ganzen Dauer des Krieges festhielten.

Allerdings hatte es in der SPD-Reichstagsfraktion schon gleich im August 1914 gegen die Zustimmung zu den Kriegskrediten eine durch den Fraktionszwang überdeckte Opposition von 14 Stimmen (in der Fraktionssitzung, wo von den insgesamt 110 Abgeordneten 78 für die Kredite gestimmt hatten) gegeben, mit der sich zum Teil alte Gegensätze aktualisierten, die bereits vor 1914 wiederholt hart an den Rand einer Parteispaltung geführt hatten. In den folgenden Jahren war diese opponierende Minderheit stetig gewachsen, bis sie unter dem Eindruck der russischen Februar-Revolution der Parteiführung endgültig die Gefolgschaft aufkündigte und sich Anfang April 1917 als „Unabhängige Sozialdemokratische Partei Deutschlands" (USPD) konstituierte. In den Augen der Unabhängigen führte die von der Fraktionsmehrheit unterstützte Kriegspolitik der Monarchie nur zu einer Verewigung der bestehenden Gesellschaftsstruktur, denn dieser Krieg diene nicht der Vaterlandsverteidigung, sondern — wie die Parolen der Vaterlandspartei eindringlich zu bestätigen schienen — der Eroberung zum Nutzen der herrschenden Klassen. Sie forderten deshalb sofortigen Friedensschluß und stimmten im Reichstag fortan gegen die Bewilligung weiterer Kriegskredite. Als orthodoxe Marxisten rechneten sie damit, daß jetzt im Kriege die „Dialektik der Geschichte" gleichsam von selbst zur Revolution führen müsse, die man im übrigen weder „machen" noch beschleunigen könne.

In dieser Hinsicht ging jedoch innerhalb der USPD die „Gruppe Internationale", nach ihren illegalen Mitteilungsbriefen bald bekannter als „Spartakus-Gruppe", unter Rosa Luxemburg und Karl Liebknecht einen wesentlichen Schritt weiter: Man dürfe auf den Umsturz nicht nur passiv warten, sondern könne und müsse ihn auch aktiv herbeiführen durch „Massenaktionen" und die Mobilisierung der Arbeiterschaft gegen das herrschende System. Doch dazu fehlte es der Spartakus-Gruppe, der Keimzelle der späteren KPD, an der erforderlichen Organisation. Da sie zahlenmäßig äußerst klein war und sich nahezu alle ihre Führer, namentlich Luxemburg und Liebknecht, schon seit 1915 bzw. 1916 in Haft befanden, blieb sie bis zum November 1918 ohne jeden Einfluß auf die Ereignisse, im Unterschied zu einer anderen, ebenfalls der USPD angeschlossenen radikalen Gruppe, den „Revolutionären Obleuten". Dies war ein zahlenmäßig ebenfalls kleiner, dafür aber bald straff organisierter Kreis von Funktionären der Berliner Metallarbeitergewerkschaft, die in ihren Betrieben wirklichen Einfluß auf die Arbeiter hatten und an dem großen „Brotstreik" vom April 1917 (wie dann auch am Januarstreik von 1918) führend beteiligt waren. Im Gegensatz zur Spartakus-Gruppe bestand ihre Taktik nicht in der Massenaktion, sondern in der geheimen Verschwörung.

Alle diese Gruppen waren weniger die Urheber als der Ausdruck einer bereits vorhandenen und meist auch berechtigten Unzufriedenheit unter der Arbeiterschaft, besonders da, wo diese sich mit ihren Interessen von den „Mehrheitssozialisten" nicht mehr vertreten glaubte. Andererseits beeinflußte das Konkurrenzverhältnis rivalisierender sozialistischer Gruppen auch das taktische Verhalten der Führung des alten Parteistammes, der MSPD, die an ihrer Unterstützung der Kriegswirtschaft der kaiserlichen Regierung unverändert festhielt. Denn nur, wenn es gelang, die große Masse der Arbeiter auf ihrer Seite zu halten, bestand die Aussicht, daß Deutschland die Leistungen vollbringen konnte, die zum Kampf mit der feindlichen Übermacht erforderlich waren.

Nachdem schon einmal im Frühjahr 1917 eine Streikbewegung aufgeflammt war, stellte sich diese Aufgabe den Mehrheitssozialisten erneut und in verschärftem Maße bei einem Streik der Berliner Munitionsarbeiter im Jahre 1918. Ihm hatte ein ähnliches Aufbegehren der Arbeiter in Wien den Weg bereitet; übrigens nicht nur nach Berlin, sondern auch nach Hamburg, Leipzig, Köln, München, Bochum, Dortmund und anderen Städten des Reiches. In Berlin — und hier hatten die Unabhängigen eine ihrer wenigen Hochburgen, wo nach der Parteispaltung fast die gesamte Mitgliedschaft der MSPD den Rücken gekehrt hatte — forderten die rund 200 000 Streikenden: Schleunige Herbeiführung des Friedens ohne Annexionen und Kriegsentschädigungen; ausgiebigere Nahrungsmittelversorgung; Aufhebung des Belagerungszustandes und der militärischen Kontrolle der Betriebe; Entlassung aller wegen politischer Handlungen Verurteilten und Inhaftierten; durchgreifende Demokratisierung der gesamten Staatseinrichtungen in Deutschland. Von Sozialisierung des Privateigentums war so wenig die Rede wie von der Abschaffung der Monarchie; ein Beweis dafür, wie bedeutungslos der Einfluß der Spartakisten geblieben war. Die Gewerkschaften erklärten sich als neutral, während bei den Mehrheitssozialisten die Haltung zum Streik heftig diskutiert wurde. Erinnerte sich Philipp Scheidemann, Mitglied des Partei- und des Fraktionsvorstandes:

Die Frage der Arbeiter, ob wir eine Delegation in die Streikleitung zu entsenden bereit sein würden, wenn die Delegiertenversammlung der Streikenden uns selbst darum ersuche, wurde nach eingehender Aussprache bejaht. Es kam für uns in Betracht, die Bewegung in geordneten Bahnen zu halten und so schnell wie möglich durch Verhandlungen mit der Regierung geschlossen zum Abschluß zu bringen.[66])

Mit diesem Ziel, vor allem aber um den Unabhängigen das Feld nicht allein zu überlassen, traten die Sozialdemokraten Braun, Ebert und Scheidemann der Streikleitung bei. Der spätere Reichspräsident Ebert mußte sich dafür als „Landesverräter" bezichtigen lassen, und ein spitzfindiges Gerichtsurteil verweigerte seiner Ehre ebenso den Schutz wie der geschichtlichen Wahrheit. Während die Mehrheitssozialisten dafür eintraten, diesem Ausbruch der Volksstimmung den Boden dadurch zu entziehen, daß von den Forderungen der Streikenden namentlich jene angenommen würden, die dann Monate danach — als es zu spät war — auch tatsächlich erfüllt wurden, lenkte der Oberbefehlshaber in den Marken die Bewegung am 1. Februar 1918 auf seine Weise wieder in geordnete Bahnen:

Die Aufstandsbewegung, in der ein Teil der Arbeiterschaft von Groß-Berlin noch verharrt, beeinträchtigt die Versorgung des Heeres und der Marine mit Waffen und Munition. Ich habe daher zunächst folgende Betriebe:

1. Deutsche Waffen- und Munitionsfabrik in Marienfelde, Lichtenberg und Wittenau,
2. Berliner Maschinenfabrik-Aktien-Gesellschaft vorm. L. Schwarzkopff in Berlin,
3. A. Borsig in Berlin-Tegel,
4. Allgemeine Elektrizitäts-Gesellschaft, Fabriken Hennigsdorf,
5. Argus Motoren-Gesellschaft in Berlin-Reinickendorf,
6. Luft-Verkehrs-Gesellschaft in Berlin-Johannistal,
7. Daimler-Motorengesellschaft, Zweigniederlassung Berlin-Marienfelde,

unter militärische Leitung gestellt und den Arbeitern dieser Betriebe aufgegeben, die Arbeit spätestens Montag, den 4. Februar 1918, bis morgens 7 Uhr wiederaufzunehmen. Zuwiderhandelnde setzen sich schweren Bestrafungen nach den Vorschriften des Belagerungszustandes aus; die Wehrpflichtigen unter ihnen werden außerdem militärisch eingezogen werden.[67])

Die Ordnung schien mit Hilfe des verschärften Belagerungszustandes wiederhergestellt. Die Ursachen des Aufruhrs bestanden weiter, vor allem aber konnte seine hauptsächliche Wurzel nicht beseitigt werden: der Hunger. Über die Ernährungslage in jenen Jahren sagte eine Denkschrift des Reichsgesundheitsamtes vom Dezember 1918:

Das deutsche Volk war wegen der Absperrung der Nahrungsmittel gezwungen, sich im wesentlichen aus der eigenen Erzeugung des Landes zu ernähren; es wurde daher schon frühzeitig notwendig, die wichtigsten Lebensmittel auf den Kopf der Bevölkerung zu rationieren. Man begann zuerst mit dem Brot, dann folgten Fleisch, Fett, Milch und

Kartoffeln. Im Herbst 1916 trafen, auf diese Weise verteilt, nur 1344 Kalorien aus rationierten Nahrungsmitteln auf den Kopf der Bevölkerung. Der freihändige Zukauf von nicht rationierten Nahrungsmitteln wurde infolge der gewaltigen Preissteigerung fast nur für wohlhabende Leute möglich. Vor allem die Festangestellten (Beamte, Angestellte in kaufmännischen Berufen, Dienstpersonal, Berufsarbeiter mit leichterer Arbeit im Handwerk und in der Industrie), alte berufslose Personen, chronisch Kranke wurden von dem Nahrungsmangel schwer betroffen.

Schon im Sommer 1917 sank der Wärmewert der rationierten Kost sogar auf 1100 Kalorien mit einem Eiweißgehalt von nur 30 Gramm täglich. Dabei sind als Mindestgehalt in der Nahrung 60 Gramm Eiweiß nötig. Nimmt man die Verluste hinzu, welche durch die schwere Verdaulichkeit dieser Kost, die Nahrungsabfälle in der Küche usw.

entstehen, so sinkt der Wert der rationierten Kost auf rund 1 000 Kalorien; das ist eine Energiemenge, die nur wenig größer ist, als der völlig hungernde Mensch täglich von seinem eigenen Körper einschmelzen muß, um sich überhaupt am Leben zu erhalten. Die Selbsthilfe der Natur, d.h. die Gewichtsverringerung und damit die Einstellung auf einen niedrigeren Nahrungsbedarf, hat ihre normalen Grenzen. Wenn ein vorher normal genährtes Wesen ungefähr auf der Hälfte des früheren Körpergewichts angelangt ist, so geht es erfahrungsgemäß am Hungertod zugrunde. Schon lange vorher ist aber ein solcher Mensch nicht mehr imstande, Arbeit zu leisten. 1 000 Kalorien sind der Nahrungsbedarf für ein zwei- bis dreijähriges normales Kind. Ein Erwachsener kann also auf gar keine Weise sich mit dieser Nahrungsmenge auf die Dauer am Leben erhalten.[68])

Mag auch die Ernährungslage im ganzen gesehen für das deutsche Volk nicht überall so düster gewesen sein, wie sie hier geschildert wird, so war sie dennoch drückend und ernst genug, um eine Gewitterstimmung erzeugen zu helfen, die sich in Streiks entlud, wie zuletzt im Januar 1918. Wie dergleichen künftig zu begegnen sei, darüber schrieb Hindenburg am 17. Februar an den Reichskanzler:

Der Einfluß der Streiks auf die Kriegführung besteht einmal darin, daß eine Anzahl von Truppen und von Ersatzmannschaften im Inlande festgehalten werden, die ich schon jetzt, wahrscheinlich aber auch in der Folge, an der Front dringend gebrauche. Ferner wird auch die gesamte Rüstungsindustrie unter Umständen in schwerwiegende Mitleidenschaft gezogen. Zwar hat der letzte Streik in dieser Hinsicht keinen erheblichen Schaden angerichtet. Sein Mißerfolg lag aber, abgesehen von der festen und entschlossenen Haltung der Regierung und der militärischen Gewalt, auch an der unzureichenden Organisation, der kurzen Dauer und der geringen Beteiligung der Arbeiter.[69])

Dieser Streik, dem später im Zusammenhang mit der Legende vom „Dolchstoß" — *wie Siegfried unter dem hinterlistigen Speerwurf des grimmigen Hagen, so stürzte* laut Hindenburg (1919) *unsere ermattete Front*[70]) — eine erhebliche Bedeutung angedichtet wurde, hatte also laut Hindenburg (1918) „keinen erheblichen Schaden angerichtet". Abschließend betonte der Feldmarschall, *daß ich keinesfalls einem Eingehen auf irgendwelche Wünsche der Streikenden, sei es in politischen oder wirtschaftlichen Forderungen, das Wort reden will. Ich bin nach wie vor fest überzeugt, daß es nur durch Stärke und Festigkeit gelingen kann, auf die Dauer größere Streiks zu verhindern und*

die eingangs erwähnten, durch Streiks zu befürchtenden Übelstände auszuschließen.
Hindenburg plädierte somit dafür, den innenpolitischen Druck durch entsprechenden
Gegendruck niederzuhalten und unschädlich zu machen. Würden die politischen und
militärischen Ventile ihn aushalten können? Das Mittel des militärischen Druckes hatte
sich immerhin beim Abschluß des Friedens von Brest-Litowsk am 3. März als erfolgreich
erwiesen. Die Russen, die auf der Grundlage von Prinzipien wie Verzicht auf
Annexionen und Kriegsentschädigungen, Räumung der besetzten Gebiete, Selbstbestimmungsrecht der Völker hatten verhandeln wollen, wurden durch die Wiederaufnahme des Vormarsches zur Unterschrift gezwungen. So war es die OHL, die praktisch
in Brest-Litowsk die Friedensbedingungen diktierte, denn Hindenburg und Ludendorff
hatten sich wieder einmal, wie schon im Juli 1917, mit Rücktrittsdrohungen durchsetzen
können. Rußland verlor ein rundes Viertel seines Territoriums, seines anbaufähigen
Landes und seines Eisenbahnnetzes, dazu drei Viertel seiner Eisenindustrie und
Kohlenbergwerke. Von Finnland über Estland, Livland, Polen und die ukrainische
Kornkammer bis nach Bessarabien sollte ein deutsches Protektorat entstehen.
Dieser Friede trennte nirgends russisch besiedeltes Land von Rußland ab, aber seine
Bedingungen waren nichtsdestoweniger hart und boten ein böses Beispiel für später, als
die Deutschen als die Unterlegenen am Verhandlungstisch Platz nehmen mußten und
dann die Welt nicht mehr verstanden. Im März 1918 war man jedoch noch der
allgemeinen Überzeugung, daß nach dem Fortfall der russischen Front nun auch im
Westen der endgültige Sieg errungen werden könnte.

Die letzte Offensive im Westen

Der Offensivkraft des Landheeres durften Hindenburg und Ludendorff im Frühjahr
1918 einiges zutrauen: 3½ Millionen Mann standen in 192 Divisionen im Westen bereit,
doppelt so viele wie im August 1914 und etwa ebenso viele wie die vereinigte
Truppenmacht der Gegenseite. Würde sie diesmal in die Knie gezwungen werden
können? Am 21. März begann Ludendorff seine Westoffensive und damit die bis dahin
größte Schlacht der Weltgeschichte. Bis vor die Tore von Amiens stießen die deutschen
Truppen in wenigen Tagen 60 Kilometer weit vor, viel weiter, als es den Franzosen und
Engländern in monatelangen Materialschlachten jemals gelungen war. Der „Blitzkrieg"
der ersten Kriegsmonate schien wieder zu beginnen, aber trotz großer taktischer Erfolge
wurde das strategische Ziel, der Durchbruch, nicht erreicht. Auch der nächste Angriff
am 9. April in Flandern und zwei weitere Versuche im Mai und Juli änderten hieran
nichts. Alle verfügbaren Kräfte hatte die OHL angespannt und — überspannt; noch
waren sie nicht verbraucht, aber die ersten Zeichen der Erschöpfung begannen sichtbar
zu werden. Unter dem 26./27. April notierte sich der Oberst im Generalstab von Thaer
in seinem Tagebuch:
Persönlich habe ich mich davon überzeugen müssen, daß durchweg die Truppen jetzt
unter der Depression einer sehr schweren Enttäuschung standen. Es war nicht mehr der

Angriffsgeist des 21. März und der unmittelbar nachfolgenden Tage, wie ich es südlich Arras vor 4 — 6 Wochen noch miterlebt habe. Damals noch hatte alles sich innerlich noch einmal zusammengerafft und alles hergegeben in der Zuversicht: „Das ist nun die allerletzte Offensive. Damit schaffen wir es und dann wird Friede." Daß diese Hoffnung gescheitert ist, darüber ist jeder Kompanieführer und jeder Batterieführer und demgemäß jeder Musketier und jeder Kanonier hier im Abschnitt von Armentières sich klar. Man fühlt: „Nun muß weitergekämpft werden, egal wird es so weitergehen, eine Offensive der anderen folgen, mit dem Wiedersehen in der Heimat wird es wohl Essig werden." Das ist so der Inhalt dessen, was man hier zu hören bekommt.[71])

Der Oberst, der zur OHL kommandiert worden war, nahm sich vor, Hindenburg und Ludendorff hierüber ausführlich zu berichten, sobald er einem von ihnen gegenüberstehen würde. Als er hierzu schon eine Woche später Gelegenheit hatte, war die Reaktion des Feldmarschalls eine väterlich-joviale:

„Ach mein lieber Herr von Thaer, das mag ja gewiß jetzt bei Ihnen da zuletzt nicht ganz so schön gewesen sein, aber bedenken Sie mal, was dieser so kleine schmale Frontabschnitt, 20 Kilometer, den Sie im Auge hatten, bedeutet bei unserer Frontausdehnung vom Kanal bis zu den Alpen. Ich habe von überall her täglich Berichte, sowohl über die taktische Lage, wie über die Stimmung der Truppe. Die letztere ist allenthalben sehr gut, fast überall glänzend sogar, die beim Feinde ist dagegen nach unseren letzten Nachrichten recht schlecht."[72])

Weitaus heftiger explodierte Ludendorff „mit seiner in solchen Fällen dann ganz hohen Stimme", nachdem der Oberst auch ihm den gleichen Bericht erstattet hatte: *„Was soll Ihr ganzes Geunke? Was wollen Sie von mir? Soll ich jetzt Frieden à tout prix machen?"* Ich antwortete: *„Exzellenz, davon habe ich doch wohl kein Wort gesagt. Alle Konsequenzen zu ziehen, muß ich der OHL überlassen. Mir ist es Pflicht, und zwar sehr schmerzliche, darauf hinzuweisen, daß unsere Truppe nicht besser wird, sondern allmählich immer schlechter. Das Tempo mag bei den verschiedenen Truppenteilen verschieden sein."* Er war aber doch sehr erregt und sagte in diesem bitteren Zustande: *„Wenn die Truppe schlechter wird, wenn die Disziplin nachläßt, so ist das Eure Schuld, die Schuld aller Kommandostellen, die nicht zufassen. Wie wäre es sonst möglich, daß ganze Divisionen sich festgefressen und festgesoffen haben bei erbeuteten feindlichen Magazinen und nicht den so nötigen Angriff weiter vorwärts trieben. Das ist doch der Grund, daß die große Märzoffensive und jetzt Georgette nicht weitergekommen ist."*[73])

„Schuld" waren für den General Erich Ludendorff bei Mißerfolgen eigentlich jedesmal andere; zu der vollen Einsicht eigener Mitverantwortung ist er, dem das Wort „Verantwortung" immer dann sehr schnell über die Lippen ging, wenn es galt, den eigenen Willen durchzusetzen, zeitlebens nicht gekommen. Wie alle Nationalisten war er um Sündenböcke niemals verlegen. Diesmal waren es also die Kommandeure, die „nicht zufaßten". In Wahrheit kam aber die große Offensive nicht deshalb nicht weiter, weil ganze Divisionen sich festgefressen und festgesoffen hatten, sondern weil die Amerikaner, die schon Ende März mit 329 000 Mann auf französischem Boden standen, bis Ende Juni noch weitere 568 000 Mann mit neuem Kriegsmaterial über den Atlantik heranbringen konnten, ohne daß die deutschen U-Boote dies zu verhindern vermochten, wie der Chef des Admiralstabes auf sein Wort genommen hatte.

Dazu hatte die Technik, die seit Kriegsbeginn für den Verlauf der Kämpfe eine immer größere Bedeutung gewann, eine für Deutschland verhängnisvolle Waffe gebracht: den Panzerwagen oder Tank, wie man ihn damals nannte, der Gräben und sonstige Hindernisse überwand und den Einbruch in die feindlichen Linien stark erleichterte. Mit 450 solcher Tanks gelang den Engländern am 8. August bei Amiens ein tiefer Einbruch, der nur mit Mühe schließlich abgeriegelt werden konnte. Seit diesem „schwarzen Freitag" gingen die deutschen Truppen nur noch zurück, zunächst in die „Siegfriedstellung", aus der sie im März zum Angriff angetreten waren. Die Lage war aussichtslos geworden; selbst Ludendorff konnte dies nicht länger verhehlen. Am 14. August erörterten im Großen Hauptquartier in Spa der Kaiser, der Kronprinz, der Reichskanzler und der Staatssekretär des Auswärtigen Amtes mit den beiden Heerführern die Lage. Noch vor Beginn des Kronrates hatte Ludendorff den Staatssekretär von Hintze beiseite genommen, um ihm zu eröffnen:

Er habe mir im Juli erklärt: er sei sicher, mit der im Gang befindlichen Offensive den Kriegswillen des Feindes zu brechen und ihn zum Frieden zu nötigen; diese Sicherheit habe er jetzt nicht mehr. Auf meine Frage, wie er sich die Weiterführung des Krieges denke, hat General Ludendorff geantwortet, wir würden durch eine strategische Defensive imstande sein, den Kriegswillen des Feindes zu lähmen und ihn so mählich zum Frieden zu bringen.[74])

Im Kronrat selbst verlor der General kein Wort über die Frontlage, sondern präsentierte sogleich wieder einen „Sündenbock", die Heimat: *Strengere innere Zucht erforderlich. Zusammenfassung der inneren Kräfte mit größter Energie,* verlangte er. Statt dessen blieb es dem Staatssekretär des Auswärtigen Amtes überlassen, die militärische und außenpolitische Lage zu schildern: Die Neutralen sind kriegsüberdrüssig, die Verbündeten am Ende Ihrer Kräfte. Da der Chef des Generalstabes, *der größte Feldherr, den dieser Krieg hervorgebracht habe,* es als unmöglich ansehe, den Kriegswillen des Gegners militärisch zu brechen, müsse dieser Kriegslage bei der Führung der deutschen Politik hinfort Rechnung getragen werden. Weiter berichtete das Protokoll:

Seine Majestät: Die stellvertretenden kommandierenden Generale und der Kriegsminister müssen im Innern bessere Ordnung halten. In bezug auf Ersatz müsse besser ausgekämmt werden. In Berlin liefen noch eine Menge junger Leute frei herum.

Seine Majestät billigen die Ausführungen über die außenpolitische Lage. Doch leide auch der Feind; es würden ihm viele Menschen totgeschlagen, seine Industrie finge schon an brachzuliegen infolge Mangels an Rohstoffen; auch Lebensmittel mangelten. Zur Schwächung der Siegeszuversicht des Feindes, zur Hebung der Zuversicht des deutschen Volkes sei die Bildung einer Propagandakommission erforderlich. Flammende Reden müßten gehalten werden von angesehenen Privatpersonen, aber auch von Staatsmännern.

Der Reichskanzler spricht sich für eine energische Aufrechterhaltung der Autorität im Innern aus. Bezüglich der Propaganda bestehe ein reichhaltiges Programm, das schon verwirklicht würde. Diplomatisch müßten Fäden betreffend einer Verständigung mit dem Feinde im geeigneten Moment angesponnen werden. Ein solcher Moment böte sich nach dem nächsten Erfolg im Westen.

Generalfeldmarschall von Hindenburg führt aus, daß es gelingen werde, auf französischem Boden stehenzubleiben und dadurch schließlich den Feinden unseren Willen aufzuzwingen.[75])

Ursprünglich hatte es in dem Protokoll geheißen: „Hindenburg hofft, daß es dennoch gelingen werde ..." Die Änderung in diese bestimmtere Ausdrucksweise stammte von Ludendorff nach dessen eigenem Eingeständnis. Die beiden Heerführer brachten es nicht über sich, ihrem obersten Kriegsherrn die volle Wahrheit zu sagen: daß das deutsche Heer besiegt war, auch wenn die Front den feindlichen Angriffen einstweilen noch standhielt. Durch eine „strategische Defensive" werde man den Westmächten unseren Willen schließlich aufzwingen können — wie den Russen in Brest-Litowsk —, so wurde es dem Kaiser dargestellt. *Alles wird dem armen Monarchen so serviert, daß er das Katastrophale gar nicht merkt,*[76]) notierte sich der Hamburger Reeder Albert Ballin nach einer Unterredung mit dem Kaiser am 5. September 1918, und er war nur einer unter zahlreichen Augenzeugen, die die völlig unzulängliche Unterrichtung Wilhelms II. durch seine Umgebung bekundet haben. Aber es lag dies doch nicht an der Umgebung allein; der Kaiser hätte sich schon zureichend und zutreffend unterrichten können, wenn er nur wirklich gewollt hätte, wenn er neben dem vielstimmigen Chor der Schönfärber — „Majestät braucht Sonne" war sein Leitmotiv — auch jene gehört hätte, die ihm reinen Wein einschenkten, wie etwa der Prinz Max von Baden in einem Brief vom 15. August 1918:

Das Volk sucht seinen Kaiser und muß ihn finden, soll schwerer Schaden nicht entstehen. Ob mit Recht oder Unrecht, Tatsache ist, daß es fürchtet, Ihm entfremdet zu werden, während es bereit ist, Seiner Führerschaft zu folgen, wenn es Gewißheit haben darf, von Ihm verstanden zu werden. Würden die Millionen tapferer Soldaten und fleißiger Arbeiter in den Werkstätten der Kriegsindustrie glauben müssen, daß ihr Kaiser die Kaisertreuen dort sucht, wo der „Bund der Kaisertreuen" sich breitmacht, so würde eine Enttäuschung und eine Verbitterung sich einstellen, die letzten Endes den Kampf um die Monarchie auf die Straße trägt und die ersten Quellen verschütten würde, aus denen der Deutsche bis heute seine Treue zum Kaiser und seinen Opfermut getrunken hat. Die Entfesselung eines Bürgerkrieges, wie der „Reichsverband zur Bekämpfung der Sozialdemokratie" und der „Bund der Kaisertreuen" es tun, ist heute, wo eine Zusammenfassung aller Kräfte oberstes Gebot ist, ein Staatsverbrechen und eine Torheit sondergleichen. Die Machenschaften der unabhängigen Sozialisten sind Sache der Polizei; die Lösung der Frage des Sozialismus an sich ist Sache der Staatskunst und nicht der Gewalt.[77])

Der badische Prinz hatte bei diesem Stimmungsbild keineswegs einseitige Schwarzweißmalerei betrieben. Ähnliches meldete in einem Geheimbericht die Postüberwachungsstelle der 6. Armee über die Prüfung der Heerespost vom 21. bis 31. August 1918:

Die Briefschreiber haben sich mit der nackten Tatsache: „Wir können nicht siegen", abgefunden und knüpfen daran sogar zum Teil die Anschauung, daß Deutschland unterliegen müsse. Ein Gefühl der Vaterlandsliebe wird in den Briefen fast gar nicht geäußert. Wie der Gesamteindruck der Postprüfung ergab, scheint beinah ein gewisses Schamgefühl zu bestehen, einen vaterländischen Gedanken auch nur in Worte zu kleiden. Manchen Briefen liegt die Ansicht zugrunde: „Wer eine gute vaterländische Gesinnung zeigt, hat Interesse am Krieg und durch ihn Gewinn und Vorteil.'[78]) Gute vaterländische Gesinnung hieß hier, die Augen vor der bitteren Wirklichkeit verschließen und ebenso wie Hindenburg und Ludendorff entschlossen von ihr wegsehen. Nichts anderes tat auch der Kaiser, dem sein badischer Vetter die Staatskunst an Stelle der Gewalt angeraten hatte, und was mit „besserer Ordnung" allein nicht mehr zu erreichen war, dem sollten „flammende Reden" aufhelfen wie diese an die Krupp-Arbeiter am 11. September 1918:

„Für mich und mein Verhältnis zu meinem Volk sind maßgebend meine Worte vom 4. August 1914: „Ich kenne keine Parteien, ich kenne nur Deutsche." Es ist jetzt keine Zeit für Parteiungen; wir müssen uns jetzt alle zusammenschließen zu einem Block, und hier ist wohl am ersten das Wort am Platz: Werdet stark wie Stahl, und der deutsche Volksblock, zu Stahl zusammengeschweißt, der soll seine Kraft zeigen. Wer also unter Euch entschlossen ist, dieser meiner Aufforderung nachzukommen, wer das Herz auf dem rechten Fleck hat, wer die Treue halten will, der stehe jetzt auf und verspreche mir, an Stelle der gesamten deutschen Arbeiterschaft: wir wollen kämpfen und durchhalten bis zum letzten. Dazu helfe uns Gott. Und wer das will, der antworte mit Ja! (Die Versammelten antworteten mit lautem Ja.) Ich danke Euch. Mit diesem Ja gehe ich jetzt zum Feldmarschall. Es gilt nun für jeden von uns, die gelobte Pflicht auch zu erfüllen und an Geistes- und Körperkraft das Äußerste einzusetzen für das Vaterland. Jeder Zweifel muß aus Herz und Sinn gebannt werden. Jetzt heißt es: Deutsche, die Schwerter hoch, die Herzen stark und die Muskeln gestrafft zum Kampf gegen alles, was gegen uns steht, und wenn es noch so lange dauert! Dazu helfe uns Gott! Amen. Und nun lebt wohl, Leute!"[79])

Dieses „Ja!", mit dem der Kaiser zum Feldmarschall gehen wollte, steht in einem beinahe gespenstischen Gegensatz zu der gedrückten Stimmung in der OHL. Dorthin war der Abteilungschef Oberst Mertz von Quirnheim nach zweiwöchiger Abwesenheit am 1. September zurückgekehrt. Im Hauptquartier empfing ihn Ludendorff „in ernstester Stimmung". Erinnerte sich der Oberst später noch:

Anhand seiner Lagekarte schilderte Ludendorff mir nunmehr den Stand an der Westfront, dann gab er offen zu, daß er nicht wisse, wie er den Kampf in der jetzigen Größe auch nur noch weitere vierzehn Tage weiterführen solle. Hierauf fragte ich den General, ob er denn den Staatssekretär von Hintze von dieser ernsten Lage unterrichtet habe. Er verneinte es mit dem Zusatz, es sei ihm so schwer, das Auswärtige Amt von der wirklichen Lage zu unterrichten, ohne daß er dieses zu ängstlich mache. (Ich begnüge mich mit diesem Wortlaut meines Kriegstagebuches, in Wirklichkeit waren seine Äußerungen gegen das Auswärtige Amt weit schärfer.)

Am 2. September erfolgte bei der 17. Armee der tiefe Einbruch des Gegners, an der Straße

Arras-Cambrai. Oberstleutnant Wetzell schilderte die Lage außerordentlich ernst, vielleicht noch ernster, als es am Tage zuvor Ludendorff mir gegenüber getan hatte. Er hielt den General Ludendorff für völlig verbraucht. Der General sei heute nachmittag bei ihm erschienen und habe ihn in sein Arbeitszimmer hinübergeholt. Dort befand sich bereits der Generalfeldmarschall. An ihn wandte sich Ludendorff mit den Worten: „Exzellenz, ich lege Wert darauf, das, was ich Ihnen soeben gesagt habe, in Gegenwart des Oberstleutnants Wetzell noch einmal zu wiederholen: „Wir haben keine Aussicht mehr, den Krieg noch zu gewinnen." Hierauf hat der Generalfeldmarschall geantwortet: „Dann ist aber auch jeder Tag ein Gewinn für uns, um den wir den Krieg abkürzen. Die Marine hat sich eben in ihrer Berechnung der Wirkungen des U-Boot-Krieges getäuscht!"[80])

Längst vor Hindenburg hatten dies auch schon andere eingesehen; jedoch das deutsche Volk erfuhr von alledem ebensowenig wie seine gewählten Vertreter, die Mitglieder des Reichstages. Dafür hielt der Feldmarschall den Stabschefs der Heeresgruppen am 6. September eine Standpauke über die entstandene ungünstige Lage: *Es seien keine operativen Fehler gemacht worden, sonst stände er nicht an dieser Stelle.* Als Ursache nannte Hindenburg Verrat und schlechte Führung, und das müßte jetzt anders werden. *Also alle anderen sind schuld, nur nicht die Oberste Heeresleitung. Tatsächlich ist es umgekehrt,* vermerkte sich der General von Kuhl in seinem Tagebuch und fügte hinzu: *Ludendorff machte einen kranken Eindruck.*[81])

Das Eingeständnis der militärischen Niederlage

Als dann das kriegsmüde Österreich-Ungarn Friedensfühler zu Wilson ausstreckte, als die Front des bulgarischen Verbündeten zusammenbrach und ein gleicher Zusammenbruch der Türkei sich ankündigte, begab sich Ludendorff am Spätnachmittag des 28. September zu Hindenburg, um ihm seine Gedanken über ein Friedens- und Waffenstillstandsangebot darzulegen. Dieser hatte Ludendorff am Abend das gleiche sagen wollen, und beide Feldherren waren sich »einig in der Auffassung, daß es unsere Pflicht sei, unsere Namen für einen Schritt herzugeben, den zu vermeiden wir alles Erdenkliche getan hatten«. Tags darauf fand eine Besprechung mit dem ins Große Hauptquartier gerufenen Staatssekretär des Auswärtigen Amtes, von Hintze, statt, der hierüber später berichtete. *Ich schilderte die Stellung unserer Verbündeten: Bulgarien abgefallen, der Abfall Österreich-Ungarns bevorstehend, die Türkei nur mehr eine Last, keine Hilfe. Ferner die Siegeszuversicht unserer Feinde. Endlich unsere eigene Notlage im Innern. General Ludendorff legte die militärische Lage dar; er ließ die Darlegung in der Erklärung gipfeln: die Lage der Armee bedinge sofortigen Waffenstillstand, um einer Katastrophe vorzubeugen. Als Ausweg aus dieser Situation entwickelte ich: Zusammenfassung aller Kräfte der Nation zur Abwehr im Endkampf. Als Mittel nannte ich:*

1. *Diktatur; die Diktatur wäre an die Bedingungen geknüpft, daß in absehbarer Zeit militärische Erfolge, wenn nicht Sieg, verheißen werden könnten, sonst müßten ihr die Revolution oder Chaos folgen;*

2. *Revolution von oben; der plötzliche Umschwung von Siegeszuversicht zu Niederlage müßte der Nation einen Stoß geben, dessen Rückwirkung Reich und Dynastie kaum aushalten würden. Dem Choc vorzubeugen, einen » Volkskrieg« zu entfachen, der den letzten Mann an die Front stelle – seien möglichst breite Kreise an der Regierung durch Heranziehen zu interessieren.*

3. *Zur Herbeiführung des sofortigen Waffenstillstandes, den die OHL forderte: eine Einladung zum Frieden, über den Präsidenten der Vereinigten Staaten von Amerika, auf der Basis von dessen veröffentlichten Grundsätzen.*

General Ludendorff verwarf die Diktatur: Sieg wäre ausgeschlossen, die Lage der Armee verlangte vielmehr sofortigen Waffenstillstand. Der Generalfeldmarschall und General Ludendorff billigten die Revolution von oben. Beide billigten auch das Projekt einer Einladung zu Friedensverhandlungen über den Präsidenten Wilson. Der Generalfeldmarschall machte die Annexion (der französischen Erzgebiete) von Briey und Longwy zur Bedingung, doch der General Ludendorff meinte: das wäre nicht mehr an der Zeit.[82])
Das war ein klares Eingeständnis der militärischen Niederlage, und nun konnte Ludendorff auch nicht länger zögern, wenigstens seinen Mitarbeitern in der OHL reinen Wein einzuschenken. Am Morgen des 1. Oktober befahl er sie zu sich. Das Tagebuch des Obersten von Thaer hat diese denkwürdige Szene festgehalten:
Furchtbar und entsetzlich! Es ist so! In der Tat! Als wir versammelt waren, trat Ludendorff in unsere Mitte, sein Gesicht von tiefstem Kummer erfüllt, bleich, aber mit hocherhobenem Haupt. Eine wahrhaft schöne germanische Heldengestalt! Ich mußte an Siegfried denken mit der tödlichen Wunde im Rücken von Hagens Speer. Er sagte ungefähr folgendes: Er sei verpflichtet, uns zu sagen, daß unsere militärische Lage furchtbar ernst sei. Täglich könne unsere Westfront durchbrochen werden. Er habe darüber in den letzten Tagen Seiner Majestät zu berichten gehabt: Die OHL und das deutsche Heer seien am Ende; der Krieg sei nicht mehr zu gewinnen, vielmehr stehe die endgültige Niederlage wohl unmittelbar bevor. Deshalb habe die OHL von Sr. M. und dem Kanzler gefordert, daß ohne jeden Verzug der Antrag auf Herbeiführung eines Waffenstillstandes gestellt würde bei dem Präsidenten Wilson zwecks Herbeiführung eines Friedens auf der Grundlage seiner 14 Punkte. Er habe sich nie gescheut, von der Truppe Äußerstes zu verlangen. Aber nachdem er jetzt klar erkenne, daß die Fortsetzung des Krieges nutzlos sei, stehe er nun auf dem Standpunkt, daß schnellstens Schluß gemacht werden müsse, um nicht noch unnötigerweise gerade noch die tapfersten Leute zu opfern, die noch treu und kampffähig seien. Da der Kanzler Graf Hertling zurückgetreten sei, haben wir also zur Zeit keinen Kanzler. Wer es wird, stehe noch aus. »Ich habe aber Sr. M. gebeten, jetzt auch diejenigen Kreise an die Regierung zu bringen, denen wir es in der Hauptsache zu verdanken haben, daß wir soweit gekommen sind. Wir werden also diese Herren jetzt in die Ministerien einziehen sehen. Die sollen nun den Frieden schließen, der

jetzt geschlossen werden muß. Sie sollen die Suppe jetzt essen, die sie uns eingebrockt haben.«[83])

In dem Augenblick, da die OHL erklärte, »am Ende« zu sein, schob sie die Verantwortung für die Folgen all jener Entscheidungen, die sie durch das Pochen just auf diese »Verantwortung« durchgedrückt hatte, von sich auf andere ab. Nun mochten also die Politiker retten, was das Schwert verdorben hatte. Die ausschlaggebenden Zutaten der Suppe, die jetzt gegessen werden mußte, entstammten freilich der Küche Hindenburgs und Ludendorffs, der die Lage an der Westfront so darstellte: *22 deutsche Divisionen mußten aufgelöst werden. Die Überlegenheit der Entente steigt dadurch auf 30 bis 40 Divisionen. 38 amerikanische Divisionen haben einen besonders hohen Mannschaftsstand. Dagegen ist die Kopfstärke unserer Divisionen mehr und mehr gesunken. Einige Divisionen sind nur noch Attrappen. Es erübrigt sich, auf die Gründe für das Versagen näher einzugehen. Die Kriegführung an der Westfront hat jetzt in erster Linie wegen der Tanks den Charakter des Glücksspiels angenommen. Die OHL kann nicht mehr mit sicheren Faktoren rechnen.*

Ludendorff fügte hinzu: *Der Generalfeldmarschall und ich haben unseren Entschluß mit voller Überlegung, nicht im Affekt, pflichtgemäß gefaßt.*[84]) Wiederum hatte aber die »volle Überlegung« nicht so weit gereicht, um auch die wahrscheinlichen Folgen eines forcierten Waffenstillstandsangebotes wenigstens in Betracht zu ziehen. Diese beurteilte später der Stabschef der Heeresgruppe Deutscher Kronprinz zutreffend: *Wenn man das Wort Waffenstillstand in ein so überspanntes Heer wirft, wie es das unsrige war, so kann man sicher sein, daß es zu einem hartnäckigen Widerstand nicht mehr fähig ist. Das ist allein schon menschlich, daß keiner vor Toresschluß sich noch gern zusammenschießen lassen will. Um wieviel mehr ist das bei Truppen der Fall, die am Rande ihrer Kraft sind. Und den Feinden haben wir unsere ganze Schwäche mit diesem Angebot offenbart.*[85])

Ludendorff war sicher einer der bedeutendsten Heerführer seiner Zeit, aber das Verständnis für das, was »allein schon menschlich« ist, fehlte ihm völlig. Als er den Krieg als verloren ansah, war er nicht länger gesonnen, die politische Verantwortung zu tragen, und forderte die »Revolution von oben«. Für die Vorgänge, die damit gemeint waren, ist dies freilich kein ganz zutreffendes Wort, denn die Initiative der OHL traf auf eine gleichzeitige Initiative der Mehrheitsparteien, die angesichts der sich zuspitzenden Lage den Zeitpunkt für die Parlamentarisierung als gekommen ansahen und sich bereits nach einem Kanzler ihres Vertrauens umgesehen hatten. Der alte Graf Hertling würde die Aufgabe mit Sicherheit nicht bewältigen können.

Der Weg nach Compiègne

Der von einigen Abgeordneten der Mehrheitsparteien vorgeschlagene Kanzler der ersten parlamentarischen Regierung des Deutschen Reiches war der Thronfolger eines süddeutschen Bundesstaates, Prinz Max von Baden, der durch Reden, die zur Verständigung rieten, und durch sein Wirken in der Kriegsgefangenenfürsorge bekannt geworden war. Von ihm stammte das Wort „Weltgewissen". Dem neuen Kabinett gehörten zum ersten Male auch Mitglieder der Fraktionen der Mehrheitsparteien, unter ihnen Erzberger und Scheidemann, als Staatssekretäre an. Besonders die Sozialdemokraten hatten vor der Frage gestanden, ob sie sich an der Regierung und damit an der Verantwortung beteiligen sollten oder nicht. „Wie kommen wir dazu, in diesem Augenblick der höchsten Verzweiflung in ein ‚bankrottes' Unternehmen hineinzugehen?", so hatte Scheidemann gerade in der Fraktionssitzung gefragt, als Ebert von einer Besprechung zurückkam, bei der ein Offizier der OHL zum ersten Male den Parteiführern des Reichstages ein wahrheitsgetreues Bild der militärischen Lage gegeben hatte. Sie waren, so erinnert sich Prinz Max von Baden, *ganz gebrochen; Ebert war totenblaß und konnte kein Wort herausbringen; der Abgeordnete Stresemann sah aus, als ob ihm etwas zustoßen würde.*[86]) Nicht anders erging es bald darauf dem deutschen Volk, dem eben noch der zum Greifen nahe Sieg, Belgien, Polen und das Baltikum versprochen worden waren.

Unter dem Eindruck dieser Eröffnungen erschien Ebert in der Sitzung seiner Fraktion und vertrat den Standpunkt: „*Falls nun alles zusammenbricht, außen und innen, wird man uns dann nicht später den Vorwurf machen, daß wir in einem Augenblick unsere Mitwirkung versagt hätten, in dem man uns dringend von allen Seiten darum gebeten hatte?*"[87]) Er gab damit den Ausschlag für den Entschluß der Sozialdemokraten, sich zusammen mit dem Zentrum und der Fortschrittspartei, den Parteien der Friedensresolution von 1917, an einer Regierung zu beteiligen, die vor der letztlich unlösbaren Aufgabe stand, das Reich, das militärisch zugrunde gerichtet worden war, politisch zu retten durch einen Waffenstillstand und durch eine Verfassungsänderung, die die langerstrebte Parlamentarisierung brachte. Daß die Regierung dabei nicht nur mit äußeren Widerständen zu kämpfen hatte, sondern daß die Vertreter der bisher herrschenden Schichten auch jetzt noch nicht bereit waren, ihre Macht mit anderen zu teilen, zeigte die Erklärung des Fraktionsführers der Konservativen im Reichstag: „*Zweierlei ist erreicht worden, was gleichzeitig das Ziel der deutschen Demokratie und der Wunsch unserer Feinde gewesen ist: die Entlassung und die Auswahl des Kanzlers und der Staatssekretäre ist der materiellen Entscheidung des Kaisers entzogen und der Beschlußfassung der Mehrheitsparteien des Reichstages übertragen worden, und die so ernannten Minister haben in Zukunft nicht mehr die kaiserliche Politik zu führen, sind nicht mehr in erster Linie dazu berufen, die Beschlüsse des Bundesrates zu vertreten und durchzuführen, sie sind der Vollzugsausschuß der hinter ihnen stehenden Parteien und der dadurch gebildeten Reichstagsmehrheit.*
Diese Vorlagen werden gegen unsere Stimmen angenommen werden, ebenso wie die

ganze Entwicklung gegen unseren Widerstand sich vollzogen hat. Wir haben keine Verantwortung für das, was geschehen ist; wir lehnen auch die Verantwortung für die Folgen dieser Entwicklung ab. Unsere Aufgabe, die wir auf dem Boden der neuen Tatsachen zu erfüllen haben, steht klar vor unseren Augen. Wir werden nicht erlahmen im Widerstande gegen die weitere Radikalisierung, Demokratisierung und einseitige Massenherrschaft.[88])

Mit den Verfassungsänderungen vom 28. Oktober 1918 wurde aus dem Deutschen Reich eine parlamentarische Monarchie, wie Großbritannien es längst war: Der Reichskanzler bedarf zu seiner Amtsführung des Vertrauens des Reichstages; die Außenpolitik, das Heer und die Marine − bisher Reservate des Kaisers − unterliegen der Kontrolle durch das Parlament. Diese Reformen erfüllten, zusammen mit der bereits angekündigten Änderung des preußischen Wahlrechts, die alte liberale und sozialdemokratische Forderung nach Demokratisierung des Staates, aber sie kamen um viele Jahre zu spät, um noch in das Bewußtsein des Volkes zu dringen und dieses so für den Staat zurückzugewinnen. Für die Soldaten an der Front und die Arbeiter in der Heimat änderte sich in ihrem unmittelbaren Lebensbereich gar nichts, denn in ihren Augen waren die sichtbaren Repräsentanten monarchischer Macht geblieben, und daß nun auch Vertreter der demokratischen Parteien als Staatssekretäre im Kabinett saßen, erschien vielen nur als ein „Feigenblatt für den Absolutismus". Wenn es andererseits bis zum Herbst 1918 um die Monarchie und den Monarchen keine ernsthaften und weiterreichenden Auseinandersetzungen gegeben hatte, so weniger deshalb, weil die große Mehrheit des deutschen Volkes „zweifellos monarchisch gesinnt" war, wie der „Vorwärts" im April 1917 noch gemeint hatte, sondern weil den Deutschen diese Frage gleichgültig geworden war. Sie wurde erst wirklich akut im Verlaufe des Notenwechsels über den von der OHL geforderten sofortigen Waffenstillstand.

Ludendorff wollte, wie er später rechtfertigend meinte, nur eine „Atempause" für das erschöpfte Heer. In Wahrheit wurde mit dem Waffenstillstandsangebot die weiße Flagge der Kapitulation gehißt und den Feinden die militärische Lage Deutschlands offenbart. Demgegenüber glaubte der neue Reichskanzler, daß man im Augenblick des Zurückweichens nicht vom Frieden reden dürfe; es galt jetzt keinen Kampf mehr um den Sieg, wohl aber um erträgliche Friedensbedingungen. Also fragte er bei Hindenburg telegraphisch an, ob die militärische Lage wirklich so kritisch sei, daß eine Aktion mit dem Ziel Waffenstillstand und Friede sofort eingeleitet werden müsse, und wie lange die Armee den Feind noch jenseits der deutschen Grenzen halten könne. Die OHL aber hatte das Signal auf Halt gestellt und den Entschluß gefaßt, den Krieg abzubrechen. Mit der ihr eigenen Energie beharrte sie darauf, daß dies unverzüglich zu geschehen habe. Antwortete Hindenburg am 3. Oktober:

Die Oberste Heeresleitung bleibt auf ihrer am Sonntag, dem 29. September d. J., gestellten Forderung der sofortigen Herausgabe des Friedensangebotes an unsere Feinde bestehen. Noch steht das deutsche Heer festgefügt und wehrt siegreich alle Angriffe ab. Die Lage verschärft sich aber täglich und kann die OHL zu schwerwiegenden Entschlüssen zwingen. Unter diesen Umständen ist es geboten, den Kampf abzubrechen, um dem deutschen Volk und seinen Verbündeten nutzlose Opfer zu ersparen. Jeder versäumte Tag kostet Tausenden von tapferen Soldaten das Leben.[89])

Der Reichskanzler, dem sein kaiserlicher Vetter bedeutet hatte: „Du bist nicht dazu da, den Heerführern Schwierigkeiten zu machen", gab seinen Widerstand auf. Noch einmal schrieb die militärische Führung der politischen Reichsleitung das Gesetz des Handelns vor, was damals freilich niemand wußte, und so erschien es als ein Schritt der politischen Führung, als in der Nacht zum 4. Oktober 1918 die deutsche Note an den amerikanischen Präsidenten herausging:

Die deutsche Regierung ersucht den Präsidenten der Vereinigten Staaten von Amerika, die Herstellung des Friedens in die Hand zu nehmen, alle kriegführenden Staaten von diesem Ersuchen in Kenntnis zu setzen und sie zur Entsendung von Bevollmächtigten zwecks Anbahnung von Verhandlungen einzuladen. Sie nimmt das vom Präsidenten in der Kongreßbotschaft vom 8. Januar 1918 und in seinen späteren Kundgebungen, namentlich der Rede vom 27. September, aufgestellte Programm als Grundlage für die Friedensverhandlungen an. Um weiteres Blutvergießen zu vermeiden, ersucht die deutsche Regierung, den sofortigen Abschluß eines Waffenstillstandes zu Lande, zu Wasser und in der Luft herbeizuführen.[90])

Gleichsam über Nacht und ohne die geringste psychologische Vorbereitung stürzte das deutsche Volk, dem eben noch der „greifbar nahe Sieg" in Aussicht gestellt worden war, aus dem Himmel des Wunschdenkens in die Hölle der Verzweiflung an allen, denen es bisher blind und allzu gläubig vertraut hatte. Mit dem Bekanntwerden des Waffenstillstandsangebotes wurde auch dem letzten Mann schlagartig klar, daß das Ende gekommen war.

Zugleich aber wurden neue Illusionen geweckt, wenn man sich auf Wilsons Kongreßbotschaft vom 8. Januar 1918 berief, jene berühmt gewordenen „14 Punkte", in denen der amerikanische Präsident sein Programm des Weltfriedens formuliert hatte. Damals, als das Kaiserreich als eine militärisch achtunggebietende Macht noch unbesiegt dastand, hatte man für den „weltfremden" amerikanischen Präsidenten nur überheblichen Spott gehabt. Jetzt, nachdem die OHL das letzte militärische Potential des Reiches erfolglos vertan hatte, sollte die Regierung auf einer von der Wirklichkeit längst überholten politischen Grundlage über Waffenstillstand und Frieden verhandeln. Das verlangten dieselben, die jeden Friedensversuch, so lange noch Zeit dazu gewesen wäre, als ein „Verbrechen am deutschen Volk" erklärt hatten. Diesen Widersinn spürte, noch bevor Wilson antwortete, der spätere Außenminister der Weimarer Republik, Walther Rathenau, als er, wenn auch in Unkenntnis der Zusammenhänge, am 7. Oktober in der „Vossischen Zeitung" schrieb:

Der Schritt war übereilt. Wir alle wollen Frieden. Wir, die wenigen, haben gemahnt und gewarnt, als keine Regierung daran dachte, der Wahrheit ins Auge zu blicken. Nun hat man sich hinreißen lassen, im unreifen Augenblick, im unreifen Entschluß. Nicht im Weichen mußte man Verhandlungen beginnen, sondern die Front zuerst festigen. Das Land ist ungebrochen, seine Mittel unerschöpft. Wir sind gewichen, aber nicht geschlagen.

Die Antwort wird kommen. Sie wird unbefriedigend sein; mehr als das: zurückweisend, demütigend, überfordernd.[91])

Rathenau, der im Jahre 1922 von nationalistischen ehemaligen Offizieren ermordet wurde, forderte die „nationale Verteidigung, die Erhebung des Volkes", dabei die „levée en masse", die militärische Mobilisierung der gesamten Volksmassen vor Augen habend, durch die die Französiche Revolution 1793 aus einer lebensgefährlichen Lage befreit worden war. Diesen Weg bezeichnete die OHL mit Recht als nicht gangbar, aber die Reaktion des amerikanischen Präsidenten hatte Rathenau richtig vorhergesehen. Wilson ließ sich Zeit und antwortete am 8. Oktober hinhaltend mit Rückfragen, „ob der Kanzler nur für diejenigen Gewalten des Reiches spricht, die bisher den Krieg geführt haben". Außerdem verlangte er die vorherige Räumung der besetzten Gebiete. Mit ausdrücklicher Zustimmung Ludendorffs nahm die Reichsregierung am 12. Oktober Wilsons Räumungsforderung an und verwies darauf, daß der Reichskanzler, gestützt auf den Willen der Reichstagsmehrheit, im Namen der deutschen Regierung und des deutschen Volkes spreche. Aber Wilsons zweite Note vom 14. Oktober zerstörte auch Ludendorffs Illusion von der deutschen Armee als „Druckmittel" bei Friedensverhandlungen:

Der Präsident fühlt sich verpflichtet, zu erklären, daß keine Regelung von der Regierung der Vereinigten Staaten angenommen werden kann, die nicht völlig befriedigende Sicherheiten und Bürgschaften für die Fortdauer der gegenwärtigen militärischen Überlegenheit der Armeen der Vereinigten Staaten und der Alliierten an der Front schafft.[92])

Inzwischen glaubten Hindenburg und Ludendorff, daß sie am 28. und 29. September zu schwarz gesehen hatten; zu dem damals mit fast panischem Schrecken befürchteten Durchbruch war es nicht gekommen, die Front hatte weiterhin standgehalten. Als die Hoffnung auf eine „Atempause" sich in Nichts auflöste, verlangten sie, den Kampf wiederaufzunehmen, den man kurz zuvor noch als „Hasardspiel" bezeichnet hatte. Hindenburg telegraphierte an den Reichskanzler, daß es jetzt für das deutsche Volk nur zwei Wege gäbe: „Ehrenvoller Friede oder Kampf bis zum Äußersten." Die Regierung möge für eine „einheitliche vaterländische Stimmung in allen Stämmen und Schichten des deutschen Volkes" sorgen, auf daß dieser Kampf durchgestanden werden könne. Wieder einmal wurden damit die tatsächlichen Verantwortlichkeiten auf den Kopf gestellt: wenn die Stimmung in der Heimat nicht durchhalte, werde die militärische Macht zusammenbrechen, behauptete Hindenburg. In Wirklichkeit war die militärische Macht bereits zusammengebrochen, und darin lag auch der Grund für den Zusammenbruch der Stimmung in der Heimat. Halb und halb mußte auch Ludendorff dies zugeben. Vor Beantwortung der zweiten Wilson-Note war er nach Berlin gekommen, um an Hand eines 21 Punkte umfassenden Fragebogens der Regierung mit dieser die Lage zu erörtern. Im Protokoll vom 17. Oktober heißt es darüber:

Ludendorff: Packen Sie das Volk. Reißen Sie es hoch. Kann das nicht Herr Ebert tun? Es muß gelingen.

Reichskanzler: Euere Exzellenz meinen, daß vier Wochen guter Stimmung nötig sind?

Ludendorff: Wenn es mehr sind, ist es mir lieber. Jedenfalls wird nach dieser Frist die Krise an der Westfront zu Ende sein, wenn wir auch noch zurückgehen müssen. Man hat das so im Gefühl. Die Angriffskraft war in den letzten Tagen nur noch gering.

Reichskanzler: Aber innerhalb von 8 bis 10 Tagen kommt wieder eine neue Welle, wie Euere Exzellenz damals im Gespräch mir selbst gesagt haben.

Ludendorff: Die kommt. Ein neuer Angriff ist bei der 10. Armee schon im Gange; wie es da steht, weiß ich nicht. Morgen kommt wieder einer bei der 5. Armee; das hört nicht auf.

Reichskanzler: Euere Exzellenz wissen, daß ich damals nicht für die Friedensnote war, aber es wurde mir gesagt, jede Stunde kostet soundsoviele hunderttausend Mann und jeder Augenblick könne eine Katastrophe herbeiführen.

Ludendorff: Es ist auch heute so, daß wir jeden Tag eingedrückt und geschlagen werden können. Vorgestern ist es gutgegangen; es kann auch schlechtgehen.

Trotzdem beharrte der General auf seinem Standpunkt: Ehe man Bedingungen annehme, die zu hart seien, müsse man dem Feinde sagen: *Erkämpft euch solche Bedingungen!*

Reichskanzler: Und wenn er sie erkämpft hat, wird er uns dann nicht noch schlechtere stellen?

Ludendorff: Schlechtere gibt es nicht.

Reichskanzler: O ja, sie brechen in Deutschland ein und verwüsten das Land.

Ludendorff: So weit sind wir noch nicht.[93])

Wie weit man wirklich war, zeigte Wilsons dritte Note vom 23. Oktober, mit der er die Frage der Monarchie, auf die er schon in seinen vorausgegangenen Noten deutlich angespielt hatte, in den Vordergrund rückte:

Der Präsident betrachtet es als seine Pflicht, auszusprechen, daß die Völker der Welt zu den Worten derjenigen kein Vertrauen hegen können, die bis jetzt das deutsche Volk beherrschen, und zu betonen, daß beim Friedensschluß die Regierung der Vereinigten Staaten mit keinem andern als mit den Vertretern des deutschen Volkes verhandeln kann, welche bessere Sicherheiten für eine wahre verfassungsmäßige Haltung bieten als die bisherigen Beherrscher Deutschlands.

Wenn mit den militärischen Beherrschern und monarchistischen Autokraten Deutschlands jetzt verhandelt werden muß, kann und muß es nur die Aussicht haben, daß wir später auch mit ihnen bei der Regelung der internationalen Verpflichtungen des Deutschen Reiches zu tun haben werden. Dann kann Deutschland über keine Friedensbedingungen verhandeln, sondern muß sich ergeben.[94])

Wilson ließ durchblicken, es sei vor allem der Kaiser, der einem raschen und erträglichen Frieden im Wege stehe. Davon konnte zwar keine Rede sein, aber unter den von Verzweiflung und Panikstimmungen geschüttelten Massen griff die Vorstellung um sich: Der Kaiser ist der Krieg! Der Kaiser soll gehen! Zur gleichen Zeit tat Hindenburg den ersten Schritt, um sein noch keine vier Wochen zurückliegendes Eingeständnis der militärischen Niederlage wieder abzustreiten. Ein Legationsrat vom Auswärtigen Amt machte sich dazu am 25. Oktober eine Aktennotiz:

In der heutigen Pressekonferenz verlas der Chef des Kriegspresseamtes im Auftrage der Obersten Heeresleitung zwei Telegramme des Generalfeldmarschalls von Hindenburg zur vertraulichen Kenntnis und zur Verbreitung durch Mundpropaganda, nicht aber durch die Presse.

Das erste dieser Telegramme war gerichtet an den Herrn Reichskanzler und legte Verwahrung ein gegen Gerüchte, die dahin gingen, der Generalfeldmarschall habe seinerzeit ein sofortiges Friedensangebot verlangt und dabei darauf hingewiesen, es handele sich um eine Sache von Stunden.

Das zweite Telegramm war an die Kommandierenden Generale gerichtet und brachte zunächst eine kurze Analyse der Wilsonschen Waffenstillstandsbedingungen. Dann folgte die Erklärung, diese seien für das Militär unannehmbar. Es bleibe daher nichts übrig als Kampf bis zum Äußersten.[95])

Gewiß, von „Stunden" hatte Hindenburg in jenem Telegramm vom 3. Oktober, mit dem er vom Reichskanzler die „sofortige Herausgabe des Friedensangebotes" gefordert hatte, nicht gesprochen, sondern nur von „Tagen", und er wußte wohl auch recht gut, warum er sein Dementi nur für die Mundpropaganda bestimmte. Dem Manne, der später die Losung „Die Treue ist das Mark der Ehre" ausgab, scheint die Wahrheit nicht immer sehr hoch gestanden zu haben.

Nun stellte sich also für die Regierung wieder die Frage: „Weiterkämpfen oder annehmen?" Zwei Tage nach Eintreffen von Wilsons dritter Note waren Hindenburg und Ludendorff nach Berlin gekommen. Prinz Max von Baden lag mit Grippe fiebernd zu Bett; an seiner Stelle führte der Vizekanzler Friedrich von Payer die Verhandlungen, über die er später berichtete:

Ich erbat mir Auskunft, woher unsere Chancen für einen besseren Frieden, insbesondere unsere militärischen, kommen sollten, falls wir weiterkämpfen würden, und was wohl die Folgen einer österreichisch-ungarischen Kapitulation auf unsere militärische Lage allgemein und speziell an der Westfront sein würden, für die den Feinden dann die italienischen Truppen zur Verfügung stünden. Ich erhielt aber trotz Wiederholung des Versuches keine direkte Antwort auf diese Spezialfrage; im allgemeinen hofften die Herren schon von einem Hinausziehen des Kampfes an sich ein Ruhigerwerden der Gegner, der Generalfeldmarschall meinte, die Mißerfolge seien nicht entscheidend, wir seien über den Graben. General Ludendorff suchte mich dann zu veranlassen, mich jetzt schon für den Fall, daß die Waffenstillstandsbedingungen zu hart ausfallen sollten, im voraus dahin festzulegen, daß ich für den Plan der Obersten Heeresleitung eintreten werde, was ich wegen der Unbestimmtheit der Voraussetzung und weil für meine spätere Entscheidung doch nur die Lage im Zeitpunkt derselben maßgebend sein könne, ablehnen mußte. Die Besprechung mußte so ergebnislos verlaufen. Wir gingen in gedrückter und niedergeschlagener Stimmung auseinander.[96])

Einen Tag später, am 26. Oktober, versuchte Ludendorff noch einmal, seinen Willen mit einer Rücktrittsdrohung durchzusetzen. Doch so allmächtig er als Garant des Sieges gewesen war, so ohnmächtig wurde er nun angesichts der offensichtlichen Niederlage. Der Kaiser gab ihm den Abschied und damit die Möglichkeit, den Schauplatz der

Geschichte noch kurz vor dem Zusammenbruch zu verlassen – um ihn bald wieder zu betreten unter den Feinden der Republik. Sein Nachfolger wurde der Generalleutnant Groener, der bei Kriegsausbruch Feldeisenbahnchef gewesen und dem es zuzuschreiben war, daß die Mobilmachung wie ein Uhrwerk ablief; später hatte er als Chef des Kriegsamtes die Rüstungswirtschaft geleitet. Mit Ludendorff war die stärkste Verkörperung des Willens zur Fortsetzung des bereits verlorenen Krieges in Deutschland ausgefallen, und zugleich verlor es nun auch seinen letzten Bundesgenossen: am 27. Oktober telegrafierte der österreichische Kaiser Karl an seinen deutschen Vetter, daß sein Volk „weder im Stand noch willens ist, den Krieg weiter fortzuführen", und daß er den unabänderlichen Entschluß habe fassen müssen, innerhalb von 24 Stunden um einen Separatfrieden und um einen sofortigen Waffenstillstand zu bitten. Am gleichen Tage beugte sich die deutsche Regierung den Bedingungen des amerikanischen Präsidenten, der eine Woche später antworten ließ, „daß Marschall Foch von der Regierung der Vereinigten Staaten und den alliierten Regierungen ermächtigt worden ist, gehörig beglaubigte Vertreter der deutschen Regierung zu empfangen und sie von den Waffenstillstandsbegindungen in Kenntnis zu setzen".

Daraufhin reiste die deutsche Waffenstillstands-Delegation unter Führung des Staatssekretärs Matthias Erzberger am 7. November nach Compiègne ab, versehen mit einer Anweisung Hindenburgs:

Die Kommission muß sich ehrlich auf den Boden des Notenwechsels stellen. Sie darf nicht versuchen, bereits Zugestandenes rückgängig zu machen. Innerhalb des Rahmens aber, wie er durch den Notenwechsel gezogen ist, muß die Kommission versuchen, alles, was für Deutschland erreichbar ist, zu erkämpfen.

Ein schnelles Aufhören des Kampfes liegt im dringendsten Interesse des deutschen Heeres. Als erstes wäre also die Einstellung des Kampfes (Waffenruhe) zu vereinbaren. Daran anschließend wären Vereinbarungen über die Räumung und den endgültigen Waffenstillstand an der deutschen Westgrenze zu treffen.[97])

In seinem berühmt gewordenen Salonwagen empfing der französische Marschall Foch am 8. November die vier deutschen Unterhändler mit der Frage: „Was führt die Herren hierher? Was wünschen Sie von mir?", und erwiderte auf die Antwort Erzbergers, daß man seinen Vorschlägen für den Abschluß eines Waffenstillstandes entgegensehe, schneidend: „Ich habe keine Vorschläge zu machen." Schließlich ließ er durch seinen Stabschef die Waffenstillstandsbedingungen vorlesen, um die Erklärung hinzuzufügen, daß Verhandlungen darüber unter gar keinen Umständen zugelassen würden; Deutschland könne sie annehmen oder ablehnen, ein Drittes gebe es nicht.

Die Härte der Bedingungen übertraf alle Befürchtungen: Rückzug der Armee hinter den Rhein, Räumung von Belgien, Frankreich und Elsaß-Lothringen, Besetzung des linken Rheinufers, Auslieferung der U-Boote, von Kriegs- und Transportmaterial. In 34 Artikeln waren sie aufgeführt, und bis zum 11. November vormittags 11 Uhr hatte Deutschland sich zwischen Annahme oder Ablehnung, zwischen Unterwerfung oder Wiederaufnahme des aussichtslosen Kampfes zu entscheiden. Hindenburg, der von Erzberger durch Funkspruch unterrichtet worden war, telegrafierte, es müsse dennoch versucht werden, mildere Bedingungen, vor allem Verlängerung der Räumungsfrist und Aufhebung der Blockade, zu erreichen. *Gelingt dies nicht, so wäre trotzdem abzuschlie-ßen.*[98]) Und so geschah es am 11. November 1918; vormittags um 11 Uhr trat der Waffenstillstand in Kraft. „Infolge Unterzeichnung des Waffenstillstandsvertrages wurden heute mittag an allen Fronten die Feindseligkeiten eingestellt." Mit diesen Worten schloß der letzte deutsche Heeresbericht. Nach über vier Jahren endete der erste Weltkrieg; zugleich vollendete sich das Schicksal der Monarchie in Deutschland, knapp 50 Jahre nach ihrer Begründung.

Der Untergang des Kaiserreiches

Der Vorhang zum letzten Akt des Schicksalsdramas der deutschen Monarchie hob sich um die Mitte des Oktobers 1918. Bis zu diesem Zeitpunkt war, außer von den Unabhängigen Sozialdemokraten, die Abschaffung der Monarchie von keiner Seite als eine unabdingbare Forderung erhoben worden. Ebensowenig aber waren diese Staatsform und die Person des Kaisers noch unantastbar, sondern in den Streit der Meinungen geraten, ohne daß sich dies noch hindern ließ. Daß das deutsche Volk für den Kaiser oder für den monarchischen Gedanken noch weitere und größere Opfer zu tragen bereit war, durfte niemand mehr erwarten.

Auch der amerikanische Präsident hatte in seinen Noten die Abdankung des Kaisers und den Übergang zur Republik nicht ausdrücklich gefordert. Recht allgemein und vielen Deutungen Raum lassend, sprach er in seiner zweiten Antwortnote vom 14. Oktober von der „Vernichtung jeder militärischen Macht, welche es in Händen hat, allein, geheim und auf eigene Willensbestimmung den Weltfrieden zu stören", mit dem Hinweis, das deutsche Volk habe „die Wahl, dies zu ändern". Deutlicher, aber keineswegs eindeutig, wurde er in der dritten Note vom 23. Oktober. Von da an gewann die Überzeugung an Boden, daß Wilhelm II. ein Hindernis für den Friedensschluß sei. Zwar gab das tatsächliche Verhalten des Kaisers hierfür keinen Anlaß, aber diese Frage wurde nun überall bis in die höchsten Kreise erörtert. Am 25. Oktober erhielt der Reichskanzler ein Telegramm des preußischen Gesandten in Bayern:

Ich erfülle eine schwere Pflicht, wenn ich melde, daß hier in Bayern von berufener Seite die gestern abend bekanntgegebene Antwort Wilsons so gedeutet wird, daß sie sich in ihrem letzten Abschnitt direkt gegen die Person unseres Kaisers kehrt. Der Ministerpräsident und der Kriegsminister sind der Ansicht, der Wortlaut der Note lasse keine andere Deutung zu; durch die verhüllte Ausdrucksweise solle lediglich Gelegenheit gegeben werden, den schmerzlichen Schritt freiwillig zu tun.[99])

Wenige Tage später folgte ein Schreiben des Staatssekretärs Scheidemann mit dem Verlangen, „die Forderung, die in der Presse nicht gestellt werden darf, im Kabinett zu stellen, nämlich: die Herren Staatssekretäre möchten den Herrn Reichskanzler bitten, Seiner Majestät dem Kaiser zu empfehlen, freiwillig zurückzutreten". Die Aussichten auf erträgliche Friedensbedingungen würden im Falle des Verbleibens des Kaisers verschlechtert, im Falle seiner Abdankung aber verbessert werden. Auch die „Frankfurter Zeitung" war schon vorher dafür eingetreten, daß der Kaiser um des deutschen Volkes willen das Opfer der Abdankung auf sich nehmen sollte, und am 31. Oktober wurden im Leitartikel des „Vorwärts" folgende Betrachtungen angestellt:

Man stelle sich einmal vor, die Verfassungsreformen, die jetzt eingeführt werden und die wir schon seit Jahren forderten, wären schon vor 10 oder 20 Jahren zur Durchführung gelangt. Dann wären wir entweder überhaupt nicht in den Krieg geraten oder eine Volksregierung hätte die auswärtige Politik vor dem Kriege zu verantworten gehabt, eine Volksregierung wäre für die ganze Kriegspolitik und die ganze Kriegführung verantwortlich gewesen. Im Falle eines unglücklichen Ausgangs hätte niemand anders angeklagt werden können, als diese nach dem Willen des Volkes gebildete Regierung. Der Kaiser wäre gänzlich außerhalb der Debatte geblieben.
Sieht man von dem parteipolitischen Kampf ganz ab, so wird man doch finden, daß zwischen Wilhelm II. und breiten Massen des Volkes niemals ein richtiges Verstehen geherrscht hat. Es ist ihm nicht gelungen, bekehrend zu wirken, der monarchische Gedanke hat in den letzten dreißig Jahren nicht gewonnen, desto mehr gelitten, und auch ohne diesen unglücklichen Krieg stünde Wilhelm II. vor einer gescheiterten Mission. Nun dieser Krieg! Der Kaiser hat ihn nicht gewollt, er hat aber auch durchaus nicht die richtigen Mittel gefunden, ihn zu verhindern.
Ja, wir feiern ein dunkles Jubiläum. Auf den Tag genau sind es zehn Jahre her, seit der „Daily Telegraph" sein unheilvolles Interview mit dem Kaiser veröffentlichte und der Novembersturm begann. Das war vor zehn Jahren, und auf diese Dokumente gestützt, erheben wir Anklage. Zehn Jahre sind vergangen, schwere Wolken stehen über Schloß Bellevue, in dem ein Mensch um den Entschluß des Handelns ringt.[100])

Der Kaiser rang freilich nicht in Schloß Bellevue um seinen Entschluß, sondern war schon zwei Tage zuvor nach dem belgischen Kurort Spa, dem Sitz des Großen Hauptquartiers, abgereist, vor allem um dem Reichskanzler Prinz Max auszuweichen, der inzwischen zu der Überzeugung gekommen war, daß der Frieden ebenso wie die Erhaltung einer demokratischen Monarchie das Opfer der Abdankung erheische. Gleichwohl brachte er es nicht über sich, dieser Einsicht entsprechend auch entschlossen zu handeln und dem Kaiser in offener Auseinandersetzung die Abdankung nahezulegen. Statt dessen entsandte er am 1. November den preußischen Innenminister Drews, einen klugen und politisch klar blickenden Beamten, nach Spa, der durch Vortrag und Beurteilung der Lage den Monarchen zum Thronverzicht bewegen sollte. Diese Begegnung schilderte der Kaiser in einem Brief an einen Vertrauten:

Also gestern war Drews bei mir, um mir von der Regierung aus Berlin, der sog. Regierung, nichts Geringeres als meine Abdankung nahezulegen. Na, ich habe ihn erst herauskommen lassen, und dann habe ich mir den Mann gekauft, ihn angefahren — so — und gesagt: „Was? Sie als preußischer Beamter, Untertan, der Sie Ihrem Kaiser den Eid der Treue geschworen haben, Sie wagen es, Sie unterstehen sich, vor mich hinzutreten mit solch einem Angebot!" Sie hätten bloß sehen sollen, wie der Mann zusammengefah-

ren ist. Das hatte er nicht erwartet – einen tiefen Diener machte er gleich vor mir. „Also gut, es sei", sagte ich. „Wie stellen Sie sich eigentlich das Weitere vor? Sie sind ja Verwaltungsbeamter etc. Meine Söhne haben mir in die Hand versprochen, daß keiner meine Stelle annimmt. Also mit mir tritt das ganze Haus H.(ohenzollern) zurück." Den Schreck hätten Sie sehen sollen, das hatte er nämlich wieder nicht erwartet. Also was wird? „Chaos", sagte er und macht wieder einen Diener. Sehen Sie, man muß solche Wirrköpfe nur fragen, immer nur fragen, dann kommt die ganze Verworrenheit und Hohlköpfigkeit heraus. „Na also", sagte ich, „nun werde ich Ihnen sagen, wie das Chaos aussieht. Ich danke ab. Alle Dynastien stürzen nach, das Heer hat keinen Führer, die Front löst sich auf und flutet über den Rhein. Die Untreuen rotten sich zusammen, hängen, morden, plündern, und die Feinde helfen ihnen dabei. Und darum: ich denke gar nicht daran, abzudanken. Der König von Preußen darf D.(eutschland) nicht untreu werden. Ich denke gar nicht daran, wegen der paar 100 Juden und der 1000 Arbeiter den Thron zu verlassen. Das sagen Sie Ihren Herren in Berlin!" – Und als er dann abschob, der Drews, ganz begossen, habe ich ihm Dörings Predigt gegeben. „Das nehmen Sie mal mit, das mögen die Herren studieren und darin mal nachlesen über die deutsche Treue!" Jetzt verlangen sie, ich soll nach Berlin kommen. Sechs Wochen habe ich dagesessen, vollkommen nutzlos. Ich habe telefoniert an Max: Was soll ich hier? Bei all Euren Noten werde ich ja nicht einmal gefragt; 3/4 Stunden habe ich an der Strippe gehangen. Und das sage ich Ihnen, wenn nur das Geringste passiert, dann schreib ich denen die Antwort mit Maschinengewehren auf das Pflaster, und wenn ich mir mein eigenes Schloß zerschieße; aber Ordnung soll sein!"[101])

Aus diesem Gefühlsausbruch angestauten Grimms sprach das Bewußtsein der eigenen Ohnmacht und Unschlüssigkeit. „Alles in allem genommen, lag ein Kraftmeiertum vor, hinter dem nichts steckte, das verbergen sollte, daß nichts hinter ihm war." Diese harten Worte des Liberalen Eugen Schiffer kennzeichnen treffend einen Wesenszug des letzten deutschen Kaisers, der ihm selbst und der Monarchie zum Verhängnis wurde.

Die ganze Sache geht überhaupt nur von diesem Berlin aus. Das Volk denkt gar nicht daran, Revolution zu machen, hatte der Kaiser in dem erwähnten Brief geschrieben und sich auch darin geirrt. Das Unheil nahm nicht von der Reichshauptstadt seinen Ausgang, sondern von dem Kriegshafen Kiel, und den Anstoß gab nicht die „sogen. Regierung", sondern – unbeabsichtigt – der Chef der Seekriegsleitung, Admiral Scheer, der deutsche Befehlshaber in der Skagerrakschlacht. Während des ganzen Krieges hatte die Hochseeflotte, das eigentliche Instrument wilhelminischer Weltpolitik, untätig in den Häfen liegen müssen, von wenigen Einzelaktionen abgesehen. Nachdem auf Verlangen Wilsons am 20. Oktober die Einstellung des U-Boot-Krieges angeordnet worden war, befahl Scheer ohne Unterrichtung des Kaisers und des Reichskanzlers am 24. Oktober 1918 einen Angriff der Hochseeflotte in Richtung Themsemündung, um die englische Flotte herauszufordern. Bewußt sollte damit die einen Waffenstillstand anstrebende Politik der Reichsregierung durchkreuzt werden, so daß der vom Abgeordneten Wilhelm Dittmann später geprägte Begriff „Admiralsrebellion" den Tatbestand zutreffend wiedergibt. Das Unternehmen hatte keinerlei militärischen Sinn mehr, und die

Seekriegsleitung war sich darüber auch völlig im klaren. So hieß es in einer Aufzeichnung vom 25. Oktober 1918:

Wenn auch nicht zu erwarten ist, daß hierdurch der Lauf der Dinge eine entscheidende Wendung erfährt, so ist es doch aus moralischen Gesichtspunkten Ehren- und Existenzfrage der Marine, im letzten Kampf ihr Äußerstes getan zu haben.[102])

Während es den Admiralen also nur um ein letztes „heroisches" Aufbäumen und um den — wie sie es verstanden — „ehrenvollen" Untergang zu tun war, spürten die Matrosen instinktiv richtig, noch kurz vor Kriegsende auf eine sinnlose Todesfahrt geschickt zu werden, und rissen, als die bei Schillig Reede liegende Flotte in See gehen sollte, die Feuer unter den Kesseln heraus. Scheer gab das Unternehmen auf, befahl aber, das III. Geschwader nach Kiel einlaufen zu lassen, unter ihnen die Linienschiffe „Helgoland" und „Thüringen" als Hauptzentren der Meuterei, der der Admiral mit Gewalt Herr zu werden trachtete. In Kiel verbündeten sich die Matrosen alsbald mit den Werftarbeitern. Bei einem Versuch, inhaftierte Kameraden zu befreien, eröffneten die Wachmannschaften das Feuer; auf beiden Seiten gab es Tote. Die Regierung entsandte am 3. November den sozialdemokratischen Abgeordneten Noske nach Kiel, um die Bewegung in die Hand zu bekommen.

Inzwischen hatten die Matrosen einen Soldatenrat eingesetzt, der ihre Forderungen in 14 Punkten zusammenfaßte, darunter: Freilassung sämtlicher politischer Gefangenen; vollständige Rede- und Pressefreiheit; sachgemäße Behandlung der Mannschaften durch Vorgesetzte; die Ausfahrt der Flotte hat unter allen Umständen zu unterbleiben; es gibt außer Dienst keine Vorgesetzten mehr. Was auch immer, der Wunsch nach Abdankung des Kaisers und Errichtung einer Republik war jedenfalls nicht die Triebfeder. *Das treibende Moment, das sich mit elementarer Gewalt durchsetzte, war das: die Sache ist zu Ende, und in dem Augenblick sterben wir nicht mehr, sondern gehen zu Frau und Kindern heim!*[103]) So der Eindurck Noskes, den auch ein Deckoffizier bestätigte: *Weil jeder fühlte: jetzt ist Schluß. Warum, wie und weshalb wußten keine drei von Hundert. Nirgends eine Spur von Vorbereitung und Organisation; die ganze Bewegung ein einziger wirrer Haufen.*[104]) Von Kiel aus griff die Bewegung auf andere Küstenstädte über, und als das Heer von Hannover aus mit Ersatztruppenteilen eine Gegenaktion unternehmen wollte, entwaffneten 200 Matrosen die gesamte Garnison, noch bevor sie in Marsch gesetzt werden konnte. Am 7. November entschloß sich die OHL, den Matrosenaufruhr durch Fronttruppen niederzuwerfen, doch sie mußte diese gegen Köln einsetzen, das inzwischen auch zu den Aufständischen übergegangen war, und die vermeintlich zuverlässige Division verweigerte den Befehl und löste sich auf. So steigerte sich die Welle der Bewegung zur Revolution, die noch am gleichen Tage München erreichte: hier stürzte als erste die bayerische Monarchie der Wittelsbacher. Dem Herzog von Braunschweig und dem Großherzog von Mecklenburg-Schwerin widerfuhr dasselbe Geschick. Diese Vorgänge waren nicht die Ursache des deutschen Zusammenbruchs, sondern nur dessen Schlußakt im Innern des Reiches; nicht Ursache, sondern Folge der Tatsache, daß vier Jahre Krieg gegen eine schließlich erdrückende Übermacht die Kräfte des deutschen Volkes zuletzt überspannt, erschöpft und gebrochen hatten:

Menschenverluste, Hunger und Entbehrung, Aussichtslosigkeit des Kampfes waren die Quellen einer grenzenlosen Friedenssehnsucht, die keinerlei Rücksichten mehr kannte. Soweit die Agitation der extremen Linken eine Rolle spielte, so hatte sie erst hiermit jenen Nährboden erhalten, ohne den keine Saat der Propaganda jemals wirklich aufgehen kann. Nun erst fanden die linksextremen Gruppen eine Situation vor, in der sie glaubten, durch schnelles Zupacken die ungeplante Revolution auf die von ihnen proklamierten Ziele hinlenken zu können, und zwar mit Hilfe der überall sich bildenden Arbeiter- und Soldatenräte. In diesen waren freilich auch die Mehrheitssozialisten vertreten, die sich meist schnell durchsetzen konnten. Wollten sie die ihnen damit zugefallene Schlüsselstellung gegen die Linksradikalen behaupten und die Bewegung in der Hand behalten, so war dies nur durch eine taktische Schwenkung nach links möglich, mit der der extreme Agitation der Hauptwind aus den Segeln genommen würde. So kam es zu dem Ultimatum an den Reichskanzler vom 7. November, das gleichzeitig in einem Flugblatt bekanntgegeben wurde:

Arbeiter! Parteigenossen!
Der Frieden ist gesichert — in wenigen Stunden wird die Waffenruhe eingetreten sein. Nur jetzt keine Unbesonnenheiten, die das an der Front beendete Blutvergießen im Lande wieder aufleben machen! Die Sozialdemokratische Partei setzt ihre ganze Kraft ein, Eure Forderungen schnellstens zur Erfüllung zu bringen. Deshalb haben heute die Vorstände der Sozialdemokratischen Partei und der sozialdemokratischen Fraktion folgende letzte Forderungen an den Reichskanzler gestellt:
1. Freigabe der heute verbotenen Versammlungen.
2. Anweisung an Polizei und Militär zur äußersten Besonnenheit.
3. Rücktritt des Kaisers und des Kronprinzen.
4. Verstärkung des sozialdemokratischen Einflusses in der Regierung.
5. Umgestaltung des Preußischen Ministeriums im Sinne der Mehrheitsparteien des Reichstages.
Ist bis Freitag mittag keine befriedigende Antwort erfolgt, so tritt die Sozialdemokratie aus der Regierung aus. Erwartet weitere Mitteilungen von uns im Laufe des Freitagnachmittags.[105])

Es gehört zum Wesen von Flugblättern, daß sie nicht nur über das Denken und Wollen derer etwas aussagen, die sie herausgehen lassen, sondern mehr noch über die Stimmung und Wünsche derer, an die sie sich wenden, um sie — wie in diesem Falle — bei der Stange zu halten. So gesehen, war von den fünf Punkten des Ultimatums der dritte der wichtigste. Ob zu Recht oder nicht, für breite Massen personifizierte sich in Wilhelm II. der Ursprung allen Unheils, das über die Deutschen hereingebrochen war; er schien es denn auch zu sein, der den Weg, welcher aus dem Zusammenbruch wieder herausführen konnte, versperrte. Damit war die Kaiserfrage in ihr vorletztes Stadium getreten; noch immer war es eine Frage der Person, nicht der monarchischen Staatsform überhaupt, aber dies sollte sie von einem Tag auf den andern werden.

Von nun an vollzog sich das Geschehen auf zwei Schauplätzen: in der Reichshauptstadt

Berlin und im Großen Hauptquartier in Spa. Dorthin hatte der Reichskanzler dem Kaiser telegraphieren lassen:

1. *Um die alte Sozialdemokratische Partei regierungsfähig zu erhalten und den Übergang der Massen in das radikale Lager zu verhindern, muß man den Unabhängigen und der Spartakusgruppe das Schlagwort aus der Hand winden, dessen Massensuggestion nach Bekanntwerden der Waffenstillstandsbedingungen an Gewalt noch wachsen wird.*

2. *Dabei rate ich aber nicht, das sozialdemokratische Ultimatum anzunehmen, sondern den monarchischen Gedanken durch eine demokratischere Lösung zu retten, als das Ultimatum sie enthält.*

3. *Seine Majestät würden unverzüglich Ihren festen Willen aussprechen, abzudanken, sobald der Stand der Waffenstillstandsverhandlungen die Ausschreibung von Neuwahlen für eine verfassunggebende Nationalversammlung gestattet, der die endgültige Neugestaltung der Staatsform des deutschen Volkes zufallen würde.*[106])

Bis dahin sollte der Kaiser einen Stellvertreter bestellen. Für diese Regelung spräche, so begründet Prinz Max, daß die Krone nicht vor der Sozialdemokratie kapituliere, sondern umgekehrt diese zur Kapitulation zwinge; daß die Frage des Thronverzichts

Die Ausbreitung der Arbeiter- und Soldatenräte in Deutschland.[107])

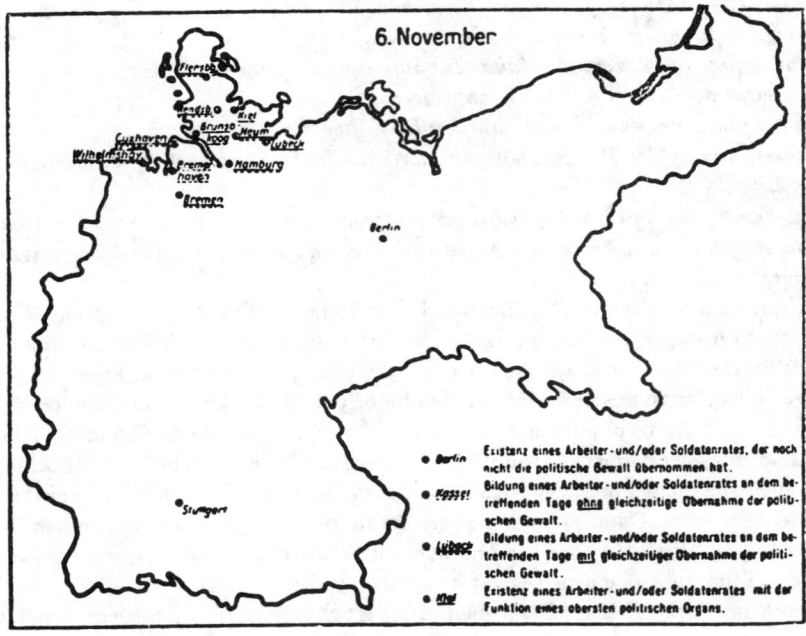

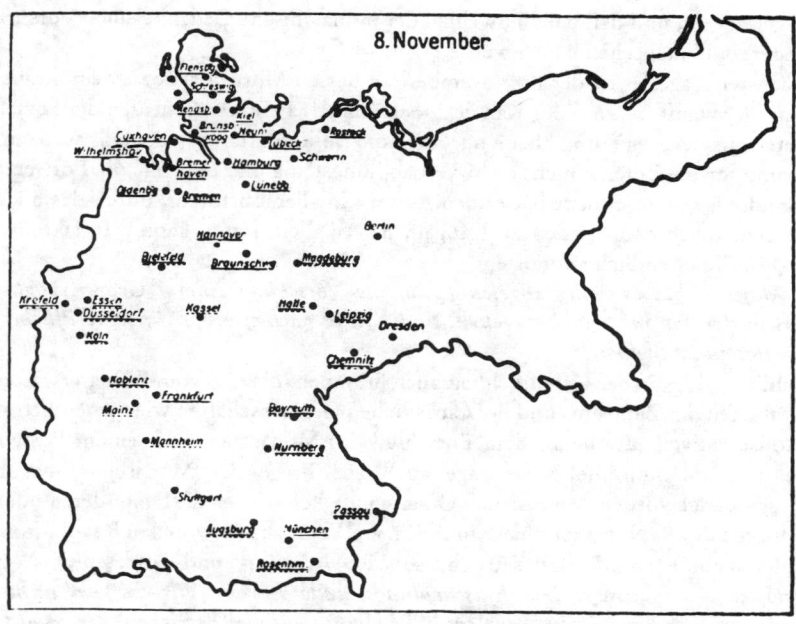

8. November

10. November

damit vertagt sei, und daß bei Neuwahlen der monarchische Gedanke einen Vorsprung vor dem republikanischen haben werde.

Am nächsten Tage, es ist der 8. November, an dessen Mittag das sozialdemokratische Ultimatum abläuft, warnte der Kanzler noch einmal: Beim Ausscheiden der Sozialdemokraten aus der Regierung bleibe nur noch die Militärdiktatur; jedenfalls sei dann die Regierung für die Entente nicht mehr verhandlungsfähig und es drohe die Fortsetzung der Feindseligkeiten. Erneut bat er den Kaiser „in aller Ehrfurcht, durch das höchste Opfer dem Reich den Frieden zu bringen, der es allein retten kann". In lakonischer Kürze ließ dieser endlich antworten:

Seine Majestät hat es völlig abgelehnt, auf die Vorschläge Euerer Großherzoglichen Hoheit in der Thronfrage einzugehen, und hält es nach wie vor für seine Pflicht, auf seinem Posten zu bleiben.[108])

Tatsächlich gab es in der Öffentlichkeit auch Stimmen, die dies vom Kaiser erwarteten: in den Reihen des Zentrums und der Christlichen Gewerkschaften wie namentlich auch der Konservativen. Doch mit dem Entschluß des Monarchen, auf seinem Posten zu verbleiben, war nun die Kaiserfrage auch zur Frage der Monarchie und ihres Fortbestandes geworden. Mit rasender Geschwindigkeit trieben die Dinge dem Ende zu.

Am Morgen des 9. November hatte in Berlin ein Flugblatt des von den Revolutionären Obleuten gebildeten „Vollzugsausschusses des Arbeiter- und Soldatenrates" zum Generalstreik aufgerufen: *Die Entscheidungsstunde ist da! Wir fordern nicht die Abdankung einer Person, sondern Republik! Heraus aus den Betrieben, heraus aus den Kasernen! Es lebe die Sozialistische Republik!*[109]) Am Mittag erschien ein Extrablatt des „Vorwärts", das zur Aufrechterhaltung von Ruhe und Ordnung aufforderte. In rasch anwachsenden Kolonnen zogen die Arbeiter, vor allem aus den Rüstungsfabriken im Berliner Norden, durch die Straßen zur Innenstadt; die Soldaten der in der Reichshauptstadt stationierten Ersatz-Truppen schlossen sich an.

Währenddessen wartet der Reichskanzler auf den Anruf aus dem Großen Hauptquartier. Dort ist um 10 Uhr Vortrag beim Kaiser über die militärische Lage. Vor Beginn desselben bittet Hindenburg um seinen Abschied; er könne nicht aussprechen, was er sagen müsse. Dann schildert General Groener die Lage und erklärt, es bestehe keine Aussicht mehr, den Aufstand durch einen Vormarsch gegen die Heimat niederzuwerfen; Divisionen, mit denen dies möglich sei, habe er nicht mehr. Der Kaiser sieht dies ein: dann wolle er nach Abschluß des Waffenstillstandes in friedlicher Weise an der Spitze des Heeres in die Heimat zurückkehren. Aber auch dies muß Groener als nicht ausführbar bezeichnen. *Das Heer wird unter seinen Führern und Kommandierenden Generalen in Ruhe und Ordnung in die Heimat zurückmarschieren, aber nicht unter dem Befehl Eurer Majestät, denn es steht nicht mehr hinter Eurer Majestät!*[110])

Zweifel und Widerspruch, die gegen Groeners von Hindenburg geteilte Ansichten laut werden, werden rasch entkräftet. 39 Generale und Regimentskommandeure sind ins Hauptquartier gerufen und befragt worden: „Wie steht die Truppe zum Kaiser? Wird es möglich sein, daß der Kaiser an der Spitze der Truppen die Heimat im Kampf wiedereroberт?" Der Oberst Heye faßt das Ergebnis der Antworten zusammen:

„Das Heer marschiert unter seinen Generalen allein und geordnet nach Hause; es ist in jeder Beziehung noch fest in der Hand seiner Führer. Und wenn Eure Majestät mit ihm marschieren, so ist das der Truppe recht und ihr eine Freude. Nur kämpfen will das Heer nicht mehr, weder nach innen noch nach außen."[111])
Das bedeutet also, daß es auch dann nicht mehr kämpfen will, wenn es gelten sollte, bei einem friedlichen Rückmarsch den Kaiser vor den Aufständischen zu schützen. Der Kaiser faßt daraufhin den Entschluß, als deutscher Kaiser abzudanken, nicht aber als König von Preußen, und während eine Proklamation dieses Inhaltes niedergeschrieben wird, kommt ein neuer Telefonanruf aus Berlin. Am Apparat ist der Unterstaatssekretär der Reichskanzlei: In wenigen Minuten müsse die Abdankungserklärung da sein; sonst sei alles verloren. Nun wird ihm der inzwischen formulierte Wortlaut der Teilabdankung nur als deutscher Kaiser durchgegeben. Der Unterstaatssekretär unterbricht: Das nütze nichts, es müsse völlige Abdankung ausgesprochen werden, und man möge jetzt zuhören, welche Erklärung bereits durch das Wolffsche Telegraphenbüro veröffentlicht worden sei:

2. Extraausgabe   **Sonnabend, den 9. November 1918.**

Vorwärts
Berliner Volksblatt.
Zentralorgan der sozialdemokratischen Partei Deutschlands.

Der Kaiser hat abgedankt!

Der Reichskanzler hat folgenden Erlaß herausgegeben:
Seine Majestät der Kaiser und König haben sich entschlossen, dem Throne zu entsagen.

Der Kaiser und König hat sich entschlossen, dem Thron zu entsagen. Der Reichskanzler bleibt noch solange im Amt, bis die mit der Abdankung des Kaisers, dem Thronverzicht des Kronprinzen des Deutschen Reiches und von Preußen und der Einsetzung der Regentschaft verbundenen Fragen geregelt sind. Er beabsichtigt, dem Regenten die Ernennung des Abgeordneten Ebert zum Reichskanzler und die Vorlage eines Gesetzentwurfes wegen der sofortigen Ausschreibung allgemeiner Wahlen für eine verfassunggebende Nationalversammlung vorzuschlagen, der es obliegen würde, die künftige Staatsform des deutschen Volkes endgültig festzustellen.
Berlin, den 9. November 1918

Der Reichskanzler
Max, Prinz von Baden[112])

„Schamloser Verrat!" ruft der Kaiser, als ihm dies mitgeteilt wird. „Ein Prinz von Baden hat den König von Preußen gestürzt." Später kehrt dieser Vorwurf unter der Losung „Totengräber der Monarchie" wieder; in Wirklichkeit hatte der Prinz eigenmächtig den Totenschein ausgestellt. Am Nachmittag wird im Großen Hauptquartier beschlossen, „daß ein Protest gegen die ohne Allerhöchste Ermächtigung erfolgte Abdankungserklärung aufgesetzt und Seiner Majestät zur Unterschrift vorgelegt, vorerst jedoch noch nicht veröffentlicht, sondern nur als Dokument an sicherer Stelle, Hausministerium oder Militärkabinett, niedergelegt werden solle". Die Frage, ob militärische Mittel zur Verfügung stünden, um die in Berlin ausgesprochene Abdankung rückgängig zu machen, müssen die Generale verneinen.

Nun blieb noch die Frage des weiteren Aufenthaltsortes des Kaisers. Hindenburg meldete ihm, daß er sich für seine Sicherheit nicht mehr verbürgen und es insbesondere nicht verhindern könne, daß der Monarch meuternden Truppen in die Hände falle und nach Berlin geschleppt oder dem Feinde ausgeliefert werde. In Übereinstimmung mit den anwesenden Ratgebern des Kaisers bezeichnete er den Übertritt ins neutrale Ausland, und zwar nach Holland, als einzig verbleibenden Ausweg. Nach mehrfachem Schwanken rang sich Wilhelm II. zu diesem Entschluß durch und schrieb an den Kronprinzen:

Lieber Junge!

Da der Feldmarschall mir meine Sicherheit nicht mehr gewährleisten kann und auch für die Zuverlässigkeit der Truppen keine Bürgschaft übernehmen will, so habe ich mich entschlossen, nach schwerem innerem Kampfe das zusammengebrochene Heer zu verlassen. Berlin ist total verloren in der Hand der Sozialisten, und sind dort schon zwei Regierungen gebildet, eine von Ebert als Reichskanzler, eine daneben von den Unabhängigen. Bis zum Abmarsch der Truppen in die Heimat empfehle ich, auf Deinem Posten auszuharren und die Truppen zusammenzuhalten! So Gott will auf Wiedersehen. General von Marschall wird Dir weiteres mitteilen.

Dein tiefgebeugter Vater
Wilhelm[113])

Am andern Morgen fuhr der letzte deutsche Kaiser mit dem Hofzug nach Holland; bald darauf folgte ihm der Kronprinz. Nach fünf Jahren konnte er zurückkehren. Sein Vater hat Deutschland nie wiedergesehen.

So vollendete sich das Schicksal des Monarchen, während in Berlin das der Monarchie besiegelt wurde. Kurz nachdem die Abdankungserklärung herausgegangen war, erschienen Ebert, Scheidemann, Otto Braun und zwei Verteter der Berliner Betriebe beim Reichskanzler und forderten die Übernahme der Regierung durch die Sozialdemokraten. Auf die Frage des Prinzen, ob er die Geschäfte auf Grund der Reichsverfassung führen wolle, entgegnete Ebert: *„Im Rahmen der monarchischen Verfassung? Diese Frage hätte ich gestern noch bejaht. Heute muß ich mich erst mit meinen Freunden beraten."* Prinz Max von Baden, der schon am 7. November den Kaiser um seine Entlassung gebeten, sich aber bereiterklärt hatte, „bis zur Entscheidung" die Reichsgeschäfte weiterzuführen, übertrug nach kurzer Beratung sein Reichskanzleramt Ebert mit den Worten: *„Herr Ebert, ich lege Ihnen das Deutsche Reich ans Herz."* Ebert antwortete: *„Ich habe zwei Söhne für dieses Reich verloren."*[114])

Das war ein verfassungswidriger, ein revolutionärer Akt, denn kein Reichskanzler hatte das Recht, sein Amt zu übertragen. Nur der Kaiser konnte den Kanzler ernennen, aber dieser Kaiser besaß in jenem Augenblick keine Macht mehr. Sie lag bei den Massen der Arbeiter und Soldaten, die auf den Straßen zusammenströmten. Ebert und seine Partei hatten die Revolution nicht gewollt. Die Monarchie hatte den Krieg verloren, und sie sollte auch die Folgen tragen, Waffenstillstand und Frieden schließen. Aber als die Monarchie zusammenbrach und kampflos das Feld räumte, als das Reich in den Strudeln von Auflösung und Anarchie zu versinken drohte und die Macht der SPD zufiel als der einzigen Gruppe, die sie übernehmen und das Deutsche Reich vor dem Untergang retten konnte, da versagten sich die Sozialdemokraten nicht.

Nach dem Gespräch mit dem Prinzen Max von Baden fuhr Scheidemann zum Reichstag, vor dem sich die Massen in gespannter Erwartung versammelt hatten. Die gewählten Vertreter des Volkes waren nach Verabschiedung der Verfassungsänderungen vom 26. Oktober in Ferien gegangen und hatten sich damit für die entscheidungsvollen Novembertage selbst ausgeschaltet. Über die Situation im Parlament berichtete Scheidemann später:

Am 9. November 1918 glich der Reichstag schon in den Morgenstunden einem großen Heerlager. Arbeiter und Soldaten gingen ein und aus. Viele trugen Waffen. Mit Ebert und anderen Freunden saß ich hungrig im Speisesaal. Es gab wieder nur eine dünne Wassersuppe. Da stürmte ein Haufen von Arbeitern und Soldaten in den Saal, gerade auf unseren Tisch zu. Fünfzig Menschen schrien zugleich: Scheidemann, kommen Sie mit uns – Philipp, du mußt hier raus und reden! – Ich wehrte ab. Ach, wieviel hatte ich schon reden müssen! – Du mußt, du mußt, wenn Unheil verhütet werden soll. Draußen stehen Tausende, die verlangen, daß Sie reden.[115])

Den jetzt folgenden Ereignissen hat Scheidemann später in seinen Memoiren in gewiß subjektiv ehrlicher Überzeugung die Deutung gegeben, als sei es in diesem Augenblick darum gegangen, Karl Liebknecht, der angeblich etwa um die gleiche Zeit vom Balkon des Schlosses aus die „sozialistische Republik" ausrufen wollte, zuvorzukommen und entweder die *Massen vom Schloß her bolschewistisch oder vom Reichstag zum Schloß hin sozialdemokratisch in Bewegung zu bringen.*[116]) Aber dies ist eine nachträgliche Interpretation aus dem Abstand mehrerer Jahre. Heute wissen wir aus neueren Forschungen wie auch den Angaben von Augenzeugen[117]), daß weder Liebknecht noch die ebenso kleine wie isolierte Spartakus-Gruppe in diesem Moment für Scheidemann entscheidende Faktoren gewesen sind. Vielmehr entsprach er der Stimmung der vor dem Parlament versammelten Menschenmassen, Rüstungsarbeiter aus Moabit und Soldaten, als er sich schließlich von einem Betriebsvertrauensmann der MSPD nach anfänglichem Widerstreben gegen 2 Uhr mittags dazu drängen ließ, an ein Fenster des Reichstags zu treten:

„Arbeiter und Soldaten!
Das deutsche Volk hat auf der ganzen Linie gesiegt. Das Alte, Morsche ist zusammen-

gebrochen; der Militarismus ist erledigt. Die Hohenzollern haben abgedankt! Es lebe die Republik!
Der Abgeordnete Ebert ist zum Reichskanzler ausgerufen worden. Ebert ist damit beauftragt worden, eine neue Regierung zusammenzustellen. Dieser Regierung werden alle sozialistischen Parteien angehören.
Jetzt besteht unsere Aufgabe darin, diesen glänzenden Sieg, diesen vollen Sieg des deutschen Volkes nicht beschmutzen zu lassen, und deshalb bitte ich Sie, sorgen Sie dafür, daß keine Störung der Sicherheit eintrete! Wir müssen stolz sein können, in alle Zukunft auf diesen Tag! Ruhe, Ordnung und Sicherheit, das ist das, was wir jetzt brauchen! Dem Oberkommandierenden in den Marken und dem Kriegsminister Scheüch werden je ein Beauftragter beigegeben. Der Abgeordnete Genosse Göhre wird alle Verordnungen des Kriegsministers Scheüch gegenzeichnen. Also es gilt von jetzt ab, die Verfügungen, die unterzeichnet sind von Ebert, und die Kundmachungen, die gezeichnet sind mit den Namen Göhre und Scheüch, zu respektieren. Sorgen Sie dafür, daß die neue deutsche Republik, die wir errichten werden, nicht durch irgend etwas gefährdet werde! Es lebe die deutsche Republik!"[118])

Die Republik war ausgerufen. Scheidemann hatte damit eine Entscheidung eingeleitet, die nach dem Willen Eberts der verfassunggebenden Nationalversammlung vorbehalten bleiben sollte. Und dennoch, die Tatsache, daß die Worte eines einzelnen Mannes am Fenster des Reichstages geschichtliche Wirklichkeit wurden und blieben, beweist, daß die Todesstunde der Monarchie in Deutschland unweigerlich geschlagen hatte, daß sie auf immer zusammengebrochen war. Damit hatte der Volksredner nur festgestellt, was in Wirklichkeit schon eingetreten war, aber es war verfrüht, wenn er von einem „glänzenden, vollen Sieg des Deutschen Volkes" — gemeint war: über die Gewalten des monarchischen Obrigkeitsstaates — sprach.
Ein erklärter Monarchist, der den 9. November in Berlin miterlebt hatte, der Liberale Eugen Schiffer, faßte seine Eindrücke in die Worte zusammen:
Da war nichts Mitreißendes, Imponierendes, Ergreifendes. Als ich heimkam, konnte ich meiner Frau nur sagen, daß ich mir eine Revolution doch ganz anders gedacht hätte. Nicht viel anders waren die Nachrichten, die aus dem Lande kamen. Kaum irgendwo eine allgemeine Bewegung wider die Monarchie, nirgends aber auch ein einziges, mutiges Eingreifen für sie. Sie fiel keinem Ansturm zum Opfer, sie brach in sich zusammen wie eine hohle Eiche unter einem Windstoß.[119])
Der Monarchie in Deutschland hatte schon fast 100 Jahre vor ihrer Gründung ein großer Konservativer das Urteil gesprochen. Es war der englische Staatsmann Edmund Burke, der unter dem Eindruck der Französischen Revolution schrieb: „Ein Staat, dem es an allen Mitteln zu einer Veränderung fehlt, entbehrt die Mittel zu seiner Erhaltung. Ohne solche Mittel läuft er Gefahr, selbst den Teil seiner Konstitution, den er am heiligsten zu bewahren wünschte, zu verlieren." Dieser Gefahr war die Monarchie in Deutschland, das Bismarcksche Kaiserreich, vom ersten Tage an ausgesetzt, der warnenden Stimmen nicht achtend. Ihr ist sie auch erlegen.

Walter Tormin

Die Entstehung und Entwicklung
der Weimarer Republik bis zu Eberts Tod

Demokratie oder Rätesystem?

„Da war nichts Mitreißendes, Imponierendes, Ergreifendes", so lautete das resignierende Urteil eines liberalen Monarchisten über den 9. November 1918. Die Massen vor dem Reichstag empfanden anders. Als Scheidemann geendet hatte, jubelten sie ihm zu, und Otto Braun, der mit Scheidemann zum Reichstag gekommen war, berichtet: *Alles war eitel Freude, auf allen Gesichtern sah man Entspannung. Der Druck des furchtbaren Blutvergießens da draußen war gewichen, der Friede war da. Besorgt schauten einige Bürgersleute, die sich auf die Straße gewagt hatten, auf das Treiben; was sollte nur daraus werden? Diese Frage stand auf allen Gesichtern. Und ich muß gestehen, auch in mir wurde die Freude über das Kriegsende und den Zusammenbruch des preußisch-deutschen Obrigkeitsstaates etwas überschattet durch die Sorge, wie diese, alle Dämme überströmenden Fluten der Freude und menschlichen Leidenschaft aus ihrem verzehrenden Wollen in das Bett eines für Staat und Gesellschaft befruchtenden Stromes gelenkt werden könnten.*[120])

Zwei Stunden, nachdem Scheidemann vom Reichstag aus die Republik ausgerufen hatte, sprach Liebknecht im Lustgarten vor dem Schloß:

„*Parteigenossen, ich proklamiere die freie sozialistische Republik, die alle Stämme umfassen soll, in der es keine Knechte mehr geben wird, in der jeder ehrliche Arbeiter den ehrlichen Lohn seiner Arbeit finden wird. Wir müssen alle Kräfte anspannen, um die Regierung der Arbeiter und Soldaten aufzubauen und eine neue staatliche Ordnung des Proletariats zu schaffen, eine Ordnung des Friedens, des Glücks und der Freiheit unserer deutschen Brüder und unserer Brüder in der ganzen Welt. Wir reichen ihnen die Hände und rufen sie zur Vollendung der Weltrevolution auf.*"[121])

Karl Liebknecht gehörte als einer der Führer des Spartakusbundes zum äußersten linken Flügel der USPD. Die Spartakisten standen mit den russischen Bolschewisten in Verbindung, hatten allerdings gegenüber deren Theorie und Taktik erhebliche Vorbehalte. Liebknecht kritisierte die Bolschewisten, schrieb aber auch: *Vor dem prinzipiellen Antibolschewismus müssen wir uns hüten.*[122]) Rosa Luxemburg, die mit Liebknecht zusammen den Spartakusbund gegründet hatte, schrieb im Herbst 1918 in einer Broschüre über die russische Revolution: *Maschinengewehre gegen allgemeines Wahlrecht — das ist eine schlechte Parole. Jawohl: Diktatur! Aber diese Diktatur besteht in der Art der Verwendung der Demokratie, nicht in ihrer Abschaffung.*[123]) Andere Anhänger des Spartakusbundes waren den Bolschewisten gegenüber weniger kritisch.

Der Spartakusbund hatte von Lenin die Parole „Alle Macht den Arbeiter- und Soldatenräten!" übernommen. Im Herbst 1918 versuchten Spartakus und Revolutionäre Obleute gemeinsam, die Führung der USPD zu einem radikaleren Kurs zu drängen. Wie stark die radikale Linke am 9. November 1918 war, konnte niemand sagen. Als einige Tage vorher Liebknecht zu einer bewaffneten Demonstration aufgefordert hatte, antwortete Emil Barth, der Berliner Vorsitzende der Obleute: das sei Irrsinn, sie würden höchstens 20 000 Mann auf die Beine bringen, und ohne Waffen.

Für Barth und Liebknecht war das, was Ebert und Scheidemann taten, schlechthin Verrat an der Revolution: daß Ebert das Amt des Reichskanzlers aus den Händen des kaiserlichen Kanzlers übernommen hatte, daß Beamte und Offiziere der Monarchie im Amt bleiben sollten, daß keine Diktatur des Proletariats, sondern eine parlamentarische Demokratie errichtet werden sollte. Die Revolutionären Obleute versuchten deswegen, in einem Handstreich die Macht zu okkupieren. Eine Versammlung der Arbeiter- und Soldatenräte am Abend, hauptsächlich von ihren Anhängern besucht, erklärte sich zum „Provisorischen Arbeiter- und Soldatenrat von Berlin" unter dem Vorsitz von Barth. Grundlage für die Bildung einer neuen Regierung sollte sein: Gesetzgebende, ausführende, verwaltende und richterliche Gewalt nur in den Händen der Vertreter der Arbeiter und Soldaten. Am 10. November sollten überall Räte gewählt werden und am Nachmittag zur Wahl der Regierung zusammentreten. So hatten die Obleute einen halben Tag Vorsprung und hofften, mit Hilfe ihrer Vertrauensleuteorganisation die Versammlung zu beherrschen und die Regierung mit ihren Anhängern zu besetzen. Als die SPD von diesem Plan erfuhr, gingen Otto Wels und andere in die Berliner Kasernen, um die Soldaten, deren Haltung noch unentschieden war, für die SPD zu gewinnen und ein Gegengewicht gegen die Radikalen zu schaffen.

Inzwischen verhandelten seit dem Mittag des 9. November die Parteileitungen der SPD und der USPD über eine gemeinsame Regierungsbildung, über ein Regierungsprogramm und über die Auswahl der Regierungsmitglieder. Als die USPD Liebknecht vorschlug, antwortete Ebert: „Bringen Sie ihn nur, er soll uns angenehm sein." Während dieser Verhandlungen ereignete sich in einer Sitzung von Vorstand und Reichstagsfraktion der USPD diese Szene (nach dem Bericht von Bernstein):

Als man darauf dazu überging, das politische Grundprinzip der neuen Regierung zu erörtern, nahm der kurz zuvor mit einigen seiner Anhänger angekommene Liebknecht das Wort und diktierte dem Schriftführer der Fraktion fast befehlenden Tones die Worte: Alle exekutive, alle legislative, alle richterliche Gewalt bei den Arbeiter- und Soldatenräten. Jetzt folgte auf seine Worte zunächst eine seltsame Pause. Keiner schien ihm rückhaltlos zuzustimmen, keiner sich mit ihm in eine Debatte einlassen zu wollen. Da trat Scheidemann ins Zimmer, um die Vorschläge der USPD für das Regierungsprogramm entgegenzunehmen. Als ihm Liebknechts Diktat gezeigt wurde, sagte er in fast väterlichem Ton: „Ja, aber Leute, wie denkt ihr euch denn das?" Nun entspann sich eine Diskussion zwischen Scheidemann und seinen Begleitern einerseits, Liebknecht und Barth andererseits. *Die gemäßigten Mitglieder der Partei schwiegen, weil sie Liebknecht nicht beipflichten konnten, ihm aber auch nicht vor anderen entgegentreten mochten.*[124])

Scheidemann nahm schließlich Liebknechts Formulierung als Bedingung der USPD für die Regierungsübernahme mit. Die SPD lehnte ab, darauf verzichtete die USPD in einer neuen Sitzung — ohne Liebknecht — auf den entscheidenden Satz. Die zwischen den Parteien vereinbarte Regierung sollte aber in der Versammlung der Arbeiter- und Soldatenräte offiziell gewählt werden. Soweit glaubte man den Radikalen entgegenkommen zu können.

Diese Szene war bezeichnend für die Situation am 9. November. Die Radikalen hatten eine zündende Parole anzubieten, waren aber so gering an Zahl, daß sie nicht hoffen konnten, durch Mehrheitsentscheidung ihr Ziel zu erreichen, nicht einmal in den ersten aufgeregten Tagen des Umsturzes. Sie versuchten es daher auf dem Wege der Überrumpelung. Die USPD war gespalten und innerlich gelähmt. Die SPD wollte möglichst schnell eine handlungsfähige Regierung bilden — der Waffenstillstand war noch nicht unterzeichnet — und an ihren demokratischen Grundsätzen festhalten. Ebert und seine Freunde waren davon überzeugt, daß angesichts der Lage, in der Deutschland sich befand, Parteigesichtspunkte zurücktreten mußten und daß jeder, der zur Mitarbeit bereit war — von Liebknecht bis zu den kaiserlichen Offizieren und Beamten —, gebraucht wurde. Die Arbeiter- und Soldatenräte bestanden zwar zumeist aus erfahrenen Mitgliedern der Arbeiterbewegung, aber ob sie imstande sein würden, die Verwaltung zu ersetzen, die Ernährung des Volkes sicherzustellen und die mit der Demobilisierung verbundenen wirtschaftlichen Fragen zu lösen, erschien zweifelhaft. Eine Revolution, die sich selbst als solche verstanden hätte, hätte hierauf keine Rücksicht genommen. Sie hätte um jeden Preis die alten Gewalten beseitigt und ihre eigene Macht aufgerichtet. Doch die Mehrheitssozialisten waren schon lange keine Revolutionäre mehr. Ebert war ein überzeugter Demokrat. *Die Lehre, daß das Volk ein Recht darauf habe, sich selbst zu regieren, war ihm so in Fleisch und Blut übergegangen, daß er sich keinen Augenblick als etwas anderes betrachten konnte denn als Treuhänder dieses Volkes.*[125]) Sein Ziel war die Einberufung einer konstituierenden Nationalversammlung. Dieses Ziel verfolgte er konsequent, auch wenn er dafür als Verräter an der Arbeiterklasse beschimpft wurde. Unbeschadet des Umsturzes blieben Ebert und die Mehrheitssozialisten auf der Linie, die von der Forderung nach Parlamentarisierung über die Reichstagswahl von 1912 und die Friedensresolution der Mehrheitsparteien zur Verfassungsänderung vom Oktober 1918 geführt hatte.

Die Massen der Arbeiter und Soldaten, die in den Novembertagen demonstrierten und rebellierten, wollten nichts anderes. Die formell schon erreichte Demokratisierung und der Waffenstillstand schienen durch die Weigerung des Kaisers zurückzutreten und durch die Admiralsrebellion bedroht zu sein. Also mußten sie verteidigt, also mußten der Kaiser und die Fürsten abgelöst werden, mehr aber auch nicht.

Am Sonntag, 10. November, kamen etwa 3 000 Berliner Arbeiter- und Soldatenräte unter dem Vorsitz von Emil Barth im Zirkus Busch zusammen und bestätigten die zwischen SPD und USPD vereinbarte Regierung als „Rat der Volksbeauftragten": Von den Mehrheitssozialisten Ebert, Scheidemann und Otto Landsberg, von der USPD der Parteivorsitzende Hugo Haase, Wilhelm Dittmann und Barth. Liebknecht hatte den

Eintritt in eine Regierung gemeinsam mit Ebert abgelehnt. Als die Radikalen versuchten, neben der Regierung und zu ihrer Kontrolle einen „Vollzugsrat der Arbeiter- und Soldatenräte" wählen zu lassen, der die eigentliche Macht in der Hand haben und nur aus Mitgliedern der Revolutionären Obleute und des Spartakusbundes bestehen sollte, erhoben vor allem die Soldaten stürmischen Protest und setzten durch, daß der Vollzugsrat paritätisch aus Soldaten und Zivilisten und unter diesen aus der gleichen Zahl Mehrheitssozialisten wie Unabhängigen zusammengesetzt wurde.

Damit hatten Ebert und die SPD gesiegt. Der Versuch des Spartakusbundes und der Revolutionären Obleute, die erste Begeisterung und Verwirrung auszunutzen, war gescheitert. Das lag nicht nur an der geringen Zahl der Radikalen. Ihr einziges klares Ziel war, den radikalen Räten, das heißt sich selbst, die Macht zu verschaffen. Aber mit ultraradikalen Parolen und geheimnisvollen Verschwörungsplänen, die der Wirklichkeit gegenüber zerstoben, konnte in Deutschland das Rätesystem nicht eingeführt werden.

In Berlin hatten Ebert und die SPD gesiegt. Wie aber sah es im Reich aus? Der Rat der Volksbeauftragten stützte sich nur auf die Berliner Arbeiter- und Soldatenräte. Würden die Räte im Reich ihn anerkennen? Würde es gelingen, die Wirtschaft, die Verwaltung, die Lebensmittelversorgung aufrechtzuerhalten? Wie würde sich die Armee, die kaiserliche Armee, verhalten, die nach den Bestimmungen des Waffenstillstandes die besetzten Gebiete innerhalb von vierzehn Tagen räumen mußte, wenn sie in die von Arbeiter- und Soldatenräte beherrschte Heimat kam? Stand ein Bürgerkrieg bevor?

Diese Gedanken bedrängten Ebert am 10. November. Ähnliche Gedanken bewegten zur gleichen Zeit im Großen Hauptquartier in Spa den Nachfolger Ludendorffs, General Groener. Auch er fürchtete einen Bürgerkrieg, den Zerfall des Reiches und der Armee. Auch er wollte den Einfluß der Radikalen, alle die Tendenzen, die er mit dem Schlagwort „Bolschewismus" zusammenfaßte, bekämpfen.

Reichskanzlei und OHL waren durch eine direkte Telefonleitung verbunden, die nicht über die Vermittlung lief. Über diese Leitung rief Groener am späten Abend des 10. November Ebert an. Wenn auch der Inhalt des Gesprächs nicht genau bekannt ist, so ist doch sicher, daß Regierung und OHL auf gleicher Ebene miteinander verhandelten und daß die Gesprächspartner weitgehende Übereinstimmung feststellten. Die OHL stellte sich mit ihren Truppen der Regierung zur Verfügung. Hindenburg, der die Abmachung am nächsten Tag billigte, blieb im Amt, um die Rückführung der Armee zu leiten. Die OHL verlangte dafür von Ebert, daß die Regierung ihre Autorität gegenüber den Räten wahrte, daß die militärische Disziplin und die Befehlsgewalt der Offiziere aufrechterhalten blieben und von der Regierung geschützt wurden.

Die Beurteilung dieses „Bündnisses" ist umstritten. Ebert gewann die militärische Macht, die er brauchte, um seiner Regierung Anerkennung zu verschaffen. Die technischen Probleme des Rückmarsches konnten gelöst werden. Die Gefahr eines Bürgerkrieges war zunächst gebannt. Gleichzeitig begab sich die Regierung in eine verhängnisvolle Abhängigkeit von der Heeresleitung. Diese konnte, ohne den neuen Staat ausdrücklich anerkannt zu haben, ihre Bedingungen stellen. Groener sagte später:

„Wir haben uns verbündet zum Kampf gegen die Revolution, zum Kampf gegen den Bolschewismus"[126]) Gegen welche Revolution? Was war in den Augen der Offiziere nicht alles „Bolschewismus"?

Zunächst hatte Ebert Bewegungsfreiheit gewonnen. Am 12. November veröffentlichte der Rat der Volksbeauftragten sein Programm:

An das deutsche Volk!

Die aus der Revolution hervorgegangene Regierung, deren politische Leitung rein sozialistisch ist, setzt sich die Aufgabe, das sozialistische Programm zu verwirklichen. Sie verkündet schon jetzt mit Gesetzeskraft folgendes:

1. Der Belagerungszustand wird aufgehoben.

2. Das Vereins- und Versammlungsrecht unterliegt keiner Beschränkung, auch nicht für Beamte und Staatsarbeiter.

3. Eine Zensur findet nicht statt. Die Theaterzensur wird aufgehoben.

4. Meinungsäußerung in Wort und Schrift ist frei.

5. Die Freiheit der Religionsausübung wird gewährleistet. Niemand darf zu einer religiösen Handlung gezwungen werden.

6. Für alle politischen Straftaten wird Amnestie gewährt. Die wegen solcher Straftaten anhängigen Verfahren werden niedergeschlagen.

7. Das Gesetz über den vaterländischen Hilfsdienst wird aufgehoben, mit Ausnahme der sich auf die Schlichtung von Streitigkeiten beziehenden Bestimmungen.

8. Die Gesindeordnungen werden außer Kraft gesetzt. Ebenso die Ausnahmegesetze gegen die Landarbeiter.

9. Die bei Beginn des Krieges aufgehobenen Arbeiterschutzbestimmungen werden hiermit wieder in Kraft gesetzt.

Weitere sozialpolitische Verordnungen werden binnen kurzem veröffentlicht werden, spätestens am 1. Januar 1919 wird der achtstündige Maximalarbeitstag in Kraft treten. Die Regierung wird alles tun, um für ausreichende Arbeitsgelegenheit zu sorgen. Eine Verordnung über die Unterstützung von Erwerbslosen ist fertiggestellt. Sie verteilt die Lasten auf Reich, Staat und Gemeinde. Auf die Sicherung einer geregelten Volksernährung wird hingearbeitet werden. – Die Regierung wird die geordnete Produktion aufrechterhalten, das Eigentum gegen Eingriffe Privater sowie die Freiheit und Sicherheit der Person schützen. – Alle Wahlen zu öffentlichen Körperschaften sind fortan nach dem gleichen, geheimen, direkten, allgemeinen Wahlrecht auf Grund des proportionalen Wahlsystems für alle mindestens zwanzig Jahre alten männlichen und weiblichen Personen zu vollziehen. Auch für die Konstituierende Versammlung, über die nähere Bestimmung noch erfolgen wird, gilt dieses Wahlrecht.

Berlin, den 12. November 1918

    Ebert   Haase   Scheidemann   Landsberg   Dittmann   Barth[127])

Dies Programm hatte deutlich zwei Schwerpunkte: die Garantie unbeschränkter politischer Freiheit einschließlich eines freien Wahlrechts und die Sozialpolitik. Damit spiegelte das Programm genau die Interessenlage und die Tätigkeitsgebiete der alten Sozialdemokratie wider, von der Arthur Rosenberg sagte: *Aber im Unterbewußtsein des durchschnittlichen Sozialisten vor 1914 sah doch die Welt so aus, daß die Sozialpolitik und das Wahlrecht die Hauptsachen waren und alle übrigen Dinge im trüben Nebel schwammen.*[128])

Was war gemeint, wenn die Volksbeauftragten „das sozialistische Programm verwirklichen" wollten? Nur Sozialpolitik und Wahlrecht? Dem Programm lag offenbar ein grenzenloser Optimismus zugrunde. Es genügte, so glaubten seine Verfasser, die politische Freiheit zu begründen und — als Ausgleich für die Macht des Kapitals — die soziale Existenz der Arbeitnehmer besonders zu sichern, um Demokratie und Sozialismus und damit eine neue, bessere Welt zu garantieren. Das Volk, einmal im Besitz der Freiheit, würde von der Freiheit schon den rechten Gebrauch machen und sich für sein wohlverstandenes Interesse entscheiden. Die Volksbeauftragten hielten eine sozialistische Mehrheit in der Nationalversammlung für sicher. Bis dahin, so glaubten sie, seien Eingriffe in die bestehenden Machtverhältnisse, etwa umfangreiche Personalveränderungen oder Enteignungen in der Wirtschaft, weder erlaubt noch möglich. In den drei Monaten vom November 1918 bis zum Februar 1919, als die Sozialdemokraten allein und praktisch unbeschränkt regierten, unternahmen sie keinen Versuch zur grundlegenden Neuordnung von Staat und Gesellschaft. Das lag nicht nur an den bedrückenden Zeitumständen, dem verlorenen Krieg, dem Hunger und der wirtschaftlichen Not, sondern auch daran, daß sie auf die Übernahme der Macht nicht vorbereitet waren, daß sie kein Konzept für eine Neuordnung hatten, weil ihre Ideologie, der Marxismus, sie gelehrt hatte, daß die Geschichte zwangsläufig ablaufe und der einzelne durch sein Handeln wenig dazu beitragen könne.

Erfolge gab es auf dem Gebiet der Sozialpolitik. Am 15. November schlossen die Gewerkschaften mit den Unternehmerverbänden ein Abkommen, in dem die Gewerkschaften aller Richtungen (vgl. Statistischer Anhang, Tabelle 11) als die berufenen Vertreter der Arbeitnehmer anerkannt wurden. Zwischen den Vertragspartnern wurde eine „Zentralarbeitsgemeinschaft" gegründet. In allen Betrieben mit mindestens fünfzig Beschäftigten sollte ein Arbeiterausschuß (später Betriebsrat genannt) eingerichtet werden.

Alle politischen Richtungen, von den bürgerlichen Parteien über die SPD bis zur Mehrheit der USPD, waren sich darin einig, daß eine konstituierende Nationalversammlung einberufen werden müsse. Zwischen den beiden letzteren gab es nur einen Streit um den Termin. Während die SPD die Konstituante so bald wie möglich einberufen wollte, schlug die USPD einen späteren Termin vor, um noch während der revolutionären Übergangsperiode einige grundlegende sozialistische Ziele, wie Sozialisierung der Grundstoffindustrie und Demokratisierung der Verwaltung, zu verwirklichen.

Ganz anders die Radikalen. Sie meinten, daß die sozialistische Revolution, von der sie seit Jahrzehnten geträumt hatten, jetzt begonnen habe. Sozialismus aber bedeutete für sie Diktatur des Proletariats, ausgeübt durch die Arbeiter- und Soldatenräte. Die „Rote Fahne", die Zeitung des Spartakusbundes, schrieb am 28. November: *Konstituante oder*

Zentralrat der Arbeiter- und Soldatenräte, fest gefügt und unerbittlich klar hat die Geschichte diese zwei Grundstöcke verschiedener Klassenorganisationen einander gegenübergestellt. Viele Artikel der „Roten Fahne", viele Reden radikaler Führer gipfelten in der Forderung: „Die ganze Macht den Arbeiter- und Soldatenräten!" Diese Parole bot scheinbar eine Patentlösung für alle Schwierigkeiten und alle politischen und wirtschaftlichen Probleme: Die einfachen Leute mußten die Ausbeuter und Unterdrücker fortjagen und ihr Geschick in die eigenen Hände nehmen, dann konnte es ihnen an nichts mehr fehlen. Obwohl die Radikalen im Grunde schon am 10. November geschlagen waren, gehörte die Alternative „Räte oder Nationalversammlung" zu den meistdiskutierten Fragen.

Zur Entscheidung dieser Frage berief der Vollzugsrat einen Reichskongreß der Arbeiter- und Soldatenräte vom 16. bis 19. Dezember nach Berlin. Die Räte selber sollten über die künftige Staatsform und damit über das Ziel der Novemberrevolution entscheiden. Zweifelhaft war diese Entscheidung allerdings nicht. Alle Wahlen und Abstimmungen seit dem 9. November hatten gezeigt, daß die große Mehrheit sich zur SPD bekannte. Von den 488 Delegierten des Kongresses bezeichneten sich laut Protokoll 289 als Mehrheitssozialisten, 90 als Unabhängige (darunter etwa 10 Spartakisten), 25 als Demokraten, 27 nur als Soldaten, 10 als „Vereinigte Revolutionäre", eine linksradikale Splittergruppe, die übrigen machten keine Angaben.

Auf dem Kongreß begegneten sich zum erstenmal die revolutionären Machthaber aus ganz Deutschland. Die Stimmung der ersten Revolutionstage kehrte zurück. Der Vertreter der Vossischen Zeitung drückte die ganze Angst und das Entsetzen des Bürgertums vor den elementaren Kräften der Revolution aus: *Unter den Vertretern der Arbeiter- und Soldatenräte aus dem Reich Dutzende von „wilden Männern", Soldaten mit kriegszerrütteten Nerven, Schaum vor dem Mund, lallend vor Aufregung! Dazu aus dem Dunkel aufgetauchte Demagogen, Träger böser Gedanken, wilder Wünsche. Das Ganze in stürmischer Bewegung, in steter Erregung. Alles zusammen: Der einzige Träger der Macht in diesem Lande, in diesem großen Reich. Männer in Landsturmbluse und Arbeitskittel, Matrosen und Heizer, eben noch stumm, fremdem Willen hilflos preisgegeben, jetzt losgelassen, Herren nicht nur des eigenen Schicksals, unbegrenzter Möglichkeiten dumpf bewußt.*[129]) In Wahrheit waren die Delegierten keineswegs besonders radikal. Liebknecht und Rosa Luxemburg hatten kein Mandat erhalten und mußten den Verhandlungen von der Pressetribüne aus folgen.

Schon die Begrüßungsansprachen von Richard Müller (Revolutionäre Obleute) für den Vollzugsrat und Ebert für den Rat der Volksbeauftragten zeigten das entscheidende Problem: Müller forderte die Delegierten auf, „die Grundlagen für die deutsche sozialistische Republik" zu legen. Ebert forderte sie auf, „den neuen Rechtsstaat" zu errichten. Dieser Gegensatz, der nichts anderes als „Räterepublik" und „parlamentarische Demokratie" bedeutete, durchzog den ganzen Kongreß. Nachdem Max Cohen (SPD) für die Nationalversammlung und Ernst Däumig (Revolutionäre Obleute, USPD) für das Rätesystem gesprochen hatten, folgte am dritten Tag die Abstimmung. Das Ergebnis überraschte auch diejenigen, die an der Entscheidung für die Demokratie nie gezweifelt hatten. Der Antrag Cohen, die Wahl zur Nationalversammlung auf den frühest möglichen Termin, den 19. Januar 1919, zu legen, wurde mit 400 gegen 50 Stimmen angenommen. Däumigs Gegenantrag, daß den Räten die höchste gesetzgebende und vollziehende Gewalt zustehen und ein neuer Rätekongreß die Verfassung beschließen sollte, wurde mit 344 gegen 98 Stimmen abgelehnt. Das unterschiedliche Stimmenverhältnis erklärt sich daraus, daß die Ablehnung des Antrags Däumig einigen Delegierten als ausdrückliches Todesurteil für die Räte erschien, das sie auf keinen Fall aussprechen wollten. Nach ihrer Auffassung sollten die Räte neben der Nationalversammlung weiterbestehen.

War die Rätebewegung ein Ansatz zu neuen Formen demokratischer Mitbestimmung und eine Möglichkeit, die Demokratie in Deutschland nicht nur im formalen Sinne, sondern im Aufbau der Gesellschaft durchzusetzen? Das war in vielen Fällen die Absicht der Räte. Aber die neue Form der Mitbestimmung war der Tradition der Arbeiterbewegung fremd und galt (größtenteils zu Unrecht) infolge der Ereignisse in Rußland als eine bolschewistische Erfindung. Die sozialdemokratischen Arbeiter hatten jahrzehntelang für parlamentarische Demokratie gekämpft und waren jetzt, wo sie die Macht hatten, nicht gewillt, eine neue und unerprobte politische Konzeption zu übernehmen. Trotzdem muß rückschauend gefragt werden, ob die Situation 1918/19 nicht doch alternative Gestaltungsmöglichkeiten bot. Die neuere Geschichtsschreibung neigt überwiegend dazu, eine offene Situation anzunehmen, in der *die sozialdemokratische Revolutionsregierung zu wählen hatte zwischen einem Bündnis mit der konservativen Machtelite (Bürokratie und Offizierkorps) und damit der konservativen Republik — kurzfristig gesehen die risikolosere und bequemere Lösung, langfristig gesehen aber eine höchst problematische Entscheidung — und einer Politik einschneidender Veränderungen der bestehenden Machtstrukturen des wilhelminischen Obrigkeitsstaates zugunsten einer in den breiten Massen der eigenen Anhängerschaft zuverlässig verankerten demokratischen und sozialen Republik, ein fürs erste gewiß risikoreicher, aber auf längere Sicht zukunftsträchtigerer Weg der staatlichen Neuordnung.*[130])

Die erste Krise der Republik

Die linksradikalen Gruppen und der linke Flügel der USPD waren auf dem Rätekongreß zum zweitenmal geschlagen worden. Wiederum gaben sie ihr Ziel nicht auf, sondern trugen ihre Parolen auf die Straße und suchten Anhänger unter den Massen der Arbeiter und Soldaten zu gewinnen und zu bewaffnen. Ein unglücklicher Zwischenfall beschleunigte die Radikalisierung.

Am 23. Dezember meuterte die Volksmarinedivision, Matrosen, die in den Novembertagen aus Cuxhaven nach Berlin gekommen waren, um die revolutionäre Regierung zu schützen. Jetzt sperrten sie den Telefonverkehr der Reichskanzlei und die Zugänge zum Haus, so daß die Volksbeauftragten Gefangene ihrer eigenen Schutzwache waren. Ebert rief über die Geheimleitung die OHL an und bat um die Entsendung von Truppen. Die

Gardekavallerie-Schützendivision begann am 24. Dezember morgens, die Quartiere der Volksmarinedivision zu beschießen. Ungeheure Erregung bei den Matrosen und beim linken Flügel der Arbeiterschaft: Ebert hat Truppen der alten Armee gegen Vertreter der Revolution eingesetzt! Die Truppen waren jedoch zu schwach, um gegen die revolutionären Matrosen vor ihnen und die demonstrierenden Arbeiter hinter ihnen standzuhalten. Es wurde verhandelt, die Gardekavallerie-Schützen-Division zog ab.

Die Verbitterung blieb. Die Volksbeauftragten der USPD traten aus Protest gegen Eberts Handlungsweise zurück. Zwei Mehrheitssozialisten, Gustav Noske und Rudolf Wissell, wurden in den Rat der Volksbeauftragten berufen. Damit schienen die Tage der Arbeiter- und Soldatenräte gezählt und der Weg zur parlamentarischen Demokratie gesichert zu sein. Gleichzeitig sammelten sich die Gegenkräfte und bereiteten einen neuen Vorstoß vor.

Der Spartakusbund löste seine Verbindung zur USPD und gründete am 31. Dezember die „Kommunistische Partei Deutschlands (Spartakusbund)" unter Führung von Liebknecht und Rosa Luxemburg. Die Revolutionären Obleute wurden zum Beitritt aufgefordert, lehnten aber ab. Ausschlaggebend dafür war, daß die KPD nicht nur die Nationalversammlung ablehnte, sondern daß die Mehrheit des Parteitages gegen den Willen der Parteiführung beschlossen hatte, sich nicht einmal an den Wahlen zu beteiligen. Mit diesen radikalen Utopisten, Schwärmern für den Rätegedanken, die jede Rücksicht auf die bestehenden Verhältnisse ablehnten, wollten die Obleute nicht zusammenarbeiten. Die KPD blieb unbedeutend und spielte während des Jahres 1919 keine Rolle in der deutschen Politik.

Trotzdem bedeutete die Gründung der KPD die eigentliche und bleibende Spaltung der Arbeiterbewegung. Die Mehrheit der USPD hatte keine prinzipiellen Differenzen mit der SPD und fand später zu ihr zurück. Das war bei der KPD nicht mehr möglich.

Am 4. Januar begannen in Berlin neue Unruhen, der „Spartakusaufstand". Er war keine planmäßige Aktion der neuen Partei, sondern die Berliner Lokalorganisation der USPD, ein Teil der Revolutionären Obleute und Liebknecht (allerdings gegen den Willen der KPD-Zentrale) hielten, als radikale Arbeiter wegen der Absetzung des Unabhängigen Eichhorn als Berliner Polizeipräsident demonstrierten, den Augenblick zum Sturz der Regierung für gekommen:

Kameraden! Arbeiter!
Die Regierung Ebert-Scheidemann hat sich unmöglich gemacht. Sie ist von dem unterzeichneten Revolutionsausschuß, der Vertretung der revolutionären sozialistischen Arbeiter und Soldaten (Unabhängige Sozialdemokratische Partei und Kommunistische Partei) für abgesetzt erklärt.
Der unterzeichnete Revolutionsausschuß hat die Regierungsgeschäfte vorläufig übernommen.
Kameraden! Arbeiter! Schließt euch den Maßnahmen des Revolutionsausschusses an.
Der Revolutionsausschuß i.V.
Ledebour, Liebknecht, Scholze[131])

Ledebour war ein Politiker des linken Flügels der USPD, Scholze war Berliner Arbeiter, Mitglied der Revolutionären Obleute. Der Revolutionsausschuß wußte jedoch selber nicht, was er eigentlich wollte. Die „Rote Fahne" schrieb ein Jahr später über die Ereignisse des 6. Januar:

Vom Roland zur Viktoria standen die Proletarier Kopf an Kopf. Bis weit hinein in den Tiergarten standen sie. Sie hatten ihre Waffen mitgebracht, sie ließen ihre roten Banner wehen. Sie waren bereit, alles zu tun, alles zu geben, das Leben selbst. Und da geschah das Unerhörte. Die Massen standen früh um 9 Uhr in Kälte und Nebel. Und irgendwo saßen die Führer und berieten. Die Massen fieberten vor Erregung: sie wollten eine Tat, auch nur ein Wort, das ihre Erregung besänftigte. Doch keiner wußte, welches. Denn die Führer berieten. Der Nebel fiel wieder und mit ihm die Dämmerung. Traurig gingen die Massen nach Hause: sie hatten Großes gewollt und nichts getan. Denn die Führer berieten. Im Marstall hatten sie beraten, dann gingen sie weiter ins Polizeipräsidium und berieten weiter. Draußen standen die Proletarier auf dem leeren Alexanderplatz, die Knarre in der Hand, mit leichten und schweren Maschinengewehren. Und drinnen berieten die Führer.[132])

Für Ebert sah die Situation anders aus. Jeden Augenblick konnten die Radikalen ihre Beratungen beenden, und ein entschlossener Mann konnte sich an die Spitze der bewaffneten Massen setzen. Die Regierung des Deutschen Reiches war ihnen schutzlos preisgegeben. Die Volksbeauftragten versammelten sich in Eberts Arbeitszimmer. Noske berichtet:

Ich forderte, daß ein Entschluß gefaßt werde. Darauf sagte jemand: „Dann mach' du doch die Sache!" Worauf ich kurz entschlossen erwiderte: „Meinetwegen! Einer muß der Bluthund werden; ich scheue die Verantwortung nicht!"[133]) Noske wurde zum Oberbefehlshaber in den Marken ernannt. Welche Truppen standen ihm zur Verfügung? Die Verbände der alten Armee lösten sich auf, wenn sie ihre Heimatorte erreicht hatten. Einzelne Offiziere begannen, Freiwillige zu sammeln und aus ihnen neue Verbände, Freikorps, aufzustellen. Hier fanden sich vor allem diejenigen, die nicht ins Zivilleben zurückkehren mochten, weil sie keinen Beruf gelernt oder sich so an das Soldatenleben gewöhnt hatten, daß sie davon nicht wieder loskamen, ewige Landsknechte. Auch die aktiven Offiziere hatten keinen bürgerlichen Beruf erlernt. Wenn sie in die Freikorps eintraten, so sicher nicht, weil sie die sozialdemokratische Regierung verteidigen wollten, sondern weil sie die Waffen behalten, das Reich gegen innere und äußere Feinde schützen und den Zeitpunkt abwarten wollten, wo sie mit denselben Waffen einer Regierung zur Macht verhelfen konnten, die ihren Vorstellungen mehr entsprach. Noske nahm die Truppen, die er fand. Weitsichtige Sozialdemokraten versuchten, aus zuverlässigen Leuten regierungstreue Truppen aufzustellen, kamen jedoch über die ersten Ansätze nicht hinaus. Zu groß war das Mißtrauen in der Sozialdemokratie gegen die Armee und das Mißtrauen der Offiziere gegen die politischen Soldaten. Nachdem Noske einige kampfkräftige Verbände gesammelt hatte, ließ er sie in der Nacht vom 10. zum 11. und am Vormittag des 11. Januar in Berlin einrücken. Die Kämpfe forderten Opfer. Das vergossene Blut stand zwischen Mehrheitssozialisten und Radikalen. Der Bruch vergrößerte sich.

Am 15. Januar wurden Karl Liebknecht und Rosa Luxemburg, die sich in Berlin verborgen hatten, verhaftet. Die Soldaten, die sie ins Untersuchungsgefängnis bringen sollten, mißhandelten sie unterwegs und ermordeten beide. Diese scheußliche Tat steigerte die Empörung der Linken. Die Verantwortung für den Mord wurde Noske und der SPD zugeschoben.

Am 19. Januar fand die Wahl zur Nationalversammlung statt. Es war jedoch ein Irrtum, wenn man glaubte, daß damit die revolutionäre Übergangsperiode abgeschlossen war und der friedliche Aufbau der Republik beginnen konnte. Die Januarkämpfe waren kein Abschluß, sondern ein Auftakt. Die Republik, kaum begründet, erlebte in den Streiks, Unruhen und Aufständen von Januar bis Mai 1919 ihre erste große Krise, eine deutsche „Oktoberrevolution", die auf die „Februarrevolution" vom November 1918 folgte. Die Radikalen gewannen Einfluß auf größere Teile der Arbeiterschaft, die Entwicklung Deutschlands zur demokratischen Republik war ernsthaft in Frage gestellt.

Die Krise hatte mehrere Ursachen. Nach dem Waffenstillstandsvertrag bestand die Blockade weiter, und obwohl einzelne Lebensmittelsendungen aus dem Ausland eintrafen, herrschte in Deutschland Hungersnot. Wegen der Umstellung von der Kriegs- auf die Friedenswirtschaft und wegen der Rückkehr von Millionen Soldaten stieg die Zahl der Erwerbslosen. Die Geldentwertung führte zu Lohnforderungen und Lohn- streiks, aus denen sich politische Forderungen und politische Streiks entwickelten. Die Absicht der Regierung, die Arbeiter- und Soldatenräte aufzulösen, traf auf Widerstand in breiten Schichten der Arbeiterschaft. Die Ereignisse im November 1918 waren als Beginn einer neuen, besseren Zeit begrüßt worden. Nun war die Begeisterung verflogen, und es stellte sich heraus, daß sich wenig geändert hatte. Enttäuschung und Ernüchte- rung bereiteten den Boden für die Radikalisierung.

Als unmittelbare Folge der Berliner Ereignisse wurde am 10. Januar in Bremen die Räterepublik ausgerufen:

Einwohner Bremens!
Die Entscheidung ist gefallen! Um nicht mit in den selbstmörderischen Zusammenbruch der kapitalistischen Wirtschaftsordnung hineingerissen zu werden, hat das werktätige Volk Bremens, das revolutionäre Proletariat, sein Schicksal in die eigene Hand genommen. Über Bremen ist das Standrecht verhängt!
Die gesamte wirtschaftliche und politische Macht liegt in den Händen der proletarischen Volksregierung. Bremen ist eine selbständige sozialistische Republik. Der Senat ist abgesetzt![134])

Am 4. Februar ließ Noske Bremen, anschließend die übrigen Hafenstädte der Nordseeküste (außer Hamburg) von Freikorps besetzen. Im Februar, im März und im April wurde im Ruhrgebiet, zeitweise ebenfalls im sächsischen Industriegebiet, der Generalstreik ausgerufen. Truppen griffen ein und hatten schwere Kämpfe zu bestehen.

Im April wurde Braunschweig besetzt, nachdem das Land zur Räterepublik erklärt worden war.

Besonders schwer waren die Kämpfe in Berlin vom 2. bis 6. März. Noske verkündete das Standrecht und erließ den Befehl: *Jede Person, die mit den Waffen in der Hand gegen Regierungstruppen kämpfend angetroffen wird, ist sofort zu erschießen.*[135]) Die Freikorps betrachteten diesen Befehl als Freibrief zur Aufrichtung des „weißen Terrors" und töteten zahlreiche Unbeteiligte. Insgesamt kosteten die Kämpfe allein in Berlin 1 200 Tote. Harry Graf Kessler schrieb in sein Tagebuch: *Alle geistig und ethisch anständigen Menschen müssen einer so leichtsinnig und frech mit dem Leben ihrer Mitbürger spielenden Regierung den Rücken kehren! Die letzten acht Tage haben durch ihre Schuld, durch ihr leichtfertiges Lügen und Blutvergießen, einen in Jahrzehnten nicht wieder zu heilenden Riß in das deutsche Volk gebracht.*[136])

In Bayern regierte seit dem 8. November 1918 der Unabhängige Kurt Eisner. Eine Woche vor der Wahl zur Nationalversammlung fand eine Landtagswahl statt, bei der seine Partei nur 3 von 156 Mandaten gewann. In dem Augenblick, wo Eisner zurücktreten wollte, wurde er von einem nationalistischen Studenten ermordet. Es war, nach der Ermordung Liebknechts und Rosa Luxemburgs, der dritte politische Mord in der Republik. Zwar wählte der Landtag eine Regierung unter dem Sozialdemokraten Hoffmann, doch riefen bald Kommunisten, Anarchisten und der linke Flügel der Unabhängigen in München die Räterepublik aus. Mehrere Räteregierungen lösten einander ab, die Beziehungen zu Berlin wurden abgebrochen. Als die Regierung Hoffmann aus Bamberg die Reichsregierung um Hilfe bat, wurden Freikorps entsandt, die Anfang Mai nach heftigen Straßenkämpfen in München einrückten und dabei 457 Menschen außerhalb der Kampfhandlungen willkürlich töteten.[137])

Mit der Niederwerfung der Münchner Räterepublik war die Autorität der Regierung überall wiederhergestellt. Aber um welchen Preis! Die Linke erklärte die Mehrheitssozialisten zu Verrätern an der Revolution. Die Leipziger Volkszeitung, das Sprachrohr des linken Flügels der USPD, nannte sie nur noch „Blutsozialisten". Die SPD hatte die Krise mit Hilfe gegenrevolutionärer und antidemokratischer Kräfte, der Freikorps, gemeistert, die bald ihre Rechnung präsentieren sollten. Wie anders aber hätte die Regierung eine demokratische Republik errichten und die Einheit des Reiches bewahren können?

Weimar: Nationalversammlung und Verfassung

Bei der Wahl zur Nationalversammlung am 19. Januar erhielten

SPD	37,9 % der Stimmen,	163 Abgeordnete
Zentrum	19,7 % der Stimmen,	90 Abgeordnete
Deutsche Demokratische Partei	18,6 % der Stimmen,	75 Abgeordnete

Deutschnationale Volkspartei	10,3 % der Stimmen,	42 Abgeordnete
USPD	7,6 % der Stimmen,	22 Abgeordnete
Deutsche Volkspartei	4,4 % der Stimmen,	22 Abgeordnete
andere	1,6 % der Stimmen,	4 Abgeordnete

Die Parteien waren im wesentlichen dieselben wie im Kaiserreich. Die Deutsche Demokratische Partei (DDP) entstand aus der ehemaligen Fortschrittlichen Volkspartei und einem Teil der Nationalliberalen. Ihr schlossen sich bedeutende Vertreter der deutschen Wissenschaft und des gebildeten Bürgertums an. Das Ziel der Partei war, alle nichtsozialistischen, aber entschieden demokratischen Kräfte zusammenzufassen. Sie war durch innere Gegensätze — Pazifisten und Nationalisten, Arbeitgeber, Mittelstand und Arbeitnehmer — stark belastet.

Der Fraktionsvorsitzende der Nationalliberalen im Reichstag, Gustav Stresemann, ging aus persönlichen und politischen Gründen nicht zur DDP, sondern gründete mit einem Teil der Nationalliberalen eine eigene Partei, die Deutsche Volkspartei (DVP). Sie stand weiter rechts, lehnte eine Zusammenarbeit mit den Sozialdemokraten ab und forderte die Wiederherstellung der Monarchie. Erst in den folgenden Jahren gewannen Stresemann und seine Partei ein positiveres Verhältnis zur Republik. In wirtschaftlichen Fragen vertrat die DVP die Interessen der Industrie.

Die Deutschnationale Volkspartei (DNVP) entstand aus einem Zusammenschluß konservativer Gruppen. Sie lehnte die Republik ab und forderte die Wiedereinführung der Monarchie. Wenn diese Tendenz auch später abklang, so hat die DNVP doch die Demokratie in Deutschland stets bekämpft und zu ihrem Untergang beigetragen. Die Partei vertrat ebenfalls Interessen der Großindustrie, daneben die des Großgrundbesitzes.

Beim Zentrum trat der durch die Christlichen Gewerkschaften repräsentierte Arbeitnehmerflügel stärker in den Vordergrund. Von der Partei spaltete sich bald die Bayerische Volkspartei (BVP) ab, die im allgemeinen mit dem Zentrum stimmte, aber den Förderalismus und den Gegensatz zur SPD stärker betonte.

Die Wahl zur Nationalversammlung machte die SPD zur stärksten Partei, brachte ihr aber keine Mehrheit. Eine Koalition mit nichtsozialistischen Parteien war notwendig, die Verwirklichung des Sozialismus in weite Ferne gerückt. Für die Demokratie dagegen, für die drei demokratischen Parteien, die schon während des Krieges zusammengearbeitet hatten und jetzt die „Weimarer Koalition" bildeten, stimmten über 76 % des Volkes.

Am 6. Februar 1919 trat die Nationalversammlung in Weimar zusammen, da die Lage in Berlin zu unsicher erschien. Am 11. Februar wählte sie Friedrich Ebert zum vorläufigen Reichspräsidenten. Der Präsident der Nationalversammlung begrüßte ihn mit den Worten:

„Meine Damen und Herren! Zum erstenmal hat sich das deutsche Volk ein Oberhaupt aus freier Selbstbestimmung gegeben. Der neue Reichspräsident ist der Erkorene der großen Mehrheit des deutschen Volkes. Die einzige Quelle seines Rechtes ist der Wille des Volkes, auf ihm allein beruht die Macht und die Würde seiner Stellung.

Verschwunden ist der Vormund aus ererbtem Recht. An seiner Stelle steht der selbstgewählte Führer. Wir dürfen gewiß sein, daß der neue Reichspräsident jedem Versuch, an die Stelle des Willens der Volksmehrheit die gewalttätige Diktatur einer Minderheit zu setzen, mit aller Macht entgegentreten wird. Die Demokratie wird in ihm einen starken Hort haben." [138])

Ebert antwortete:

„Ich gelobe, daß ich die Verfassung der deutschen Republik getreulich beachten und schützen werde. Ich will und werde als der Beauftragte des ganzen deutschen Volkes handeln, nicht als Vormann einer einzigen Partei. Ich bekenne aber auch, daß ich ein Sohn des Arbeiterstandes bin, aufgewachsen in der Gedankenwelt des Sozialismus, und daß ich weder meinen Ursprung noch meine Überzeugung jemals zu verleugnen gesonnen bin.

Den Frieden zu erringen, der der deutschen Nation das Selbstbestimmungsrecht sichert, die Verfassung auszubauen und zu behüten, die allen deutschen Männern und Frauen die politische Gleichberechtigung unbedingt verbürgt, dem deutschen Volke Arbeit und Brot zu schaffen, sein ganzes Wirtschaftsleben so zu gestalten, daß die Freiheit nicht Bettlerfreiheit, sondern Kulturfreiheit werde, das sei unseres Strebens Ziel." [139])

Zwei Tage nach der Wahl des Präsidenten wurde die erste parlamentarisch gewählte Regierung der deutschen Republik gebildet. Ministerpräsident wurde der Sozialdemokrat Scheidemann. Neben ihm standen Noske als Wehrminister und Wissell als Wirtschaftsminister. Aus der DDP kam Eugen Schiffer, Finanzminister und stellvertretender Ministerpräsident, aus dem Zentrum Erzberger, Minister ohne Geschäftsbereich; parteilos war der Außenminister Graf Brockdorff-Rantzau.

Die Hauptaufgabe der Nationalversammlung war es, dem Reich eine Verfassung zu geben. Der Regierungsentwurf, ausgearbeitet von dem Staatsrechtler Prof. Hugo Preuß, war unitarisch ausgerichtet. Das Parlament betonte mehr den bundesstaatlichen Charakter des Reiches und verzichtete auf die von Preuß ursprünglich vorgesehene Aufteilung des Landes Preußen. Am 31. Juli wurde die Verfassung mit 262 gegen 75 Stimmen von der Nationalversammlung verabschiedet. Am 11. August unterschrieb der Reichspräsident die Verfassungsurkunde. Dieser Tag wurde hinfort als Verfassungstag feierlich begangen.

Die Weimarer Verfassung wurde voller Stolz „als die freieste Verfassung der Welt" bezeichnet. Sie beginnt mit den Worten:

Das deutsche Volk, einig in seinen Stämmen und von dem Willen beseelt, sein Reich in Freiheit und Gerechtigkeit zu erneuern und zu festigen, dem inneren und äußeren Frieden zu dienen und den gesellschaftlichen Fortschritt zu fördern, hat sich diese Verfassung gegeben.

>   *Artikel 1.   Das Deutsche Reich ist eine Republik. Die Staatsgewalt geht vom Volke aus.*

In den Artikeln 6 bis 13 ist die Verteilung der Gesetzgebung zwischen Reich und Ländern so geregelt, daß das Reich weitgehende Befugnisse erhält.

>   *Artikel 20.   Der Reichstag besteht aus den Abgeordneten des deutschen Volkes.*

Artikel 22. *Die Abgeordneten werden in allgemeiner, gleicher, unmittelbarer und geheimer Wahl von den über zwanzig Jahre alten Männern und Frauen nach den Grundsätzen der Verhältniswahl gewählt.*

Der Reichstag sollte das unmittelbare Spiegelbild der Volksmeinung sein. Das Verhältniswahlrecht gab auch kleinsten Gruppen noch die Chance, einen Sitz im Parlament zu gewinnen. Zwar ging keine Stimme verloren, doch erforderte die Vielzahl von Parteien häufig wechselnde Koalitionen. Niemals gewann eine Partei allein die Mehrheit. Aus den Erfahrungen der Weimarer Zeit zog das Grundgesetz für die Bundesrepublik Deutschland die Konsequenz, eine Mindestgrenze für die Vertretung im Parlament (Fünf-Prozent-Klausel) vorzusehen, so daß die Bundesrepublik von Parteizersplitterung verschont blieb.

Artikel 41. *Der Reichspräsident wird vom ganzen deutschen Volk gewählt.*

Artikel 48. *Wenn ein Land die ihm nach der Reichsverfassung oder den Reichsgesetzen obliegenden Pflichten nicht erfüllt, kann der Reichspräsident es dazu mit Hilfe der bewaffneten Macht anhalten.*

Der Reichspräsident kann, wenn im Deutschen Reich die öffentliche Sicherheit und Ordnung erheblich gestört oder gefährdet wird, die zur Wiederherstellung der öffentlichen Sicherheit und Ordnung nötigen Maßnahmen treffen, erforderlichenfalls mit Hilfe der bewaffneten Macht einschreiten. Zu diesem Zweck darf er vorübergehend die in den Art. 114, 115, 117, 118, 123, 124 und 153 festgesetzten Grundrechte außer Kraft setzen.

Von allen gemäß Abs. 1 oder Abs. 2 dieses Artikels getroffenen Maßnahmen hat der Reichspräsident unverzüglich dem Reichstag Kenntnis zu geben. Die Maßnahmen sind auf Verlangen des Reichstags außer Kraft zu setzen.

Der Artikel 48 regelt den Ausnahmezustand und gibt dem Reichspräsidenten für diesen Fall erhebliche Machtbefugnisse, fast die Stellung eines Monarchen, während das Grundgesetz den Bundespräsidenten im wesentlichen auf repräsentative Funktionen beschränkt und auch die „Notstandsverfassung" keinem Verfassungsorgan die umfassenden Befugnisse des Artikels 48 gibt.

Artikel 54. *Der Reichskanzler und die Reichsminister bedürfen zu ihrer Amtsführung des Vertrauens des Reichstages. Jeder von ihnen muß zurücktreten, wenn ihm der Reichstag durch ausdrücklichen Beschluß sein Vertrauen entzieht.*

Dieser Artikel begründete das parlamentarische Regierungssystem, und zwar in einer sehr weitgehenden Form: Während nach dem Grundgesetz nur der Kanzler und nur bei gleichzeitiger Wahl eines Nachfolgers gestürzt werden kann (konstruktives Mißtrauensvotum), konnte nach der Weimarer Verfassung jeder einzelne Minister jederzeit abgesetzt werden.

Artikel 60. *Zur Vertretung der deutschen Länder bei der Gesetzgebung und Verwaltung des Reiches wird ein Reichsrat gebildet.*

Der Reichsrat entspricht dem Bundesrat in der Verfassung von 1871 und im Grundgesetz, hat aber wesentlich geringere Rechte als diese, hauptsächlich beratende Funktionen.

*Artikel 73. Ein Volksentscheid ist herbeizuführen, wenn ein Zehntel der
Stimmberechtigten das Begehren nach Vorlegung eines Gesetzentwurfes stellt.*

Die Möglichkeit, Gesetze auch direkt durch das Volk zu beschließen, war, wie man
glaubte, eine besonders demokratische Bestimmung. Allerdings hat von den wenigen
Gesetzentwürfen, die in dieser Weise eingebracht wurden, keiner die erforderliche
Mehrheit erhalten. Deswegen und weil die Volksentscheide zu hemmungsloser Agitation gegen die Republik mißbraucht wurden, sieht das Grundgesetz diese Möglichkeit
nicht mehr vor.

Besonders umfangreich ist in der Weimarer Verfassung der Katalog der Grundrechte,
der 57 Artikel umfaßt, darunter:

*Artikel 156. Das Reich kann durch Gesetz für die Vergesellschaftung geeignete
private wirtschaftliche Unternehmungen in Gemeineigentum
überführen.*

*Artikel 165. Die Arbeiter und Angestellten erhalten zur Wahrnehmung ihrer
sozialen und wirtschaftlichen Interessen gesetzliche Vertretungen
in Betriebsarbeiterräten sowie in nach Wirtschaftsgebieten geglie-
derten Bezirksarbeiterräten und in einem Reichsarbeiterrat.*

Diese beiden Artikel waren alles, was von der Absicht der Volksbeauftragen, das
sozialistische Programm zu verwirklichen, übriggeblieben war. Zwar hatten sie eine
Kommission einberufen, die aus — meist sozialistischen — Fachleuten bestand und
Vorschläge für die Sozialisierung vorlegen sollte. Die Kommission ging jedoch nach
wenigen Monaten ohne Ergebnis auseinander, weil die Gegensätze zu groß waren, weil
unter den Sozialisten selber keine Einigkeit darüber bestand, was Sozialisierung sei, und
weil man befürchtete, daß die Alliierten staatliche Betriebe eher als Privatbetriebe für
Reparationszwecke beschlagnahmen würden. Eine zweite Kommission beriet jahrelang,
kam aber auch zu keinem Ergebnis. Inzwischen hatten sich die politischen Machtverhältnisse so verändert, daß an Sozialisierung nicht mehr zu denken war. Ähnlich war es
bei den Arbeiterräten. Der Artikel 165 der Verfassung war das einzige bleibende
Ergebnis der zeitweise so mächtigen Rätebewegung. Die Nationalversammlung erließ
Anfang 1920 noch das Betriebsrätegesetz, die übrigen in Artikel 165 vorgesehenen
Arbeiterräte wurden nie geschaffen.

Wenn die Weimarer Verfassung also sicherlich nicht sozialistisch war, so war sie doch
durch und durch demokratisch. Sie bemühte sich, den Willen des Volkes so genau und
so direkt wie möglich zur Geltung zu bringen, weil so die beste Gewähr dafür gegeben
sei, daß die Politik dem Gemeinwohl diene. Das Grundgesetz geht demgegenüber davon
aus, daß es das „Gemeinwohl" als vorgegebene Größe nicht gibt, sondern daß Politik
die ständige Auseinandersetzung von Kräften und Ideen ist, bei der es keine endgültige
Lösung gibt, sondern alle Entscheidungen korrigierbar bleiben müssen. Die Weimarer
Verfassung konzentrierte die Macht bei denjenigen Verfassungsorganen, die vom Volk

gewählt wurden, beim Reichstag und (vor allem für Notzeiten) beim Reichspräsidenten. Das Grundgesetz schafft ein System sich gegenseitig kontrollierender und in ihrer Macht begrenzender Institutionen. Unbegrenzte Freiheit, das hat die Geschichte der Weimarer Verfassung gelehrt, ist auch die Freiheit derjenigen, die die Verfassung und die Freiheit zerstören wollen.

Eine der wichtigsten Entscheidungen der Verfassung war der Übergang der Finanzhoheit von den Ländern auf das Reich. Finanzminister (seit 21.6.1919) Erzberger führte im Winter 1919/20 eine umfassende Finanzreform durch, die die wichtigsten Steuern auf das Reich übertrug und — nach bescheidenen Ansätzen 1891 — eine progressive Einkommensteuer vorsah. Das Ziel der Steuergerechtigkeit wurde allerdings ebenso unvollkommen erreicht wie Erzbergers anderes Ziel, dem Reich die Einnahmen zu verschaffen, die es zur Bewältigung der Kriegsfolgen brauchte. Da der Krieg fast ausschließlich durch Anleihen finanziert worden war, hatte das Reich bei Kriegsende etwa 150 Mrd. Mark Schulden. Dazu kamen die Reparationsforderungen der Sieger. Die neuen Einkommensteuersätze fielen daher im Vergleich zur Vorkriegszeit sehr hoch aus, was Steuerhinterziehungen und Kapitalflucht auslöste. Insbesondere aber machte die beginnende Inflation die Progression illusorisch, weil meist eine so lange Zeit zwischen Veranlagung und Zahlung lag, daß das Geld inzwischen entwertet war. Trotzdem war für viele Bürger die Errichtung der Republik und das Inkrafttreten der demokratischen Verfassung mit einer kräftigen Steuererhöhung verbunden. Diese psychologische Belastung traf zusammen mit den Wirkungen des Versailler Vertrages.

Der Friede von Versailles

Am 18. Januar 1919, dem Gedenktag der deutschen Kaiserproklamation von 1871, traten die Alliierten in Paris zur Friedenskonferenz zusammen. Die entscheidenden Männer waren die „Großen Drei": Woodrow Wilson, Präsident der Vereinigten Staaten, Lloyd George, Ministerpräsident von Großbritannien, und Georges Clemenceau, Ministerpräsident von Frankreich.

Die Konferenz sollte nicht nur die Friedensverträge ausarbeiten, sondern der Welt eine neue Ordnung geben, eine Ordnung, dauerhafter als die des Wiener Kongresses von 1815. Zahllose politische, territoriale und wirtschaftliche Probleme waren zu lösen. Die Krönung des Friedenswerkes sollte nach Wilsons Meinung ein Völkerbund sein, der einen Krieg, wie man ihn gerade erlebt hatte, für alle Zukunft unmöglich machte.

Deutschland hatte im Oktober 1918 um Frieden gebeten auf der Grundlage der 14 Punkte Wilsons vom 8. Januar 1918. Unter den Alliierten setzte ein zähes Ringen um die Auslegung dieser Grundsätze ein, bis schließlich Kompromisse geschlossen wurden. Frankreich konnte seine Absicht, selbständige linksrheinische Pufferstaaten zu schaffen, nicht durchsetzen. England erhielt nicht, wie es das wünschte, die deutschen Kolonien, sondern diese fielen an den Völkerbund. Wilson mußte hinnehmen, daß seine 14 Punkte in reichlich verwässerter Form angewendet wurden. Die saubere Durchführung des

Selbstbestimmungsrechtes erwies sich in Osteuropa als unmöglich, da es hier keine klaren Grenzen zwischen den Völkern gab.

Am 7. Mai 1919 versammelten sich die Delegierten aller alliierten und assoziierten Staaten (vgl. Statistischer Anhang, Tabelle 2) im Palasthotel Trianon zu Versailles. Ihnen stand die deutsche Friedensdelegation unter der Leitung des Außenministers Brockdorff-Rantzau gegenüber, dem die Friedensbedingungen übergeben werden sollten. Als die Deutschen den Saal betraten, erhoben sich alle. Dann sprach Clemenceau:

„Meine Herren Delegierten des Deutschen Reiches! Es ist weder Zeit noch der Ort für überflüssige Worte. Sie sehen vor sich die bevollmächtigten Vertreter der kleinen und großen Mächte, die sich vereinigt haben, um den schrecklichen Krieg, der ihnen aufgezwungen worden ist, zu Ende zu führen. Die Stunde der schweren Abrechnung ist gekommen. Sie haben uns um Frieden gebeten. Wir sind geneigt, ihn Ihnen zu gewähren. Wir überreichen Ihnen hiermit das Buch, das unsere Friedensbedingungen enthält.[140])

Als Clemenceau sich gesetzt hatte, richteten sich alle Augen auf Brockdorff-Rantzau. Zum erstenmal nach dem Kriege sollte ein deutscher Staatsmann zu den Staatsmännern der Welt sprechen. Der Außenminister hatte drei verschiedene Manuskripte für seine Antwort vorbereitet. Angesichts der scharfen Rede Clemenceaus wählte er das mit der schärfsten Tonart:

„Wir täuschen uns nicht über den Umfang unserer Niederlage, den Grad unserer Ohnmacht. Wir wissen, daß die Gewalt der deutschen Waffen gebrochen ist; wir kennen die Wucht des Hasses, die uns hier entgegentritt, und wir haben die leidenschaftliche Forderung gehört, daß die Sieger uns zugleich als Überwundene zahlen lassen und als Schuldige bestrafen sollen.

Es wird von uns verlangt, daß wir uns als die allein Schuldigen bekennen; ein solches Bekenntnis wäre in meinem Munde eine Lüge. Die öffentliche Meinung in allen Ländern unserer Gegner hallt wider von den Verbrechen, die Deutschland im Kriege begangen habe. Auch hier sind wir bereit, getanes Unrecht einzugestehen. Aber auch in der Art der Kriegführung hat nicht Deutschland allein gefehlt. Jede europäische Nation kennt Taten und Personen, deren sich die besten Volksgenossen ungern erinnern. Die Hunderttausende von Nichtkämpfern, die seit dem 11. November an der Blockade zugrunde gingen, wurden mit kalter Überlegung getötet, nachdem für unsere Gegner der Sieg errungen und verbürgt war. Daran denken Sie, wenn Sie von Schuld und Sühne sprechen."[141])

Die deutsche Delegation konnte zu den ihr überreichten Bedingungen Einwände und Gegenvorschläge vorbringen, allerdings nicht in mündlicher Verhandlung, sondern nur schriftlich. Von diesem Recht machte sie ausgiebig Gebrauch mit dem Ergebnis, daß einzelne Vertragsbestimmungen gemildert wurden: Beschränkung der Rheinlandbesetzung auf 15 Jahre, Abstimmung in Oberschlesien statt Abtretung. Anerkennung der beschränkten Zahlungsfähigkeit Deutschlands. Im ganzen blieben die Milderungen gering. Am 16. Juni wurden die endgültigen Bestimmungen, die Deutschland innerhalb von sieben Tagen anzunehmen hatte, überreicht. Was enthielt der Vertrag von Versailles?

99

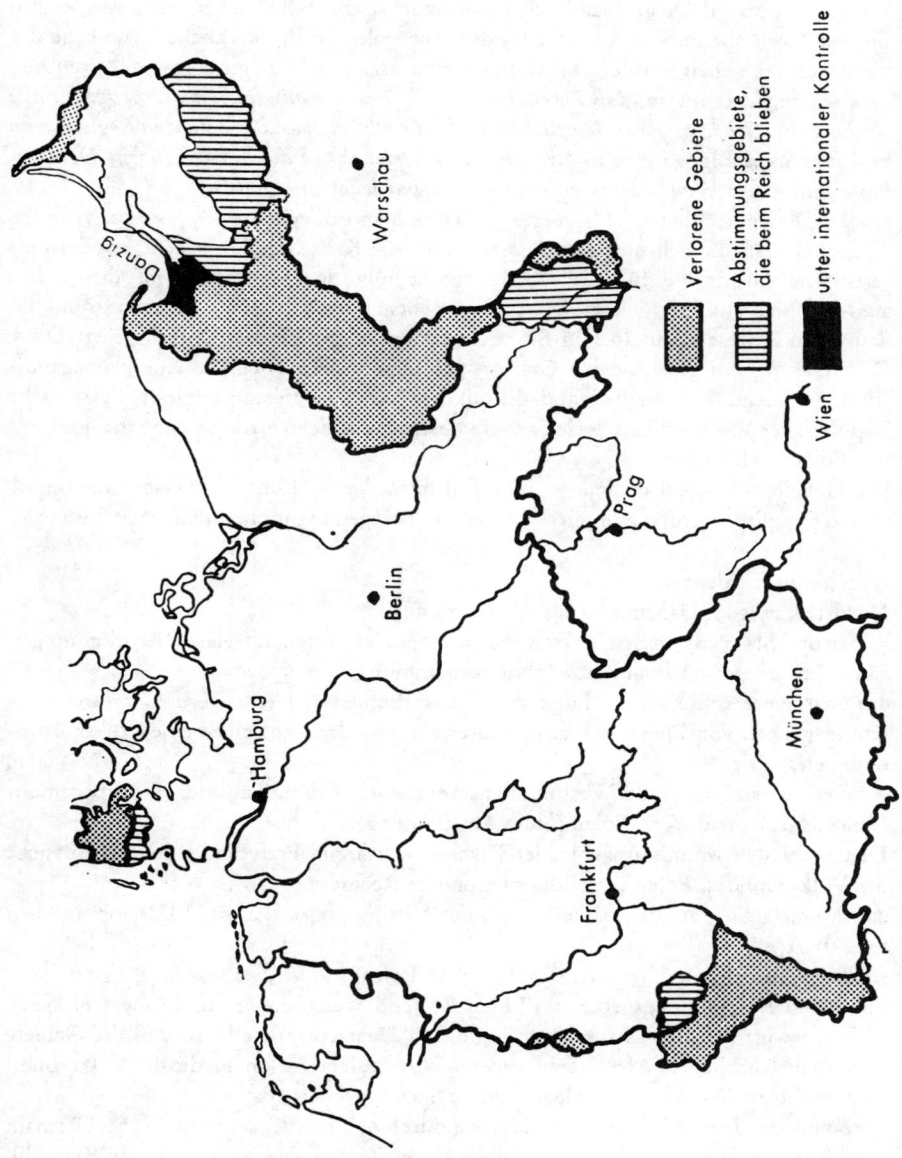

Verlorene Gebiete

Abstimmungsgebiete,
die beim Reich blieben

unter internationaler Kontrolle

Warschau

Danzig

Wien

Prag

Berlin

Hamburg

München

Frankfurt

Deutschland 1919

Grundlage des Friedens sollte der Völkerbund sein. Seine Satzung bildete Teil I des Vertrages, obwohl Deutschland noch nicht zur Mitgliedschaft zugelassen wurde. Ein anderer Geist sprach aus Artikel 231, der von vielen als die wirkliche Grundlage des Vertrages angesehen wurde: *Die alliierten und assoziierten Regierungen erklären und Deutschland erkennt an, daß Deutschland und seine Verbündeten als Urheber für alle Verluste und Schäden verantwortlich sind, die die alliierten und assoziierten Regierungen und ihre Staatsangehörigen infolge des Krieges, der ihnen durch den Angriff Deutschlands und seiner Verbündeten aufgezwungen wurde, erlitten haben.*

Dieser „Kriegsschuldartikel" erregte in Deutschland ungeheure Empörung. Von den Alliierten ursprünglich nicht als Aussage über die Kriegsschuld gedacht, sondern als juristische Grundlage für die Wiedergutmachung der Kriegsschäden, die ja fast ausschließlich auf dem Gebiet der Alliierten entstanden waren, wurde er aufgrund der deutschen Proteste dann doch im Sinne einer moralischen Verurteilung ausgelegt. Diese Diffamierung des geschlagenen Gegners gab denen in Deutschland eine propagandistisch wirksame Waffe in die Hand, die mit dem Versailler Vertrag zugleich die deutsche Republik zerstören wollten. Keine andere Bestimmung des Vertrages hat verhängnisvollere Folgen gehabt.

Die Gebiete, die Deutschland — zum Teil mit, zum Teil ohne Volksabstimmung — abtreten mußte, wurden zum größten Teil überwiegend von Nichtdeutschen bewohnt.

Abgetreten wurden:

Nordschleswig an Dänemark (mit Abstimmung);

Eupen und Malmedy an Belgien (mit — allerdings nicht einwandfreier — Abstimmung);

Elsaß-Lothringen an Frankreich (ohne Abstimmung);

das Saargebiet sollte für 15 Jahre dem Völkerbund unterstellt werden, während die Kohlengruben von Frankreich ausgebeutet wurden; dann entschied eine Volksabstimmung endgültig;

die Provinzen Posen und Westpreußen, Teile von Ostpreußen und Hinterpommern (Polnischer Korridor) an Polen (ohne Abstimmung);

Danzig mit dem Mündungsgebiet der Weichsel wurde eine Freie Stadt unter der Aufsicht des Völkerbundes, Polen erhielt hier besondere Rechte;

das Memelgebiet an die Alliierten (ohne Abstimmung), Januar 1923 von Litauen annektiert;

ein Teil Oberschlesiens (mit Abstimmung) an Polen.

In einigen Abstimmungsgebieten (Teile Ost- und Westpreußens und Oberschlesiens, Südschleswig) fiel die Abstimmung zugunsten Deutschlands aus, so daß die Gebiete beim Reich verblieben. Abzutreten waren auch sämtliche Kolonien, die der Völkerbund als Mandatsgebiete an verschiedene alliierte Staaten weitergab.

Verboten wurde eine Vereinigung mit dem durch den Friedensvertrag von St. Germain erheblich verkleinerten Österreich, obwohl die Nationalversammlung der Republik Deutsch-Österreich den Anschluß an das Reich schon am 12. November 1918 beschlossen hatte.

Umfangreiche Bestimmungen enthielt der Vertrag über die Entwaffnung Deutschlands. Der entsprechende Abschnitt begann:

Um die Einleitung einer allgemeinen Rüstungsbeschränkung aller Nationen zu ermöglichen, verpflichtet sich Deutschland, die im folgenden niedergelegten Bestimmungen über das Landheer, die Seemacht und die Luftfahrt zu beachten. Deutschland durfte nur noch eine Wehrmacht von 100 000 langdienenden Berufssoldaten behalten. Schwere Waffen, Panzer, Flugzeuge, Unterseeboote und größere Kriegsschiffe waren verboten, Festungen mußten geschleift werden. Eine internationale Kommission überwachte die Abrüstung. Das linke Rheinufer und einige rechtsrheinische Brückenköpfe blieben für die Dauer von 15 Jahren besetzt. Hier und in einer Zone von 50 km rechts des Rheins durften keine deutschen Truppen oder Verteidigungsanlagen untergebracht werden (entmilitarisierte Zone).

Deutsche „Kriegsverbrecher" einschließlich des ehemaligen Kaisers sollten ausgeliefert und von alliierten Gerichten abgeurteilt werden.

Für die Kriegsentschädigung (Reparationen) wurde noch keine Summe festgesetzt. Eine alliierte Kommission sollte bis 1921 die Schäden, die die Siegermächte erlitten hatten, ermitteln und einen Plan für die deutschen Zahlungen aufstellen. Außer den Reparationen in Geld waren umfangreiche Materiallieferungen — darunter alle Handelsschiffe über 1600 Tonnen — vorgeschrieben.

Der Vertrag war bei den Alliierten selber umstritten. Den einen ging er nicht weit genug, andere bezeichneten ihn als ungerecht oder, wie der englische Nationalökonom Keynes, als wirtschaftlich verhängnisvoll. Der französische Historiker Bainville urteilte: *Der Friede ist zu milde für das, was er an Härten enthält.*[142])

In Deutschland erhob sich ein Sturm empörter Ablehnung, nicht nur in rechtsgerichteten und nationalistischen Kreisen. Gerade diejenigen, die gehofft hatten, daß das demokratische Deutschland bessere Bedingungen erhalten würde als das Kaiserreich, sahen sich enttäuscht. Für die Alliierten gab es da kaum einen Unterschied: Das Deutsche Reich hatte den Krieg begonnen; es mußte bestraft und daran gehindert werden, jemals wieder einen Krieg zu beginnen. Aber Deutschland hatte auch den Krieg verloren. Daher mußte es zahlen — nach dem uralten Recht des Siegers. Beide Vorstellungen, das Recht internationaler Moral und das Recht der Gewalt, überschnitten und durchkreuzten sich in verhängnisvoller Weise.

Besonders enttäuscht war Ministerpräsident Scheidemann, der sich während des Krieges für einen Frieden des Ausgleichs, ohne Annexionen, für den „Scheidemann-Frieden", eingesetzt hatte. Jetzt sollte er einen Vertrag unterschreiben, der kein Scheidemann-Friede war? *„Welche Hand müßte nicht verdorren"*, rief er am 12. Mai vor der Nationalversammlung aus, *„die sich und uns in solche Fesseln legt? Dieser Vertrag ist nach Auffassung der Reichsregierung unannehmbar."*[143]) Scheidemann trat zurück, um nicht unterschreiben zu müssen.

Das war für einen einzelnen Politiker eine konsequente Entscheidung. Auch Ebert erwog den Rücktritt. Was sollte aber dann werden? Ein ganzes Volk kann nicht zurücktreten. Gab es eine Möglichkeit, den Vertrag abzulehnen?

Am 19. Juni versammelte Reichswehrminister Noske höhere Truppenführer, um militärische Maßnahmen für den Fall zu besprechen, daß die Alliierten bei Nichtunterzeichnung die Kampfhandlungen wiederaufnahmen. Ergebnis der Besprechung war, daß nicht die geringste Aussicht für erfolgreichen Widerstand bestand. Hindenburg teilte der Regierung am 20. Juni mit:

Wir sind bei der Wiederaufnahme der Feindseligkeiten militärisch in der Lage, im Osten die Provinz Posen zurückzuerobern und unsere Grenzen zu halten. Im Westen können wir bei ernstlichem Angriff unserer Gegner angesichts der numerischen Überlegenheit der Entente und deren Möglichkeit, uns auf beiden Flügeln zu umfassen, kaum auf Erfolg rechnen. Ein günstiger Ausgang der Gesamtoperation ist daher sehr fraglich, aber ich muß als Soldat den ehrenvollen Untergang einem schmählichen Frieden vorziehen.[144])

Was bedeutet der letzte Satz? Die Folge der Nichtunterzeichnung wäre gewesen, daß ganz Deutschland von den Alliierten, jedenfalls von Franzosen und Belgiern, besetzt, daß das Reich in Einzelstaaten aufgelöst worden wäre und daß die Sieger ihre Reparationsansprüche selbst befriedigt hätten. Wollte Hindenburg dies alles, einschließlich der Verluste und Leiden, die ein Widerstand noch gekostet hätte, in Kauf nehmen, um einen soldatischen Ehrbegriff aufrechtzuerhalten? Oder wollte er nur, in der Überzeugung, daß die Regierung ja doch unterschreiben müsse, die Verantwortung von sich abwälzen und den Zivilisten zuschieben?

Die Regierung machte noch einen letzten Versuch, wenigstens die Bestimmungen, die die meiste Empörung erregten, aus dem Vertrag herauszunehmen. Am 22. Juni schrieb sie den Alliierten:

Die Regierung der deutschen Republik ist bereit, den Friedensvertrag zu unterzeichnen, ohne jedoch anzuerkennen, daß das deutsche Volk Urheber des Krieges sei, und ohne die Verpflichtung zur Auslieferung (der „Kriegsverbrecher") *nach Artikel 227 bis 230 des Friedensvertrages zu übernehmen.* Die Alliierten antworteten: *Von der Zeit, innerhalb welcher die deutsche Regierung ihren endgültigen Beschluß bezüglich der Unterzeichnung des Friedens fassen muß, bleiben weniger als 24 Stunden. Die alliierten und assoziierten Regierungen sehen sich genötigt, zu erklären, daß die Zeit für Diskussionen vorbei ist. Sie können keine Einschränkungen und keinen Vorbehalt annehmen oder anerkennen.*[145])

Inzwischen war eine neue Reichsregierung gebildet worden mit Gustav Bauer (SPD) als Reichskanzler. Da die Demokratische Partei die Unterzeichnung ablehnte, waren in der Regierung nur SPD und Zentrum vertreten. Noske blieb Reichswehrminister, Außenminister wurde Hermann Müller (SPD). Vor der Nationalversammlung sagte Bauer:

„Unendlich schwer war für uns alle der Entschluß, der neuen Regierung beizutreten, deren erste und schnellste Aufgabe es sein muß, den unrechten Frieden abzuschließen. Wir durften unsere Mitarbeit nicht versagen, wenn wir nicht Gefahr laufen wollten, Deutschland einem regierungslosen chaotischen Zustand zu überlassen, aus dem es keine Rettung mehr gegeben hätte."[146])

Dieser verantwortungsbewußten Haltung der Regierungsparteien stand das Verhalten nationalistischer Kreise gegenüber, die die Alliierten in ihrer starren Haltung bestätigten.

Unter hohen Offizieren wurde der Plan erwogen, die Regierung, falls sie den Friedensvertrag unterzeichne, gewaltsam zu stürzen, Noske zum Diktator auszurufen, einen Volkskrieg gegen die einmarschierenden Alliierten zu entfachen und notfalls auf den ganzen Westen des Reiches zu verzichten, um nur die alten preußischen Kerngebiete zu halten. Selbstverständlich dachte Noske nicht daran, auf solche abenteuerlichen Pläne einzugehen. Am 21. Juni ließ Admiral v. Reuter die deutsche Hochseeflotte, die in der Bucht von Scapa Flow auf Grund des Waffenstillstandsvertrages interniert war, versenken, damit sie nicht, wie es der Friedensvertrag vorsah, an die Siegermächte ausgeliefert werden konnte.

Am 23. Juni lief die Frist für die Annahme des Vertrages ab. Ebert rief die OHL an. Am Apparat war Groener. Ebert verlangte Hindenburg, aber der verließ das Zimmer. Groener sagte:

„Nicht als Erster Generalquartiermeister, sondern als Deutscher, der die Gesamtlage klar übersieht, halte ich mich auch in dieser Stunde für verpflichtet, Ihnen, Herr Reichspräsident, folgenden Rat zu geben:
Die Wiederaufnahme des Kampfes ist nach vorübergehenden Erfolgen im Osten im Enderfolg aussichtslos. Der Friede muß daher unter den vom Feinde gestellten Bedingungen abgeschlossen werden."[147]

Nachdem das Gespräch beendet war, kam Hindenburg wieder herein und sagte: *„Eigentlich haben Sie recht, Sie müssen eben wieder das schwarze Schaf sein."*[148] Groener hatte, wie am 10. November, die Verantwortung übernommen.

Am frühen Nachmittag trat die Nationalversammlung zusammen. Die Abstimmung ergab eine Mehrheit für die Unterzeichnung, gegen die Stimmen der Deutschnationalen, der Volkspartei, des größten Teils der Demokraten und einiger Abgeordneter des Zentrums. Alle Parteien gaben Ehrenerklärungen für diejenigen ab, die sich anders als sie selbst entschieden hatten. Die DDP erklärte: *„Wir haben keinen Zweifel in die vaterländische Gesinnung auch derjenigen, die mit Ja gestimmt haben."* Die DVP: *„Selbstverständlich erkennen wir an, daß auch die Gegner unserer Ansicht nur aus vaterländischen Gründen handeln."* Ein Vertreter der Deutschnationalen: *„Meine Partei setzt als selbstverständlich voraus, daß jedes Mitglied der Nationalversammlung seine eigene Stellung nach bestem Wissen und Gewissen einnimmt."*[149] Diese Erklärungen konnten zum Auftakt für eine Verständigung und Zusammenarbeit in grundlegenden nationalen Fragen werden. Die radikale Rechte jedoch vergaß sie nur allzuschnell und begann eine hemmungslose Hetze gegen die Unterzeichner des Vertrages.

Am 28. Juni wurde im Spiegelsaal des Schlosses zu Versailles, wo 1871 das Deutsche Reich proklamiert worden war, der Friedensvertrag von Reichsaußenminister Müller und Reichsverkehrs- und Kolonialminister Bell unterzeichnet. Am 9. Juli ratifizierte die Nationalversammlung den Vertrag. Nachdem die meisten Unterzeichnerstaaten ebenfalls ratifiziert hatten, trat er am 10. Januar 1920 in Kraft. Die USA hatten den Vertrag zwar unterzeichnet, doch lehnte der Kongreß die Ratifikation ab. Mit den USA wurde daher 1921 ein eigener Friedensvertrag abgeschlossen, der ihnen alle Rechte gab, die sie nach dem Versailler Vertrag gehabt hätten.

Die USA zogen sich damit zeitweilig aus der europäischen Politik zurück, was besonders für Frankreich enttäuschende Folgen hatte. Als Gegenleistung für den Verzicht auf die Rheingrenze hatte Wilson ihm ein Garantiebündnis zugesagt, das der Kongreß jetzt ebenfalls ablehnte. Frankreich fürchtete für seine Sicherheit, weil Deutschland, zur Zeit zwar total abgerüstet, aber nach Volkszahl und Wirtschaftskraft immer noch überlegen, nach Revision von Versailles streben würde. Dieser Gegensatz – Frankreich will Sicherheit durch Zementierung und volle Ausschöpfung des Friedensvertrages, Deutschland will (später vor allem mit Hilfe der USA) Revision und schließlich Aufhebung – war die wichtigste Wurzel der außenpolitischen Probleme der Nachkriegszeit. Tatsächlich ist der Vertrag niemals in vollem Umfang erfüllt worden. Besonders die Bestimmungen über die Reparationen erwiesen sich als undurchführbar. Deutschland hat nur einen Bruchteil gezahlt (vgl. Statistischer Anhang, Tabelle 14).

Die Selbstbehauptung der Republik

Unmittelbar nach der Unterzeichnung des Versailler Vertrages nahm Hindenburg seinen Abschied, bald darauf auch Groener. Die Oberste Heeresleitung wurde aufgelöst, der württembergische Oberst (dann General) Walter Reinhardt zum Chef der Heeresleitung im Reichswehrministerium ernannt. Sein wichtigster Mitarbeiter war General von Seeckt als Leiter des Truppenamtes.

Bald nach seinem Ausscheiden leistete Hindenburg der Republik und der Demokratie in Deutschland einen unheilvollen Dienst, indem er die Dolchstoßlegende in die Welt setzte. Am 18. November 1919 sagte er als Zeuge vor dem Parlamentarischen Untersuchungsausschuß aus, der die Ursachen des Zusammenbruchs erforschen sollte, und verlas eine Erklärung, die in den Worten gipfelte: *„Ein englischer General sagte mit Recht: Die deutsche Armee ist von hinten erdolcht worden. Wo die Schuld liegt, ist klar erwiesen."*[150]) Wer der General war, blieb unklar. Entscheidend war, daß Hindenburg, der es besser wissen mußte, der Legende durch den Nimbus seines Namens Autorität gab. Die Dolchstoßlegende wurde in den Händen der Rechtsparteien zum Dolchstoß in den Rücken der Republik.

Die Heeresleitung stand vor der Aufgabe, aus einem bunten Gemisch von Freikorps und wieder aufgefüllten alten Verbänden die Armee der Republik zu schaffen. Hierfür waren, ganz abgesehen von den Beschränkungen des Versailler Vertrages, die Bedingungen bei der Armee wie bei der Republik denkbar ungünstig. Den führenden politischen Kräften, insbesondere der SPD, gelang es nicht, eine klare und konsequente Auffassung zu den Fragen des Militärs und der Landesverteidigung zu gewinnen. Die einen (Ebert, Noske und der größte Teil der SPD-Führung) betonten die Notwendigkeit, zur Verteidigung gegen innere und äußere Feinde eine schlagkräftige Truppe aufzubauen. Dabei müsse man sich derjenigen bedienen, die dieses Geschäft am besten beherrschten, also der Offiziere des alten Heeres. Der linke Flügel der SPD, USPD und linksdemokratische Bürgerliche lehnten entweder aus einer pazifistischen und militärfeindlichen

Einstellung heraus jede bewaffnete Streitmacht ab oder forderten wenigstens, das neue Heer in die Republik zu integrieren und mit demokratischem Geist zu erfüllen.

Die Armee und vor allem das Offizierskorps waren durch den Verlust des Krieges und den Zusammenbruch der Monarchie schwer getroffen. Das deutsche Heer war eine kaiserliche, mehr noch eine königlich-preußische Armee gewesen. In der Frage, wie sich die Armee mit ihrer Tradition auseinandersetzen und der Republik gegenüber verhalten sollte, gab es im Offizierskorps verschiedene Auffassungen.

Bei den Freikorps fand sich, obwohl sie von sehr unterschiedlichem Charakter waren und es neben gut ausgerüsteten und disziplinierten Truppen wilde Landsknechtshaufen gab, denen das Plündern die Hauptsache war, überall der Typ des Freikorpsoffiziers, meist jüngere Frontoffiziere, die durch den Zusammenbruch zu einem, allerdings recht verschwommenen politischen Denken erwacht waren. Sie lehnten eine monarchistische Restauration, ebenso aber auch die bürgerliche Demokratie ab und suchten nach etwas Neuem, das, auf revolutionärem Wege geschaffen, Nationalismus und Sozialismus verbinden sollte. Wenn auch die Mannschaften und Unteroffiziere der Reichswehr zum größten Teil aus den Freikorps stammten, waren doch deren Offiziere der Regierung und der Reichswehrführung gleich unheimlich. Nur wenige wurden übernommen, die übrigen schlossen sich meist militärähnlichen „Wehrverbänden" oder Geheimbünden rechtsradikaler Prägung an. Einige entwickelten eine national-bolschewistische Ideologie oder wurden Kommunisten. Ein größerer Teil wandte sich später dem Nationalsozialismus zu und besetzte die Führerstellen in der SA und SS.

Die älteren Offiziere, Generäle und Stabsoffiziere, bekannten sich nach wie vor zur Monarchie, wenn sie sich auch darüber im klaren waren, daß die Republik nicht sofort beseitigt werden konnte. Das nächste Ziel war, den Linksradikalismus zu vernichten und eine starke Regierungsgewalt aufzurichten. Dann konnte man weitersehen. Im Winter 1919/1920 sagte Oberst Wilhelm Reinhard (nicht zu verwechseln mit General Walther Reinhardt) in einem Interview:

„Ich mache kein Hehl daraus, daß ich Monarchist bin. Mein Gott, wenn man dreißig Jahre lang seinem Kaiser und König treu gedient hat, dann kann man nicht plötzlich sagen: Von morgen an bin ich Republikaner. Das geht einfach nicht. Aber fürchten Sie nichts, ich halte es für unmöglich, die Monarchie im Augenblick wieder aufzurichten. Das verbietet uns allein schon die Entente. Aber: was in zehn Jahren sein kann, wie sich da die Verhältnisse geändert haben können — das wissen wir alle nicht.
Natürlich: ein kaiserliches und königliches Regime, wie wir es vor dem Kriege gehabt haben, das paßt dann bestimmt nicht mehr. Eine demokratische Monarchie ließe sich indessen wohl vorstellen."[151])
Der aktivste Vertreter dieser Richtung, der General von Lüttwitz, schrieb am 1. September 1919 an den Reichswehrminister:
Zwei Dinge tun uns not: Arbeit und Ordnung! Beide können wir haben, aber nicht mit Worten. Die Versuche, das Volk mit Milde und Zureden zur Annahme von Arbeit zu bewegen, sind vergeblich gewesen. Nur Zwang wird das Volk zur Arbeit bringen.

Daraus ergeben sich folgende Notwendigkeiten:
1. *Vernünftiger Abbau der Arbeitslosenunterstützung. Der Grundsatz: Wer nicht arbeitet, soll auch nicht essen, muß wieder wie früher zur Geltung kommen. Gewiß ist Arbeitslosenunterstützung notwendig. Wirkt sie jetzt als Stütze der Faulheit, ist sie ein Verbrechen.*
2. *Unbedingtes Verbot aller politischen und wirtschaftlichen Streiks.*
Hand in Hand mit vorstehenden Maßnahmen muß die Frage der Arbeitsbeschaffung großzügig in die Hand genommen werden.
Wie aber wird die Regierung mit solchen im wahrsten Sinne des Wortes sozialen Maßnahmen durchdringen, wenn ihr Elemente ungestraft entgegentreten dürfen, deren einziges Streben darauf gerichtet ist, auf den Trümmern unserer staatlichen und wirtschaftlichen Ordnung ihre nur aus Ehrgeiz und Egoismus, im besten Falle aus utopischen Ideen erstrebte Herrschaft zu errichten. Diese Schädlinge müssen rücksichtslos vernichtet werden. Kampf bis aufs Messer gilt es diesen staatsfeindlichen Elementen gegenüber.
Rigorose Unterdrückung ihrer Presse und ihrer führenden Persönlichkeiten ist das einzig wirksame Mittel.
Auch heute ist die Armee Fundament der Staatsgewalt.[152])
Daß der General ein solches Programm einem sozialdemokratischen Minister vorschlug, erscheint grotesk. Es zeigt den vollständigen Mangel an politischem Verständnis unter den älteren Offizieren.

Mit den Freikorpsführern hatte die Gruppe der „Reaktionäre" gemeinsam, daß beide einen starken Drang zur politischen Aktivität besaßen. Im Ziel keineswegs einig, fanden sie sich in dem Bestreben, die bestehenden Zustände zu ändern. Das Ergebnis war der Kapp-Putsch.

In der neuen Reichswehr wurde eine dritte Gruppe bestimmend, zu der die Generäle Groener und v. Seeckt, im übrigen hauptsächlich Generalstabsoffiziere zählten. Sie sahen die Situation realistischer und waren bereit, auf dem Boden des bestehenden Staates mitzuarbeiten. Es kam ihnen darauf an, das Reich und vor allem die Armee vor Auflösung und Zersetzung zu bewahren. Die wichtigste Aufgabe sei, ein einheitliches Offizierskorps zu erhalten bzw. wiederherzustellen. Die Frage der Staatsform erschien demgegenüber sekundär. In „Richtlinien für das Verhalten der Offiziere", von Seeckt Ende April 1919 ausgearbeitet, hieß es: *Ob uns die heutige Staatsform gefällt oder nicht, ob wir sie für die richtige halten, darauf kommt es nicht an. Heute geht es um den Staat selbst und das Reich.*[153])

Seeckts Programm war die „Entpolitisierung" der Reichswehr. Die Armee sollte über den Parteien stehen und aus der Politik herausgehalten werden. Damit aber blieb sie in der Auseinandersetzung der Demokratie mit ihren Gegnern neutral, und da das Heer *aus Tradition antimarxistisch bis auf die Knochen*[154] war, war die „unpolitische" Haltung der Reichswehr in Wahrheit eine höchst politische Entscheidung. Gewaltsame Verfassungsänderungen wehrte sie ab — wobei sie, wie das Jahr 1923 bewies, gegen Umsturzversuche von links viel rascher und energischer einschritt als gegen solche von rechts —, aber ihre Sympathie gehörte nicht der demokratischen Verfassung. Nach Seeckts Auffassung diente die Reichswehr einem deutschen „Staat", der keineswegs mit seiner augenblicklichen Erscheinungsform, der Weimarer Republik, identisch war. Für diesen abstrakten Staat — viele Offiziere konnten sich nach wie vor nur eine Monarchie darunter vorstellen — galt es, die Armee zu bewahren. Die Reichswehr wartete ab, stand der Republik mit kühler Distanz gegenüber, erfüllte ihre formalen Verpflichtungen und trieb im übrigen ihre eigene Politik. Ihre Haltung wird durch eine Bemerkung des damaligen Chefs der Heeresleitung, General von Hammerstein-Equord, gegenüber Hitler im Januar 1933 charakterisiert: „*Wenn Sie legal zur Macht kommen, soll es mir recht sein. Im anderen Falle werde ich schießen.*'[155])

Das praktische Handeln, weniger die Motive des Handelns, deckten sich bei dieser Gruppe weitgehend mit dem des Chefs der Heeresleitung, General Reinhardt. Er und wenige andere Offiziere waren überzeugt, daß für die Tradition des Heeres und des Offizierskorps eine neue Grundlage gefunden werden müsse, da die alte Tradition zerbrochen sei. Sie wollten mit der Demokratie zusammenarbeiten und die Armee in die Republik eingliedern.

Die Spannungen innerhalb der Reichswehr wurden dadurch verschärft, daß die Alliierten auf eine Verminderung der Heeresstärke gemäß den Versailler Bestimmungen drängten. Bei Unterzeichnung des Vertrages stand fast eine halbe Million Mann unter Waffen. Innerhalb von drei Monaten mußte ihre Zahl auf 200 000 reduziert und dabei über 20 000 aktive Offiziere entlassen werden. Soziale Härten waren unvermeidlich. Aus wirtschaftlichen, aber auch aus politischen Gründen wehrten sich die Freikorps gegen ihre Auflösung und fanden Unterstützung bei Politikern, besonders der Deutschnationalen Partei. Hier glaubte man, einen Stimmungsumschwung in der Bevölkerung zu beobachten, der es erlaubte, die alte politische Stellung zurückzugewinnen. Schließlich bildete sich eine Verschwörung unter der politischen Leitung des Generallandschaftsdirektors (höherer Beamter in der Provinzialverwaltung von Ostpreußen) Kapp und der militärischen des Generals von Lüttwitz.

Am 10. März 1920 erschien Lüttwitz beim Reichspräsidenten — auch Noske war anwesend — und forderte: Auflösung der Nationalversammlung und Neuwahl des Reichstages, Wahl des Reichspräsidenten durch das Volk, Ablösung der Politiker in der Regierung durch Fachminister, Ablösung des Generals Reinhardt, keine weitere Truppenverminderung, insbesondere keine Auflösung der Marinebrigade Ehrhardt, deren Mitglieder zum größten Teil im Baltikum gekämpft hatten und die jetzt in Döberitz bei Berlin lag. Ebert lehnte ab. Noske wies den General scharf zurecht: Er habe keine Forderungen zu stellen, sondern Befehle zu befolgen. Am nächsten Tag verfügte Noske die Entlassung des Generals von Lüttwitz und ersuchte die Polizei um Verhaftung der übrigen Verschwörer. Die Polizei versagte. Die Verschwörer waren gewarnt und entschlossen sich, zuzuschlagen.

Als Noske in der Nacht vom 12. zum 13. März die Meldung erhielt, daß die Marinebrigade auf Berlin marschiere, rief er die leitenden Offiziere seines Ministeriums zusammen. Die Besprechung nahm nach seinem Bericht diesen Verlauf:

In meinem Zimmer saßen und standen General Reinhardt, mein Stabschef Major von Gilsa, die Generale v. Seeckt, v. Oldershausen, v. Oven, Admiral v. Trotha, mehrere andere Offiziere und der Ministerialdirektor Rauscher. Die Folgen des Putsches setzte ich den Herren kurz auseinander: Die Marine gebe dem Reich vielleicht den Rest, das Offizierskorps könne sich als erledigt betrachten. Doch dürfe man auch jetzt den Mut nicht sinken lassen. Meiner Aufforderung, zu den Truppen zu gehen und sie zum Kampfe zu führen, wollten jedoch nur General Reinhardt und Major v. Gilsa entsprechen. Die übrigen Herren machten Einwände, Reichswehr werde nicht auf Reichswehr schießen, Polizeioffiziere habe man auf dem Wege nach Döberitz gesehen; der Kampf würde höchstens zu einem fürchterlichen Blutbad führen, mit einer unvermeidlichen Niederlage für die zu schwachen Berliner Truppen. Mit einem Gefühl tiefsten Ekels brach ich die Verhandlung ab, rief den Reichskanzler und den Reichspräsidenten an und schlug vor, das Kabinett zusammenzuberufen, das entscheiden möge, was zu tun sei.[156])

Die Reichsregierung beschloß, Berlin zu verlassen, damit sie nicht durch Verhaftung aktionsunfähig gemacht würde. Nur Justizminister Schiffer blieb zurück. Vorher verfaßte der Pressechef der Reichsregierung Rauscher einen Aufruf:

Arbeiter, Genossen! Der Militärputsch ist da! Die Marinedivision Ehrhardt marschiert auf Berlin. Wendet jedes Mittel an, um diese Wiederkehr der blutigen Reaktion zu vernichten. Streikt, legt die Arbeit nieder, schneidet dieser Militärdiktatur die Luft ab, kämpft mit jedem Mittel um die Erhaltung der Republik, laßt alle Spaltung beiseite! Es gibt nur ein Mittel gegen die Rückkehr Wilhelms II.: Die Lahmlegung jedes Wirtschaftslebens! Keine Hand darf sich mehr rühren, kein Proletarier der Militärdiktatur helfen. Generalstreik auf der ganzen Linie! Proletarier, vereinigt Euch![157])

Der Aufruf trug die Unterschriften des Parteivorstandes der SPD, der sozialdemokratischen Regierungsmitglieder und Eberts.

Am Morgen des 13. März rückte die Brigade Ehrhardt in Berlin ein. Kapp wurde zum Reichskanzler ausgerufen. Doch er regierte im luftleeren Raum. Der Generalstreik wurde von jedermann, vom Arbeiter bis zum höchsten Beamten, strikt durchgeführt. Seeckt blieb einfach zu Hause und ließ die laufenden Dienstgeschäfte durch untergeordnete Offiziere erledigen. Nach vier Tagen mußten Kapp, Lüttwitz und Ehrhardt erkennen, daß ihr Unternehmen gescheitert war. Kapp trat zurück und flüchtete, die Marinebrigade verließ Berlin, die Reichsregierung kehrte zurück.

Das gerichtliche Nachspiel war ein beschämendes Zeichen für die Parteilichkeit der deutschen Justiz. Von 705 amtlich bekanntgewordenen Verbrechensfällen, die im Zusammenhang mit dem Putsch standen, waren bis 1922:

Amnestiert	412
Durch Tod und andere Gründe in Wegfall gekommen	109
Verfahren eingestellt	176
Noch nicht erledigt	7
Bestraft	1

Gesamtstrafe 5 Jahre Festungshaft.

Zum Vergleich: Gegen 52 Mitglieder und Mitarbeiter der bayerischen Räteregierung wurden verhängt: ein Todesurteil, 135 Jahre und zwei Monate Freiheitsstrafen (Zuchthaus, Gefängnis oder Festung).[158])

Nicht weniger bedenklich als die juristischen waren die politischen Folgen des Putsches. Dem Reichswehrminister wurde von seiner Partei vorgeworfen, daß er den Generalen zu sehr vertraut habe und mit ihnen nicht fertig geworden sei. Noske mußte zurücktreten und wurde durch Geßler (DDP) ersetzt. Mit Noske verließ auch General Reinhardt seinen Posten, obwohl er sich, wohl als einziger der hohen Reichswehrführer, absolut regierungstreu gezeigt hatte. Chef der Heeresleitung wurde General von Seeckt, der nun begann, sein Programm zu verwirklichen, das die Reichswehr neben den Staat stellte, nicht ihm unterstellte. Auf die Frage nach der innenpolitischen Zuverlässigkeit der Reichswehr pflegte er zu antworten: „Ob sie zuverlässig ist, weiß ich nicht, aber sie gehorcht mir."[159])

Voraussetzung für einen Erfolg dieser Konzeption war, daß jeder Einfluß politischer Instanzen auf die Reichswehr ausgeschaltet wurde. Es gelang Seeckt, sie dem Einfluß, ja jeder Einblicksmöglichkeit des Reichstages zu entziehen. Sogar der verfassungsmäßige Oberbefehlshaber, der Reichspräsident, verlor fast jeden Einfluß. Reichswehrminister Geßler sah seine Aufgabe darin, die Offiziere zu unterstützen und gegen politische Einflüsse abzuschirmen, nicht aber darin, sie zu kontrollieren und zu führen. Im Wehrgesetz vom 23. März 1921 hieß es: „An der Spitze des Reichsheeres steht ein General als Chef der Heeresleitung." Dieser General war Inhaber der „Kommandogewalt", während dem Präsidenten und dem Minister die mehr repräsentative und auf Verwaltungsaufgaben beschränkte „Befehlsgewalt" überlassen wurde.

Der Wechsel Reinhardt — Seeckt und der Zwang zur Truppenverminderung wurden benutzt, ein möglichst homogenes Offizierskorps zu schaffen. Die Anhänger von Seeckts Konzeption, vor allem Generalstabsoffiziere, blieben, alle anderen, darunter auch die bewußt republikanischen Offiziere, mußten gehen. Im Mai schrieb der Unterstaatssekretär im Reichswehrministerium, Bernhard Rausch, sein Rücktrittsgesuch:

Es ist heute schlimmer als je zuvor! Aus zahlreichen Einzelerscheinungen bin ich zu der Erkenntnis gelangt, daß verfassungstreue, republikanische Elemente nun erst recht, konsequent und zäh, in bewußter oder unbewußter Solidarität, aus der Reichswehr entfernt werden und daß demgegenüber die Zentralstellen zur Zeit so gut wie machtlos sind.[160]) Die Stelle des Unterstaatssekretärs im Reichswehrministerium wurde nicht wieder besetzt.

Der Kapp-Putsch brachte also nicht, worauf seine schnelle Niederschlagung hinzudeuten schien, eine Stärkung der demokratischen und sozialistischen Kräfte. Dies lag vor allem daran, daß im unmittelbaren Anschluß an den Putsch wiederum schwere Unruhen ausbrachen. Wiederum war die Reichsregierung auf die Hilfe des Militärs angewiesen und glaubte daher, den militärischen Meuterern oder denen, die sich während der Meuterei abwartend verhalten hatten, nicht mit der erforderlichen Schärfe begegnen zu können.

Im Ruhrgebiet brach, als örtliche Reichswehrbefehlshaber und Freikorpsführer sich zu Kapp bekannten, ein großer Aufstand der Arbeiterschaft aus, dessen Führung rasch in radikale Hände geriet. Eine Rote Armee wurde aufgestellt, die fast die Stärke von vier Divisionen erreichte, den Regierungstruppen erhebliche Verluste beibrachte und einen großen Teil des Industriegebietes besetzte. Dem Reichskommissar Severing gelang es, ein Abkommen zur friedlichen Beilegung des Konfliktes zu schließen. Die Kommunisten erkannten das Abkommen nicht an, so daß die Reichswehr am 2. April in das Ruhrgebiet einrückte und unter schweren Kämpfen den Aufstand niederwarf. Ein regelrechter Bürgerkrieg brach auch in Sachsen-Thüringen aus. Der Anarchist Max Hölz stellte im Vogtland eine Rote Armee auf und rief die Räterepublik aus.

Die Ereignisse im Ruhrgebiet und in Mitteldeutschland wandelten das Mißtrauen der Arbeiterschaft gegen die Reichswehr in offene Feindschaft und machten die bestehende Kluft unüberbrückbar. Gleichzeitig förderten sie die Radikalisierung der Arbeiterschaft. Die SPD verlor einen großen Teil ihrer Anhänger an die USPD, die durch keine Verantwortung für den Kapp-Putsch und für die Niederwerfung der Arbeiteraufstände belastet war.

Inzwischen hatte die Regierung gewechselt. Im Zusammenhang mit Auseinandersetzungen um den am 13. März verkündeten Generalstreik war das Kabinett Bauer zurückgetreten. Reichskanzler wurde Hermann Müller (SPD) mit einer Regierung der Weimarer Koalition. In Preußen wurde eine Regierung auf derselben Grundlage mit Otto Braun (SPD) als Ministerpräsident gebildet, der dies Amt mit kurzen Unterbrechungen bis zum Ende der Weimarer Republik behielt (vgl. Statistischer Anhang, Tabelle 4).

Die Nationalversammlung wurde aufgelöst und der erste ordentliche Reichstag der Republik gewählt. Das Wahlergebnis zeigte, wie weit die Radikalisierung — nach rechts und nach links — vorgeschritten war. Bei der Wahl am 6. Juni 1920 erhielten (einschließlich der Nachwahlen in den besetzten Gebieten am 20.2.1921 und 19.11.1922):

SPD	21,6 % der Stimmen	113 Abgeordnete
USPD	18,0 % der Stimmen	81 Abgeordnete
DNVP	15,1 % der Stimmen	66 Abgeordnete
DVP	14,0 % der Stimmen	62 Abgeordnete
Zentrum	13,6 % der Stimmen	69 Abgeordnete
DDP	8,4 % der Stimmen	45 Abgeordnete
BVP	4,2 % der Stimmen	20 Abgeordnete
KPD	2,0 % der Stimmen	2 Abgeordnete

Die Weimarer Koalition besaß keine Mehrheit mehr und sollte sie bis zum Ende der Republik niemals mehr zurückgewinnen (vgl. Statistischer Anhang, Tabelle 3). Anderthalb Jahre der Streiks und Unruhen, der Versailler Vertrag und die Aktivitäten der Republikfeinde hatten genügt, um das eindrucksvolle Bekenntnis des deutschen Volkes zur Demokratie vom Januar 1919 ins Wanken zu bringen. Innerhalb der Arbeiterbewegung hatte sich das Schwergericht verschoben. Die KPD war zwar immer noch bedeutungslos, die USPD dagegen schien zur führenden Partei zu werden.

Nach langwierigen Verhandlungen wurde zum ersten Male eine Regierung ohne Sozialdemokraten — aus DDP, Zentrum und DVP — gebildet unter der Kanzlerschaft von Konstantin Fehrenbach (Zentrum). Reichswehrminister blieb Geßler (DDP), Verkehrsminister wurde der ehemalige General Groener (parteilos). Da die Regierung keine Mehrheit im Reichstag hatte, war sie auf die Tolerierung durch die SPD angewiesen, die Mißtrauensanträge nicht unterstützte und Gesetzentwürfen der Regierung zustimmte oder sich der Stimme enthielt. Die SPD war damit der Verantwortung für unpopuläre Maßnahmen und für eine „bürgerliche" Regierung enthoben, ohne sich jedoch der staatspolitischen Notwendigkeit zu entziehen, die für den Bestand der Regierung und für das Zustandekommen der Gesetze sprach. Auch die Regierungsparteien waren mit dieser Lösung zufrieden, weil sie den Bestand der Regierung sicherte, gleichzeitig aber die SPD, wie man es aus der Vorkriegszeit gewohnt war und woran vor allem der DVP lag, von der Macht fernhielt.

Die USPD hatte zwar erheblich gewonnen, war jedoch nach wie vor uneinheitlich und durch Fraktionskämpfe zerrissen. Der linke Flügel trat für den Anschluß an die Kommunistische Dritte Internationale ein, der rechte Flügel wollte die Selbständigkeit der Partei erhalten. Die USPD schickte schließlich eine Kommission nach Moskau, um über die Aufnahme in die Dritte Internationale zu verhandeln. Die Bolschewisten stellten 21 Bedingungen, die eine kommunistische Parteilinie verbürgen sollten. Über diese Bedingungen diskutierte der Parteitag der USPD im Oktober 1920 in Halle. Sinowjew, der Vorsitzende des Exekutivkomitees der Dritten Internationale, war anwesend und bemühte sich, die Partei für den Anschluß an Moskau zu gewinnen. Das Ergebnis war die Spaltung der USPD. Die Mehrheit beschloß den Anschluß an die Dritte Internationale und die Vereinigung mit der KPD. Eine Minderheit erhielt die USPD und vereinigte sich im September 1922 wieder mit der SPD.

Von nun ab gab es eine starke KPD in Deutschland. Es bedurfte allerdings noch mehrerer Säuberungen mit vielen Parteiausschlüssen, um die Partei der Befehlsgewalt Moskaus unterzuordnen.

Reparationen und Konferenzen

Die eigentlichen realen Belastungen des Versailler Vertrages und zugleich das schwierigste Problem bei seiner Realisierung waren — neben den Gebietsabtretungen im Osten — die Reparationen, die finanzielle Wiedergutmachung der den Alliierten, insbesondere Frankreich und Belgien, zugefügten Schäden. Dieser Begriff wurde sehr weit gefaßt, es gehörten auch Pensionen und Renten für Kriegsbeschädigte dazu. Im Vertrag war noch keine Summe festgesetzt, sondern lediglich bestimmt worden, daß Deutschland bis zum Mai 1921 einen ersten Teilbetrag von 20 Milliarden Goldmark in bar und in Waren zu zahlen habe. Die „Goldmark", der am Goldpreis (0,358423 Gramm = 1 Mark) gemessene Wert der deutschen Währung vor 1914, wurde als Recheneinheit für die Reparationen zugrundegelegt, weil die Kaufkraft des umlaufenden Geldes (der „Papiermark") bereits beträchtlich nachgelassen hatte und die Inflation sich abzeichnete. Nachdem die alliierte Reparationskommission im Januar 1920 ihre Arbeit aufgenommen hatte, stellte der Oberste Alliierte Rat im April fest, daß Deutschland seine Verpflichtungen nicht erfüllt habe, weder hinsichtlich der Entwaffnung, noch der Kohlenlieferungen und der Wiedergutmachungsleistungen. Gleichzeitig wurde die deutsche Regierung zu einer Konferenz eingeladen. Die Konferenz in Spa im Juli 1920 war die erste nach dem Kriege, an der wieder deutsche Staatsmänner — Reichskanzler Fehrenbach und Außenminister Simons — teilnahmen. Es gab scharfe Auseinandersetzungen mit den Alliierten, die den Einmarsch ins Ruhrgebiet bei mangelhafter Erfüllung des Vertrages androhten. Schließlich wurde wenigstens ein Teil der Fragen gelöst: Die Kohlenlieferungen wurden herabgesetzt, die Lebensmittelversorgung der deutschen Bergleute erleichtert, die Termine für die Abrüstung verlängert. Außerdem stellten die Alliierten einen Schlüssel für die Verteilung der Reparationen unter sich auf. Über die Höhe wurde noch nicht entschieden.

Im Januar 1921 legten die Alliierten zum ersten Mal eine Endsumme fest: 226 Milliarden Goldmark in 42 Jahresraten, steigend von 2 auf 6 Milliarden. Dies löste in Deutschland einen Sturm der Entrüstung aus. Auf einer Londoner Konferenz im März 1921 legte Außenminister Simons einen Gegenvorschlag vor, der die Zahlung von 30, zusammen mit den bereits gezahlten 20 also 50 Milliarden, mit fünfprozentiger Verzinsung für die noch nicht zur Zahlung heranstehenden Raten vorsah.

Die beiden Zahlen von 226 und 50 Milliarden scheinen eine ungeheure Differenz anzuzeigen, doch war der Unterschied in Wahrheit weniger groß, da 226 Milliarden, auf 42 Jahre verteilt, einen Ausgangswert von etwas über 60 bedeuten, wenn eine Verzinsung von 8% zugrunde gelegt wird. Die eigentliche Streitfrage war die Anrechnung der bereits erbrachten Leistungen. Die deutsche Regierung rechnete die bei Scapa Flow versenkte deutsche Hochseeflotte, die Arbeitskraft der deutschen Kriegsgefangenen und anderes mit, was die Reparationskommission nicht anerkannte. Als nach dem Inkrafttreten des Dawes-Abkommens die Gesamtleistungen bis zum 31. Dezember 1923 zusammengerechnet wurden, kam die deutsche Regierung auf 43,7, die Reparationskommission auf 8,2 Milliarden (vgl. auch Statistischer Anhang, Tabelle 14).

Nachdem Simons die deutschen Vorschläge vorgelegt hatte, antwortete Lloyd George: *„Die Alliierten sind der Ansicht, daß die deutschen Gegenvorschläge eine ausgesprochene Herausforderung darstellen. Wir haben nicht den Wunsch, Deutschland zu unterdrücken, wir stöhnen aber alle unter einer Last von Steuern, um unsere Kriegsschulden zu bezahlen. Frankreich muß sich in diesem Jahr auf eine Ausgabe von zwölf Milliarden zur Wiederherstellung seiner verwüsteten Gebiete einrichten. Dazu kommt die gigantische Summe der Pensionen. Das deutsche Volk hat keine Ahnung von den Verwüstungen, die angerichtet worden sind. In Frankreich sind 21 000 Fabriken und alle Bergwerke vernichtet. 1659 Gemeinden und Flecken sind vollkommen zerstört, 1656 sind zu 50 Prozent zerstört, 319 000 Häuser sind zerstört, 313 000 beschädigt, 8 000 km Eisenbahn,*

5 000 Brücken, 5 200 km Straßen, 1 740 000 ha bebautes Land — alles zerstört. Die Alliierten können kein weiteres Feilschen um den Vertrag erlauben. Wenn wir nicht bis Montag hören, daß Deutschland bereit ist, entweder die Pariser Beschlüsse anzunehmen oder Vorschläge zu unterbreiten, die auf anderem in gleichem Maße befriedigenden Wege seine Verpflichtungen erfüllen, so werden wir folgendermaßen vorgehen: Duisburg, Ruhrort, Düsseldorf besetzen, das besetzte Gebiet als selbständiges Zollgebiet einrichten und die Zollerhebung zugunsten der Reparationskommission vornehmen lassen." [161])

Deutschland erfüllte das Ultimatum nicht. Die Rheinhäfen wurden besetzt und die Zolleinnahmen beschlagnahmt. Die Reichsregierung wandte sich vergeblich an den Völkerbund und an die Regierung der USA um Vermittlung.

Inzwischen stellte die Reparationskommission die endgültige Schadenssumme fest, für die Deutschland ersatzpflichtig sein sollte: 223,5 Milliarden. Hiervon wurden, vor allem unter englischem Einfluß, jedoch nur 132 Milliarden als Reparationen gefordert. Auf einer zweiten Londoner Konferenz, an der nur Vertreter der Alliierten teilnahmen, wurde ein Plan für die Zahlung ausgearbeitet und der deutschen Regierung in der Form eines Ultimatums überreicht.

Das Londoner Ultimatum forderte, daß Deutschland innerhalb von sechs Tagen die Reparationsschuld von 132 Milliarden anzuerkennen habe, daß es seine Bereitschaft zu erklären habe, diese Schuld in der von der Reparationskommission zu bestimmenden Weise zu zahlen, zunächst eine Milliarde innerhalb von 25 Tagen, und daß es die fälligen Abrüstungen sowie die Bestrafung der Kriegsverbrecher bestimmungsgemäß vorzunehmen habe. Bei Nichterfüllung dieser Bedingungen würden die Alliierten am 12. Mai das Ruhrgebiet militärisch besetzen.

Schon am 4. Mai, als die amerikanische Vermittlung abgelehnt worden war, war das Kabinett Fehrenbach zurückgetreten. Deutschland war in einem kritischen Moment ohne Regierung. Die Neubildung war von der Frage abhängig, ob die Regierung das Ultimatum annehmen oder ablehnen sollte. Die Deutschnationalen propagierten die Ablehnung. Was hätte das bedeutet?

Es ging in diesem Augenblick nicht nur um das Ruhrgebiet, sondern auch um Oberschlesien. Die im Versailler Vertrag vorgesehene Abstimmung hatte am 20. März 1921 stattgefunden und 707 000 Stimmen für Deutschland, 434 000 für Polen erbracht. Die Reichsregierung forderte daraufhin, daß Oberschlesien beim Reich bliebe, während Polen forderte, daß die Gebiete mit polnischer Mehrheit abgetreten würden. Da brach ein Aufstand polnischer Freischaren aus, die vollendete Tatsachen schaffen und Oberschlesien an Polen angliedern wollten.

Wieder fanden sich die Parteien der Weimarer Koalition zusammen, um die Verantwortung für eine schwere Entscheidung zu übernehmen. Reichskanzler wurde Joseph Wirth, ein Mann vom linken Flügel des Zentrums. Vizekanzler war Bauer (SPD), Geßler und Groener blieben, etwas später wurde Walther Rathenau (DDP) zum Wiederaufbauminister ernannt.

In seiner ersten Rede vor dem Reichstag begründete der neue Kanzler die Auffassung der

Regierung, daß das Ultimatum angenommen werden müsse. Deutschland müsse den ernsten und entschlossenen Willen zeigen, die einmal übernommenen Verpflichtungen zu erfüllen. Nicht durch dauernde Konflikte, sondern nur durch eine Verständigung mit den Siegermächten könne die Einheit und Freiheit des Reiches gerettet werden. Die Rede wurde programmatisch für den Begriff „Erfüllungspolitik". Mit diesem Schlagwort griffen die Rechtsparteien von nun an nicht nur die Politik Wirths, sondern jede auf Verständigung mit den Alliierten hinzielende Bestrebung an. Aller Haß der antidemokratischen Rechten gegen die Weimarer Republik sammelte sich in den Worten „Dolchstoß" und „Erfüllungspolitik".

Am 10. Mai wurde die Regierung Wirth gebildet, in der Nacht vom 10. zum 11. stimmte der Reichstag der Annahme des Londoner Ultimatums zu. Die erste Rate der Reparationen wurde fristgemäß überwiesen.

Die Annahme des Ultimatums und der Beginn der Erfüllungspolitik veranlaßten die radikale Rechte, ihre Hetze gegen die Republik zu steigern. Eine neue Welle politischer Attentate begann. Am 26. August 1921 wurde der Zentrumspolitiker Matthias Erzberger, der sich 1917 für die Friedensresolution eingesetzt, 1918 den Waffenstillstand unterzeichnet und 1919/20 die Steuerreform durchgeführt hatte, von zwei ehemaligen Offizieren, Angehörigen des von Kapitän Ehrhardt geleiteten Geheimbundes „Organisation Consul", ermordet. Bedenklicher fast noch als der Mord selbst war die Begeisterung, mit der das nationale Bürgertum ihn aufnahm. Die „Christliche Welt" schrieb: *Ungeheuerlich ist es, mit welchem Jubel ungezählte evangelische Christenleute diese Nachricht begrüßt haben. Ungeniert macht sich die Stimmung laut, auf den Straßen, in den Eisenbahnen, in den Familien.*[162])

Für Oberschlesien legte schließlich der Völkerbundsrat einen Vorschlag zur Teilung des Landes vor, der die Grundlage für eine neue deutsch-polnische Grenze wurde. Ziel der Grenzziehung war es, auf beiden Seiten möglichst geringe nationale Minderheiten zu belassen. Das Ergebnis war, daß die meisten Bergwerke und der größte Teil der Bodenschätze an Polen fielen. Ein deutsch-polnischer Vertrag sicherte den wirtschaftlichen Austausch und den Schutz der Minderheiten.

Am 15. Januar und am 15. Februar 1922 waren die nächsten Reparationszahlungen fällig. Die erste Rate und der Verlust des oberschlesischen Industriegebietes hatten jedoch die Zahlungsfähigkeit des Reiches erheblich vermindert und zum weiteren Verfall seiner Währung beigetragen. Der Kurs der Mark fiel immer schneller. Im Juli 1921 zahlte man 80 Mark für einen Dollar, im September 120, im November 240. Die Reichsregierung sah sich außerstande, die nächsten Raten zu zahlen, und bat um Aufschub. Lloyd George und Aristide Briand, zur Zeit französischer Ministerpräsident, beriefen zum 6. Januar 1922 eine Konferenz nach Cannes ein.

Führer der deutschen Delegation war Rathenau, einer der bedeutendsten Staatsmänner der Weimarer Republik und der eigentliche Begründer der Erfüllungspolitik. Er war Vorstandsvorsitzender der Allgemeinen Elektrizitätsgesellschaft (AEG) gewesen und hatte im Krieg die Rohstoffbewirtschaftung organisiert. Auch als Verfasser nationalökonomischer und philosophischer Werke war er hervorgetreten. Er war im Begriff,

Briand und Lloyd George zu gewinnen, als die Nachricht kam, daß Briand von Poincaré gestürzt sei, da die französische Kammer befürchtete, daß Briand den Deutschen zu weit entgegenkommen würde. Das war allerdings bei seinem Nachfolger nicht zu erwarten. Poincaré, während des Krieges Präsident der französischen Republik, war ein Finanzfachmann, der die verwickelten Reparationsprobleme wie kein anderer beherrschte und vordringlich auf Frankreichs Sicherheit und auf Erfüllung des Versailler Vertrages bedacht war. Es gelang der deutschen Delegation in Cannes, ein Moratorium (Zahlungsaufschub) für die nächsten fälligen Zahlungen zu erreichen. Über die Frage, was Deutschland bereits gezahlt habe und was es in den nächsten Monaten zahlen müsse, wurde keine Einigung erzielt.

Um die vielfältigen Probleme der europäischen Wirtschaftsbeziehungen umfassend zu lösen, lud Lloyd George zu einer Wirtschaftskonferenz nach Genua (10. April bis 19. Mai 1922) ein. 28 Staaten waren vertreten, nicht die USA, aber zum erstenmal die Sowjetunion, obwohl sie offiziell von den Großmächten noch nicht anerkannt war. Wirth und Rathenau, der inzwischen Außenminister geworden war, leiteten die deutsche Delegation.

Die Westmächte und die Sowjetunion verhandelten schon vor Genua und in Genua über westliche Hilfe beim Wiederaufbau Rußlands, über die diplomatische Anerkennung und über die Schulden, die das zaristische Rußland bei den Westmächten, besonders bei Frankreich, gemacht hatte. Da die Sowjetregierung gleich nach der Revolution erklärt hatte, daß sie die Schulden nicht anerkenne, und da die sowjetische Delegation diese Erklärung in Genua wiederholte, waren die Verhandlungen schwierig. Lloyd George schlug den Russen unter anderem vor, an Deutschland — wozu sie nach dem Versailler Vertrag berechtigt waren — Reparationsforderungen zu stellen und diese Forderungen zur Bezahlung der russischen Vorkriegsschulden an die westlichen Alliierten abzutreten. Diese Gefahr, die allerdings ziemlich fiktiv war, weil Deutschland schon die von den westlichen Siegermächten verlangten Reparationen nicht zahlen konnte, wurde von einer Gruppe in der deutschen Diplomatie und Wirtschaft unter der Führung des Leiters der Ostabteilung im Auswärtigen Amt, Freiherr von Maltzan, bewußt hochgespielt. Man wollte hier den Wiederaufstieg Deutschlands und die Revision von Versailles durch wirtschaftliche und militärische Zusammenarbeit mit der Sowjetunion erreichen. Seit längerer Zeit verhandelten beide Staaten über eine vertragliche Vereinbarung. Rathenau, dessen Ziel eine Verständigung mit den Westmächten war, war jedoch gegen eine feste Vereinbarung mit den Russen, jedenfalls vor der Konferenz. In Genau gelang es Maltzan dann, seinem Minister zu suggerieren, wobei er vor bewußter Falschinformation nicht zurückschreckte, daß die Westmächte und die Sowjetunion unmittelbar vor einem Vertragsabschluß ständen, der Deutschland isolieren und das Bündnis von 1914 erneuern würde. Es sei ein „Akt der Notwehr", wenn man dieser Gefahr durch einen eigenen Vertrag mit den Russen zuvorkäme. Der britische Botschafter in Berlin d'Abernon berichtet über den weiteren Verlauf, wobei er sich im wesentlichen auf die (einseitig gefärbten) Informationen Maltzans stützt:

In der Nacht vom Sonnabend auf Sonntag (15./16.4.) zwei Uhr morgens wurde Maltzan

von dem Hotelkellner geweckt: „Ein Herr mit einem komischen Namen will Sie am
Telefon sprechen." Es war Tschitscherin (Leiter der sowjetischen Delegation). Der Kern
der Unterredung mit Tschitscherin war, daß er die Deutschen bat, ihn am Sonntag
aufzusuchen und darüber zu verhandeln, ob man nicht doch zu einer Vereinbarung
gelangen könnte. Er sagte nicht, daß die Verhandlungen mit den westlichen Mächten sich
zerschlagen hätten, aber Maltzan begriff sofort, daß die der deutschen Delegation
überbrachten Nachrichten von einer erfolgten Vereinbarung zwischen Rußland und den
Westmächten falsch sein mußten.
Dann ging er um halb drei nachts zu Rathenau. Er fand ihn in seinem Zimmer in einem
malvenfarbenen Pyjama, auf und ab gehend – ein verstörtes Gesicht, Augen, die aus den
Augenlidern hervorzutreten schienen, blickten ihm entgegen. Als Maltzan hereinkam,
sagte Rathenau: „Ich nehme an, daß Sie mir das Todesurteil bringen." – „Im
Gegenteil" – beruhigte ihn Maltzan – „gute Nachrichten." Er berichtete ihm dann
über die Unterredung, worauf Rathenau sagte: „Jetzt wird mir die ganze Lage klar. Ich
werde zu Lloyd George gehen, um ihm alles auseinanderzusetzen, und wir werden uns
schon verständigen." Maltzan erwiderte: „Unmöglich – es wäre ehrlos gehandelt.
Wenn Sie es tun, werde ich sofort meine Demission einreichen und mich ins Privatleben
zurückziehen. Zu einem solchen Verrat an Tschitscherin werde ich mich nicht hergeben."
Allmählich ließ sich Rathenau zu dem Standpunkt Maltzans bekehren und beschloß,
wenn auch widerwillig, die Russen am Sonntag aufzusuchen.[163])
Wirth, der inzwischen herbeigeholt worden war, hatte gemeinsam mit Maltzan
Rathenau überzeugt. Am 16. April 1922 wurde zwischen Deutschland und der
Sowjetunion der Vertrag von Rapallo unterzeichnet. Seine wichtigsten Bestimmungen
lauteten:
Artikel 1: Das Deutsche Reich und die Sowjetunion verzichten gegenseitig auf den Ersatz
ihrer Kriegskosten sowie auf den Ersatz der Kriegsschäden.
Artikel 3. Die diplomatischen und konsularischen Beziehungen zwischen dem Deutschen
Reich und der Sowjetunion werden sogleich wieder aufgenommen.
Artikel 4. Die beiden Regierungen sind sich ferner auch darüber einig, daß für die
allgemeine Regelung der beiderseitigen Handels- und Wirtschaftsbeziehungen der
Grundsatz der Meistbegünstigung gelten soll (d. h., daß keiner von ihnen einen dritten
Staat wirtschaftlich günstiger stellt als den Vertragspartner).[164])
Daß Deutschland die Sowjetunion anerkannte und damit den allgemeinen Boykott
durchbrach, daß es hinter dem Rücken der Alliierten selbständig einen Vertrag abschloß
– das war die Sensation der Konferenz von Genua. Im übrigen verlief sie wiederum
ergebnislos.
In Deutschland knüpfte man, besonders in Kreisen der politischen Rechten, phantasti-
sche Hoffnungen an den Vertrag: Durch ein Bündnis mit Rußland sollte das Reich die
Fesseln von Versailles abstreifen und seine alte Macht zurückgewinnen. Der als
Botschafter in Moskau vorgesehene Graf Brockdorff-Rantzau warnte vor solchen
Spekulationen:
Ostorientierung und Westorientierung sind nach dem verlorenen Weltkrieg für die

deutsche Politik abstrakte Begriffe geworden und keine positiven Möglichkeiten mehr, wenigstens nicht in dem Sinne der ausschließlichen Festlegung nach einer Richtung. Jeder Anschein einer militärischen Bindung unsererseits im Osten würde die nachteiligsten Wirkungen auf unsere Beziehungen zum Westen ausüben; ignorieren dürfen wir diese, jedenfalls soweit England in Betracht kommt, in der Zwangslage, in der wir uns befinden, und angesichts der Unklarheit und Unsicherheit der russischen Zustände aber keinesfalls.

Der schwere Nachteil des Rapallovertrages liegt in den militärischen Befürchtungen, die an ihn anknüpfen.

Es hat eine Zeit gegeben, in der Deutschland und Rußland gute Nachbarschaft hielten; zum Schaden beider Völker haben sich ihre Wege getrennt. Aber unter der Not, die das Schicksal ihnen auferlegt hat, wollen sie sich zu gemeinsamer Arbeit wieder zusammenfinden. Diese Arbeit muß friedlichen Zielen und dem wirtschaftlichen Wiederaufbau dienen. Das schließt nicht aus, rechtzeitig vorzubauen und für den Fall zwingender Notwendigkeit auch andere Kombinationen in Rechnung zu stellen.

Eine ausschließlich nach Osten orientierte deutsche Politik wäre im gegenwärtigen Augenblick nicht nur verfrüht und gefährlich, sondern aussichtslos und darum verfehlt. Verfrüht ist sie, weil wir wirtschaftlich ebenso wie Rußland noch außerstande sind, uns auf ein derartiges Experiment einzulassen. Gefährlich ist sie, weil wir uns der völlig skrupellosen Sowjetregierung durch Abmachungen, die uns militärisch verpflichten, in die Hand geben. Aussichtslos ist die Politik, weil wir bei einem Angriff Rußlands auf Polen — und diese Kombination kann doch nur ernsthaft in Frage kommen — im Westen dem französischen Einmarsch nahezu wehrlos gegenüberstehen würden.[165])

Daß Brockdorff-Rantzaus Befürchtungen keineswegs übertrieben waren, zeigt die Antwort des Generals von Seeckt auf die Denkschrift:

Deutschland muß aktive Politik treiben. Das muß jeder Staat. In dem Augenblick, in dem er auf eine aktive Politik verzichtet, hört er auf, ein Staat zu sein.

Mit Polen kommen wir zum Kern des Ostproblems. Polens Existenz ist unerträglich, unvereinbar mit den Lebensbedingungen Deutschlands. Es muß verschwinden und wird verschwinden durch eigene, innere Schwäche und durch Rußland — mit unserer Hilfe. Polen ist für Rußland noch unerträglicher als für uns; kein Rußland findet sich mit Polen ab. Mit Polen fällt eine der stärksten Stützen des Versailler Friedens, die Vormachtstellung Frankreichs. Dieses Ziel zu erreichen, muß einer der festesten Richtungspunkte der deutschen Politik sein, weil er ein erreichbarer ist. Erreichbar nur durch Rußland oder mit seiner Hilfe.

Freilich, wer in einem Einvernehmen mit Rußland nur die Gefahr sieht, daß wir uns den Engländern gegenüber „bloßstellen", und nicht sieht, daß Rußland uns braucht, und jede aktivere Politik mit dem Schlagwort „militärisches Experiment" abtut, kann nicht zur richtigen Würdigung der Lage und noch weniger zu ihrer folgerichtigen Ausnutzung kommen. Wer an „Uniformkoller" leidet und noch nicht begriffen hat, daß jede politische und wirtschaftliche Betätigung letzten Endes auf der Macht beruht, wird keine aktive deutsche Politik treiben. Wer aber vor allem im Rapallovertrag einen politischen

118

Fehler sieht, mag an anderer Stelle taugen, untauglich erscheint er als deutscher Vertreter in Moskau.
Wir wollen zweierlei: erstens eine Stärkung Rußlands auf wirtschaftlichem und auf politischem, also militärischem Gebiet und damit indirekt die eigene Stärkung, indem wir einen zukünftigen möglichen Bundesgenossen stärken; wir wollen ferner, zunächst vorsichtig und versuchend, die unmittelbare eigene Stärkung, indem wir eine uns im Bedarfsfall dienstbare Rüstungsindustrie in Rußland heranbilden helfen.
Gewiß besteht im deutschen Volk weitgehendes und erkläliches Friedensbedürfnis. Am klarsten wird das Für und Wider des Krieges in militärischen Köpfen abgewogen werden, aber Politik treiben, heißt führen. Dem Führer wird trotz allem das deutsche Volk in den Kampf um seine Existenz folgen. Diesen Kampf vorzubereiten, ist die Aufgabe; denn erspart wird er uns nicht.[166])

Solche Auffassungen waren typisch für das Weltbild und die politischen Wunschvorstellungen rechtsgerichteter Politiker und Militärs. Die offizielle Außenpolitik der Republik ging von anderen Grundsätzen aus, doch spielte sogar Wirth mit dem Gedanken einer neuen Teilung Polens im Bündnis mit Sowjetrußland, während Ebert eine solche Politik entschieden ablehnte.

Unter dem Deckmantel von Rapallo und der rußlandfreundlichen Kräfte in der Regierung trieb die Reichswehr ihre eigene Ostpolitik, deren Ziel es war, die militärischen Bestimmungen des Versailler Vertrages zu umgehen. Die Reichswehrführung hatte nie die Absicht, den Vertrag zu erfüllen. Seeckt lag nur daran, der alliierten Kontrollkommission möglichst wenig Anlaß zu Beanstandungen zu geben, damit sie ihre Tätigkeit bald abschloß. Die aufgelösten Truppenteile machten sich aber, oft in Zusammenarbeit mit unteren Reichswehrstellen, geradezu einen Sport daraus, ihre Waffen zu verbergen und der Ablieferung zu entziehen. Da die Lage im Osten Deutschlands, wo mit einem polnischen Angriff gerechnet wurde, als besonders gefährdet galt, traf die Reichswehr hier Vorbereitungen für die Bewaffnung und die militärische Ausbildung der Wehrverbände und stellte die „Schwarze Reichswehr" auf, Freiwilligenverbände, die aus Reichswehrmitteln und aus Spenden besonders des Großgrundbesitzes bezahlt wurden, aber geheim bleiben mußten, da sie außerhalb der zugelassenen Zahl von 100 000 Soldaten standen. Sie waren meist als „Arbeitskommandos" auf ostdeutschen Gütern untergebracht. Zwischen den Offizieren der Reichswehr, der Schwarzen Reichswehr und den Führern der Wehrverbände bestanden so enge Beziehungen, daß legale und illegale Maßnahmen und Verbände oft kaum zu unterscheiden waren. Der Umfang der Schwarzen Reichswehr erreichte, da alles streng geheim bleiben mußte, allerdings nie die Stärke der offiziellen Reichswehr.

Als nach 1923 die äußere und innere Bedrohung Deutschlands nachließ und als sich gezeigt hatte, daß die illegalen Formationen nur begrenzten militärischen Wert besaßen, dagegen zu einer der Reichswehrführung höchst unerwünschten politischen Aktivität neigten, wurde diese Form der illegalen Aufrüstung eingeschränkt. Dafür trat die Zusammenarbeit mit Rußland in den Vordergrund.
Bereits seit 1921 verhandelte die Reichswehrführung − mit Wissen der Reichsregierung

– mit Moskau. Von deutscher Seite wurde Hilfe beim Aufbau der russischen Rüstungsindustrie und bei der Ausbildung der Roten Armee zugesagt. Dafür erhielt die Reichswehr die Möglichkeit, in Rußland diejenigen Waffen, die nach dem Versailler Vertrag verboten waren, zu erproben, herzustellen und Soldaten daran auszubilden. Eine private, im Auftrag der Reichswehr arbeitende „Gesellschaft zur Förderung gewerblicher Unternehmungen " errichtete in Rußland seit 1924 Fabriken für Militärflugzeuge, Giftgas und Munition. Allerdings blieb die deutsch-russische militärische Zusammenarbeit so bescheiden, daß die Reichswehr damit den Armeen der Westmächte noch keineswegs ebenbürtig wurde.

Wichtiger als die militärische Zusammenarbeit war die wirtschaftliche. Nach zweijährigen Verhandlungen wurde 1925 ein Handelsvertrag geschlossen, der beiden Ländern Nutzen brachte. Deutschland und Rußland ergänzten sich wirtschaftlich, und die deutsche Industrie fand ein Absatzgebiet, auf dem kaum eine ausländische Konkurrenz tätig war.

Als Wirth und Rathenau von Genua zurückkehrten, wurden sie gerade von den Rechtskreisen, die eine energischere deutsche Außenpolitik immer gefordert hatten, als Erfüllungspolitiker angegriffen und verleumdet. Rechtsradikale Flugblätter riefen zum Mord an Rathenau auf. Im Reichstag hielt der deutschnationale Abgeordnete Helfferich eine wütende Hetzrede und beschuldigte ihn, das deutsche Volk am Rhein und an der Saar verraten zu haben.

Am nächsten Vormittag, dem 24. Juni 1922, verließ Rathenau im offenen Wagen seine Villa in Grunewald. Ein zweiter Wagen folgte ihm, holte ihn ein, und in einer Kurve schoß der eine Insasse mit einer Maschinenpistole auf Rathenau, während der andere eine Handgranate in seinen Wagen schleuderte. Rathenau wurde fast in Stücke gerissen.

Die Mörder gehörten der „Organisation Consul" an. Nach längerer Verfolgung wurden sie von der Polizei gestellt und einer im Kampf erschossen, während ein anderer sich selbst tötete. Einige Mittäter wurden gefaßt und zu Zuchthausstrafen verurteilt. Im Reichstag kam es bei Bekanntwerden der Mordnachricht zu Tätlichkeiten gegen Helfferich und andere rechtsstehende Abgeordnete. Dann sprach Wirth: „*Das Werk, das Dr. Rathenau sich vorgesetzt hat, die Rettung des deutschen Volkes unter der Staatsform der Republik, darf durch diesen Mord nicht unterbrochen werden. Alle wahren Republikaner, alle, die es gut meinen mit ihrem Vaterland, werden aus diesem Tod die größte Kraft schöpfen, um mit denen abzurechnen, die unserem Volk den Tod bereiten wollen. Insbesondere geht mein Mahnruf an die Arbeiterschaft ganz Deutschlands. Die Arbeiterschaft hat in bitteren, ernsten Tagen, als das Chaos über uns hinwegging, keinem, der der alten Gewalt treu geblieben ist, auch nur ein Haar gekrümmt. Nennen Sie einen prononcierten Vertreter bürgerlicher Auffassungen in deutschen Landen, dem auch nur ein Haar gekrümmt worden ist!*"

Am nächsten Tag sprach der Reichskanzler noch einmal:

„*Ich war Zeuge einer bedeutsamen Unterhaltung unseres ermordeten Freundes in Genua mit dem mächtigsten aller Staatsmänner. Einen beredteren Anwalt des Volkes als Rathenau in diesem kleinen intimen Gespräch hätten Sie in ganz Deutschland nicht*

Sonder-Ausgabe.

Vorwärts

Berliner Volksblatt

Zentralorgan der Sozialdemokratischen Partei Deutschlands

Sonnabend, den 24. Juni 1922

Rathenau ermordet!

Um ¾.12 Uhr teilte der Reichskanzler den in der Wandelhalle des Reichstags versammelten Abgeordneten mit, daß vor etwa einer halben Stunde der Außenminister Dr. Rathenau ermordet worden sei.

Als Dr. Rathenau heute vormittag 11 Uhr sein Automobil vor seinem Hause in der Königsallee im Grunewald bestiegen hatte, näherte sich von der entgegengesetzten Seite ein elegantes Privatautomobil, das den Wagen des Ministers bis zur Königsallee, Ecke Wallotstraße, verfolgte.

Hier überholte das Privatautomobil, in dem sich drei Leute mit dunklen Brillen befanden, das Automobil des Ministers.

In demselben Augenblick, als das Auto in die Wallotstraße einbog, erhob sich einer der bebrillten Leute und warf eine Handgranate in das Auto des Ministers. Die Granate explodierte. Rathenau richtete sich einen Augenblick auf und brach dann zusammen. Der Chauffeur fuhr mit dem sterbenden Minister sofort in dessen Wohnung zurück, während einige Passanten die Verfolgung des flüchtigen Autos aufnahmen.

In der Wandelhalle des Reichstags sind jetzt die deutschnationalen Abgeordneten nicht zu erblicken, sie haben sich zurückgezogen, um den Verwünschungen und Drohungen der übrigen Abgeordneten zu entgehen.

Ueber die Täter ist Näheres noch nicht bekannt.

Massen, haltet Euch bereit!

finden können. Nun lese ich in einem Brief, daß alle Verträge von ihm abgeschlossen sind, damit er und seine Judensippschaft sich bereichere. Wir wollen in Demut und Geduld einen Weg der Freiheit für das eigene unglückliche Vaterland suchen. In diesem Sinne sollen alle Hände und jeder Mund sich regen, um endlich in Deutschland diese Atmosphäre des Mordes, des Zornes, der Vergiftung zu zerstören. Da steht der Feind, wo Mephisto sein Gift in die Wunde eines Volkes träufelt, da steht der Feind, und darüber ist kein Zweifel: dieser Feind steht rechts. "[167])

Das Jahr 1923: Die zweite große Krise der Republik

Nach der Ermordung Rathenaus erlebte die deutsche Währung einen neuen Kurssturz. Deutschland glitt immer schneller in die Inflation hinein. Im Januar 1922 zahlte man für einen Dollar 200 Mark, im Juli 500 und im Januar 1923 18 000 Mark.

Die Geldentwertung, die schon während des Krieges begonnen hatte, hatte mehrere Ursachen: Die Kosten des Krieges waren fast ausschließlich auf dem Kreditweg gedeckt worden; infolge der Warenknappheit und des Lebensmittelmangels nach dem Krieg stiegen die Preise; der erhöhte Einfuhrbedarf sowie Kapitalflucht und Devisenspekulation führten zu großen Devisenverlusten; die in Goldmark berechneten Reparationszahlungen zehrten die Gold- und Devisenbestände auf. Die Regierung konnte oder wollte sich nicht zu energischen und einschneidenden Maßnahmen entschließen, um den Geldüberhang zu beseitigen und Geldumlauf und Warenangebot in das rechte Verhältnis zueinander zu bringen. Da in den Haushaltsjahren 1920 − 22 die Ausgaben nur zu 40 Prozent aus ordentlichen Einnahmen gedeckt werden konnten, 1923 sogar nur zu 19 Prozent, sah sie keine andere Möglichkeit zum Haushaltsausgleich als die Kreditaufnahme bei der Reichsbank und die Vermehrung des Geldumlaufs. Schließlich arbeiteten dreihundert Papierfabriken und einhundertfünfzig Druckereien für die Befriedigung des Notenbedarfs.

Die Lasten der Inflation trug die arbeitende Bevölkerung, da die Löhne den Preisen ständig nachhinkten und der Reallohn zusammenschrumpfte (vgl. Statistischer Anhang, Tabelle 8). Im Oktober 1923 reichte der Wochenlohn eines qualifizierten Facharbeiters aus, um einen Zentner Kartoffeln zu kaufen. Ein Pfund Margarine kostete den Lohn für neun bis zehn Arbeitsstunden, ein Pfund Butter den für zwei Tage. Für einen Zentner Briketts zahlte man den Lohn von zwölf Arbeitsstunden, für ein Paar einfache Stiefel den von sechs und für einen Anzug den Lohn von zwanzig Wochen.

In fast noch höherem Maße wurden die Lasten der Inflation vom Mittelstand getragen, der seine sämtlichen Rücklagen und Ersparnisse verlor. Sparkonten, Reichsanleihen und alle Arten von Schuldverschreibungen wurden wertlos. Arthur Rosenberg urteilt: *Die systematische Enteignung des deutschen Mittelstandes, nicht etwa durch eine sozialistische Regierung, sondern in einem bürgerlichen Staat, der den Schutz des Privateigentums auf seine Banner geschrieben hatte, ist ein beispielloses Ereignis. Es war eine der größten Räubereien der Weltgeschichte.*[168])

Da die Inflation keinen Verlust an Volksvermögen darstellte, mußten den gewaltigen Vermögensverlusten ebenso gewaltige Gewinne gegenüberstehen. Verdient hat an der Inflation einmal der Staat, der seine inneren Schulden los wurde. Verdient hat vor allem die deutsche Industrie. Der innere Wert der Papiermark war stets, zuweilen um ein Vielfaches, höher als ihr Wert auf dem Weltmarkt. Deutsche Waren, für die die Löhne und oft auch die Rohstoffe mit Papiermark bezahlt wurden, wurden zu Schleuderpreisen exportiert. Verdient haben an der Inflation alle Sachwertbesitzer — also wiederum die Industrie, dazu die Landwirtschaft —, die ihre Schulden und Belastungen mit entwertetem Geld zurückzahlten und neue, wertbeständige Investitionen mit wertlosem Papiergeld finanzierten. Verdient haben an der Inflation einige große Spekulanten — der bekannteste war Hugo Stinnes —, die aufkauften, was sich an Sachwerten bot, darauf Kredite aufnahmen, neue Unternehmungen und Beteiligungen erwarben und die Kredite mit Papiergeld zurückzahlten. Stinnes baute ein riesiges Industrieimperium auf. Folgerichtig erklärte er am 9. November 1922, daß er *einen Stabilisierungsversuch der Mark um jeden Preis immer bekämpft habe und immer weiter bekämpfen werde.*[169])

Mit der zunehmenden Entwertung der deutschen Währung war es der Regierung — bei aller Bereitschaft zur Vertragserfüllung — nicht mehr möglich, die fälligen Raten der Reparationen fristgemäß zu zahlen. Zwar stellte die Reparationskommission im November 1922 fest, daß Deutschland die Inflation aus eigener Kraft stoppen könne, doch beharrte die Reichsregierung auf ihrem Standpunkt und trat am 14. November zurück. Ein Versuch, eine Regierung der Großen Koalition (SPD bis DVP) zu bilden, mißlang, weil die Sozialdemokraten nicht mit der Volkspartei, in ihren Augen die Partei der Großindustrie, zu deren Abgeordneten auch Stinnes gehörte, zusammenarbeiten wollten. Reichskanzler wurde Wilhelm Cuno, parteilos, aber politisch rechtsstehend, der aus der Wirtschaft kam (Generaldirektor der HAPAG). Sein Kabinett bestand aus Mitgliedern der DVP, des Zentrums, der BVP, der DDP und Parteilosen, also eine Regierung der rechten Mitte, die keine Mehrheit im Reichstag besaß und auf die Tolerierung durch die SPD angewiesen war.

Der Regierung Cuno gelang es nicht, Erleichterungen in der Reparationsfrage zu erzielen oder die Währung zu sanieren. Der französische Ministerpräsident Poincaré erklärte am 17. November vor der Kammer, daß Deutschland absichtlich die Mark entwerte und dem Bankrott zutreibe. Es sei ja nur der Staat, der Bankrott mache, nicht die Wirtschaft, der es glänzend gehe und die im Ausland infolge ihrer blühenden Ausfuhr große Devisenvorräte besäße. Die deutsche Regierung müsse die Industrie veranlassen, diese Devisen nach Deutschland zurückzuführen. Im Dezember 1922 schlug Cuno dagegen ein Reparationsmoratorium von fünf Jahren vor, eine Anleihe an Deutschland zur Sanierung seiner Währung und einen Vertrag mit Frankreich und anderen am Rhein interessierten Staaten, daß für die Dauer von dreißig Jahren kein Krieg ohne vorherige Volksbefragung erklärt werden dürfe. Der Vorschlag wurde abgelehnt. Poincaré beharrte auf Zahlung und drohte damit, daß Frankreich sich „produktive Pfänder" nehmen, also das Ruhrgebiet besetzen und für sich ausbeuten werde. Im Krieg hatte die deutsche Schwerindustrie nach dem Erzbecken von Briey und Longwy verlangt, jetzt forderte die französische Schwerindustrie die Kohlenbecken des Ruhrgebietes.

Seit August 1922 genoß Deutschland zwar einen Aufschub der Barzahlungen, doch hatte es weiterhin umfangreiche Mengen an Sachgütern zu liefern, darunter auch hölzerne

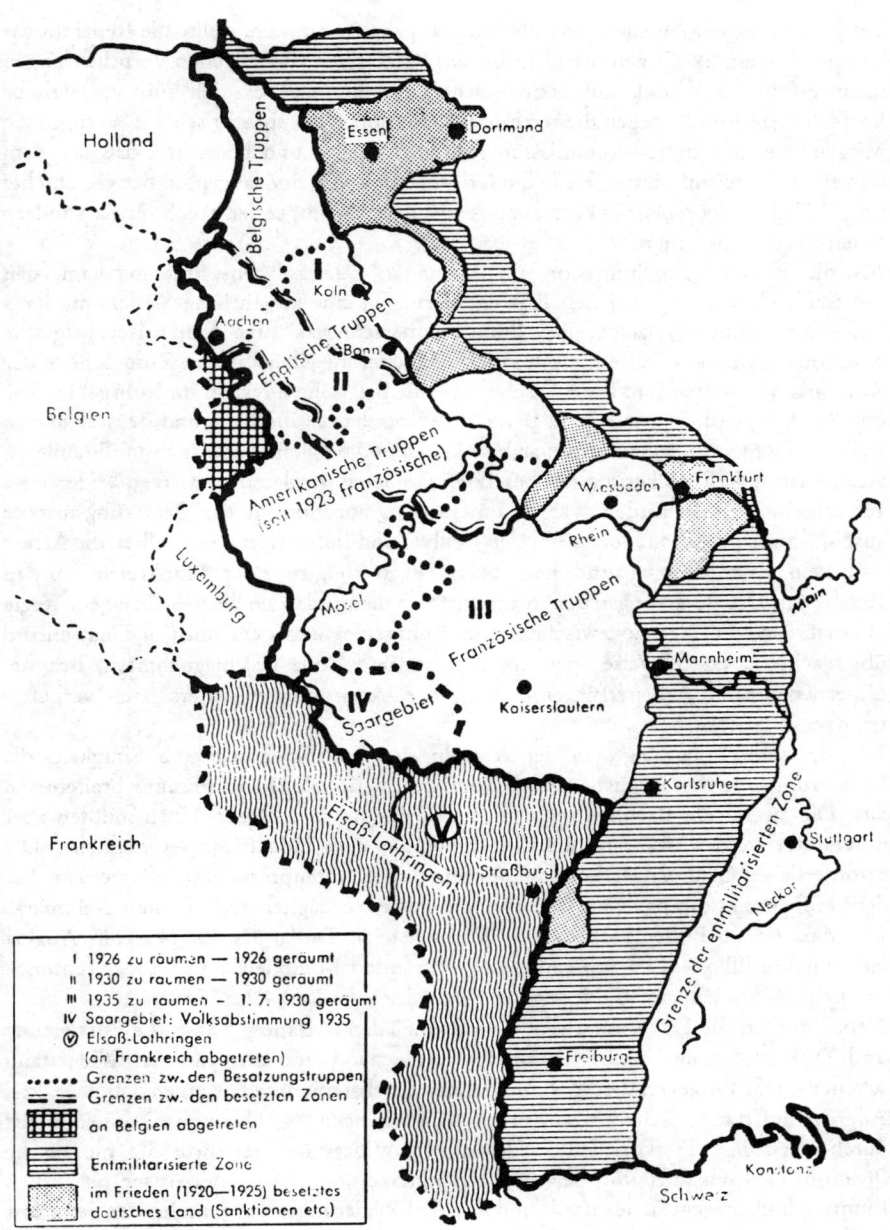

Besetzte Gebiete

Telegrafenstangen. Als diese unvollständig abgeliefert wurden, stellte die Reparationskommission am 28. Dezember fest, daß das Reich seine vertraglichen Verpflichtungen nicht erfüllt habe und, auf französischen Antrag, daß es sich um vorsätzliche Verfehlungen handle, gegen die territoriale Sanktionen angebracht seien. Das englische Mitglied der Reparationskommission stimmte dagegen und bemerkte, daß seit dem hölzernen Pferd, mit dessen Hilfe die Griechen in Troja eindrangen, in der Geschichte kein ähnlicher Gebrauch des Holzes zu verzeichnen sei; nur sei jetzt nicht Troja, sondern Essen das Ziel des Angriffs.

Als die Reparationskommission am 9. Januar 1923 zu dem Ergebnis kam, daß Deutschland sich auch bei den Kohlenlieferungen eine absichtliche Verfehlung habe zuschulden kommen lassen, ließ Poincaré marschieren. Eine französisch-belgische Kontrollkommission sollte die pünktliche Ablieferung überwachen. Zum Schutz der Kommission rückten fünf französische und eine belgische Division im Ruhrgebiet ein. Die Reichsregierung protestierte, berief ihre Botschafter aus Paris und Brüssel ab und stellte alle Reparationslieferungen an Frankreich und Belgien, später auch an alle anderen Staaten ein. Die Bevölkerung des besetzten Gebietes wurde zum passiven Widerstand aufgerufen. Den Behörden war es untersagt, Anordnungen der Besatzungsmächte auszuführen; die Arbeiter der besetzten Gruben und Industriegebiete stellten die Arbeit ein; kein Eisenbahnzug und kein Schiff nach Belgien oder Frankreich wurden abgefertigt. Die Besatzungstruppen antworteten damit, daß sie Betriebe in eigene Regie übernahmen, die Grenze zwischen dem Ruhrgebiet und dem übrigen Deutschland überwachten und teilweise sperrten, Steuern und Zölle beschlagnahmten, Beamte, Unternehmer und Arbeiterführer, die sich ihren Anordnungen widersetzten, verhafteten oder auswiesen.

Das deutsche Volk zeigte in der Abwehr der Ruhrbesetzung eine Einigkeit, die Erinnerungen an den August 1914 wachrief. Eine nationale Hochstimmung breitete sich aus. Die streikende Bevölkerung und die in das Reich Ausgewiesenen mußten aber unterstützt werden, während die Einnahmen aus dem Industriegebiet wegfielen. Die erforderlichen Geldmengen konnten nur mittels der Notenpresse beschafft werden. Auf dem Höhepunkt des passiven Widerstandes kostete er täglich 40 Millionen Goldmark. Die Mark fiel ins Bodenlose: Im Juli 1923 kostete ein Dollar 350 000 Mark, im August viereinhalb Millionen, im September fast einhundert Millionen, im Oktober fünfundzwanzig Milliarden, am 15. November (Ende der Inflation) 4,2 Billionen.

Neben der auf die Dauer unerträglichen finanziellen Belastung war es die Entwertung und Diskreditierung durch den aktiven Widerstand, die den passiven Widerstand scheitern ließ. Entgegen den Mahnungen der Reichsregierung begannen Sabotageakte, Angriffe auf französische Posten, Brückensprengungen und ähnliche Aktionen, meist durch ehemalige Freikorpsleute. Der aktive Widerstand zerstörte die moralische Position Deutschlands vor der Weltöffentlichkeit, die den französisch-belgischen Einmarsch überwiegend verurteilt und von den Regierungen ein Einschreiten gefordert hatte.

Die Lage im Ruhrgebiet wurde immer unerträglicher. Die Bilanz des Widerstandes war:

132 Tote, elf Todesurteile, eins davon vollstreckt, fünf Verurteilungen zu lebenslänglichem Zuchthaus, zahllose Freiheits- und Geldstrafen, Ausweisungvon 150 000 Deutschen, 3,5 Milliarden Goldmark Mindestschaden der deutschen Volkswirtschaft, Hunger und Elend der Bevölkerung. Am 12. August trat die Regierung Cuno zurück. Stresemann bildete eine Regierung der Großen Koalition, von der SPD bis zur DVP. Er übernahm auch das Außenministerium, Finanzminister wurde Rudolf Hilferding (SPD). Stresemann war entschlossen, das Verhältnis Deutschlands zu seinen ehemaligen Gegnern auf eine neue Grundlage zu stellen und – als Voraussetzung dafür – den Ruhrkampf abzubrechen. Am 26. September verkündeten Reichspräsident und Reichsregierung die Einstellung des passiven Widerstandes. Stresemann begründete diesen Entschluß im Reichstag am 3. Oktober:

„Der Mut, die Aufgabe des passiven Widerstandes verantwortlich auf sich zu nehmen, ist vielleicht mehr national als die Phrasen, mit denen dagegen angekämpft wurde. Ich war mir bewußt, daß ich in dem Augenblick, wo ich das tat, als Führer meiner Partei, die nach einer ganz anderen Richtung eingestellt war, damit nicht nur vielleicht die eigene politische Stellung in der Partei, ja das Leben aufs Spiel setzte. Aber was fehlt uns im deutschen Volke? Es fehlt der Mut zur Verantwortlichkeit.“[170]) Die Rechtsparteien waren entrüstet über Stresemanns „Kapitulation" und verfolgten ihn, gerade weil er selbst aus dem nationalen Lager kam, mit wütendem Haß. Offen wurden Pläne für einen gewaltsamen Umsturz erörtert. Gleichzeitig wurden die Kommunisten aktiv, die wegen der wirtschaftlichen Not und der Aktivität von rechts mit einem Zusammenbruch der Regierungsgewalt rechneten. Sie begannen, den bewaffneten Aufstand vorzubereiten. Die kommunistische Aktivität in Mittel- und Norddeutschland wiederum diente den rechtsradikalen Kräften in Bayern als Vorwand für ihre Pläne zur Errichtung einer nationalen Diktatur. In Bayern amtierten seit der Niederschlagung der Räterepublik 1919 Regierungen, die den Rechtsradikalismus duldeten und seinen Anhängern eine Zuflucht boten, wenn sie im übrigen Reich steckbrieflich gesucht wurden. Die „nationalen Verbände", die Nachfolgeorganisationen der Freikorps, konnten sich ungehindert entfalten. In der letzten Zeit hatte Adolf Hitler, Führer der radikal nationalistischen und antisemitischen Nationalsozialistischen Deutschen Arbeiterpartei (NSDAP), die Führung der Verbände in München an sich gerissen. Ihm schloß sich auch General Ludendorff an.

Am 26. September verkündete die bayerische Regierung den Ausnahmezustand und ernannte den Regierungspräsidenten von Oberbayern, Gustav von Kahr, zum „Generalstaatskommissar" und Inhaber der vollziehenden Gewalt mit diktatorischen Befugnissen. Kahr war Anhänger der Monarchie und wollte sie in Bayern wieder einführen, möglicherweise unter Trennung vom übrigen Reich. Sofort verkündete Reichspräsident Ebert den Ausnahmezustand für das Reich und übertrug die vollziehende Gewalt an Reichswehrminister Geßler. Kahr begann in Bayern, linksgerichtete Zeitungen und Verbände zu unterdrücken. Als aber Geßler am 19. Oktober den bayerischen Reichswehrkommandeur General von Lossow anwies, den „Völkischen Beobachter", die Zeitung der NSDAP, wegen Beleidigung der Reichsregierung zu verbieten, verweigerte Lossow den Befehl. Geßler setzte ihn ab, aber Kahr setzte ihn wieder ein, machte den bayerischen Teil der Reichswehr selbständig und nahm ihn für die bayerische Regierung in Pflicht. Das war Meuterei und Hochverrat. Geßler und Seeckt warteten jedoch ab und vermieden den offenen Konflikt, weil die Reichswehr den Bruch mit den rechtsgerichteten Kräften in Bayern vermeiden wollte.

Die Lage spitzte sich zu. Am 1. Oktober putschten Teile der Schwarzen Reichswehr in Küstrin unter einem Major Buchrucker. Als die Reichswehr nicht mitmachte, brach das Unternehmen schnell zusammen.

Zur Abwehr der rechtsradikalen Angriffe auf die Republik — in Bayern sprach man vom „Marsch auf Berlin" — traten Mitte Oktober Kommunisten in die Landsregierungen von Sachsen und Thüringen ein und bildeten Koalitionen mit der SPD. Beide Regierungen begannen, Arbeiter in „Proletarischen Hundertschaften" zu bewaffnen, was den Widerspruch der Reichswehr hervorrief. Als der sächsische Ministerpräsident Angaben über die Schwarze Reichswehr an die Öffentlichkeit brachte, schlug Seeckt dem Reichspräsidenten ein bewaffnetes Einschreiten vor, unter anderem mit der Begründung, daß vor einem Einmarsch in Bayern erst die proletarischen Hundertschaften im Rücken der Truppe beseitigt werden müßten. Ende Oktober besetzte die Reichswehr Sachsen und Thüringen und setzte die sächsische Regierung ab. In Thüringen schieden die kommunistischen Minister aus. Gegen Bayern erfolgte nichts.

Gleichzeitig brach der kommunistische Aufstand, der kurzfristig abgesagt worden war, infolge eines Mißverständnisses am 22. Oktober nur in Hamburg aus und wurde von der Polizei blutig niedergeschlagen.

Die unterschiedliche Behandlung von widerspenstigen Länderregierungen in Sachsen und Thüringen, wo Linksregierungen gewaltsam beseitigt wurden, und in Bayern, wo gegen eine Rechtsregierung nichts unternommen wurde, veranlaßte die sozialdemokratischen Reichsminister am 2. November, aus der Regierung auszuscheiden. Die Große Koalition war zerbrochen. Stresemann blieb im Amt, aber die Gerüchte über einen bevorstehenden Umsturz, über ein „Direktorium" mit dem General von Seeckt oder eine andere rechtsgerichtete Diktatur, verstärkten sich.

Kahr in Bayern zögerte noch, Hitler aber drängte zur Tat. Als Kahr am Abend des 8. November im Münchner Löwenbräu in einer Versammlung sprach, drang Hitler mit bewaffneten Anhängern in den Saal ein, feuerte einen Schuß gegen die Decke und proklamierte die nationale Revolution und die Absetzung der Reichsregierung. Kahr und die anwesenden Regierungsmitglieder nötigte er in einen Nebenraum, wo er sie mit vorgehaltener Pistole zwang, sich ihm anzuschließen. Eine Revolution unter Führung des kleinen Demagogen Hitler war allerdings nicht das, was Kahr und Lossow wollten. Sobald sie wieder frei waren, widerriefen sie ihre Zustimmung und alarmierten Reichswehr und Landespolizei. Seeckt, dem Ebert in der Nacht vom 8. zum 9. November die vollziehende Gewalt übertrug, erließ am 9. einen Aufruf:

Eingriffe Unbefugter in die Ordnung des Reiches und der Länder wird die Reichswehr unter meiner Führung mit Nachdruck zurückweisen, von welcher Seite sie auch kommen

Proklamation

an das deutsche Volk!

Die Regierung der November=
verbrecher in Berlin ist heute
für abgesetzt erklärt worden.

Eine provisorische deutsche
National-Regierung
ist gebildet worden.

Diese besteht aus

General Ludendorff, Adolf Hitler
General von Lossow, Oberst von Seisser

128

mögen.[171]) Gewaltsamen Bruch der Verfassung durch einzelne Abenteurer, mochten sie sich noch so national gebärden, unterstützte die Reichswehr nicht.

Am Morgen des 9. November sah Hitler seine einzige Chance darin, durch eine Demonstration das Volk auf seine Seite zu bringen, und zog an der Spitze seiner bewaffneten Anhänger durch München. Am Odeonsplatz, vor der Feldherrnhalle, trat ihnen Landespolizei entgegen. Eine Gewehrsalve genügte, um Hitlers Zug auseinanderzutreiben. Hitler floh und wurde zwei Tage später im Kleiderschrank eines Landhauses von der Polizei entdeckt. Ludendorff marschierte weiter und ließ sich verhaften.

Unmittelbar danach wurde eine weitere Gefahr beseitigt, die das Reich bedrohte. Im Rheinland und in der Pfalz waren, mit Duldung oder auf Initiative der französischen Besatzungstruppen, separatistische Bewegungen entstanden, die selbständige Republiken unter dem Schutz Frankreichs errichten wollten. Die Separatisten erhoben sich im Oktober im ganzen französischen und belgischen Besatzungsgebiet gegen die deutschen Behörden und riefen in Aachen und in Koblenz eine „Rheinische Republik", am 12. November in Speyer eine „Pfälzische Republik" aus. Da die deutsche Polizei von den Besatzungsmächten gehindert wurde, griff die Bevölkerung zur Selbsthilfe. Mit behelfsmäßigen Waffen ausgerüstet, vernichtete sie am 15. und 16. November in einer förmlichen Schlacht im Siebengebirge die rheinischen Separatisten. Ähnlich ging es den Separatisten in der Pfalz im Januar und Februar 1924.

Als letzte der schweren Belastungen des Jahres 1923 blieb die Inflation. Stresemann versprach bei seiner Regierungsübernahme, die Mark zu stabilisieren. Reichsfinanzminister Hilferding und der deutschnationale Abgeordnete Helfferich legten Vorschläge vor. Die Regierung begann mit vorbereiteten Maßnahmen: Am 18. September beschloß sie, die Notenpresse stillzulegen und eine Zwischenwährung einzuführen. Am 26. September wurde — als notwendige Voraussetzung hierfür — der Ruhrkampf abgebrochen. Am 13. Oktober beschloß der Reichstag mit Zweidrittelmehrheit ein Ermächtigungsgesetz, das der Regierung erlaubte, ohne Befragung des Parlaments wirtschaftliche Gesetze zu erlassen, in der damaligen Situation eine zweckmäßige Maßnahme, aber ein verhängnisvolles Präjudiz für später. Die Staatsausgaben wurden rigoros beschnitten. Am 16. Oktober wurde die Deutsche Rentenbank errichtet, die eine Zwischenwährung, die Rentenmark, ausgeben sollte. Der gesamte Grundbesitz, Handel und Industrie wurden mit einer Hypothek im Wert von 3 200 Millionen Rentenmark belastet. Dafür gab die Bank 2 400 Millionen Rentenmarknoten aus, zur Hälfte an die Reichsregierung, zur Hälfte an Banken, die das Geld als Kredite an die Wirtschaft weitergaben. Mit dieser sehr knapp bemessenen Summe mußten Staat und Wirtschaft hinfort auskommen. Am 15. November wurde der Kurs der Papiermark auf dem Stand von 4,2 Billionen für einen Dollar zwangsweise fixiert. Eine Billion Papiermark war jetzt gleich einer Goldmark und einer Rentenmark. Im nächsten Jahr wurde diese dann durch die Reichsmark abgelöst, die wieder durch Gold und wertbeständige Devisen gedeckt war.

Der Nachfolger des zurückgetretenen Hilferding als Reichsfinanzminister, Hans Luther (parteilos), und der Direktor der Darmstädter und Nationalbank, Hjalmar Schacht, der am 12. November zum Währungskommissar ernannt worden war und im Dezember

Präsident der Reichsbank wurde, hielten konsequent an der Deflationspolitik und an der Beschränkung des Zahlungsmittelumlaufs fest, auch als das Reich den ihm zur Verfügung stehenden Betrag schon nach kurzer Zeit aufgebraucht hatte. Anstatt wieder die Notenpresse in Bewegung zu setzen, wurden lieber die härtesten Sparmaßnahmen (neue Steuern, Beamtenabbau, Kürzung der Gehälter) in Kauf genommen. Diese Maßnahmen und die Tatsache, daß das Volk Vertrauen zur neuen Währung faßte, ließen das „Wunder der Rentenmark" glücken. Der Wert des Geldes und die Preise blieben stabil, das Wirtschaftsleben normalisierte sich. Allerdings war das Geld äußerst knapp geworden, der Lebensstandard war niedrig. Nachdem die hektische Wirtschaftsbelebung der Inflation vorüber war, mußten viele Betriebe schließen, die Arbeitslosigkeit wuchs sprunghaft. Dennoch war die Stabilisierung der Mark die Voraussetzung für die Wirtschaftsblüte der späteren zwanziger Jahre.

Um das Verdienst an der Stabilisierung begann alsbald ein heftiger Streit. Gegenüber den Ansprüchen einzelner Beteiligter, die sich das alleinige Verdienst zuschreiben möchten, muß betont werden, daß die Stabilisierung nicht das Werk eines einzelnen war. Die angewandte Methode war eine Kombination der Pläne Hilferdings und Helfferichs. Luthers Initiative setzte die Pläne in die Tat um. Schacht überwachte ihre Ausführung. Alles wäre nicht möglich gewesen ohne den Mut Stresemanns zu dem höchst unpopulären Entschluß, den Ruhrkampf abzubrechen.

Stresemann konnte die Früchte seiner Politik nicht mehr ernten. Die Unzufriedenheit hatte sowohl bei den Deutschnationalen — wegen des Abbruchs des Ruhrkampfes — wie bei der SPD — wegen des unterschiedlichen Vorgehens gegen Bayern und Sachsen/ Thüringen — einen solchen Grad erreicht, daß er am 23. November durch ein Mißtrauensvotum des Reichstages gestürzt wurde. Ebert empfand das Verhalten seiner Parteifreunde als töricht und sagte ihnen: „Was euch veranlaßt, den Kanzler zu stürzen, ist in sechs Wochen vergessen, aber die Folgen eurer Dummheit werdet ihr noch zehn Jahre spüren."[172])

Nach schwierigen Verhandlungen wurde Wilhelm Marx (Zentrum) Reichskanzler. Das Kabinett blieb im übrigen fast unverändert, Stresemann gehörte ihm als Außenminister an. Auch diese Regierung hatte keine Mehrheit im Reichstag und mußte von der SPD toleriert werden.

Damit ging das Jahr 1923 zu Ende. Am 31. Dezember schrieb Botschafter d'Abernon in sein Tagebuch:

Nun geht das Krisenjahr zu Ende. Die inneren und äußeren Gefahren waren so groß, daß sie Deutschlands ganze Zukunft bedrohten. Eine bloße Aufzählung der Prüfungen, die das Land zu bestehen hatte, wird einen Begriff davon geben, wie schwer die Gefahr, wie ernst der Sturm war.

In den zwölf Monaten von Januar bis heute hat Deutschland die folgenden Gefahren überstanden:

Die Ruhrinvasion;

den kommunistischen Aufstand in Sachsen und Thüringen;

den Hitler-Putsch in Bayern;

eine Wirtschaftskrise ohnegleichen;
die separatistische Bewegung im Rheinland.
Jeder dieser Gefahrenmomente, falls er nicht abgewendet worden wäre, hätte jede
Hoffnung auf eine allgemeine Befriedung vernichtet. Politische Führer in Deutschland
sind nicht gewohnt, daß ihnen die Öffentlichkeit Lorbeeren spendet, und doch haben
diejenigen, die das Land durch diese Gefahren hindurchgesteuert haben, mehr Anerken-
nung verdient, als ihnen zuteil werden wird.[173])

Dawes-Plan und Tod des Reichspräsidenten

Das Reich war gerettet. Der militante Radikalismus von rechts und links war geschlagen
und − jedenfalls für die nächste Zeit − aktionsunfähig. Die Reichseinheit war bewahrt.
Die Währung war stabil, die Grundlage für den wirtschaftlichen Wiederaufstieg gelegt.
Auch in der Außenpolitik, wo vor allem das Reparationsproblem noch ungelöst war, trat
eine Wendung ein. Stresemann sprach von einem „Silberstreifen am sonst düsteren
Horizont".
Die Hoffnung gründete sich vor allem darauf, daß die USA in die europäische Politik
zurückkehrten. Sie hatten abgewartet, bis die Krise in Europa von den Europäern allein
nicht mehr gelöst werden konnte, und begannen nun, ihre langfristigen Ziele zu
verwirklichen: Für ihre (vor allem während des Krieges) gewaltig gesteigerten Produk-
tionskapazitäten brauchten sie Märkte zum Export von Waren und Kapital. Deutschland, das beides benötigte, war das ideale Eingangstor für die amerikanische wirtschaftliche Expansion in Europa. Ein Wiederaufbau des Kontinents schien ihnen ohne das
deutsche Potential nicht möglich zu sein: *Während der stürmischen industriellen*
Entwicklung in Europa vor dem Krieg wurde Deutschland zum Zentrum, und die
Wiedergesundung Europas und sein künftiger Wohlstand hängen ab von der Wiederge-
sundung Deutschlands.[174])
Gleichzeitig wollten die USA Großbritannien aus seiner Position als führende Handels-
macht der Welt und das Pfund Sterling als Leitwährung durch den Dollar verdrängen.
Für eine solche – kapitalistische – weltwirtschaftliche Ordnung unter der Führung der
USA schließlich galt die Sowjetunion als gefährlichster Gegner. Darum durfte Deutschland, das Bollwerk gegen die Ausbreitung des Bolschewismus, nicht zu sehr geschwächt
und nicht durch überspitzte Forderungen der Siegermächte zum Radikalismus getrieben
werden.
Voraussetzung für ein amerikanisches Engagement in Deutschland war, daß es Importe
bezahlen konnte und für Anleihen und Investitionen ausreichende Sicherheit bot. Das
setzte die Lösung des Reparationsproblems voraus. Das erste Ziel der amerikanischen
Politik war infolgedessen, die Reparationen zu „kommerzialisieren", die Zahlungen
nach der wirtschaftlichen Leistungsfähigkeit Deutschlands, nicht nach politischen
Vorgaben, zu bemessen. Für diesen Fall waren die USA bereit, das Kapital, das
Deutschland für den Wiederaufbau seiner Wirtschaft benötigte, als Anleihen zur

Verfügung zu stellen. Nachdem England und Frankreich bisher eine solche Politik abgelehnt hatten, veränderten das offensichtliche Dilemma der französischen Ruhrpolitik und eine Neuwahl in England, die zum ersten Mal der Labour Party und den Liberalen die Mehrheit brachte und zur Regierungsbildung unter Ramsay Macdonald führte, die Situation. England unterstützte den amerikanischen Plan, eine Konferenz unabhängiger Sachverständiger einzuberufen, die Deutschlands Zahlungsfähigkeit und die Möglichkeiten zur Übertragung der Reparationen in die Gläubigerländer (Transfer) untersuchen sollten. Frankreich blieb nichts anderes übrig als zuzustimmen.

In Deutschland wurde die Chance, die sich aus der neuerlichen Hinwendung der USA zu Europa ergab, gesehen und genutzt. Schon im August 1919 hatte eine Denkschrift aus dem Reichswirtschaftsministerium festgestellt, daß Deutschlands wirtschaftlicher Wiederaufstieg am besten mit Hilfe amerikanischen Kapitals zu bewerkstelligen sei, da nur die USA die erforderlichen Kredite zur Verfügung stellen könnten und die Amerikaner so am Erstarken Deutschlands unmittelbar interessiert würden. Der amerikanische Einfluß auf die deutsche Wirtschaft müsse zunächst hingenommen werden. *In einer späteren Blüteperiode werde dann die Aufgabe zu lösen sein, Deutschland aus der finanziellen Abhängigkeit vom Ausland wieder zu befreien.*[175])

Das blieb die Grundlinie der deutschen Außenpolitik von Brockdorff-Rantzau bis Brüning. Stresemann folgte dieser Linie, ohne allerdings den zweiten Teil auszusprechen, als er am 23. August 1924 vor dem Reichstag sagte:

„Ein an Deutschland, an dem Deutschen Reich durch diese Anleihe (die Dawes-Anleihe) und ein an der deutschen Wirtschaft durch Privatkredite interessiertes Amerika wird in Zukunft die Entwicklung der deutschen Wirtschaft mit ganz anderen Augen betrachten, als wenn die Welt an uns uninteressiert wäre."[176])

Die Reparationskommission hatte Ende 1923 zwei Sachverständigenkommissionen berufen, die eine unter dem amerikanischen General und Finanzmann Charles G. Dawes. Da das auszuarbeitende Finanz- und Wirtschaftsprogramm von der Gewährung einer internationalen Anleihe, im wesentlichen mit amerikanischen Geldern, und von der Bereitschaft der USA zu weiteren Anleihen abhing, dominierte der amerikanische Einfluß in den Kommissionen. Eine Bedingung war, daß Deutschland als wirtschaftliche Einheit betrachtet, daß also die französische Herrschaft über das Ruhrgebiet aufgehoben wurde. Nicht der passive und schon gar nicht der aktive Widerstand der deutschen Bevölkerung, sondern das finanzielle Interesse der USA beendete letztlich die Ruhrbesetzung.

Noch sträubte sich Frankreich. Aufgrund des Berichts der Sachverständigenkommissionen begann am 19. Juli 1924 eine internationale Konferenz in London. Am 5. August wurden deutsche Vertreter — Reichskanzler Marx und Außenminister Stresemann — hinzugezogen. Die Deutschen verlangten, daß — was in der Tagesordnung nicht vorgesehen war — auch über die Räumung des Ruhrgebietes verhandelt würde, und machten hiervon ihre Zustimmung zum Reparationsabkommen abhängig. Über ein Gespräch zwischen Stresemann und Herriot, der im Juni 1924 Poincaré als französischer Ministerpräsident abgelöst hatte und der im Gegensatz zu diesem einer Politik des

Ausgleichs zuneigte, berichtet der deutsche Dolmetscher Paul Schmidt:

„Gerade Sie als alterfahrener Parlamentarier, Herr Herriot, werden verstehen", erklärte Stresemann, „daß ich unmöglich vor den Reichstag hintreten kann, um ihm die Annahme des Dawes-Abkommens zu empfehlen, ohne daß über den Hauptpunkt, der die Gemüter in Deutschland seit Anfang des vergangenen Jahres bewegt, die Ruhrfrage und ihre Liquidation, etwas von mir gesagt wird."

Herriot stellte den deutschen innenpolitischen Schwierigkeiten Stresemanns die Opposition im eigenen Lager, in der französischen Kammer und sogar in der eigenen Regierung, besonders von seiten des französischen Kriegsministers, entgegen. „Ich habe überhaupt nur an der Londoner Konferenz teilnehmen können", fügte Herriot temperamentvoll hinzu, „weil ich in der Kammer und im Senat versprach, daß hier in London von der Ruhr und von politischen Dingen nicht gesprochen würde. Es sollte nur ein Beschluß über die Durchführung des Dawes-Planes gefaßt werden."

„Eine eigenartige Konferenz, auf der vom Thema nicht gesprochen werden darf", warf Stresemann sarkastisch ein. Herriot: „Die unausbleibliche Folge wäre der Sturz meiner Regierung. Und damit wäre der Sache des Friedens und der Verständigung zwischen Frankreich und Deutschland ein schlechter Dienst geleistet, denn mein Nachfolger wäre entweder Poincaré, der schon jetzt eifrig gegen mich arbeitet, oder ein anderer, ihm geistesverwandter Politiker der Rechten."[177])

Schließlich versprach Herriot, nach Paris zu fahren und dort zu versuchen, die Zustimmung zur Räumung des Ruhrgebietes zu erreichen. Unter amerikanischem Einfluß gab die französische Regierung ihre Zustimmung, allerdings zur Räumung erst nach einem Jahr, worauf Stresemann durchsetzte, daß die Räumung sofort beginnen und spätestens in einem Jahr abgeschlossen sein sollte. Damit war die Konferenz gerettet. Der britische Premierminister sagte in seiner Schlußansprache:

„Wir haben versucht, einander so weit entgegenzukommen, als es die öffentliche Meinung der verschiedenen Länder uns gestattete. Dieses Abkommen kann als der erste Friedensvertrag angesehen werden, weil wir es unterzeichneten mit dem Gefühl, daß wir den furchtbaren Kriegsjahren und der Kriegsgesinnung den Rücken gekehrt haben."[178])

Das Dawes-Abkommen war ein umfangreiches Vertragswerk, in dem allerdings noch keine endgültige Summe der Reparationen genannt wurde, weil durch Erfahrung festgestellt werden sollte, wieviel Deutschland zahlen könne. Die Zahlungen sollten von einer Milliarde Goldmark im ersten Jahr auf 2,5 Milliarden im fünften Jahr ansteigen und dann mindestens auf dieser Höhe bleiben, zuzüglich eines Zuschlags je nach dem Wohlstand Deutschlands. Die Zahlungen sollten aus ordentlichen Haushaltsmitteln des Reiches erfolgen sowie durch Tilgung einer Schuld von 11 Milliarden, die der Reichsbahn, und 5 Milliarden, die der deutschen Industrie auferlegt wurden. Die Reichsbahn wurde als selbständige Gesellschaft organisiert, in deren Verwaltungsrat die Reparationsgläubiger gleichberechtigt mit dem Reich vertreten waren. Den Transfer nahm ein Reparationsagent vor, der dafür sorgen mußte, daß die deutsche Währung nicht gefährdet wurde. Deutschland erhielt eine Anleihe von 800 Millionen Goldmark, um die Zahlungen des ersten Jahres zu finanzieren und als Golddeckung für seine

Währung, die durch eine Goldnotenbank unter ausländischer Kontrolle gesichert wurde. Das Dawes-Abkommen enthielt wesentliche Erleichterungen, indem es geringere Jahresraten als bisher vorsah und indem es Sanktionen praktisch unmöglich machte. Andererseits sah es tiefe Eingriffe in die deutsche Souveränität vor. Dies machte es den Rechtsparteien leicht, gegen den Vertrag Sturm zu laufen.

Hinzu kamen Auseinandersetzungen um die Steuer-Notverordnungen, die die Regierung zur Überwindung der Inflation erlassen hatte. Als der Reichstag die Aufhebung einer solchen Verordnung verlangte, ließ die Regierung ihn im März 1924 auflösen. Hier begann ein verhängnisvoller Kreislauf: Die zur Deckung des Haushalts erforderlichen Steuern werden von der Regierung (genauer: vom Reichspräsidenten auf Vorschlag der Regierung) als Notverordnung aufgrund des Artikels 48 der Verfassung erlassen. Der Reichstag hebt die Verordnung auf, die Regierung löst den Reichstag auf und erläßt die Verordnung neu. So gewöhnt sich der Reichstag daran, die Lösung schwieriger finanzieller Probleme allein der Exekutive zu überlassen.

Die Neuwahl vom 4. Mai brachte Verluste der Mittelparteien und ein Anwachsen der Gegner der Republik von rechts und links. Die Zahl der kommunistischen Abgeordneten stieg auf 62. Zum erstenmal zogen Nationalsozialisten in den Reichstag ein, die als „Deutschvölkische Freiheitspartei" 32 Sitze erhielten. Die DNVP erhielt 95 Mandate, die SPD nur noch 100. DVP, BVP und DDP verloren zahlreiche Sitze.

Die wichtigste Aufgabe des neuen Reichstages war die Beschlußfassung über die Gesetze, die zur Ausführung des Dawes-Abkommen erforderlich waren und von denen eines (Reichsbahngesetz) die verfassungsändernde Mehrheit erforderte. Schließlich stimmte auch etwa die Hälfte der Deutschnationalen zu, als die Gesetze am 29. August angenommen wurden. Am 1. September trat der Dawes-Plan in Kraft. Schon vorher hatte Frankreich mit der Räumung des besetzten Gebietes begonnen.

Der Reichstag wurde bald beschlußunfähig und Ende des Jahres zum zweiten Mal aufgelöst. Die Neuwahl fand am 7. Dezember 1924 statt und ergab größere Verluste der radikalen Parteien und eine Zunahme der SPD. Die Erfolge in der Außenpolitik und die Besserung der wirtschaftlichen Verhältnisse hatten sich offensichtlich zugunsten der demokratischen Parteien ausgewirkt. Es erhielten:

SPD	26,0 % der Stimmen	131 Abgeordnete
DNVP	20,5 % der Stimmen	103 Abgeordnete
Zentrum	13,6 % der Stimmen	69 Abgeordnete
DVP	10,1 % der Stimmen	51 Abgeordnete
KPD	9,0 % der Stimmen	45 Abgeordnete
DDP	6,3 % der Stimmen	32 Abgeordnete
BVP	3,7 % der Stimmen	19 Abgeordnete
NS Freiheitsbewegung	3,0 % der Stimmen	14 Abgeordnete

Eine neue Regierung kam erst im Januar 1925 zustande. Zum erstenmal waren die Deutschnationalen, nachdem sie ihre Loyalität gegenüber der Verfassung ausdrücklich zugesagt hatten, in einer Regierung vertreten. Reichskanzler wurde der bisherige Finanzminister Luther (parteilos), neben ihm standen Minister aus der DNVP, der DVP und dem Zentrum, also einer Koalition von der Mitte bis zur Rechten. Stresemann blieb Außenminister.

Das Jahr 1924 brachte nicht nur Unruhe durch zwei Reichstagswahlen, sondern auch beschämende Beispiele für das Wirken einer politischen Justiz übelster Form. Die Hochverräter vom 9. November 1923, Hitler, Ludendorff und ihre Anhänger, wurden von einem bayerischen Gericht mit äußerster Milde behandelt. Hitler erhielt Gelegenheit zu heftigen Ausfällen gegen die Weimarer Republik und wurde nur zur Mindeststrafe von fünf Jahren Festungshaft (mit Bewährungsfrist nach sechs Monaten) verurteilt. Ludendorff wurde freigesprochen.

Das Gegenstück zum Hitler-Prozeß war ein Verfahren, das Reichspräsident Ebert gegen einen Redakteur der rechtsradikalen „Mitteldeutschen Presse" anstrengen mußte, weil dieser behauptet hatte, daß Ebert ein Landesverräter wäre, da er für den Munitionsarbeiterstreik vom Januar 1918 mitverantwortlich sei. Das Magdeburger Amtsgericht verurteilte den Redakteur nur wegen formaler Beleidigung, nicht wegen Verleumdung, weil, wie der Richter in der Urteilsbegründung ausführte, Ebert strafrechtlich gesehen tatsächlich Landesverrat begangen habe.

Dieses Fehlurteil entfachte ein Triumphgeschrei auf der Rechten. Der überwiegende und bessere Teil des Volkes drückte seine Entrüstung über das Urteil und seine Hochachtung für Ebert aus, die *um das Vaterland in all seinem Unglück hochverdiente Persönlichkeit an der Spitze des Reiches.*[179]) (Adresse von H. Delbrück, W. Götz, Th. Heuss und Helene Lange).

Es war nicht der einzige Prozeß, den Ebert führen mußte. In rund 150 Fällen mußte er Strafantrag stellen, nicht um seiner Person willen, sondern um die Ehre des Staatsoberhauptes zu wahren. Als er an Blinddarmentzündung erkrankte und die Ärzte ihm dringend zur Operation rieten, weigerte er sich, weil er erst das Berufungsverfahren im Magdeburger Prozeß abwarten wollte und ein anderes Verfahren im sogenannten Barmat-Skandal — angebliche Kreditschiebungen eines Kaufmanns Barmat —, in das er hineingezogen worden war. Im Februar 1925 besuchte Noske seinen alten Freund Friedrich Ebert. Er sah, wie sehr dieser unter Schmerzen litt, und drängte ihn, sofort in die Klinik zu gehen. Ebert antwortete:

„Es geht nicht, ich muß um meine Ehre kämpfen. Oder nein — um die Ehre des Staatsoberhauptes. Weißt du, was heute vor sich geht? Im Barmat-Ausschuß wollen sie heute feststellen, ob ich Beziehungen zu einer Maschinenschreiberin meines Büros gehabt habe."[180])

Ebert verschob die Operation, bis es zu spät war. Am 28. Februar 1925 starb er an einer Bauchfellentzündung, vorzeitig, im Alter von 54 Jahren.

Stresemann schrieb „*Dem Reichspräsidenten zum Gedächtnis*":
Der Tod des ersten deutschen Reichspräsidenten reißt eine Lücke, von der bis heute niemand weiß, wie sie ausgefüllt werden soll. Dabei denke ich nicht in erster Linie an das Amt des Reichspräsidenten. Der verstorbene Reichspräsident hat nie ein Hehl daraus

gemacht, daß er nicht beabsichtigte, sich noch einmal zur Wahl zu stellen. Auch wer deshalb wußte, daß der nächste Reichspräsident einen anderen Namen tragen würde als denjenigen Friedrich Eberts, vermißt es schmerzlich, die Persönlichkeit nicht mehr vor sich zu sehen, die berufen war, auch in Zukunft gerade auf dem Gebiet des Ausgleichs der Volksgegensätze zu wirken.

Man hat das Wort „national" in die Parteinamen eingeführt und manchmal auch in den Parteikampf. Wenn man von diesem Kampf der Parteien absieht und sich auf den Standpunkt stellt, daß derjenige vaterländisch ist, der sein Bestes gibt, um dem Vaterlande zu dienen, dann ist der Reichspräsident sicherlich eine durch und durch vaterländische Natur gewesen, und er hat seine Aufgabe mit einer Gewissenhaftigkeit aufgefaßt, die unbestreitbar aus deutschem Wesen geboren war. Seine Absichten waren oft nicht die unsrigen, seine Weltanschauung eine andere, als die uns eint. Aber Liebe zum deutschen Vaterlande ist nicht Vorrecht einer Anschauung oder einer Partei. Es war wohl nicht ohne persönliche symbolische Bedeutung, daß er das Lied des Dichters Hoffmann von Fallersleben zum Deutschen Liede machte. Denn in seinem Wirken verkörperte sich der Dreiklang der Schlußstrophe dieses Liedes: in seinem Eintreten und Wirken für Einigkeit und Recht und Freiheit.[181])

Richard Freyh

Stärke und Schwäche der Weimarer Republik

Hindenburgs Wahl zum Reichspräsidenten

Die Jahre von 1924 bis 1930 brachten eine relative Stabilisierung der Verhältnisse, nicht nur für Deutschland, sondern für fast alle Industrieländer, eine Zeit, in der man wohl hoffen konnte, daß die aus den Fugen geratene Welt ein neues und besseres Gleichgewicht finden werde. Die Krisen der Nachkriegszeit verloren ihre Schärfe, und eine politische Beruhigung trat ein. Insbesondere machte sich in vielen Ländern eine wesentliche Besserung der wirtschaftlichen und finanziellen Lage immer deutlicher spürbar. Der Wandel von der Dpression zum Aufschwung und dann vor allem in den Vereinigten Staaten zur „prosperity", zu einem Wohlstand, wie die Welt ihn noch nicht gesehen hatte, grenzte ans Wunderbare. Von den USA griff diese großartige Wirtschaftsblüte, die nicht zum wenigsten einer tiefgreifenden, die Produktion vereinfachenden und erhöhenden Rationalisierung zu verdanken war, fördernd auf die Erholung der europäischen Länder über und erstreckte sich im Rahmen des Dawes-Planes auch auf Deutschland.

Die zielstrebige Politik der USA trug jetzt ihre Früchte. Nach der Initialzündung durch die Dawes-Anleihe strömte eine Flut privater amerikanischer Kredite nach Deutschland, an Großunternehmen, Länder und Gemeinden. Insgesamt kamen von 1925 − 1930 135 langfristige amerikanische Anleihen im Wert von 1,4 Mrd. Dollar, kurzfristige Anleihen von 162 Mill.[182]). Infolge der Konjunkturbelebung stiegen die Einnahmen des Reiches. Aus Haushaltsüberschüssen konnten Reparationen an die europäischen Siegermächte gezahlt werden, die damit ihre Kriegsschulden an die USA zurückzahlten, so daß das Geld letztlich wieder in Amerika landete. Solange dieser Kreislauf funktionierte, hatten alle Beteiligten davon ihren Vorteil, namentlich die USA und Deutschland.

Aber nicht nur in wirtschaftlicher Hinsicht bedeuteten die Jahre 1924 und 1925 den Beginn einer Periode der Stabilisierung und der Zusammenarbeit. Auch im Bereich der Politik bezeichnete die Niederlage der konservativen Partei in England im Dezember 1923 und des „Nationalen Blocks" im Mai 1924 in Frankreich eine Wendung. Allein während bei den ehemaligen Alliierten die Parteien an Gewicht verloren, die den siegreichen Krieg gegen die Mittelmächte geführt hatten und deren Anhänger weniger an eine Verständigung mit den Besiegten als an die Ausnutzung des Sieges dachten, verlief die Entwicklung in Deutschland in anderer Richtung. Hier bewirkten die Enttäuschungen und Leiden der Nachkriegszeit, daß die Parteien, die die Republik aufgebaut hatten, an Einfluß auf die Bevölkerung verloren. 1923 war die SPD aus der Regierung ausgeschieden, und die bürgerliche Mitte vermochte sich unter den Reichskanzlern Wilhelm Marx und Hans Luther nur eben zu halten.

Da bot die durch den Tod Friedrich Eberts notwendig gewordene Reichspräsidentenwahl den politischen Kräften Deutschlands im Frühjahr 1925 die Möglichkeit, ihre Stärke zu messen. Zu umfassenden Gruppierungen kam es zunächst nicht, und die Parteien zogen einzeln in den Kampf um die Würde eines Staatsoberhauptes der Republik. Im ersten Wahlgang am 29. März 1925 erreichte keiner der sieben aufgestellten Kandidaten über die Hälfte der abgegebenen gültigen Stimmen und damit die von der Verfassung vorgeschriebene absolute Mehrheit. Der Oberbürgermeister von Duisburg, Dr. Jarres, Kandidat der DVP und der DNVP, erhielt 10,4 Millionen Stimmen. Der sozialdemokratische Ministerpräsident von Preußen, Otto Braun, kam auf 7,8 Millionen. In weitem Abstand folgte der Zentrumskandidat Wilhelm Marx, der bereits zweimal Reichskanzler gewesen war, mit 3,9 Millionen. Der Kommunist Thälmann, der badische Staatspräsident Dr. Hellpach als Kandidat der DDP und der bayerische Ministerpräsident Held als Vertreter der BVP erhielten immerhin noch 1,9, 1,6 und 1 Million. Ludendorff als Kandidat der Nationalsozialisten mußte sich mit 286 000 Stimmen begnügen (vgl. Statistischer Anhang, Tabelle 5a).

Jetzt formierten sich die Fronten neu. Die Parteien der Weimarer Koalition, Zentrum, Demokraten und SPD, schlossen sich zu einem „Volksblock" zusammen und stellten gemeinsam Wilhelm Marx als Kandidaten auf. Am 9. April erschien ihr Wahlaufruf: *An die Parteien des Volksblocks! Die Stunde der Entscheidung naht. Alle Kräfte müssen zusammengefaßt werden, um am 26. April einen glänzenden Sieg zu erringen. Es werden daher die Parteien des Volksblocks und die republikanischen Organisationen im ganzen Reiche aufgefordert, sich zusammenzuschließen und den Kampf für die Kandidatur Marx gemeinsam zu führen. Im Zusammenschluß liegt die Stärke, im einheitlichen Vorgehen die Kraft. Die Parteien des Volksblocks dokumentieren durch das gemeinsame Vorgehen das große Ziel, das sie verfolgen: für das Vaterland, für den Volksstaat, für die Republik! Schließt Euch daher gemeinsam mit den verfassungstreuen Organisationen zusammen, bildet örtliche Ausschüsse, denn nur Geschlossenheit im Kampfe verbürgt den Sieg.*[183])

Ganz anders, als es in diesem recht knappen und nüchternen Dokument geschah, hatte bereits am Tage vorher die Gegenseite an die Wähler appelliert. Den Deutschnationalen war es gelungen, Hindenburg zur Kandidatur zu bewegen. Ihnen schlossen sich nicht nur die Bayerische Volkspartei und der Bayerische Bauernbund an, die um der konservativen Grundhaltung und der Popularität willen lieber für den preußischen Protestanten stimmten als für den rheinischen Katholiken, sondern auch die Deutsche Volkspartei, deren Kandidat zwar im ersten Wahlgang bei weitem die höchste Stimmenzahl erreicht hatte, aber nun dem gemeinsamen Kandidaten des Volksblocks gegenüber keine Chance mehr besaß. Die Anhänger Hindenburgs bildeten zusammen den „Reichsblock" und wandten sich am 8. April mit der folgenden Erklärung an die Öffentlichkeit:

Deutsche Männer, deutsche Frauen, deutsche Jugend! Am 29. März haben sich 10 1/2 Millionen Deutsche durch ihre Stimmabgabe zur Reichspräsidentenwahl in dem Willen vereinigt, an die Spitze des Reiches einen nationalen, christlich und sozial empfindenden Mann zu stellen.
Für den 26. April steht der zweite Wahlgang bevor. An diesem Tage den Endsieg für den vaterländischen Gemeinschaftsgedanken zu erringen, ist das Ziel aller guten Deutschen, die das Vaterland über die Parteien stellen. Diesem Gedanken folgend, haben die Bayer. Volkspartei, der Bayer. Bauernbund und die Deutsch-Hannoversche Partei sich bereit erklärt, sich auf Hindenburg als gemeinsamen Kandidaten mit den im bisherigen Reichsblock zusammengeschlossenen Parteien und Verbänden vereinigen zu wollen. Von Anfang an hat Dr. Jarres betont, daß eine Einigung auf breiterer Grundlage an seiner Person keineswegs scheitern dürfe. Er hat damit wieder das Vorbild eines wahrhaft deutschen Mannes gegeben. Hindenburg hat als der getreue Eckehard des deutschen Volkes sich diesem Rufe nicht entzogen, sondern sich in bewährter Pflichterfüllung bereit erklärt, das große Opfer zur Kandidatur zu bringen.
Wir betrachten es als die ganz selbstverständliche Pflicht aller Deutschen in Stadt und Land, ohne Unterschied des Standes und Berufes, sich mit ganzer Kraft und Hingabe für unseren Hindenburg einzusetzen. Hindenburg war Euer Führer in großer und schwerer Zeit, Ihr seid ihm gefolgt. Ihr habt ihn geliebt! Er hat Euch nie verlassen. Kämpft für ihn auch jetzt, wo er in alter Führertreue wieder an Eure Spitze treten will, um seinem Vaterlande in friedlichem Aufbau zu dienen! Unsere Losung lautet deshalb: Mit Hindenburg zum Sieg für die Einheit aller Deutschen, für christliche Art und sozialen Fortschritt, für des Vaterlandes Größe und Freiheit! Hindenburg, der Retter aus der Zwietracht![184])

In diesem Appell lag noch die ganze Phraseologie des Kaiserreiches, das mit dem verlorenen Krieg zusammengebrochen war. Aber es fand sich auch schon vieles von der späteren nationalistischen Demagogie Hitlers, dem das deutsche Volk in eine noch viel fürchterlichere Katastrophe folgen sollte. Und dies pathetische Lob galt dem Manne, der in seiner Erklärung vom 18. November 1919 vor dem Parlamentarischen Untersuchungsausschuß der Dolchstoßlegende die autoritative Formulierung gegeben hatte. Und wenn damals Hindenburgs Gedächtnis die Lage ganz vergessen hatte, die wenig über ein Jahr zuvor geherrscht hatte, so gab es doch unter den führenden Politikern der Parteien, die ihn jetzt priesen, mehr als einen, der es besser wissen mußte.
Die KPD blieb unbeirrt bei der Kandidatur Ernst Thälmanns. Zwischen einem bürgerlichen Demokraten wie Marx und einem Generalfeldmarschall gab es für sie keinen wesentlichen Unterschied.
So erhielten am 26. April im zweiten Wahlgang, bei dem die relative Mehrheit genügte, Hindenburg 14,6 Mill., Marx 13,7 Mill. und Thälmann 1,9 Mill. Stimmen. Damit war Hindenburg gewählt und trat am 12. Mai sein Amt als Reichspräsident an. Es hat wenig Sinn, sich zu überlegen, wie die deutsche Geschichte weiter verlaufen wäre, wenn die KPD für Wilhelm Marx eingetreten wäre, denn dazu hätte sie sein müssen, was sie nicht sein konnte. Eine ähnliche Überlegung gilt für die Bayerische Volkspartei. Aber es ist

wohl auch übertrieben, in Hindenburgs Wahl schon die große Wendung der Weimarer Republik zum Untergang zu sehen. Solange der Reichstag kooperationsfähige Mehrheiten zu bilden und die Regierungen die sich stellenden Probleme zu meistern vermochten, konnte die Tatsache, daß nun der legendäre Repräsentant eines Denkens und Fühlens, das bewußt oder unbewußt der Republik und der Demokratie feindlich war, an der Spitze des Staates stand, wenig Schaden stiften. Ja, vielleicht gab sogar das neue Staatsoberhaupt vielen eine erste psychologische Möglichkeit, sich mit der Existenz des Staates von Weimar auszusöhnen. Vielleicht darf der Eindruck als charakteristisch gelten, den die Gattin des britischen Botschafters d'Abernon von dem neuen Reichspräsidenten empfing, als sie ihn bei einem offiziellen Diner kennenlernte:

Mein Eindruck von ihm war der eines sehr ernsten und starren, aber auch sehr würdigen alten Mannes, der über seine jetzige Stellung keine Freude empfand, aber entschlossen war, seine Pflicht dem Vaterland gegenüber zu erfüllen, und überzeugt, daß es am besten für Deutschland sei, wenn er in dieser Zeit an der Spitze des Staates stand.[185])

Dennoch war die Wahl Hindenburgs ein Symbol dafür, daß Deutschland durch die Novemberrevolution und in den Jahren danach keine tiefergreifende Umgestaltung erfahren hatte, daß die gleichen Kräfte, die im Kaiserreich bestimmend gewesen waren, auch jetzt noch den größeren Anhang besaßen. Wie vor 1914 verfügten sie 1925 über die wirtschaftliche Macht, soziales Prestige, großen politischen Einfluß, einen bedeutenden Teil der Beamtenschaft und vor allem auch über die deutschen Gerichte. Immerhin: im Jahre 1925 gab es durchaus noch die Chance, daß die Kräfte der Republik und der Demokratie, daß die staatstragenden Parteien den Sieg über ihre offenen und geheimen, ihre böswilligen und naiven Gegner davontragen würden. Die Voraussetzung dafür war, daß es ihnen gelang, die schwierigen wirtschaftlichen und politischen Aufgaben zu lösen, die das Kaiserreich hinterlassen hatte und die sich neu stellten.

Der Locarnopakt und der Berliner Vertrag mit der Sowjetunion

Den ersten großen Erfolg auf außenpolitischem Gebiet errang die deutsche Republik durch ihren Außenminister Stresemann mit dem Abschluß der Locarnoverträge und dem Eintritt in den Völkerbund. Es ging dabei um das entscheidende Problem des deutsch-französischen Verhältnisses. Der Grundgedanke dieser Politik war es, die französischen Sicherungswünsche mit dem deutschen Streben nach Abzug der Besatzungstruppen zu verbinden und so die Souveränität Deutschlands wiederherzustellen. Im Hintergrund standen, wie schon beim Dawes-Abkommen, die USA, die ihre Investitionen in Deutschland durch Stärkung des Friedens in Europa und Ausschaltung militärischer Sanktionen absichern wollten und die sowohl auf Frankreich wie auf Deutschland (durch ein Junktim zwischen den Verträgen und weiteren Anleihen für die deutsche Wirtschaft) Einfluß nahmen. Stresemann erkannte die Chance, die Versöhnung

mit Frankreich zur weiteren Annäherung an die USA zu benutzen, deren sich abzeichnende Weltmacht-Rolle er klar erkannte, um mit ihrer Hilfe den Versailler Vertrag aus den Angeln zu heben, was umso eher möglich sein mußte, wenn Frankreichs Sicherheitsbedürfnis durch andere Garantien befriedigt war. Nachdem bereits am 20. Januar 1925 ein entsprechender Vorschlag Stresemanns in London überreicht worden war, übergab der deutsche Botschafter in Paris am 9. Februar folgendes Memorandum:
Bei Erwägung der verschiedenen Möglichkeiten, die sich gegenwärtig für eine Regelung der Sicherheitsfrage bieten, könnte man von einem ähnlichen Gedanken ausgehen, wie er dem im Dezember 1922 von dem damaligen deutschen Reichskanzler Cuno gemachten Vorschlag zugrunde lag. Deutschland könnte sich z.B. mit einem Pakte einverstanden erklären, wodurch sich die am Rhein interessierten Mächte, vor allem England, Frankreich, Italien und Deutschland, feierlich für eine näher zu vereinbarende längere Periode zu treuen Händen der Regierung der Vereinigten Staaten von Amerika verpflichten, keinen Krieg gegeneinander zu führen. Mit einem solchen Pakte könnte ein weitgehender Schiedsvertrag zwischen Deutschland und Frankreich verbunden werden, wie er in den letzten Jahren zwischen verschiedenen europäischen Mächten abgeschlossen worden ist. Zum Abschluß derartiger Schiedsverträge, die eine friedliche Austragung rechtlicher und politischer Konflikte sicherstellen, ist Deutschland auch gegenüber allen anderen Staaten bereit. Für Deutschland wäre außerdem auch ein Pakt annehmbar, der ausdrücklich den gegenwärtigen Besitzstand am Rhein garantiert. Ein solcher Pakt könnte etwa dahin lauten, daß die am Rhein interessierten Staaten sich gegenseitig verpflichten, die Unversehrtheit des gegenwärtigen Gebietsstandes am Rhein unverbrüchlich zu achten, daß sie ferner, und zwar sowohl gemeinsam als auch jeder Staat für sich, die Erfüllung dieser Verpflichtung garantieren und daß sie endlich jede Handlung, die der Verpflichtung zuwiderläuft, als eine gemeinsame und eigene Angelegenheit ansehen werden. Im gleichen Sinne könnten die Vertragsstaaten in diesem Pakte die Erfüllung der Verpflichtung zur Entmilitarisierung des Rheinlandes garantieren, die Deutschland in den Artikeln 42 und 43 des Vertrages von Versailles übernommen hat.[186])
Obwohl die französische Regierung erst am 16. Juni offiziell antwortete, nahmen die Dinge doch einen verhältnismäßig raschen Gang. Kompliziert wurde die ganze Problematik dadurch, daß die deutsche Regierung zwar bereit war, die Westgrenzen endgültig anzuerkennen, sich aber, den damaligen Stimmungen und Überzeugungen entsprechend, weigerte, auch im Osten die Verhältnisse als dauerhaft hinzunehmen. Eine Lösung fand man schließlich darin, daß das Reich auch mit Polen und der Tschechoslowakei Schiedsverträge abschloß und so wenigstens auf eine gewaltsame Revision der Ostgrenzen verzichtete.
Die entscheidenden Verhandlungen begannen am 5. Oktober 1925 in der kleinen Stadt Locarno am Lago Maggiore, dicht an der schweizerisch-italienischen Grenze. Deutschland war vertreten durch Reichskanzler Luther und Außenminister Stresemann. Frankreich durch Außenminister Aristide Briand, Großbritannien durch den Staatssekretär des Auswärtigen Amtes, Sir Austen Chamberlain, Italien durch den Völkerrechtler Senator Scialoja und Unterstaatssekretär Grandi, später auch durch Benito Mussolini,

den Diktator persönlich, Belgien durch seinen Ministerpräsidenten Emile Vandervelde, Polen durch Außenminister Graf Alexander Skrzynski, die Tschechoslowakische Republik durch Außenminister Eduard Benesch. Nach zehn Tagen bereits konnte am 16. Oktober das Schlußprotokoll unterzeichnet werden. Die entscheidenden Stellen des Vertrages lauteten:

Artikel 1

Die Hohen vertragschließenden Teile garantieren, jeder für sich und insgesamt, in der in den folgenden Artikeln bestimmten Weise die Aufrechterhaltung des sich aus den Grenzen zwischen Deutschland und Belgien und zwischen Deutschland und Frankreich ergebenden territorialen Status quo, die Unverletzlichkeit dieser Grenzen, wie sie durch den in Versailles am 28. Juni 1919 unterzeichneten Friedensvertrag oder in dessen Ausführung festgesetzt sind, sowie die Beobachtung der Bestimmungen der Artikel 42 und 43 des bezeichneten Vertrages über die demilitarisierte Zone.

Artikel 2

Deutschland und Belgien und ebenso Deutschland und Frankreich verpflichten sich gegenseitig, in keinem Falle zu einem Angriff oder zu einem Einfall oder zum Kriege gegeneinander zu schreiten.

Diese Bestimmung findet jedoch keine Anwendung, wenn es sich handelt

1. um die Ausübung des Rechtes der Selbstverteidigung, das heißt um den Widerstand gegen eine Verletzung der Verpflichtung des vorstehenden Absatzes oder gegen einen flagranten Verstoß gegen die Artikel 42 oder 43 des Vertrages von Versailles, sofern ein solcher Verstoß eine nicht provozierte Angriffshandlung darstellt und wegen der Zusammenziehung von Streitkräften in der demilitarisierten Zone ein sofortiges Handeln notwendig ist;

2. um eine Aktion auf Grund des Artikels 16 der Völkerbundssatzung;

3. um eine Aktion, die auf Grund einer Entscheidung der Versammlung oder des Rates des Völkerbundes oder auf Grund des Artikels 15 Absatz 7 der Völkerbundssatzung erfolgt, vorausgesetzt, daß sich die Aktion in diesem letzten Falle gegen einen Staat richtet, der zuerst zum Angriff geschritten ist.

Artikel 3

Im Hinblick auf die von ihnen im Artikel 2 beiderseits übernommenen Verpflichtungen verpflichten sich Deutschland und Belgien sowie Deutschland und Frankreich, auf friedlichem Wege, und zwar in folgender Weise, alle Fragen jeglicher Art zu regeln, die sie etwa entzweien und die nicht auf dem Wege des gewöhnlichen diplomatischen Verfahrens gelöst werden können:

Alle Fragen, bei denen die Parteien über ihre beiderseitigen Rechte im Streite sind, sollen Richtern unterbreitet werden, deren Entscheidungen zu befolgen die Parteien sich verpflichten.

Jede andere Frage ist einer Vergleichskommission zu unterbreiten. Wird der von dieser Kommission vorgeschlagenen Regelung nicht von beiden Parteien zugestimmt, so ist die Frage vor den Völkerbundsrat zu bringen, der gemäß Artikel 15 der Völkerbundssatzung befindet.

Artikel 4
Im Falle einer flagranten Verletzung des Artikels 2 des gegenwärtigen Vertrages oder eines flagranten Verstoßes gegen die Artikel 42 oder 43 des Vertrages von Versailles durch einen der Hohen Vertragschließenden Teile verpflichtet sich schon jetzt jede der anderen vertragschließenden Mächte, sobald ihr erkennbar geworden ist, daß diese Verletzung oder dieser Verstoß eine nicht provozierte Angriffshandlung darstellt und daß im Hinblick sei es auf die Überschreitung der Grenze, sei es auf die Eröffnung der Feindseligkeiten oder die Zusammenziehung von Streitkräften in der demilitarisierten Zone ein sofortiges Handeln geboten ist, demjenigen Teile, gegen den eine solche Verletzung oder ein solcher Verstoß gerichtet worden ist, sofort ihren Beistand zu gewähren.[187]

Der in Artikel 2 Absatz 2 genannte Artikel 16 der Völkerbundsatzung, der die Teilnahme an Sanktionen betraf, bereitete der deutschen Regierung insofern Sorgen, als er sie unter Umständen zu militärischen Aktionen verpflichten konnte. Diese Schwierigkeit wurde durch eine Anlage zu den Verträgen behoben:

Anlage F
Die deutsche Delegation hat gewisse Klarstellungen hinsichtlich des Artikel 16 der Völkerbundssatzung verlangt.
Wir sind nicht zuständig, im Namen des Völkerbundes zu sprechen. Wir zögern aber nicht, nach den in der Versammlung und den Kommissionen des Völkerbundes bereits gepflogenen Beratungen und nach den zwischen uns ausgetauschten Erläuterungen Ihnen die Auslegung mitzuteilen, die wir unsererseits dem Artikel 16 geben. Nach dieser Auslegung sind die sich für die Bundesmitglieder aus diesem Artikel ergebenden Verpflichtungen so zu verstehen, daß jeder der Mitgliedsstaaten des Bundes gehalten ist, loyal und wirksam mitzuarbeiten, um der Satzung Achtung zu verschaffen und jeder Angriffshandlung entgegenzutreten, in einem Maße, das mit seiner militärischen Lage verträglich ist und das seiner geographischen Lage Rechnung trägt.[188]

Das Werk von Locarno bedeutete für Deutschland die nochmalige Zustimmung zur Entmilitarisierung des Rheinlandes, den endgültigen Verzicht auf Elsaß-Lothringen, mit dessen Wiedererwerbung freilich ohnehin nicht zu rechnen war, und den Verzicht auf eine Rückgliederung der Kreise Eupen und Malmedy, die Stresemann allerdings durch gütliche Verhandlungen mit Belgien trotzdem zu bewerkstelligen versuchte. Andererseits gab auch Frankreich den Versuch auf, ins Rheinland einzudringen. Der beiderseitige feierliche Verzicht auf gewaltsame Änderungen des Status quo schuf auch eine Atmosphäre, in der ein Rückzug der Besatzungstruppen möglich wurde. Am 31. Juli 1925 war die Räumung des Ruhrgebietes vollendet, am 25. August die der sogenannten Sanktionsstädte Düsseldorf, Duisburg und Ruhrort, die 1921 besetzt worden waren, um die Erfüllung der Reparationen zu erzwingen. Am 1. Februar 1926 war dann auch die Kölner Zone geräumt. Doch bevor noch die Verträge in Kraft treten konnten, zeigte es sich, daß in Deutschland dem außenpolitischen Erfolg die innerpolitische Entwicklung nicht entsprach und die Rechtsparteien ihr nationalistisches Programm auch dann nicht aufzugeben bereit waren, wenn es sich der Erfüllung der nationalen Anliegen sichtlich in den Weg stellte.

Die deutschnationalen Minister stimmten am 22. Oktober mit der übrigen Reichsregierung den Verträgen zu. Aber am gleichen Tage lehnten die deutschnationalen Abgeordneten im Auswärtigen Ausschuß des Reichstages das Werk von Locarno durch den folgenden Fraktionsbeschluß ab:

Die deutschnationale Reichstagsfraktion vermag in dem Ergebnis der Verhandlungen von Locarno nicht die Erfüllung der Forderungen zu sehen, die den Lebensnotwendigkeiten des deutschen Volkes gerecht werden. Die Fraktion vermißt außerdem die Erfüllung der Voraussetzungen für einen Vertragsschluß sowie die Gegenleistungen der anderen beteiligten Mächte, die den Deutschland angesonnenen Opfern entsprächen. Angesichts dieses Ergebnisses erklärt die Fraktion schon jetzt, daß sie keinem Vertrage zustimmen wird, der den deutschen Lebensnotwendigkeiten nicht gerecht wird und insbesondere einen Verzicht auf deutsches Land und Volk nicht ausschließt.[189])

So mußten am 25. Oktober die deutschnationalen Minister aus dem Kabinett ausscheiden, das bis zum Abschluß des Werkes geschäftsführend im Amt blieb. In der Reichstagsdebatte am 24. November vertrat der deutschnationale Fraktionsführer Graf von Westarp die Ablehnung in relativ gemäßigten Worten. Doch in der Rede des Nationalsozialisten Gregor Strasser kam eine andere Mentalität zum Ausdruck:

„Wir wollen an Stelle des ausbeuterischen kapitalistischen Wirtschaftssystems einen wahrhaft deutschen Sozialismus, aber nicht geführt durch jene seelenlose jüdische, materialistische Auffassung, sondern getragen von dem gläubigen, opferfähigen, urdeutschen Gemeinschaftswillen und Gemeinschaftssinn. Ein solcher Staat, der durch die Opfer, zu deren Aufruf allein ein deutscher Staatsmann berechtigt ist, ein in sich geschlossener geworden ist, wird einst die Verträge von Versailles, London und Locarno wie Papierfetzen zerreißen können, weil er sich stützt auf das, was Sie bewußt im deutschen Volke zerschlagen, wofür kein Opfer gebracht werden darf, nämlich für die Bildung eines in sich geschlossenen Volkes.“[190])

Am 27. November genehmigte der Reichstag mit 291 gegen 174 Stimmen bei drei Enthaltungen die Locarno-Verträge. Dafür stimmten die Sozialdemokraten, ohne deren ständige parlamentarische Unterstützung Stresemann seine Außenpolitik überhaupt nicht hätte realisieren können, und die Parteien der bürgerlichen Mitte. Am 1. Dezember wurde der Vertrag im Foreign Office in London endgültig unterzeichnet.

Dafür, daß es auch in Frankreich, wo zudem die Regierungen noch rascher wechselten als in Deutschland, nicht leichtfiel, die neue Politik durchzusetzen, mögen Teile einer Rede zeugen, die Aristide Briand, damals auch Ministerpräsident, am 26. Februar 1926 vor der französischem Kammer gehalten hat:

„Es gehört ein gewisser moralischer Mut dazu, solche Verhandlungen einzugehen wie jene, die zu Locarno geführt haben; es ist weit bequemer für einen Staatsmann, auf positive Ziele zu verzichten, wie es jene sind, für die ich die Last der Verantwortung auf mich genommen habe. Nichtstun ist leicht. Beiseite stehen, sich auf die Ereignisse verlassen oder energische

Reden führen, leidenschaftliche Reden, erfüllt von glühendster, aufrichtigster Vaterlandsliebe, selbst mit Wärme, mit Liebe vom Frieden sprechen, das alles ist leicht. Aber tatsächlich einen Schritt näher zum Frieden zu machen, wirklich zum Frieden beizutragen, dies ist weit schwerer; es ist auch gefährlich für den Staatsmann, der sich darauf einläßt.

Was würde von den unglücklichen Völkern übrigbleiben, wenn ein neuer Krieg ausbräche? Ich sage Ihnen, indem ich mich an Ihre Einsicht, an Ihr Gefühl und an Ihre Vaterlandsliebe wende: Locarno kann dies verhindern. Locarno ist eine Schranke gegen Unüberlegtheit. Locarno bedeutet die Notwendigkeit, zu verhandeln. Es hindert die Völker, blind übereinander herzufallen. Wenn es weiter nichts wäre als dies, wäre es ungeheuer viel.⁽¹⁹¹⁾

Vier Tage nach der Unterzeichnung der Locarnoverträge in London, am 5. Dezember, trat die deutsche Reichsregierung zurück. Erst am 19. Januar 1926 konnte das neue Kabinett gebildet werden, wieder ohne Beteiligung der Sozialdemokraten, nun aber auch ohne die Deutschnationalen. Hans Luther übernahm zum zweitenmal das Amt des Reichskanzlers. Das Zentrum, die Demokratische Partei und die Deutsche Volkspartei stellten je drei, die Bayerische Volkspartei nur einen Minister. Die auswärtige Politik blieb in den Händen Stresemanns.

Am 10. Februar 1926 beantragte die Reichsregierung in einer Note an den Generalsekretär des Völkerbundes, wie verabredet, die Aufnahme. Allein, das Gesuch scheiterte zunächst an dem Problem der ständigen Ratssitze. Deutschland war ein solcher Sitz zugesprochen worden, aber auch andere Staaten erhoben Anspruch darauf. Fast alle gaben schließlich nach. Nur Brasilien beharrte auf seiner Forderung, so daß die Völkerbundsversammlung am 17. März auseinanderging, ohne eine Lösung gefunden zu haben.

Inzwischen gedieh auch ein anderer Plan zur Reife. Schon bei den Verhandlungen in Locarno hatte Deutschland gegenüber Artikel 16 der Völkerbundssatzung einen Vorbehalt gemacht, der sich vor allem auf den Fall einer gemeinsamen militärischen Aktion der Völkerbundsmitglieder gegen die Sowjetunion bezog. Um den Verdacht, daß Deutschlands Eintritt in den Völkerbund zusammen mit dem Locarnopakt den Beitritt zu einer antisowjetischen Koalition bedeuten könne, zu zerstreuen, verhandelte Stresemann gleichzeitig mit Rußland über einen Neutralitätsvertrag. Die Westmächte, die bei den Verhandlungen im vergangenen Jahr auch das Ziel gehabt hatten, ein gegen den Westen gerichtetes deutsch-russisches Bündnis unmöglich zu machen, erhoben jetzt keine ernstlichen Widerstände. Am 24. April wurde der sogenannte Berliner Vertrag mit der Sowjetunion unterzeichnet, dessen Zweck es war, die Rapallopolitik wieder stärker zu betonen sowie die wirtschaftliche und vor allem auch militärische Zusammenarbeit mit Rußland zu stützen. Die drei ersten Artikel des Vertrages lauteten:

Artikel 1

Die Grundlage der Beziehungen zwischen Deutschland und der Union der Sozialistischen Sowjet-Republiken bleibt der Vertrag von Rapallo.

Die deutsche Regierung und die Regierung der Union der Sozialistischen Sowjet-Repu-

bliken werden in freundschaftlicher Fühlung miteinander bleiben, um über alle ihre beiden Länder gemeinsam berührenden Fragen politischer und wirtschaftlicher Art eine Verständigung herbeizuführen.

Artikel 2
Sollte einer der vertragschließenden Teile trotz friedlichen Verhaltens von einer dritten Macht oder von mehreren dritten Mächten angegriffen werden, so wird der andere vertragschließende Teil während der ganzen Dauer des Konflikts Neutralität beobachten.

Artikel 3
Sollte aus Anlaß eines Konflikts der in Artikel 2 erwähnten Art oder auch zu einer Zeit, in der sich keiner der vertragschließenden Teile in kriegerischen Verwicklungen befindet, zwischen dritten Mächten eine Koalition zu dem Zwecke geschlossen werden, gegen einen der vertragschließenden Teile einen wirtschaftlichen oder finanziellen Boykott zu verhängen, so wird sich der andere vertragschließende Teil einer solchen Koalition nicht anschließen.[192])

Die Bedeutung des Berliner Vertrages ist ebenso wie die des Rapallovertrages, seit das Ergebnis des Zweiten Weltkrieges Deutschland auf die Scheidelinie des Ost-West-Konfliktes gebracht und damit gespalten hat, umstrittener als seinerzeit. Damals betrachtete man ihn im ganzen recht nüchtern als nützliches Pendant zu Locarno und als Absicherung des Verhältnisses zur Sowjetunion beim Eintritt in den Völkerbund.

Innenpolitische Probleme des Jahres 1926

Die erste Hälfte des Jahres wurde beherrscht durch das Problem der Vermögen der ehemaligen deutschen Fürstenhäuser. Diese Vermögen waren in der Revolution nicht enteignet, sondern beschlagnahmt worden. Nach der Stabilisierung der Mark begannen auch die alten Dynastien ihre Forderungen nach Entschädigungen und Renten zu stellen. Wo die Länderregierungen sich nicht auf Vergleiche einließen, die den Fürstenhäusern im allgemeinen einen großen Teil ihrer Liegenschaften und Sachwerte zurückgaben, wurden sie verklagt, und selbstverständlich entschieden die meistens monarchistisch gesinnten Richter fast immer zugunsten der Fürsten und erkannten in mehreren Fällen sogar über die gesetzlichen Aufwertungssätze hinausgehende Ansprüche an. Mit dieser Entwicklung war nicht nur die organisierte Arbeiterschaft unzufrieden. Die Unzufriedenheit reichte weit über sie hinaus in die Kreise des Mittelstandes hinein, zumal die Festigung der allgemeinen Verhältnisse auch ein Erstarken des republikanischen Selbstbewußtseins mit sich gebracht hatte und die Länderregierungen sich wegen der beträchtlichen Leistungen mit ihren Parlamenten auseinandersetzen mußten.
Als Reaktion auf einen Gesetzentwurf der Reichsregierung, der auf der Linie der bisherigen Urteile lag, kam eine Volksbewegung zur vollständigen und entschädigungslosen Enteignung der fürstlichen Vermögen in Gang, die ursprünglich von der KPD und einem demokratischen Aktionsausschuß ausgegangen war, deren Führung aber dann die

SPD übernahm, obwohl diese eine Formulierung, die bescheidene Abfindungen ermöglicht hätte, für aussichtsreicher hielt, weil bei einer entschädigungslosen Enteignung damit gerechnet werden mußte, daß eine Mehrheit der Wähler dem Volksentscheid nicht zustimmen würde. Nach der Verfassung mußte zuerst ein Volksbegehren in Gang gebracht werden, für dessen Erfolg die Unterschrift von wenigstens einem Zehntel der Stimmberechtigten notwendig war. Vom 4. bis 17. März 1926 wurden 12 523 939 gültige Unterschriften für die Enteignung geleistet, fast 2 Millionen mehr, als die beiden Antragsteller, SPD und KPD, bei den letzten Reichstagswahlen zusammen erreicht hatten (10 589 308). Ein entsprechender Gesetzentwurf wurde im Reichstag eingebracht und dort am 6. Mai von der bürgerlichen Mehrheit abgelehnt, die aus Respekt vor dem Privateigentum nicht bereit war, die durch so viele Jahrhunderte angesammelten Vermögen der deutschen Dynastien zu enteignen. Im Kampf gegen den nun bevorstehenden Volksentscheid bildete sich ein „Reichsbürgerrat" unter dem Vorsitz Friedrichs von Löbell, der während des Krieges preußischer Innenminister gewesen war. Er bat in einem Brief an den Reichspräsidenten, durch Erlaß an die Reichsregierung oder eine Kundgebung Stellung gegen den Volksentscheid zu nehmen. Am 22. Mai legte Hindenburg in einem Schreiben seine persönliche Meinung dar. Am 7. Juni veröffentlichte von Löbell diesen Brief, der ein klares Bild von der Vorstellungswelt der konservativen Kreise in Deutschland gibt. In seinem Schreiben legte der Reichspräsident zunächst dar, daß er sich aus staatsrechtlichen Gründen nicht öffentlich äußern könne, und fuhr dann fort:

Ich will es aber doch nicht unterlassen, Ihnen meine persönliche Auffassung dahin mitzuteilen, daß ich die von Ihnen geäußerte Besorgnis in vollem Umfange teile und die gleichen Bedenken wie Sie auch schon von Anfang dieser Entwicklung der Dinge an auch der Reichsregierung gegenüber zum Ausdruck gebracht habe. Daß ich, der ich mein Leben im Dienste der Könige von Preußen und der deutschen Kaiser verbracht habe, dieses Volksbegehren zunächst als ein großes Unrecht, dann aber auch als einen bedauerlichen Mangel an Traditionsgefühl und als groben Undank empfinde, brauche ich Ihnen nicht näher auszuführen. Ich will mich aber bemühen, den Enteignungsantrag hier nicht als eine politische, sondern lediglich als eine moralische und rechtliche Angelegenheit zu betrachten. Ich sehe in ihm unter diesem Gesichtspunkt einen sehr bedenklichen Vorstoß gegen das Gefüge des Rechtsstaats, dessen tiefstes Fundament die Achtung vor dem Gesetz und dem gesetzlich anerkannten Eigentum ist. Er verstößt gegen die Grundlagen der Moral und des Rechts. Würde dieses Volksbegehren Annahme finden, so würde einer der Grundpfeiler, auf denen der Rechtsstaat beruht, beseitigt und ein Weg eröffnet, der auf abschüssiger Bahn haltlos bergab führt, wenn es der Zufälligkeit einer vielleicht noch dazu leidenschaftlich erregten Volksabstimmung gestattet sein soll, verfassungsmäßig gewährleistetes Eigentum zu entziehen oder zu verneinen. Es könnte aus dem jetzt vorliegenden Einzelfall die Methode entstehen, durch Aufreizung der Instinkte der Massen und Ausnutzung der Not des Volkes mit solchen Volksabstimmungen auf den Wegen der Enteignung weiterzugehen und damit dem deutschen Volke die

148

Grundlage seines kulturellen, wirtschaftlichen und staatlichen Lebens zu entziehen. Ich sehe hierin eine große Gefahr, die gerade in unserer Lage, in der die Zusammenfassung aller wirtschaftlichen und ideellen Kräfte für unsere Selbstbehauptung am notwendigsten ist, unsere staatliche Grundlage bedroht und in einem Zeitpunkt, wo wir eben die ersten Schritte auf dem Wege zu neuer wirtschaftlicher Geltung getan haben, unsere Stellung in der Welt schädigt. Ich bin überzeugt, daß trotz der starken, vielfach wenig schönen Agitation für das Volksbegehren das ruhige Urteil und der gesunde Sinn unseres Volkes diese moralische und rechtliche Seite der Frage nicht verkennen und die unabsehbare Gefahr, die allen Schichten des Volkes hier droht, nicht übersehen wird. Ich hoffe daher zuversichtlich, daß unsere Mitbürger in der Entscheidung vom 20. Juni diesen Erwägungen Rechnung tragen und den Schaden abwenden werden, der sonst dem ersten Grundsatz jedes Staates, dem Rechte und der Gerechtigkeit, erwachsen würde. Mit freundlichen Grüßen bin ich Ihr sehr ergebener gez. v. Hindenburg.[193])

Man mochte sich fragen, was es denn mit Recht und Moral zu tun habe, wenn der schmählich geflohene Kaiser zu seinem niederländischen Gut noch 300 000 Morgen Land und andere Vermögenswerte in Höhe von 183 Millionen Goldmark in Deutschland beanspruchte, während den zahllosen kleinen Sparern in der Inflation und durch die Stabilisierung die Früchte lebenslanger Mühen ohne viel Umstände genommen worden waren. Hier waren jedenfalls klar und deutlich die grundlegenden Überzeugungen der konservativen und besitzenden Schichten durch das Staatsoberhaupt zusammengefaßt, und ganz abgesehen davon, ob die Veröffentlichung des Briefes sich mit Hindenburgs verfassungsmäßiger Stellung in Übereinstimmung bringen ließ oder nicht, hatte er eindrücklich klargestellt, in welchem Sinne er ein Repräsentant Deutschlands sein wollte.

Die Frage, um die es nun im Volksentscheid ging, war im Grunde nicht die nach der Zukunft des Fürstenvermögen, sondern die andere, ob Deutschland ohne einen tiefgreifenden Umbau seiner traditionellen sozialen Verhältnisse und Vorstellungen sich als demokratische Republik festigen könne oder nicht. Diese Frage war freilich durch die Forderung nach entschädigungsloser Enteignung zumindest psychologisch ungeschickt gestellt. Immerhin wurden am 20. Juni 15 551 218 Stimmen für den Volksentscheid abgegeben. Damit war er abgelehnt, weil zur Annahme 20 Millionen, die Hälfte aller Stimmberechtigten, erforderlich gewesen wären. Immerhin hatte der Volksentscheid jetzt rund 5 Millionen Stimmen mehr erreicht als bisher SPD und KPD zusammen, 1 Million mehr als Hindenburg bei seiner Wahl und sogar 2 Millionen mehr, als später Hitler im Präsidentschaftswahlkampf von 1932 erreichte. Das war eine beachtliche Kraft, die nach Neugestaltung strebte. Sie hätte zu Hoffnungen berechtigen können, wenn sie nicht auch aus Anhängern der KPD bestanden und sich dadurch der politischen Wirksamkeit beraubt hätte.

Inzwischen war über einer neuen Konzession an den Nationalismus die Reichsregierung gestürzt. Die Verfassung bestimmte in Artikel 3 Satz 2, daß die Reichsfarben Schwarz-Rot-Gold waren, die Handelsflagge aber Schwarz-Weiß-Rot mit den Reichs-

farben in der oberen inneren Ecke. In einer vom Reichskanzler gegengezeichneten Verordnung vom 5. Mai 1926 ordnete der Reichspräsident an, daß die deutschen Behörden außerhalb Europas und in europäischen Seehäfen künftig neben der Reichsdienstflagge auch die Handelsflagge zu zeigen hatten. Die Berechtigung einer derartigen Verordnung war verfassungsmäßig mindestens zweifelhaft, unter allen Umständen mußte aber durch sie die ganze Leidenschaft des Flaggenstreites wieder aufleben, der schon der Nationalversammlung viele Schwierigkeiten bereitet hatte.
Am 11. und 12. Mai kam es im Reichstag zu einer heftigen Debatte, in der der demokratische Abgeordnete Koch-Weser das Problem so formulierte:
„Wenn diese durch den Herrn Reichskanzler unnötig heraufbeschworene Krise allgemein zu der Erkenntnis führt, daß derjenige, der die Gefühlswelt der neuen Zeit nicht voll versteht und würdigt, kein deutscher Kanzler sein kann, dann ist diese Krise nicht umsonst gewesen."[194])
In der Tat, wenn die Republik schon nicht auf einer grundlegenden Veränderung der Kräfte beruhte, dann konnte sie nur durch klare Politik und gefühlsmäßige Sicherung eine Zukunft finden. Am 12. Mai wurde ein Mißbilligungsantrag der Demokraten mit 176 gegen 146 Stimmen bei Enthaltung der Deutschnationalen und der Völkischen angenommen. Am Tag darauf trat das Kabinett Luther zurück. Neuer Reichskanzler wurde am 17. Mai Wilhelm Marx, der damit dieses Amt nun schon zum dritten Male innehatte und einfach die bisherigen Minister übernahm. Die Flaggenverordnung blieb stillschweigend bestehen.
Etwa in der gleichen Zeit waren der preußischen Regierung Putschpläne zu Ohren gekommen. Ministerpräsident Braun ließ bei den Verdächtigen, zu denen auch der Generaldirektor der Vereinigten Stahlwerke, Albert Vögler, und Alfred Hugenberg gehörten, Haussuchungen durchführen. Die Polizeiaktion hatte keinen vollen Erfolg. Belastet wurde vor allem Justizrat Claß, der Vorsitzende des Alldeutschen Verbandes, und es fanden sich auch Pläne der sogenannten „Vaterländischen Verbände" und ihrer Sportabteilungen, *einen kommunistischen Aufstand abzuwarten oder ihn gar zu provozieren und, nachdem man der Reichswehr bei der Niederschlagung des Aufstandes Hilfe geleistet hatte, die politischen Forderungen der Verbände, vor allem die Beseitigung der parlamentarischen Verfassung und der gegenwärtigen Staatsmänner, durchzusetzen. Gegebenenfalls sollte der Reichspräsident mit Artikel 48 der RV helfen.*[195])
Das Material wurde dem Oberreichsanwalt übergeben, der das Verfahren 1927 einstellte. Durch diese Untersuchung wurde Hugenberg, der sich, unterstützt von Claß, gerade anschickte, die Führung der DNVP zu übernehmen, um sie auf einen scharf antidemokratischen Kurs zu bringen, für etwa anderthalb Jahre politisch ausgeschaltet, so daß die Deutschnationalen sich noch einmal an der Regierung beteiligten.
Kurze Zeit später kam es zu Spannungen wegen der Reichswehr. Ihr nahezu unumschränkter Herr war bisher der Generaloberst von Seeckt gewesen, seit 1920 Chef der Heeresleitung. Doch seit ein Generalfeldmarschall an der Spitze des Reiches stand, hatte sich das grundlegend geändert. Später, am 1. August 1939, schrieb General Marcks an Rabenau, den Biographen Seeckts:

Während der Periode Ebert hatte der General von Seeckt allein das militärische und eigentliche staatliche Element in der Sphäre der Regierung verkörpert. Seit dem Amtsantritt Hindenburgs ging diese Funktion sehr stark auf den Alten Herrn über. Die vermeintliche Konsolidierung der politischen Verhältnisse nach dem Dawes-Plan tat das Ihrige dazu, den Schwerpunkt der politischen Entscheidungen vom Militärischen weg auf das Zivile zu lenken.[196])

Der Chef der Heeresleitung selbst war sich dieser Wandlung nicht genügend bewußt, und so führte seine nächste Selbstherrlichkeit zum Zusammenstoß. Auf die Bitte des ehemaligen Kronprinzen teilte er dessen Sohn Wilhelm für die Herbstmanöver in Württemberg einem Regiment zu. Das war zweifellos eine hochpolitische Angelegenheit, aber er hielt es noch nicht einmal für nötig, die Angelegenheit dem Reichswehrminister Geßler auch nur mitzuteilen. Als dieser davon erfuhr, verlangte er Seeckts Rücktritt. Hindenburg, der schon während des Krieges kein besonders freundliches Verhältnis zu Seeckt gehabt hatte und jetzt in seinem Verhalten eine unerträgliche Insubordination sah, genehmigte am 8. Oktober 1926 Seeckts Rücktrittsgesuch. Sein Nachfolger wurde der bisherige Befehlshaber im Wehrkreis I, Ostpreußen, Generalleutnant Wilhelm Heye.

Daß unter der Präsidentschaft Hindenburgs nach Seeckts Sturz die Loyalität der Reichswehr nicht mehr in erster Linie von der obersten Kommandogewalt abhing, sondern in wachsendem Maße von der sozialen und letzten Endes doch auch politischen Zusammensetzung der Truppe, illustriert ein Bericht über eine Offiziersbesprechung am 18. Oktober 1926, an der Offiziere der Standorte Allenstein und Ortelsburg teilnahmen. Darin heißt es unter anderem:

Der Fall des Kronprinzensohnes gibt den Linksparteien wieder Anlaß, die Frage des Offizier- und Mannschaftsersatzes ins Rollen zu bringen. Das Streben der Linksparteien geht darauf hinaus, Zentralisation des Offizier- und Mannschaftsersatzes und damit unmittelbaren Einfluß auf die Einstellung zu erreichen. Welche Elemente man beim Erreichen dieses Zieles der Linksparteien in die Reichwehr bekommen würde, ist ja klar. Es ist eine starke Bewegung im Gange, den Regimentskommandeuren das Recht zu nehmen, den Offizierersatz selbst auszusuchen und dem Ministerium in Vorschlag zu bringen.[197])

Ende 1926 kam ein anderer, noch gefährlicherer Konflikt zum Ausbruch. Bei der Zusammenarbeit der Reichswehr mit der Roten Armee der Sowjetunion auf dem Gebiet der Waffenproduktion und der Ausbildung gab es Pannen. Mißglückte Unternehmungen von Offizieren zur Finanzierung der Rüstungsfabriken in Rußland sickerten durch, und am 3. und 6. Dezember brachte der „Manchester Guardian" Enthüllungen über die ganze Angelegenheit.

Die SPD versuchte noch einmal vergeblich, eine wirksamere Kontrolle durchzusetzen, und stellte dann im Reichstag einen Mißtrauensantrag, der am 16. Dezember von Philipp Scheidemann in einer leidenschaftlichen Rede angekündigt wurde. Er stellte fest:

„Alle militärischen Sachverständigen sind sich darüber einig, daß das entwaffnete Deutschland keinen Krieg führen kann und daß an dieser Tatsache durch geheime

Rüstungen auch nichts geändert werden kann. Geheime, mit dem Friedensvertrag unvereinbare Rüstungen bergen die schwerste Gefahr in sich, sie schädigen die Auslandspolitik unverantwortlicherweise, sie zwingen zur Lüge, zur Heuchelei, und, meine Herren, keine List kann verhüten, daß eines Tages doch alle Welt, wenn man uns bei irgendeiner solchen Sache erwischt, sagt: so ist also der Partner, der ist nicht ehrlich! Das kann unserer deutschen Republik nichts nützen. Wir wollen in der Welt als anständiges Volk dastehen, das seinen Verpflichtungen nachkommt." Und zur KPD gewendet erklärte Scheidemann: *,,Wir hegen keinen Haß gegen Rußland, wir wünschen dringend ein gutes Verhältnis zu Rußland; aber dieses Verhältnis muß ehrlich und sauber sein. Es ist kein ehrliches und sauberes Verhältnis, wenn Rußland die Weltrevolution predigt und zugleich die deutsche Reichswehr bewaffnet. Wer es fertigbringt, gleichzeitig mit den Kommunisten und den Offizieren der Reichswehr Bruderküsse auszutauschen, der ist verdächtig."*[198])

Am Tage darauf wurde der Mißtrauensantrag mit den Stimmen der SPD, der schwer kompromittierten KPD, aber auch der Deutschnationalen und der Nationalsozialisten, mit 249 gegen 171 Stimmen angenommen. Die Regierung mußte zurücktreten.

Wie so oft auch in den Jahren der relativen Stabilisierung wuchs sich die Regierungskrise zu einer Krise des parlamentarischen Systems aus. Es gelang in der ganzen Zeit der Weimarer Republik nie, wirklich dauerhafte Mehrheiten zu bilden, weil die Fronten in der Außenpolitik — SPD bis DVP, DNVP in der Opposition — anders verliefen als zum Beispiel in der Sozialpolitik, wo der Gegensatz zwischen SPD und DVP unüberwindlich war. Die hinter den Parteien stehenden wirtschaftlichen Interessengruppen suchten nicht den Kompromiß, sondern den größtmöglichen Anteil am Sozialprodukt. Die Regierungen stützten sich entweder nur auf eine Minderheit im Parlament (und waren auf Tolerierung angewiesen), so daß sie schwach blieben, oder bestanden als Mehrheitsregierungen aus heterogenen Kräften, die nur für eine bestimmte Frage — mühsam genug — eine gemeinsame Plattform gefunden hatten und bei jedem neu auftauchenden Problem auseinanderfallen konnten.

War schon die Zusammensetzung der oppositionellen Mehrheit beim Regierungssturz im Dezember 1926 ein gefährliches Gemisch gewesen, so brachte die Krise, die eine Wiederherstellung der Koalition der bürgerlichen Mitte nicht erlaubte und auch keine Wendung nach links bringen konnte, eine Verstärkung der Autorität des Reichspräsidenten. Zum ersten Mal wurden, unter anderem von Oberst von Schleicher, Chef des Ministeramtes im Reichswehrministerium, Überlegungen über ein „Präsidialkabinett" angestellt, wie es dann 1930 zur Regel werden sollte. Das Ergebnis des sozialdemokratischen Vorstoßes war schließlich ein Schritt nach rechts. Nach langen Verhandlungen konnte am 29. Januar 1927 das neue Kabinett ernannt und am 31. Januar vervollständigt werden. Reichskanzler wurde zum vierten Male Wilhelm Marx. Die Ministerliste umfaßte aber jetzt nicht nur drei Zentrumminister, zwei Angehörige der Deutschen Volkspartei und einen der Bayerischen Volkspartei, sondern vor allem auch vier Deutschnationale. Stresemann blieb Außenminister.

Deutschlands Aufnahme in den Völkerbund und das Gespräch von Thoiry

War so die innenpolitische Lage zumindest zweifelhaft, so hatte doch nach weiteren Verhandlungen am 10. September 1926 die Aufnahme Deutschlands in den Völkerbund vollzogen werden können. Aus diesem Anlaß sprach Gustav Stresemann vor der Völkerbundsversammlung. Die Kernsätze seiner Rede lauteten:

„Deutschland tritt mit dem heutigen Tage in die Mitte von Staaten, mit denen es zum Teil seit langen Jahrzehnten in ungetrübter Freundschaft verbunden ist, die zum anderen Teil im letzten Weltkrieg gegen Deutschland verbündet waren. Es ist von geschichtlicher Bedeutung, daß Deutschland und diese letzteren Staaten sich jetzt im Völkerbund zu dauernder, friedlicher Zusammenarbeit zusammenfinden. Diese Tatsache zeigt deutlicher, als Worte und Programme es können, daß der Völkerbund berufen sein kann, dem politischen Entwicklungsgang der Menschheit eine neue Richtung zu geben. Gerade in der gegenwärtigen Epoche würde die Kultur der Menschheit auf das schwerste bedroht sein, wenn es nicht gelänge, den einzelnen Völkern die Gewähr zu verschaffen, in ungestörtem, friedlichem Wettbewerb die ihnen vom Schicksal zugewiesenen Aufgaben zu erfüllen. Die grundstürzenden Ereignisse eines furchtbaren Krieges haben die Menschheit zur Besinnung über die den Völkern zugewiesenen Aufgaben gebracht. Wir sehen in vielen Staaten den Niederbruch wertvollster, für den Staat unentbehrlicher geistiger und wirtschaftlicher Schichten. Wir erleben die Bildung von neuen und das Hinsinken von alten Formen der Wirtschaft. Wir sehen, wie die Wirtschaft die alten Grenzen der Länder sprengt und neue Formen internationaler Zusammenarbeit erstrebt. Die alte Weltwirtschaft hatte für ihre Zusammenarbeit keine Satzungen und Programme, aber sie beruhte auf dem ungeschriebenen Gesetz des traditionellen Güteraustausches zwischen den Erdteilen. Ihn wiederherzustellen, ist unsere Aufgabe. Wollen wir eine ungestörte weltwirtschaftliche Entwicklung, dann wird das nicht geschehen durch Abschließung der Gebiete voneinander, sondern durch Überbrückung dessen, was bisher die Wirtschaft der Völker trennte.
Wichtiger aber als alles materielle Geschehen ist das seelische Leben der Nationen. Eine starke Gärung der Gedanken kämpft unter den Völkern der Erde. Die einen vertreten das Prinzip der nationalen Geschlossenheit und verwerfen die internationale Verständigung, weil sie das national Gewordene nicht durch den allgemeinen Begriff der Menschheit ersetzen wollen. Ich bin der Meinung, daß keine Nation, die dem Völkerbund angehört, dadurch ihr nationales Eigenleben irgendwie aufgibt. Der göttliche Baumeister der Erde hat die Menschheit nicht geschaffen als ein gleichförmiges Ganzes. Er gab den Völkern verschiedene Blutströme, er gab ihnen als Heiligtum ihrer Seele ihre Muttersprache, er gab ihnen als Heimat Länder verschiedener Natur. Aber es kann nicht der Sinn einer göttlichen Weltordnung sein, daß die Menschen ihre nationalen Höchstleistungen gegeneinanderkehren und damit die allgemeine Kulturentwicklung immer wieder zurückwerfen. Der wird der Menschheit am meisten dienen, der, wurzelnd im eigenen Volke, das ihm seelisch und geistig Gegebene zur höchsten Bedeutung entwickelt und damit, über die Grenze des eigenen Volkes hinauswachsend, der gesamten

Menschheit etwas zu geben vermag, wie es die Großen aller Nationen getan haben, deren Namen in der Menschheitsgeschichte niedergeschrieben sind. So verbinden sich Nation und Menschheit auf geistigem Gebiet, so können sie sich auch verbinden im politischen Streben, wenn der Wille da ist, in diesem Sinne der Gesamtentwicklung zu dienen."[199]) Nachdem Stresemanns Rede übersetzt worden war, bestieg Aristide Briand die Rednertribüne und begrüßte die deutsche Delegation. Seine Worte waren leidenschaftlich: *„Es ist ein ergreifendes Schauspiel, daß einige Jahre nach dem grauenvollsten Krieg, der jemals die Welt durchrast hat, während die Schlachtfelder noch feucht sind vom Blut der Völker, die gleichen Völker in dieser friedlichen Versammlung die Beteuerung ihres gemeinsamen Willens austauschen, miteinander am Werke des Weltfriedens zu arbeiten."* Unter begeistertem Beifall rief er aus: *„Weg mit den Gewehren, weg mit den Maschinengewehren und weg mit den Kanonen! Platz für die Vermittlung der Schiedsrichter, für den Frieden!"*[200]) Ein neues Kapitel der internationalen und vor allem der europäischen Beziehungen schien begonnen zu haben.

An die Tagung schloß sich zwischen Briand und Stresemann der Versuch einer Gesamtlösung der deutsch-französischen Beziehungen an, über den sie sich bei einem gemeinsamen Frühstück in dem kleinen französischen Juradorf Thoiry nahe der Schweizer Grenze am 17. September 1926 unterhielten. Der Grundgedanke lag darin, die französischen Währungsschwierigkeiten durch eine „Kommerzialisierung" der Reparationen zu beseitigen und dafür die deutsche Souveränität wiederherzustellen. Obwohl dieser Versuch ohne praktische Folgen geblieben ist, weil der französische Frank auch ohne deutsche Hilfe gerettet werden konnte und zudem die unentbehrliche vorherige Abstimmung mit den Vereinigten Staaten fehlte, sind die Punkte, um die es ging, und die Ansichten der Gesprächspartner trotzdem von hohem Interesse. Stresemanns Aufzeichnungen stimmen in Einzelheiten mit den französischen Angaben nicht überein, geben aber im ganzen doch sicher ein richtiges und eindrückliches Bild von den behandelten Problemen und der Offenheit des Gesprächs.

Herr Briand begann die Unterredung mit dem Ausdruck seiner Überzeugung, daß Teillösungen gar keinen Zweck hätten, weil sie immer wieder Gefahren in sich bergen. Er habe die Absicht, über die Gesamtlösung aller Fragen, die zwischen Deutschland und Frankreich ständen, zu sprechen, und bitte mich, ihm offen zu sagen, ob wir Frankreich auf wirtschaftlichem Gebiet ebenfalls entgegenkommen könnten, wenn diese Frage gelöst werde. Er denke dabei nicht nur an die Rückgabe des Saargebiets, sondern an die Aufhebung der gesamten Rheinlandbesetzung.

Stresemann: Mir erscheint eine Verständigung auf dieser Basis nur dann möglich, wenn es sich bei der Rheinlandbesetzung nicht um Herabsetzung der Besatzungsfristen um zwei Jahre usw. handelt, sondern wenn, nachdem unser Abkommen in Ordnung ist, der Abtransport der Truppen mit derjenigen Schnelligkeit erfolgt, die überhaupt technisch möglich ist. Wenn ich also annehme, daß unsere Kabinette zustimmen und daß alsdann die Arbeit der technischen Sachverständigen beginne und wir uns in den ersten Monaten des nächsten Jahres mit den anderen Nationen über die ganze Prozedur geeinigt haben, so müßten spätestens am 30. September alle Truppen das Rheinland verlassen haben

(Briand nickt zustimmend). Ich kann also feststellen, daß es sich jetzt nicht handelt um eine Verkürzung der Besatzungsfristen, sondern um die sofortige Aufhebung der Gesamtbesetzung mit einer Verständigung auf diesem Gebiete.

Briand: Selbstverständlich. Es soll alles in Ordnung gebracht werden, und zwar so schnell wie möglich. Sie wissen aber, die Finanzbedürfnisse Frankreichs sind sehr groß. Welche Möglichkeiten bestehen Ihrer Meinung nach in bezug auf die Begebung von Obligationen?

Stresemann: Was das Saargebiet anbelangt, so ist der Rücklauf der Saargruben im Versailler Vertrag vorgesehen. Über den Wert der Saargruben haben wir uns nach langem Kampfe verständigt, und zwar auf der Basis von etwa 300 Millionen Goldmark. Das wäre also die erste Frage, die in Betracht kommt. Wieviel der Weltmarkt aufnehmen kann von Obligationen, wenn sie mit einer gewissen Priorität ausgestattet sind, vermag ich nicht zu übersehen. Ich habe in französischen Zeitungen die Ziffer von 4 Milliarden gelesen. Das scheint mir ganz abenteuerlich. Frankreich würde also aus dieser Transaktion eventuell etwa eine Milliarde zufließen.

Das Gespräch wandte sich dann der militärischen Abrüstung Deutschlands und den Militärkontrollen zu. *Was mich beunruhigt, fuhr Briand fort, sind die nationalen Organisationen in Deutschland. Was ist das für eine Geschichte mit dem „Stahlhelm"? Dieser „Stahlhelm" gibt ein Instruktionsbuch heraus mit genauen Vorschriften über militärische Ausbildung, Ausbildung im Schießen, Manöverbewegungen usw. Selbstverständlich legen mir meine Militärs dann solche Sachen vor und werfen mir vor, daß ich Deutschland nur mit den Augen des Politikers sehe und nicht erkenne, was sich in Deutschland in Wirklichkeit vorbereite. Warum werden solche Dinge nicht von der deutschen Regierung unterdrückt?*

Stresemann: Ich kenne das Buch vom „Stahlhelm" nicht; aber ich möchte prima vista darauf hinweisen: wenn es sich um irgendeine geheime Ausbildung handelte, würde das Buch nicht öffentlich erscheinen und im Buchhandel zu haben sein. Es wäre natürlich, wenn die Auflösung einer großen Armee sich nicht geistig vollzieht, sondern die Erinnerung an die alte Militärzeit in allen Frontkriegerverbänden fortwirkt. Diese Organisationen sind vielleicht eine Gefahr für die Innenpolitik, weil sie sich ja gerade gegenwärtig in Dinge einmischen, von denen sie nichts verstehen, aber militärisch bedeuten sie nichts und werden auch von der Reichswehr nicht unterstützt. Die Republik hat in Deutschland keine Rücksicht auf die psychologischen Bedürfnisse der Masse genommen. Sie erstarrt im langweiligen schwarzen Gehrock. Die Menschen wollen Buntheit, Freude und Bewegung, daher die Erfolge des „Stahlhelms" auf der einen und des „Reichsbanners" auf der anderen Seite.

Interessant sind die letzten Bemerkungen, die Stresemann in seinen Aufzeichnungen wiedergibt, weil sie für die allzu raschen Urteile charakteristisch sind, die die ganze Unterhaltung kennzeichneten:

Aussprache über Rußland: Briand glaubt nicht, daß das bolschewistische Regime sich noch lange hält. Überall eigene Politik. Ukraine und Georgien wollten sich selbständig machen. Hiesige Sowjetkreise hätten ihm mitgeteilt, daß Bestrebungen in Rußland bestünden, sich dem Völkerbund anzuschließen. Der einzige Mann von Bedeutung sei Trotzki. Wir sprachen dann über Möglichkeiten wirtschaftlicher Kooperation zum Aufbau von Rußland.[201])

Das Gespräch von Thoiry bezeichnete einen Höhepunkt gegenseitigen Vertrauens, und wenn es auch aus den bereits angedeuteten Gründen keine positiven Ergebnisse zeitigte, so berechtigte es doch zu schönen Hoffnungen für die Zukunft. Der eigentliche Initiator des Planes einer Gesamtlösung, der französische Ministerpräsident Raymond Poincaré, hatte freilich andere Vorstellungen von der Durchführung, wie aus einer Äußerung vom 23. September des gleichen Jahres zu dem damaligen Gouverneur der Banque de France, Emile Moreau, hervorgeht:

„Ich bin im Prinzip einer Vorverlegung der Räumung des Rheinlandes und der Saar nicht feindlich gesinnt, aber ich werde verlangen, daß diese Räumung sich schrittweise vollzieht und begleitet wird von einer gleichzeitigen und vollständigen Mobilisation der Dawes-Obligationen, deren Gesamtsumme sich auf 16 Milliarden Goldmark beläuft. Ich werde mich nicht mit einer Teilemission der Obligationen zufriedengeben. Im ganzen bin ich für eine Politik Zug um Zug. Schließlich werde ich das Rheinland erst dann endgültig räumen, wenn die militärischen Arbeiten zu Ende geführt sein werden, die die Verteidigung unserer neuen Ostgrenze gegen einen deutschen Angriff verstärken.”[202])

Am 10. Dezember 1926 beschloß das Nobelkomitee des norwegischen Storting, den Friedenspreis für 1925 Austen Chamberlain und General Dawes, den für 1926 Aristide Briand und Gustav Stresemann zu verleihen. Das war nicht nur eine hohe Auszeichnung für den deutschen Außenminister persönlich, sondern mindestens ebensosehr ein Beweis dafür, daß die Wiedereingliederung Deutschlands in die internationale Staatengemeinschaft sich vollzog.

Arbeitslosenversicherung, Wirtschaftslage und Verwaltungsreform

Obwohl SPD und Gewerkschaften der zweiten Bürgerblockregierung voller Mißtrauen gegenüberstanden, tat diese einen wesentlichen Schritt zur Stabilisierung der sozialen Verhältnisse durch das Gesetz über die Arbeitsvermittlung und Arbeitslosenversicherung. Sein Schöpfer war der Zentrumspolitiker Dr. Heinrich Brauns. Er war aus dem Volksverein für das katholische Deutschland hervorgegangen und seit 1920 Reichsarbeitsminister. Am 7. Juli 1927 wurde das Gesetz mit der ungewöhnlich hohen Mehrheit von 356 gegen 47 Stimmen der Kommunisten und der Völkischen bei 16 Enthaltungen angenommen. Damit war von der Rechtsregierung Marx eine Forderung erfüllt, die zum erstenmal 25 Jahre zuvor auf dem Stuttgarter Gewerkschaftskongreß von 1902 erhoben und seitdem unablässig von der Sozialdemokratie und den Gewerkschaften verfochten worden war.

Die ersten Ansätze hatten sich während des Krieges aus der Fürsorge für diejenigen entwickelt, die durch den Krieg erwerbslos geworden waren. Die Demobilisierung hatte dann 1918 eine allgemeinere Regelung des Erwerbslosenproblems erzwungen, die ursprünglich nur für ein Jahr gelten sollte, sich aber mit mancherlei Änderungen bis zum Jahre 1927 hielt, weil in grundsätzlichen Fragen tiefe Gegensätze bestanden. Sollte für die Arbeitslosen in der Form einer Fürsorge oder durch eine Versicherung gesorgt werden? Sollte in jedem Falle die Bedürftigkeit geprüft werden oder bei unverschuldeter Arbeitslosigkeit ein Rechtsanspruch bestehen? Das Gesetz vom 7. Juli 1927 brachte nun die volle Durchsetzung des Versicherungsprinzips. Die Bedürftigkeitsprüfung fiel weg, und jeder unfreiwillig Arbeitslose besaß jetzt ein gesetzlich festgelegtes Anrecht auf Unterstützung. Rund 16½ Millionen wurden von der Versicherungspflicht erfaßt, etwa der gleiche Personenkreis, der auch der Kranken- und Angestelltenversicherungspflicht unterlag. Die wenigen Ausnahmen betrafen vor allem die Land- und Forstwirtschaft. Die Unterstützung gliederte sich in Hauptunterstützung und Familienzuschlag. Die Höhe der Hauptunterstützung hing vom Verdienst der letzten 13 Wochen vor Beginn der Arbeitslosigkeit ab und war in 11 Lohnklassen gestaffelt. Bis zu einem Wochenlohn von 10 Mark betrug sie 6 Mark, für Löhne von 24 bis 48 Mark 10,80 bis 17,85 Mark und in der Höchststufe für Löhne über 60 Mark 22,05 Mark. Die Unterstützung wurde 26 Wochen lang gezahlt, konnte aber bei ungewöhnlich schlechten Arbeitsmarktverhältnissen bis auf 39 Wochen ausgedehnt werden. Wer dann immer noch arbeitslos war, wurde ausgesteuert und blieb auf die Krisenfürsorge angewiesen, die das Reichsarbeitsministerium durch Verordnung regelte, wobei die Mittel vom Reich und den Gemeinden aufgebracht wurden und die Bedürftigkeitsprüfung weiterbestand.

Die Arbeitslosenversicherung wurde durch einheitliche Beiträge finanziert, die für jeden Versicherungspflichtigen 3 Prozent des Grundlohnes betrugen und je zur Hälfte von Arbeitnehmern und Arbeitgebern gezahlt werden mußten. Auf diese Weise konnten bei durchschnittlichen Lohnverhältnissen bis etwa 800 000 Hauptunterstützungsempfänger versorgt werden. Institutionell getragen wurde die neue Regelung von der Reichsanstalt für Arbeitsvermittlung und Arbeitslosenversicherung (RAfAuA), die sich in eine Hauptstelle, 13 Landesarbeitsämter und 363 Arbeitsämter gliederte. Ihre Aufgabe war neben der Arbeitslosenunterstützung auch die Arbeitsvermittlung, für die weiterhin wie nach dem bisherigen Arbeitsnachweisgesetz die Grundsätze der Unparteilichkeit, Tarifeinhaltung und Neutralität in Arbeitskämpfen gültig blieben. Die einzelnen Verwaltungsausschüsse wurden unter einem unparteiischen Vorsitzenden gleichberechtigt von Arbeitgebern und Arbeitnehmern besetzt.

Zusammen mit dem System der Tarifverträge stellte das Gesetz die Krönung des sozialpolitischen Werkes der Weimarer Republik dar. Wenn die Arbeitnehmer nicht mehr als hilflose Untergebene den Unternehmern gegenübertreten mußten, sondern als mächtige kollektive Verhandlungspartner die Höhe ihrer Löhne mitbestimmen konnten, und wenn nun auch der Absturz in völliges Elend durch eine erträgliche Arbeitslosenunterstützung verhindert wurde, dann schien der Lebensstandard der breiten Massen des Volkes gesichert, ja mehr als das:

Mit der Arbeitslosenversicherung sind das Lebensrecht des Arbeiters und damit der

Selbstzweck und die Würde seines Daseins von der Gesellschaft grundsätzlich anerkannt; ein neues Stück Sittlichkeit ist verwirklicht.[203])

Obwohl sich 1927 die Wirtschaft so günstig wie nie zuvor seit dem Krieg entwickelte (vgl. Statistischer Anhang, Tabelle 9), fehlte es nicht an warnenden Stimmen. Nachdem sich im Herbst 1927 eine Reform der Beamtenbesoldung durchgesetzt hatte, die statt wie ursprünglich vorgesehen eine Erhöhung um durchschnittlich 10 Prozent eine Steigerung brachte, die sich zwischen 18 und 25 Prozent bewegte, richtete der Reparationsagent Parker Gilbert am 20. Oktober ein kritisches Memorandum an den Reichsfinanzminister, in dem er die Mehrausgaben auf insgesamt 1200 bis 1500 Millionen veranschlagte und erklärte:

Es sind seit der Stabilisierung der Währung nahezu vier Jahre verflossen und seit der Annahme des Sachverständigenplanes über drei Jahre. Während dieser Zeit hat Deutschland bemerkenswerte Fortschritte gemacht. Es hat seinen Kredit im In- und Ausland wiederhergestellt, seine Industrien sind reorganisiert und seine Produktionsfähigkeit weitgehend erneuert worden. Seine Vorräte an Rohstoffen und bis zu einem gewissen Grade sein Betriebskapital sind wieder aufgefüllt worden, und der allgemeine Lebensstandard hat sich wesentlich verbessert. Es wäre bedauerlich, wenn das, was zustande gebracht worden ist, jetzt durch eine kurzsichtige und ungesunde innere Politik in Gefahr gebracht würde.[204])

Am 31. Oktober 1927 erklärte Stresemann in einer Rede bei dem traditionellen Jahresessen der Ressource der Dresdner Kaufmannschaft:

„Wenn auch die Wirtschaftsentwicklung in den letzten Jahren günstiger geworden ist und wenn wir heute auf einen Tiefstand der Erwerbslosenziffern zurückblicken können, wie er in Vorkriegsjahren nicht erreicht wurde, so darf doch kein Zweifel darüber bestehen, daß diese Entwicklung erhebliche Gefahren in sich birgt, weniger Gefahren für die Gegenwart als Gefahren für die Zukunft. Wir brauchen die Milliarden, die in Gestalt von Auslandskrediten in unsere Wirtschaft geflossen sind, und die Tatsache, daß durch diese Kredite das Schicksal anderer Nationen mit der wirtschaftlichen Entwicklung Deutschlands verbunden wird, ist es zu begrüßen. Aber nur die Milliarden, die hundertprozentig für produktive Zwecke Verwendung finden, sind eine gerechtfertigte Kapitalaufnahme, während nichtproduktive Auslandsanleihen eine schwere Belastung für uns bedeuten.” [205])

Mit den „nichtproduktiven Anleihen” meinte Stresemann diejenigen, die von Ländern und Gemeinden für den Bau öffentlicher Einrichtungen, wie Schulen, Theater, Krankenhäuser und Ausstellungshallen, aufgenommen wurden, also Investitionen, die nur indirekt oder erst auf längere Sicht eine Rendite erbrachten. Weil die Reichsbank und ihr Präsident Schacht die Aufnahme langfristiger Gelder für diese Zwecke nicht wünschten und verhindern konnten, finanzierten Länder und Gemeinden ihre Vorhaben in gefährlichem Umfang mit kurzfristigen Krediten. Obwohl der Dawes-Plan auch in seinem dritten Jahr normal funktionierte, blieb Stresemanns Sorge über die außenpolitischen Auswirkungen der inneren Finanzpolitik bestehen. In einem Brief vom 24. November 1927 an Jarres, den Oberbürgermeister von Duisburg und Präsidentschaftskandidaten der Deutschen Volkspartei von 1925, entwarf er von diesem Gesichtspunkt aus ein freilich reichlich düsteres Bild der Kommunalpolitk:

Ich mache kein Hehl daraus, daß mir die Politik der Länder und Städte, und zwar dieser in erster Linie, große außenpolitische Sorgen veranlaßt. Daß der preußische Staat für den Umbau des Berliner Opernhauses 14 Millionen Mark gegeben hat und vielleicht insgesamt über 20 Millionen Mark geben wird, bringt die ganze Welt zu der Auffassung, daß wir offenbar im Goldüberfluß leben. Kein Siegerstaat hat sich etwas Derartiges geleistet. Daß Herr Adenauer ein wunderbares Messehaus baut und sich rühmt, die größte Orgel der Welt zu haben, hat denselben Effekt. Wenn es richtig ist, daß jetzt ein neues rheinisches Museum in Köln gebaut werden soll, nachdem das bisherige bei hundertjährigem Bestehen sich als ungenügend erwiesen hat, wirkt das in derselben Richtung. Die Presseausstellung in Köln wird als das Luxuriöseste bezeichnet, was bisher auf diesem Gebiete geleistet worden ist; Frankfurt a. M. hat ein Defizit von 2½ Millionen Mark bei der Musikausstellung gehabt. Dresden baut mit Reichszuschuß ein Hygiene-museum. Berlin will eine zehnjährige Bauausstellung machen, bei der die Hallen stehenbleiben sollen, wahrscheinlich, damit neben den fünf Messestädten, die wir haben, noch eine sechste entsteht.

Haben Sie, bitte, die Güte, mir zu sagen, was ich den Vertretern fremder Mächte antworten soll, wenn sie mir sagen, daß alle diese Dinge den Eindruck machen, als wenn Deutschland den Krieg nicht verloren, sondern den Krieg gewonnen hätte. Ich bin gegenüber diesen Vorwürfen mit meinem Latein zu Ende. Wenn diese Dinge selbst nur ein Prozent der Ausgaben ausmachen, so ärgert sich die Welt gerade über dieses eine Prozent.[206])

Das Bild, das Stresemann in diesem Schreiben von der damaligen deutschen Kommunalpolitik entwarf, war ohne Zweifel einseitig. Selbst die Repräsentativbauten der großen Gemeinden trugen ja wesentlich zur Belebung der wirtschaftlichen Tätigkeit bei, ganz abgesehen davon, daß eine demokratische Gemeinschaft sich auf die Dauer nicht entwickeln kann, wenn von ihren Mitgliedern immer nur gefordert wird, daß sie den Gürtel enger schnallen.

Tatsächlich ist die Demokratisierung Deutschlands in der Zeit der Weimarer Republik in den Gemeinden wohl am weitesten fortgeschritten, weil hier die Bedürfnisse der Bürger direkt und sichtbar betroffen wurden, weil hier eine Tradition demokratischer Rechte und Pflichten bestand und eine relativ große Zahl von Menschen sie unmittelbar ausüben konnte. Ihren sprechendsten Ausdruck hat diese Demokratisierung in der Errichtung moderner und praktischer Wohnsiedlungen gefunden, die die trostlosen Mietskasernen der Kaiserzeit allmählich abzulösen begannen. Von 205 000 im Jahre 1926 ist der Zuwachs an neuen Wohnungen im Jahre 1928 auf 309 000 gestiegen (vgl. Statistischer Anhang, Tabelle 10).

Gehemmt wurde der Demokratisierungsprozeß hier und da durch das autoritäre Verhalten mancher in der Verwaltung groß gewordener Stadtoberhäupter, zumal wenn sie sich auf einen starken persönlichen Anhang stützen konnten, gehemmt aber vor allem auch durch den überaus schwerfälligen und komplizierten Mechanismus der Bürokratie im Reich, in den Ländern und Gemeinden mit seinen zahlreichen Überschneidungen. Daß hier eine vereinfachende und rationalisierende Reform dringend zu wünschen war, litt keinen Zweifel.

Tatsächlich trat auch im Januar 1928 in Berlin eine Länderkonferenz für die Reichs- und Verwaltungsreform zusammen. Die Standpunkte der Ministerpräsidenten gingen weit auseinander, und die Diskussion verlief entsprechend lebhaft. Trotzdem brachte der Abschlußbericht vom 18. Januar eine Reihe nützlicher Feststellungen und Vorschläge: *Wenn auch darüber, ob die Reform die unitarischen oder die föderativen Kräfte stärken soll oder welche Vereinigung beider Kräfte in neuer Form möglich ist, eine Übereinstimmung nicht erzielt werden konnte, so bestand doch darüber Einigkeit, daß eine starke Reichsgewalt notwendig ist.*

II. Die Reichsregierung hat im Interesse der Lösung des Gesamtproblems folgende Maßnahmen in Aussicht gestellt:

    1. Zur Beseitigung finanzieller Notstände von Ländern, die durch die Entwicklung der Verhältnisse eintreten, ist die Reichsregierung bereit, über die leitende verfassungsmäßige Zuständigkeit hinaus geeignete Verwaltungsbereiche solcher leistungsschwach gewordenen Länder auf das Reich zu übernehmen.

    2. Zur Herbeiführung von Vereinbarungen über das Aufgehen kleinerer Länder in Nachbarländern sowie für die Auflösung von Enklaven und Exklaven stellt die Reichsregierung ihre guten Dienste zur Verfügung, sie ist insbesondere bereit, eine Stelle zu bestimmen, welche in enger Fühlungnahme mit den Ländern anregend, vermittelnd und auf Anruf der Beteiligten als Schiedsinstanz tätig wird.

III. Reichsregierung und Länderregierungen sind sich darüber einig, daß Maßnahmen zur Sicherstellung sparsamster Finanzgebarung in Reich, Ländern und Gemeinden getroffen werden müssen. Ein Ausschuß, der unter Vorsitz des Reichsministers der Finanzen aus mindestens vier Finanzministern der Länder besteht, soll näher prüfen, welche Wege in dieser Richtung gangbar erscheinen.

IV. Bezüglich der Fragen der Verwaltungsreform sind sich Reichsregierung und Landesregierungen über die Notwendigkeit beschleunigter Durchführung von entsprechenden Reformen in Reich und Ländern einig. Diese Reformen haben sich insbondere auf folgende Fragen zu erstrecken:

    a) zweckentsprechende Zusammenlegung von bisher nebeneinander bestehenden Behörden;

    b) zweckmäßige und den heutigen Verkehrsverhältnissen angepaßte Abgrenzung der Bezirke der Lokal- und Mittelbehörden.[207])

Insbesondere der letzte Punkt ist als Kreis- und Bezirksreform heute noch oder wieder besonders aktuell. Konkrete Erfolge blieben den damaligen Bemühungen allerdings versagt. Das Interesse der Öffentlichkeit war denkbar gering. So sehr man sich auch immer über die schwerfällige Bürokratie und ihre Unzulänglichkeiten, über Verschwendung und sogar Korruption beklagen mochte, schien doch die Lösung der Probleme selbst wieder viel zu fern und abstrakt, als daß breitere Kreise sich dafür hätten erwärmen können. Und in der Praxis der politischen Entscheidungen war die Spanne zwischen Unitariern und Föderalisten so groß und ihr Unterschied von so prinzipieller Unüberbrückbarkeit, daß rasche Ergebnisse unmöglich waren. Vorläufig traten ohnehin solche Probleme ebenso wie Fragen der allgemeinen Wirtschaftspolitik vor akuten politischen Schwierigkeiten zurück.

Regierungskrise und Große Koalition

Am 14. Januar 1928 trat Otto Geßler als Reichswehrminister zurück. Die Ursache lag in den geheimen Finanzgeschäften der Reichswehr. Die Seetransportabteilung hatte sich mit Geldern des Ministeriums an der Phoebus-Film-AG. beteiligt, die aber dann den Konkurs anmelden mußte. Keiner der Beteiligten hatte bei diesen Transaktionen persönliche Vorteile erstrebt, aber das Reich hatte erhebliche Beträge garantiert. Die erste dieser Bürgschaften stammte vom März 1926, belief sich auf drei Millionen und war von Geßler selbst, dem damaligen Reichsfinanzminister Reinhold und dem Chef der Marineabteilung gegengezeichnet. Der Reichswehrminister mußte die Verantwortung für dieses verfassungswidrige Verhalten auf sich nehmen und reichte sein Abschiedsgesuch ein. An seine Stelle trat auf Hindenburgs Wunsch am 19. Januar 1928 Generalleutnant Wilhelm Groener, der seinerzeit Ludendorffs Nachfolger als Generalquartiermeister gewesen war, von allen hohen Offizieren derjenige, auf dessen Loyalität die Republik wohl am sichersten zählen konnte.

Die Tage der Regierung waren allerdings bereits gezählt, weil die Spannungen in der Koalition bei den Problemen der Sozialpolitik (unter anderem wegen eines Arbeitszeitgesetzes und wegen der Erhöhung der Beamtenbesoldung) und über Stresemanns Außenpolitik, die von den Deutschnationalen immer nur mit großen Vorbehalten unterstützt wurde, ein unerträgliches Ausmaß angenommen hatten. Die Führung des Zentrums verstand es, den Konflikt an einem Problem zum Ausbruch kommen zu lassen, das alle Flügel der Partei auf die gemeinsame programmatische Grundlage verpflichtete, an der Frage eines Reichsschulgesetzes. In der Nationalversammlung war es den Anhängern der interkonfessionellen Gemeinschaftsschule noch gelungen, ihren Vorrang gegenüber den Sonderformen, also den Konfessionsschulen, aber auch den rein weltlichen Schulen, grundsätzlich zu behaupten. Nun traten die Deutschnationale Volkspartei, das Zentrum und die Bayerische Volkspartei für die Trennung insbesondere der Volksschulen nach Konfessionen ein. Am 14. Juli 1927 verabschiedete schließlich das Kabinett einen Entwurf für ein neues Reichsschulgesetz und leitete ihn dem Reichstag zu. Der Entwurf postulierte für die Gemeinschaftsschulen einen religiös-sittlichen und christlichen Charakter, vor allem aber sah er die Gleichberechtigung der katholischen und evangelischen Bekenntnisschulen vor, wobei der Wunsch der Eltern entscheiden sollte. Wirklich einverstanden waren mit dieser Lösung von den Parteien der Regierungskoalition nur das Zentrum, die Bayerische Volkspartei und die Deutschnationalen, die, sei es vom Standpunkt der katholischen, sei es vom Standpunkt der protestantischen

Kirche aus, die Konfessionsschule forderten. Nicht nur die SPD und die DDP, sondern auch die Deutsche Volkspartei bekämpften von ihrer liberalen Auffassung her die neue Ordnung. Da die Volkspartei in der Regierung saß und sowohl Gustav Stresemann wie der volksparteiliche Reichswirtschaftsminister Curtius, die anfänglich ihre Bedenken zurückgestellt hatten, bei den parlamentarischen Verhandlungen keine Kompromißbereitschaft fanden, kam es zur Krise.

Als die Deutsche Volkspartei den vorliegenden Entwurf endgültig ablehnte, verlangten das Zentrum, die Deutschnationalen und die Bayerische Volkspartei die Auflösung der Koalition. Am 15. Februar 1928 stellte der interfraktionelle Ausschuß der Regierungsparteien offiziell das Scheitern des Schulgesetzes und der Regierung fest und forderte baldige Neuwahlen. Die Wahlen zum vierten Reichstag der Republik am 20. Mai 1928 hatten folgendes Ergebnis:

SPD	9 151 059 Stimmen	152 Mandate
DNVP	4 707 121 Stimmen	78 Mandate
Zentrum	3 711 141 Stimmen	61 Mandate
Deutsche Volkspartei	2 678 207 Stimmen	45 Mandate
KPD	3 263 354 Stimmen	54 Mandate
Deutsche Demokratische Partei	1 504 148 Stimmen	25 Mandate
Bayerische Volkspartei	945 304 Stimmen	17 Mandate
Reichspartei des Deutschen Mittelstands (Wirtschaftspartei)	1 395 684 Stimmen	23 Mandate
NSDAP	809 771 Stimmen	12 Mandate
Deutsche Bauernpartei	480 880 Stimmen	8 Mandate
Christl.-Nationale Bauern-u. Landvolkpartei	776 820 Stimmen	13 Mandate

Doch mit diesen elf war die Zahl der Parteien nicht erschöpft. Einige weitere konnten wenigstens mit ihren Stimmen den größeren Parteien Gewinne bringen. Die Deutschnationalen hatten vom „Landbund" 199 517 Stimmen und 3 Mandate erworben, vom „Sächsischen Landvolk" 127 575 Stimmen und 2 Mandate, die Demokraten von der „Volksrechtpartei" 25 475 Stimmen (während diese Partei für weitere 482 226 Stimmen 2 eigene Mandate erhielt), die Wirtschaftspartei von der „Pfarrer-Greber-Partei" 9 523 Stimmen und die Christlich-Nationalen Bauern von der „Deutsch-Hannoverschen Partei" 195 060 Stimmen und 4 Mandate. Aber auch damit war der Reigen noch nicht zu Ende. Keine Sitze gewannen folgende Parteien:

Linke Kommunisten	mit	80 433	Stimmen
Völkisch-Nationaler Block	mit	266 430	Stimmen
Evangelische Volksgemeinschaft	mit	52 362	Stimmen
Reichspartei für Handel, Handwerk und Gewerbe	mit	6 576	Stimmen
Unabhängige Sozialdemokratische Partei	mit	20 685	Stimmen
Volksblock der Inflationsgeschädigten	mit	37 057	Stimmen

Deutsche Haus- und Grundbesitzerpartei	mit	35 709 Stimmen
Nationale Minderheiten	mit	71 108 Stimmen
Alte Sozialdemokratische Partei	mit	65 594 Stimmen
Unpolitische Liste der Kriegsopfer	mit	6 048 Stimmen
Deutscher Reichsblock der Geschädigten	mit	7 280 Stimmen
Aufwertungs- und Aufbaupartei	mit	7 487 Stimmen
Christlich-Soziale Reichspartei	mit	110 438 Stimmen
Deutsch-Soziale Partei	mit	45 869 Stimmen
Partei für Recht und Mieterschutz	mit	2 742 Stimmen
Evangelischer Volksdienst	mit	10 665 Stimmen

Sonstige Kreiswahlvorschläge, die nicht an Reichswahlvorschläge angeschlossen waren, erhielten zusammen 6183 Stimmen.

Von den großen Parteien hatten vor allem die SPD und in geringerem Maße auch die KPD zugenommen. Zusammen erreichten sie 42,1 Prozent sämtlicher Reichstagssitze, fast soviel wie SPD und USPD in der Nationalversammlung 1919 erobert hatten (45,5 Prozent). Wäre an dem törichten Gerede von den „marxistischen Parteien" etwas Wahres gewesen, so hätte sich jetzt wohl der Ansatzpunkt finden lassen müssen, um gemeinsam eine revolutionäre Umgestaltung der Gesellschaft in Angriff zu nehmen. In Wirklichkeit sahen die Sozialdemokraten in den Kommunisten im wesentlichen Agenten der Sowjetunion, die Kommunisten in der SPD die Partei des „Sozialfaschismus", und eine Zusammenarbeit war völlig ausgeschlossen.

Die DVP und das Zentrum hatten erhebliche Verluste erlitten. Die Demokratische Partei kam gerade noch auf 8 Sitze mehr als die BVP, die eine bloße Landespartei war. Der DNVP waren die Beteiligung an der Bürgerblockregierung und ihr außenpolitisches Schwanken schlecht bekommen. Sie hatte aufgehört, das selbstverständliche Sammelbecken aller Unzufriedenen zu sein, die nach rechts tendierten. Immerhin verfügte sie auch jetzt noch allein über 8 Sitze mehr als die beiden liberalen Parteien, DVP und DDP, zusammen. Noch zeigte sich kein Nachfolger der Deutschnationalen auf der Rechten, aber die Gewinne der im Grunde unpolitischen Wirtschaftspartei und die Tatsache, daß rund eine Million Stimmen an Splittergruppen verlorengegangen waren, ließen Düsteres ahnen. Sicher war zunächst nur, daß das Wahlergebnis der SPD die Führung zuwies.

Die Bildung einer regulären Großen Koalition unter Ausschluß nur der Extremisten scheiterte daran, daß die DVP eine entsprechende Umbildung auch der preußischen Regierung zur Voraussetzung machte. Auch das Zentrum bereitete mit seinen Forderungen Schwierigkeiten. Schließlich gelang es mit Stresemanns Hilfe trotzdem, eine Regierung mit Ministern aus allen Parteien der Großen Koalition, also der SPD, der Demokraten, des Zentrums, der DVP und der BVP, zu bilden, aber ohne daß eine feste Bindung zwischen den Fraktionen und ihren Ministern bestand. Der Sozialdemokrat Hermann Müller, der schon 1920 Reichskanzler gewesen war, ein nüchterner, sachlicher Realpolitiker, stand nun zum zweiten Male an der Spitze der Reichsregierung. Stresemann behielt das Außenministerium. Von der SPD übernahm Hilferding die

Finanzen, Severing das Innen- und Wissell das Arbeitsministerium. Die Demokraten Koch und Dietrich leiteten die Ressorts für die Justiz und die Ernährung. Das Wirtschaftsministerium behielt Stresemanns Parteifreund und späterer Nachfolger Curtius. Auch Schätzel von der Bayerischen Volkspartei konnte an der Spitze des Postministeriums bleiben. Das Zentrum zog seinen langjährigen erfolgreichen Arbeitsminister Brauns zurück und hielt durch Theodor von Guérard, der das Reichsverkehrsministerium und die besetzten Gebiete übernahm, nur eben die Verbindung mit der neuen Regierung.

Noch einmal hatten sich die demokratischen Parteien zusammengefunden, wenn auch schon in weniger enger Form. Die erste Krise ließ nicht lange auf sich warten. Das Kabinett Marx hatte die Vorbereitungen zum Bau eines nach den Bestimmungen des Versailler Vertrages gestatteten Kriegsschiffes in Angriff genommen, das als erstes einer geplanten Reihe mit dem Namen „Panzerkreuzer A" bezeichnet wurde. Gegen die Stimmen der Sozialdemokraten, Demokraten und Kommunisten war der Bau noch von dem alten Reichstag angenommen, aber am 31. März durch Beschluß des Reichsrates aufgeschoben worden. Die Reichstagswahlkampagne hatte die SPD dann zum guten Teil als Kampf gegen den Panzerkreuzerbau geführt. Der größere Teil auch der führenden Sozialdemokraten bekannte sich aus Tradition und pazifistischer Überzeugung zu den Gegnern aller militärischen Rüstungen. Für soziale Zwecke und nicht für Waffen sollten die Mittel des Reiches eingesetzt werden. „Kinderspeisung oder Panzerkreuzer?" war die Frage gewesen, die die SPD zum Beispiel in Berlin den Wählern gestellt hatte. Im neuen Kabinett unterstützten nun aber der sozialdemokratische Kanzler und der sozialdemokratische Finanzminister den Kreuzerbau, weil sonst die kaum erst zusammengeführte Koalition wieder auseinandergebrochen wäre. Daß der Reichswehrminister Groener und der Reichspräsident für den Bau eintraten, war selbstverständlich. Am 10. August stimmte die Reichsregierung zu.

Der Protest in den Reihen der SPD führte dazu, daß bereits am 15. August Partei- und Fraktionsvorstand die Haltung der Minister mißbilligten, aber gleichzeitig feststellten, daß „mit Rücksicht auf das Gesamtinteresse der Arbeiterschaft" die Beteiligung an der Regierung außerordentlich wichtig sei. In der Bevölkerung ging die Erregung nicht sehr tief. Ein kommunistisches Volksbegehren „Panzerkreuzerverbot" brachte es vom 3. bis zum 16. Oktober nur auf 1 216 501 Unterschriften. Das war bei weitem noch nicht die Hälfte der Stimmen, die bei den Reichstagswahlen der KPD zugefallen waren. Zudem wären für die Zulassung des Volksbegehrens mindestens 4 Millionen Unterschriften nötig gewesen. Trotzdem führten die Verärgerung über den Beschluß des Kabinetts und die antimilitaristische Grundhaltung, aber auch die Überzeugung, daß das geplante Schiff militärisch eine Fehlkonstruktion sei, schließlich dazu, daß die sozialdemokratische Reichstagsfraktion im November 1928 den Antrag stellte, den Bau des Panzerkreuzers wieder einzustellen. Zwar wurde dieser Antrag am 16. November im Reichstag mit 257 gegen 202 Stimmen bei 8 Enthaltungen abgelehnt, womit die Regierungskrise beigelegt war, aber in der SPD dauerte die Auseinandersetzung an.

Es ging dabei um mehr als nur um den Bau eines Panzerschiffes, nämlich um das

Verhältnis zum Krieg und zum Militär im ganzen und um die Beziehungen zur Reichswehr im besonderen. Daß die sozialdemokratischen Minister jetzt als Abgeordnete gegen den Beschluß gestimmt hatten, den sie im August als Angehörige der Reichsregierung gebilligt hatten, zeigte deutlich, wie unklar die Meinungsbildung innerhalb der Partei geblieben war. Eine Kommission wurde eingesetzt, um die Stellung der SPD zu den Wehrfragen programmatisch zu erörtern. Auf Grund dieser Vorarbeiten nahm der nächste sozialdemokratische Parteitag am 28. Mai 1929 in Magdeburg mit den Stimmen von 244 Delegierten gegen 147 aufführliche „Richtlinien zur Wehrpolitik" an. Der Krieg als Mittel der Politik wurde abgelehnt, und die „friedliche Lösung aller internationalen Konflikte durch obligatorische Schiedsgerichte, Demokratisierung des Völkerbundes und seine Ausgestaltung zu einem wirksamen Instrument des Friedens" gefordert. Friedensbrechern wurde stärkster „Druck, selbst mit revolutionären Mitteln", angekündigt, „vollständige Abrüstung durch internationale Abkommen" verlangt, einseitige Abrüstung abgelehnt und darauf hingewiesen, daß die Republik ihre „historische Mission . . . , Vorkämpferin der internationalen Abrüstung zu sein", nur erfüllen könne, wenn sie nicht selbst die ihr auferlegten Beschränkungen durchbreche und damit anderen Vorwände liefere. Die innenpolitisch entscheidenden Sätze lauteten: *Der wirksamste Schutz der deutschen Republik beruht auf einer deutschen Außenpolitik, die auf die Verständigung der Völker und die Erhaltung des Friedens gerichtet ist. Noch droht aber die Machtpolitik imperialistischer und faschistischer Staaten mit konterrevolutionären Interventionen und neuen Kriegen. Deutschland kann als Aufmarschgebiet mißbraucht und wider Willen in blutige Verwicklungen hineingerissen werden. Solange diese Gefahren bestehen, braucht die deutsche Republik eine Wehrmacht zum Schutze ihrer Neutralität und der politischen, wirtschaftlichen und sozialen Errungenschaften der Arbeiterklasse. Die Wehrmacht kann ihre Aufgabe nur erfüllen, wenn sie in ihrem Denken und Fühlen mit dem Volke verbunden ist und sich – im Gegensatz zu allen militärischen Tendenzen, die auf die Beherrschung des Staates durch das Militär hinauslaufen – als dienendes Glied in die demokratische Republik einordnet. Um die Reichswehr in diesem Sinne umzugestalten, stellt die Sozialdemokratische Partei Deutschlands insbesondere folgende Forderungen:*

1. *Kontrolle des Reichstags über alle Angelegenheiten der Reichswehr und über alle Verträge und Abmachungen der Heeresverwaltung.*
2. *Keine Subvention an Privatfirmen, die unmittelbar oder mittelbar illegalen Rüstungen dient.*
3. *Verbot der Bestrafung von Veröffentlichungen über illegale Rüstungen.*
4. *Gesetzliche Bestimmungen zur Sicherung einer unparteiischen Rekrutierung.*
5. *Beseitigung des Bildungsprivilegs für das Offizierskorps und gesetzliche Festlegung eines Mindestkontingents für den aus dem Mannschaftsstand zu entnehmenden Offiziersersatz.*
6. *Sicherung der staatsbürgerlichen Rechte des Soldaten.*
7. *Schutz der Rechte der Soldaten durch eine von ihnen gewählte Personalvertretung.*

8. *Demokratisierung des Disziplinarrechts und des Militärstrafrechts.*
9. *Republikanische Lehrkräfte und Lehrbücher beim Unterricht.*
10. *Verbot der Verwendung militärischer Kräfte bei Konflikten zwischen Kapital und Arbeit.*

Der letzte Satz lautete: *Der Sozialismus ist die Macht, die der Welt den dauernden Frieden bringt.*[208])
All das mochte richtig sein, aber die entscheidende Frage blieb auch jetzt, wie es durchgesetzt werden könnte, wenn im ganzen gesehen zwischen Reichswehr und SPD ein feindliches Verhältnis bestand.

Noch bevor sich die Diskussion um den Panzerkreuzer A löste, zeigte es sich, wie weit inzwischen der Prozeß der Radikalisierung der Deutschnationalen Volkspartei vorgeschritten war. Die kaisertreuen echten Konservativen alter und ältester Schule hatten allmählich ihren Einfluß verloren. Die Wahlniederlage beschleunigte diese Entwicklung noch. Auf dem Berliner Parteitag der Deutschnationalen wurde im Oktober 1928 an Stelle des zurückgetretenen Grafen Cuno Westarp der Industriemagnat Alfred Hugenberg zum Vorsitzenden der Partei gewählt. Damit übernahm der extreme Flügel, der die Republik und die Demokratie beseitigen wollte und dessen Kern die Alldeutschen bildeten, die Macht in der Partei. Zu Hugenbergs Konzern gehörte neben zahlreichen Zeitungen und Zeitschriften sowie den Materndiensten, die Provinzblätter mit politischen Nachrichten versorgen, seit 1927 auch die Ufa, die große deutsche Filmgesellschaft. Wie Hugenberg dachte und was er wollte, läßt sich aus einem Artikel entnehmen, den er am 26. und 28. August 1928 in dem zu seinem Konzern gehörenden „Berliner Lokal-Anzeiger" veröffentlichte. Der deutschnationale Reichstagsabgeordnete Walter Lambach hatte erklärt, daß der monarchische Gedanke in den zehn Jahren seit 1918 besonders bei der jüngeren Generation verblaßt sei, und hatte infolgedessen Monarchisten und Republikaner in der Partei willkommen geheißen. Hugenberg antwortete ihm unter der Überschrift „Block oder Brei?" in den folgenden Sätzen:

Wenn in diesem Augenblick jemand kommt — dieser Jemand ist Herr Lambach — und übergießt nach allem, was vorangegangen ist, einen wesentlichen Punkt des Bündels einigender, zusammenhaltender Weltanschauungsgedanken wie den des deutschen Kaisertums mit Spott und Hohn und will die Partei veranlassen und besteht nach Rüge darauf, die klare Scheidelinie zwischen Kaiserlichen und Republikanern zu verwischen, so bedeutet das einfach dies: In einem Augenblick, in dem die Losung nur sein kann: „Das Ganze sammeln — vorwärts marsch!", statt dessen rufen: „Rette sich, wer kann!" Es heißt der Parole „Weltanschauungspolitik" die Gegenparole „Weg mit den alten Scharteken!" entgegensetzen. Ob es sich um Monarchie, preußische Überlieferungen, christliche Schule, sozialen Wirtschaftsgeist, Eigentumsbegriff oder was sonst handelt, ist nicht das Entscheidende, sondern daß es sich um Flucht und Zersetzung handelt. Daß lediglich der Gedanke eines wesenlosen Kyffhäusertraums und der Gedanke der alsbaldigen Rückberufung der deutschen Fürsten einander gegenübergestellt werden, ist sophistisches Kampfmittel aus dem Arsenal der politischen Gegner; als ob ein verantwor-

tungsbewußter Monarchist den monarchistischen Gedanken durch eine Zurückberufung der Fürsten in diesen heutigen unmöglichen Staat zu Tode reiten wollte — bevor ein staats- und volksfreudiges Bürgertum ihn wieder lebensfähig gemacht hat! Es gibt zwei Möglichkeiten. Bebel hat einmal von dem großen bürgerlichen Brei gesprochen, in dem schließlich alles, was vom Bürgertum noch übrig sei, in der Angst vor der Sozialdemokratie zusammenlaufen werde. Ein solcher Brei ist weder Schutzdamm noch Wehr und Waffe. Was wir brauchen, ist nicht ein Brei, sondern ein Block. Im Brei werden wir untergehen, mit dem Block ist Sieg und Wiederaufbau eine Kleinigkeit. Denn Gesundheit, Vernunft und wahre Liebe zum Volke sind auf unserer Seite. Wir werden ein Block sein, wenn die eiserne Klammer der Weltanschauung uns zusammenschließt und in ihrer Umarmung alles, was weich und flüssig ist, zum Felsen gerinnen und zusammenwachsen läßt. Wer uns auf dem Wege dazu hindern könnte, muß beiseite treten oder sich einschmelzen lassen.[209]) Die krause Diktion dieser Darlegungen und die Zielsetzung, die aus ihnen sprach, verhießen für die Zukunft nichts Gutes. Die rechtsbürgerliche Koalition war an den kulturpolitischen Gegensätzen zerbrochen, eine Regierung der bürgerlich-demokratischen Mitte besaß keine Mehrheit im Reichstag. Parlamentarisch gab es nur die Möglichkeit der Großen Koalition, aber die Regierung Hermann Müller beruhte an sich schon nicht auf der festen Basis verläßlicher Koalitionsabmachungen und war bereits durch den Panzerkreuzerkonflikt erschüttert. Was sollte geschehen, wenn sie auseinanderbrach?

Kellogg-Pakt und Young-Plan

Wenigstens die internationale Verständigung konnte damals einen Schritt vorwärts gebracht werden. Aristide Briand hatte schon am 20. Juni 1927 den Vereinigten Staaten ein Abkommen zur Friedenssicherung vorgeschlagen. Der amerikanische Staatssekretär Frank Billings Kellogg griff den Gedanken auf und formte ihn zum Plan eines allgemeinen Paktes um, der für die ganze Welt die Schiedsgerichtsbarkeit an die Stelle kriegerischer Auseinandersetzungen als Mittel zur Austragung internationaler Konflikte setzen sollte. Es konnte und sollte dabei nicht um einen Vertrag gehen, dessen Einhaltung sich durch bestimmte Maßnahmen erzwingen ließ, sondern um die Stärkung der Idee eines allgemeinen Friedens. Die Vereinigten Staaten und Frankreich teilten ihre Absicht den anderen Mächten mit. Der Gedanke einer Ächtung des Krieges lag an sich schon in der Zielsetzung der Parteien der Weimarer Koalition und insbesondere der Sozialdemokratie. Auch in Stresemanns aktuelle politische Absichten fügte er sich aufs beste ein. Auf diese Weise durfte Deutschland hoffen, die Locarnopolitik weiterführen und die Beendigung der Besetzung erleichtern zu können. Die Regierung Müller erklärte sich daher bereit, einem entsprechenden Abkommen beizutreten. Am 27. August 1928 unterzeichneten 15 Staaten in Paris den Kellogg-Pakt. 45 weitere, zu denen auch die Sowjetunion gehörte, traten später bei. Der Pakt enthielt nur drei Artikel:

Artikel 1
Die Hohen vertragschließenden Parteien erklären feierlich im Namen ihrer Völker, daß sie den Krieg als Mittel für die Lösung internationaler Streitfälle verurteilen und auf ihn als Werkzeug nationaler Politik in ihren gegenseitigen Beziehungen verzichten.

Artikel 2
Die Hohen vertragschließenden Parteien vereinbaren, daß die Regelung und Entscheidung aller Streitigkeiten oder Konflikte, die zwischen ihnen entstehen könnten, welcher Art und welchen Ursprungs sie auch sein mögen, niemals anders als durch friedliche Mittel angestrebt werden soll.

Artikel 3
Dieser Vertrag soll durch die in der Präambel genannten Hohen vertragschließenden Parteien gemäß den Vorschriften ihrer Verfassungen ratifiziert werden und soll zwischen ihnen in Kraft treten, sobald alle Ratifikationsurkunden in Washington hinterlegt worden sind.

Dieser Vertrag soll, nachdem er gemäß dem vorhergehenden Absatz in Kraft getreten ist, so lange als notwendig für den Beitritt aller anderen Mächte der Welt offenstehen.[210]

Bei der feierlichen Unterzeichnung im Uhrensaal des Quai d'Orsay sprach Aristide Briand als einziger Redner und führte an Deutschland gewendet aus:

„Kann der zivilisierten Welt eine bessere Lehre geboten werden als dieses Schauspiel einer Zusammenkunft, in der zur Unterzeichnung eines Paktes gegen den Krieg Deutschland aus freien Stücken und ohne Zögern zwischen sämtlichen anderen Signataren, seinen früheren Gegnern, Platz nimmt? Gibt es noch eine schlagendere Illustration, wenn auf diese Weise dem Vertreter Frankreichs, der zum erstenmal seit mehr als einem Jahrhundert einen deutschen Außenminister auf dem Boden Frankreichs empfängt, Gelegenheit gegeben wird, ihm den gleichen Empfang zu bereiten wie all seinen ausländischen Kollegen? Da dieser Vertreter Deutschlands Stresemann heißt, kann man glauben, daß ich besonders glücklich bin, dem ausgezeichneten Geist und Mut des hervorragenden Staatsmannes Anerkennung zu zollen, der während dreier Jahre nicht gezögert hat, sich unter seiner Verantwortung dem Werke der europäischen Zusammenarbeit für die Aufrechterhaltung des Friedens zu widmen.'[211]

Das war ein persönlicher Höhepunkt für Gustav Stresemann und zugleich ein Beweis dafür, daß die von den Weimarer Parteien getragene Außenpolitik erfolgreich war.

Eine vorübergehende Trübung des Verhältnisses trat ein, als zwölf Tage später vor der neunten Völkerbundversammlung in Genf Hermann Müller sprach, der an Stelle des erkrankten Außenministers die Führung der deutschen Delegation übernommen hatte. Der Mann, der jetzt als Reichskanzler den Standpunkt Deutschlands zur Völkerbundspolitik darlegte, hatte neun Jahre zuvor als Außenminister in Versailles den Friedensvertrag unterzeichnen müssen, und pathetische Rhetorik, wie sie Stresemann zu Gebote stand, lag ihm nicht. Seine Rede tönte ungewohnt scharf:

„Ich mache kein Hehl daraus, daß mich der Stand der Abrüstungsfrage mit ernster Sorge erfüllt. Die Entwaffnung Deutschlands darf nicht länger bestehen als der einseitige Akt der den Siegern des Weltkrieges in die Hand gegebenen Gewalt. Es muß endlich zur

Erfüllung des vertraglichen Versprechens kommen, daß der Entwaffnung Deutschlands die allgemeine Abrüstung folgen soll. Es darf einfach nicht dazu kommen, daß der große Aufstieg, der mit der Errichtung des Völkerbundes begonnen hat, sich in einen Abstieg verwandelt, der uns sicher auf ein tieferes Niveau des internationalen Lebens führen würde, als es vorher bestand. Der Mann aus dem Volke denkt einfach und denkt deshalb richtig. Er liest, daß die Regierungen sich feierlich auf die Erhaltung des Friedens verpflichten, und er sieht andererseits, daß diese Regierungen gleichwohl an ihren alten Machtpositionen festhalten und neue zu gewinnen suchen. Er liest, daß bei internationalen Verhandlungen in beredten Worten das gegenseitige Vertrauen der Staaten zueinander proklamiert und gegenseitige Verständigung der Völker als Ereignis gefeiert wird, und er sieht andererseits, daß in der Praxis die Dinge beim alten bleiben, daß es nicht einmal gelungen ist, die aus dem Weltkrieg herrührenden Schranken völlig zu beseitigen. So ist es nicht verwunderlich, wenn er schließlich dazu kommt, ein doppeltes Gesicht der internationalen Politik zu konstatieren. In der Tat, es ist unmöglich, in der Politik auf beiden Wegen zugleich zu wandeln."[212])
Briand war gereizt und antwortete drei Tage später in der Sitzung vom 10. September mit ungewohnter Schärfe, indem er auf die Fortschritte hinwies, die bereits erreicht worden waren, und betonte, daß auch Deutschland keineswegs alle Verpflichtungen aus dem Versailler Vertrag ehrlich erfüllt habe. Trotz dieser Polemiken kamen in der gleichen Zeit die Vorbereitungen für eine neue Regelung des Reparationsproblems erfolgreich zum Abschluß.

Seit 1927 hatte der Gedanke einer Revision des Dawes-Planes allmählich deutlichere Gestalt angenommen. Von den Amerikanern von vornherein nicht als endgültige Lösung gedacht, sondern als entscheidender Schritt zur „Kommerzialisierung" der Reparationen, hatte der Plan nun einige Jahre befriedigend funktioniert, so daß die Zeit für den nächsten Schritt gekommen zu sein schien. Zum Wortführer dieser Bestrebungen machte sich der Generalagent der Reparationen Parker Gilbert, indem er vorschlug, daß die deutsche Regierung die volle Verantwortung übernehmen sollte, daß die Gesamtleistungen Deutschlands endgültig festgesetzt und die Überwachung der deutschen Finanzpolitik durch die Behörden des Dawes-Planes, aber auch der Transferschutz, also die internationalen Vorkehrungen, um für die Währung schädliche Folgen der Reparationszahlungen zu verhüten, aufgehoben würden. Der Fortfall der ausländischen Kontrollen war wiederum eines der nationalen deutschen Anliegen. Stresemann nutzte die amerikanische Initiative vor allem dazu, um bei der Räumung des besetzten Rheinlandes voranzukommen. Die schon im Gespräch von Thoiry in Aussicht genommene Verbindung der Reparations- mit der Räumungsfrage konnte auf diese Weise Wirklichkeit werden.

Parker Gilbert hat, wie viele andere, offenbar bereits zu diesem Zeitpunkt das Kommen einer Wirtschaftskrise erkannt. Seine Überlegungen in dieser Hinsicht, die er, soweit sich feststellen läßt, in seinen Gesprächen mit deutschen Verhandlungspartnern nie voll zum Ausdruck gebracht hat, gehen aus einer Unterredung am 14. Dezember 1927 hervor, über die Moreau, der Gouverneur der Banque de France, in seinem Tagebuch berichtet:

Herr Parker Gilbert hat mich soeben besucht. Er wird mir demnächst einen Bericht über das Funktionieren des Dawes-Plans schicken. In diesem Bericht wird er bestimmte kritische Bemerkungen präzisieren, die in seinem Memorandum enthalten waren. Die Wirkung dieses Memorandums in Deutschland ist beträchtlich gewesen. Wenn auch in der Praxis nichts geschehen ist, um ihm Folge zu leisten, so hat sich doch in Deutschland eine öffentliche Meinung gebildet, die der Durchführung von Herrn Parker Gilberts Empfehlungen günstig ist. Dieser glaubt an eine nahe bevorstehende deutsche Wirtschaftskrise. Die Preise sind gestiegen, und die Ausfuhr zeigt fallende Tendenz; andererseits hat sich der Zufluß amerikanischer Kapitalien verlangsamt, weil sich inzwischen die unproduktiven Anleihen leichter als früher vermeiden lassen, die die deutschen Städte und Gemeinden im Ausland kontrahieren möchten.[213])

Wie man in Deutschland um die Mitte des Jahres 1928 die Lage sah, hat zum Beispiel Julius Curtius geschildert, der, noch bevor die Regierung Hermann Müllers endgültig zustande gekommen war, sich vor die Frage gestellt sah, ob er als Reichswirtschaftsminister dafür eintreten sollte, daß die Endlösung der Reparationsfrage möglichst rasch herbeigeführt wurde. Am 20. Juni verabschiedete er zusammen mit dem Staatssekretär im Auswärtigen Amt, Carl von Schubert, den Außenminister Gustav Stresemann, der eine Erholungsreise antreten mußte, weil er schwer erkrankt war. Anschließend hatte Curtius mit dem Staatssekretär, der ja nun für längere Zeit die deutsche Außenpolitik zum guten Teil leiten mußte, eine ausführliche Unterhaltung:

Folgendes waren meine Gedankengänge, die ich zwar nicht mit denselben Worten, wahrscheinlich auch nicht so vollständig, wohl aber in den entscheidenden Punkten dargelegt habe:

Deutschland sei in einer solchen Finanz- und Wirtschaftslage, daß die halbe Welt als Gläubiger und Verkäufer an seinem weiteren Wohlergehen interessiert sei. Gerade weil es uns gut gehe, werde man uns helfen wollen, uns für die Dauer zu entlasten. Die Endlösung werde also in der Konjunktur leichter als in einem wieder eintretenden Abschwung der Wirtschaft.

Warteten wir, bis die von vielen Seiten prophezeite Krise komme, so verpaßten wir die Gelegenheit zu einer Endlösung. In der Krise könne eine Endlösung überhaupt nicht gefunden werden, man werde uns weitere Kontrollen, „Konkursverwalter" und „Gläubigerausschuß" schicken.

Die Krise aber würde nicht so bald kommen, wie man prophezeie. Die größte Gefahr für eine erträgliche Endlösung sähe ich darin, daß wir aller Voraussicht nach auch die Höchstleistung des Dawes-Planes von 2,5 Mrd., die uns vom 1. September 1928 ab obliege, womöglich mit Wohlstandsindex, aufbringen könnten.

Binnenwirtschaftlich stehe bis auf weiteres die Durchführung des Dawes-Plans nicht in Frage. Außenwirtschaftlich sei gewiß gegen die Handhabung des Transfers durch Parker Gilbert viel einzuwenden. Werde aber nicht vielleicht die Handelsbilanz demnächst sein Vorgehen rechtfertigen? Der Export entwickele sich dank den vereinigten Bemühungen von Reichsregierung und Wirtschaft seit 1925 wert- und mengenmäßig dauernd aufwärts. Noch sei die Handelsbilanz passiv, aber schon lange nicht mehr so stark wie

1927. Wohin kämen wir mit unseren Beschwerden, wenn wir demnächst eine aktive, vielleicht sogar eine hochaktive Handelsbilanz aufwiesen. Wirtschaftlich gesehen hielte ich daher den Augenblick für gekommen, die Festsetzung der Endsumme zu betreiben. Später würden wir nur ungünstiger abschneiden oder überhaupt nicht zu einem Abkommen mit unseren Gegnern gelangen.

Politisch komme hinzu, daß wir nur durch ein Finanzabkommen über die Endlösungen der Reparationsfrage die endliche Räumung des Rheinlandes und die Befreiung von allen Gläubigerkontrollen erhalten könnten. Wenn man es auch nicht laut sagen dürfe, diese Ziele seien finanzielle Opfer wert. Mit Waffengewalt seien sie nicht zu erstreiten. Auf ein Wunder könnten wir nicht hoffen. Warten dürften wir nicht. Die Zeit arbeite nicht für, sondern gegen uns.[214])

Nach längeren Verhandlungen einigten sich dann am 16. September in Genf Deutschland, Frankreich, England, Belgien, Italien und Japan darauf, offiziell über die vorzeitige Rheinlandräumung zu verhandeln und eine Sachverständigenkommission einzusetzen, die Vorschläge zur vollständigen und endgültigen Regelung der Reparationen ausarbeiten sollte. Die deutsche Regierung mußte dabei zugestehen, daß das Reparationsproblem den Vorrang vor der Räumungsfrage haben sollte. Der Rest des Jahres verging mit der Vorbereitung der Konferenz und der gegenseitigen Klärung der Standpunkte.

Der deutsche Standpunkt kam in einem Brief Reichskanzler Müllers an Stresemann vom 20. September zum Ausdruck, in dem die einige Monate vorher von Curtius angedeuteten Möglichkeiten schon zu absoluten Forderungen geworden sind: *Irgend eine vorläufige oder teilweise Regelung muß von uns unter allen Umständen abgewiesen werden. Es ist jetzt der psychologische Moment gekommen, um aufs Ganze zu gehen. Wichtiger fast als die auszuhandelnde Summe ist die Wiedererlangung unserer absoluten außenpolitischen Freiheit. Jeder Rest von Bindungen, Kontrollen und offenbleibenden Fragen muß verschwinden. Auf diese Weise allein ist die Stimmung auf den Geldmärkten der Welt zu erzeugen, die eine Finanzierung großen Stils ermöglicht.*[215]) Der vorletzte Satz bezog sich in erster Linie auf die Kontrollen aufgrund des Dawes-Planes, aber auch auf die Rheinlandräumung.

Am 9. Februar 1929 trat in Paris die Sachverständigenkonferenz zusammen. Der Amerikaner Owen D. Young aus New York, der schon an der Dawes-Plan-Konferenz eine bedeutende Rolle gespielt hatte, wurde zum Vorsitzenden gewählt. Der zweite Vertreter der Vereinigten Staaten war John Pierpont Morgan, der Sohn und Nachfolger des Gründers des berühmten gleichnamigen Bankhauses. Die deutsche Delegation bestand aus dem Reichsbankpräsidenten Hjalmar Schacht, dem Generaldirektor der Vereinigten Stahlwerke, Albert Vögler, und zwei Stellvertretern. An der Spitze der französischen Delegation stand Emile Moreau. Ferner waren eine britische und eine italienische Abordnung anwesend.

Die entscheidene Problematik lag darin, daß sich die wirtschaftliche Leistungsfähigkeit Deutschlands weder verläßlich bestimmen noch voraussagen ließ, die alliierten Forderungen im Grunde festlagen und die Reichsregierung sich ein Scheitern der Konferenz nicht leisten konnte, wenn sie die Räumung erreichen wollte. Zu Beginn standen sich die

Forderung der Gläubigerländer auf jährliche Zahlung von rund 2,7 Milliarden Goldmark, die dann auf 2,3 Milliarden herabgesetzt wurde, und ein deutsches Angebot von 1,650 Milliarden Goldmark gegenüber. Nachdem die deutsche Delegation unter gewissen Vorbehalten einen Vermittlungsvorschlag Youngs von 2,050 Milliarden Goldmark angenommen hatte, kam es zu Schwierigkeiten über die Revisionsmöglichkeiten, die Vögler dazu veranlaßten, sein Mandat niederzulegen. Als dann die Alliierten eine weitere Forderung stellten, lehnte Schacht ab, während Ludwig Kastl, der an Vöglers Stelle getreten war, die Forderung für berechtigt hielt und sie annehmen wollte. Kastl hat über diese Auseinandersetzung selbst das Folgende berichtet: *Schacht erklärte, er führe auch weg und würde die Presse entsprechend orientieren. Ich sagte, das sei meine Sache und er dazu nicht berechtigt, worauf es zum Krach kam. Ich schickte die Presse, die sich unten im Gebäude befand, nach oben, so daß Schacht sie nicht finden konnte. Schacht nahm seinen Koffer und ging zum Fahrstuhl; dort traf er zufällig den Temps-Vertreter, und so kam die Sache heraus. Schlagzeilen in der Nachmittagsausgabe. Schacht fuhr jedoch nicht nach Hause, sondern nach Versailles ins Hotel Trianon. Als wir mit dem Vertrag einige Tage später fertig waren, brauchte ich die Unterschrift von Schacht. Ich wußte, wo er zu erreichen war, und fuhr ins Trianon. Dort traf ich ihn im Smoking in einer großen Abendgesellschaft. Unter anderen waren der Pariser Vertreter der Deutschen Bank, Eliat, und seine Frau dabei. Er war die Liebenswürdigkeit selbst, lud mich zum Essen ein und war bereit, den Vertrag ohne Durchsicht zu unterschreiben, weil er mir glaubte. Ich verlangte jedoch, daß er den Vertrag durchlas. Wir gingen ins Lesezimmer: Er las und unterschrieb. Noch am gleichen Abend verständigte ich Sir Charles Addis (britischer Vertreter bei der Reichsbank), der mir sogleich am Telefon sagte: „Warten wir mit der Veröffentlichung bis morgen, Schacht fällt morgen früh doch wieder um." Tatsächlich rief mich Schacht am anderen Morgen um 7.30 Uhr an und widerrief seine Unterschrift, indem er sagte, es sei alles Unsinn. Ich habe mich dann mit Schacht bis 11 Uhr herumgerauft, bis wir uns schließlich einigten. Schacht argumentierte, daß er nur unterschrieben habe, weil es die Regierung wollte. Ich wies ihn in der gleichen Minute darauf hin, daß dies nicht wahr sei, sondern wir als Sachverständige volle Freiheit hätten. Anschließend wurde der Vertrag der Weltpresse bekanntgegeben. Addis sagte hinterher zu mir: „Gott sei Dank, daß die Konferenz vorüber ist; wir sehen uns in drei Jahren wieder, then we will get rid of all the plunder (dann werden wir den ganzen Plunder wieder los).*[216])

Diese Bemerkung von Addis war bezeichnend für die Tendenz der Engländer (und noch mehr der Amerikaner), auch die Young-Regelung nicht als endgültig anzusehen, sondern die Revision von vornherein einzukalkulieren und die vorgesehene Laufzeit von 59 Jahren nicht allzu ernst zu nehmen. Die Vorschläge des Gutachtens, das von den Sachverständigen am 7. Juni 1929 unterschrieben wurde, bewegten sich im ganzen im Rahmen der Vorstellungen, die Parker Gilbert angeregt hatte. Die Dawes-Plan-Annuitäten (jährlich zu leistende Zahlungen) waren zeitlich unbefristet gewesen und hatten im Reparationsjahr 1928/1929 erstmals ihre Höchstsumme von 2,5 Milliarden erreichen sollen. An ihre Stelle traten nun für die nächsten 59 Jahre Annuitäten, die im

Durchschnitt 1988 Millionen betrugen. Dazu kamen noch die Zinsen und der Tilgungsdienst der Dawes-Anleihe, so daß sich die alljährlich zu zahlende Summe auf durchschnittlich 2,05 Milliarden erhöhte. Berechnet für 1929 machten diese Zahlungen 3,5 Prozent des Volkseinkommens aus oder 7,9 Prozent des Wertes des deutschen Außenhandels, erreichten also eine zwar erhebliche, aber nicht völlig untragbare Größenordnung. Während der ersten 37 Jahre des neuen Planes sollten die europäischen Alliierten und die USA Empfänger der Zahlungen sein, in den folgenden 22 Jahren nur noch die Vereinigten Staaten. Wichtig war, daß zum ersten Mal der Zusammenhang zwischen den deutschen Reparationen und den Kriegsschulden der europäischen Mächte bei den USA vertraglich konstatiert wurde.

Die Annuitäten waren zum Teil von der deutschen Zahlungsfähigkeit und von der Möglichkeit zum Transfer ohne Gefährdung der Währung abhängig, sogenannte „geschützte" Annuitäten" zum Teil „ungeschützt", also auf jeden Fall zu leisten. Sämtliche Beträge stammten letzten Endes aus dem Reichshaushalt. Die nach dem Dawes-Abkommen der Reichsbahn auferlegten Obligationen für 11 Mrd. Mark fielen fort und damit auch die ausländische Vertretung in der Reichsbahnverwaltung. An die Stelle des Reparationsagenten sollte als gemeinsames Institut der am Dawes-Plan beteiligten Länder die „Bank für Internationalen Zahlungsausgleich" (BIZ) treten, die Reparationsbeträge in Empfang nehmen und an die Gläubigerländer weiterleiten. Es wurde vorgeschlagen, daß die Mehrheit ihres auf 500 Millionen Schweizer Goldfranken festgelegten Aktienkapitals von den Zentralbanken Belgiens, Frankreichs, Englands, Deutschlands, Italiens und Japans sowie den amerikanischen Privatbanken Morgan, First National Bank of New York und First National Bank of Chicago übernommen, der Rest anderen Ländern angeboten werden solle.

An die Pariser Konferenz, die ja zumindest formal eine Sachverständigenkonferenz gewesen war, schloß sich vom 6. bis 31. August im Haag eine politische Konferenz an, auf der Außenminister Stresemann trotz schwerer Krankheit persönlich die Leitung der deutschen Delegation übernahm. Es ging um die Einigung der Alliierten über die von dem britischen Schatzkanzler Snowden rücksichtslos verlangte Verteilung der Reparationen unter sich und außerdem um die politischen Wünsche Deutschlands. Als schließlich die deutsche Delegation zum Teil auch die englischen Forderungen auf sich nahm, verließ Hjalmar Schacht, der als Experte teilgenommen hatte, die Konferenz. Trotzdem konnten die Verhandlungen am 31. August erfolgreich abgeschlossen werden. Deutschland akzeptierte eine anfängliche Erhöhung der ungeschützten Annuität von 660 auf 700 Millionen, verzichtete auf seinen Anteil an dem Überschuß von 300 Millionen, der durch den Young-Plan gegenüber dem Dawes-Plan entstand, und beteiligte sich vom 1. September an mit 30 Millionen an den Besatzungskosten. Dafür wurde das politische Ziel Deutschlands erreicht und der Schlußtermin der endgültigen Räumung des Rheinlandes auf den 30. Juni 1930 festgesetzt. Das war ein unmittelbarer und greifbarer Gewinn, während man für die jahrzentelangen Zahlungsverpflichtungen auf spätere Revision hoffen konnte.

Gustav Stresemann, der als Krönung seines Werkes die Räumungszusage erreicht hatte, sollte ihre Erfüllung nicht mehr erleben dürfen. Aufgerieben von der Last des Amtes, das er über sechs Jahre getragen hatte, zermürbt von den heillosen innenpolitischen Schwierigkeiten, die vor allem von den Rechtsparteien kamen und sich immer tiefer auch in die Reihen seiner eigenen Partei hinein erstreckten, ist er am 3. Oktober 1929 gestorben. Sein Nachfolger wurde der bisherige Wirtschaftsminister Curtius.

Erst auf einer zweiten Konferenz im Haag, die im Januar 1930 tagte, konnte endlich auch eine Einigung über die beiden letzten, bisher noch strittigen Fragen erreicht werden, die Organisation der Bank für Internationalen Zahlungsausgleich und die Abschaffung der Sanktionen des Versailler Vertrages. Das erste Problem wurde gelöst, indem trotz der üblichen Eklats Hjalmar Schachts und sogar auf seinen eigenen Vorschlag die Teilnahme der Reichsbank an der BIZ gesetzlich festgelegt wurde, das zweite, indem Frankreich auf den Sanktionsparagraphen verzichtete und statt dessen auf den Ständigen Internationalen Gerichtshof im Haag verwiesen wurde.

Gustav Stresemann, nach 1918 zuerst als Annexionist, seit 1923 als Erfüllungspolitiker angegriffen, ist inzwischen zum Gegenstand der Kontroverse unter Historikern geworden. Soll man ihn als Vorläufer der Europapolitik verstehen, wie sie seit 1948 gilt? Oder war er gerade umgekehrt ein Vorgänger Hitlers, nur mit subtileren Methoden? Der Streit liegt zum Teil in der Art der Quellen begründet. Stresemann, dessen unmittelbarer Anhang ja zum nicht geringen Teil aus Monarchisten und Schwerindustriellen bestand, der mit Beamten und Diplomaten aus der Kaiserzeit arbeiten mußte, vertrat privat seine politischen Aktionen und Ziele ihnen gegenüber mit nationalistischen Begründungen, wie sie sich in seinen öffentlichen Äußerungen seit 1923 kaum noch finden. Man wird diesen Unterschied wohl noch nicht als Verschweigen der wahren Ziele in der Öffentlichkeit mit Rücksicht auf das Ausland, sondern als Versuch werten müssen, die alten Anhänger bei der Stange zu halten und ihnen eine völlig veränderte Lage mit Argumenten plausibel zu machen, denen sie zugänglich waren.

Als Europapolitik im heutigen Sinne darf man freilich seine europäische Verständigungspolitik trotzdem nicht auffassen. Sie beruhte durchaus auf nüchterner Interessenpolitik und Ausgleich unter souveränen Nationalstaaten, und der Anspruch auf Deutschlands „nationale Größe" blieb ihm sein Leben lang selbstverständlich. Den besten Weg dazu sah er in der Anlehnung an die Vereinigten Staaten, die durch finanzielles Engagement dazu gebracht werden sollten, selbst ein Interesse am wirtschaftlichen und politischen Wohlergehen Deutschlands zu entwickeln. Diese Rechnung ging auf, jedenfalls solange die USA nicht durch die Wirtschaftskrise auf sich selbst zurückgeworfen wurden. Stresemanns machtpolitisches Denken — und das ist das Neue, das ihn gegenüber seinen Zeitgenossen auszeichnete — bewegte sich nicht in militärischen, sondern in wirtschaftlichen Kategorien.

Seine unbestreitbare politische Wandlung versteht man am besten, wenn man sich klar macht, daß er ein von nationalliberalen Grundauffassungen geprägter Realpolitiker war, der aus den Tatsachen rasch zu lernen vermochte. Wie er während des Krieges kritiklos Hindenburg und die Oberste Heeresleitung bewundert und Annexionen gefordert hatte, während er gleichzeitig innenpolitisch als Führer der Nationalliberalen Partei für die

Parlamentarisierung der Reichsregierung eintrat, so ist er später als Reichskanzler und Außenminister, ohne je seine „nationale" Grundhaltung zu verlieren oder zu verleugnen, zu einem Vertreter des friedlichen Ausgleichs und Wettbewerbs unter den Staaten und Völkern geworden, weil er erkannte, daß jede andere Politik unvernünftig sei und in die Katastrophe führen müsse.[217])

Neue Radikalisierung und Beginn der Wirtschaftskrise

Die für Deutschland entscheidende Schwäche des „neuen Planes" lag darin, daß um der vorzeitigen Räumung der besetzten deutschen Gebiete willen für die Regelung der Reparationsfrage ein Preis in Kauf genommen wurde, der wirtschaftlich keine rechte Fundierung mehr besaß und in der öffentlichen Auseinandersetzung der Rechtsopposition erlaubte, mit nationalistischen und wirtschaftlichen Argumenten zugleich der Republik zu Leibe zu gehen. So beachtlich an sich die deutschen Gewinne waren, zu denen ja neben der vorzeitigen Räumung und der Beseitigung der Kontrollen auch die Tatsache gehörte, daß in den nächsten 10 Jahren rund 7 Milliarden weniger zu bezahlen waren als nach dem Dawes-Plan, so besaß doch die Parole der Gegner, daß für sechs Jahrzehnte Kinder und Enkel an die Ketten der Reparationen geschmiedet würden, von vornherein den Vorzug größerer Einprägsamkeit und drängte die Anhänger des kleineren Übels psychologisch in die Defensive. Und diese Argumentation wurde um so wirksamer, je weitere Kreise die Wirtschaftskrise zog. An dieser Tatsache änderte es nichts, daß die Propaganda der Deutschnationalen und der Nationalsozialisten gegen den Young-Plan rein demagogisch aufgezogen wurde. Ein Musterbeispiel hierfür liefert die ursprüngliche Fassung für den „Entwurf eines Gesetzes gegen die Versklavung des deutschen Volkes", den der von Hugenberg, dem Stahlhelmführer Seldte, Adolf Hitler und dem Justizrat Claß geleitete „Reichsausschuß" gegen den Young-Plan am 12. September 1929 vorlegte:

§ 1. Die Reichsregierung hat den auswärtigen Mächten unverzüglich in feierlicher Form Kenntnis davon zu geben, daß das erzwungene Kriegsschuldanerkenntnis des Versailler Vertrages der geschichtlichen Wahrheit widerspricht, auf falschen Voraussetzungen beruht und völkerrechtlich unverbindlich ist.
§ 2. Die Reichsregierung hat darauf hinzuwirken, daß das Kriegsschuldanerkenntnis des Artikels 231 sowie die Artikel 429 und 430 des Versailler Vertrages förmlich außer Kraft gesetzt werden. Sie hat ferner darauf hinzuwirken, daß die besetzten Gebiete nunmehr unverzüglich und bedingungslos sowie unter Ausschluß jeder Kontrolle über deutsches Gebiet geräumt werden, unabhängig von Annahme oder Ablehnung der Beschlüsse der Haager Konferenz.
§ 3. Auswärtigen Mächten gegenüber dürfen neue Lasten und Verpflichtungen nicht übernommen werden, die auf dem Kriegsschuldanerkenntnis beruhen. Hierunter fallen auch die Lasten und Verpflichtungen, die auf Grund der Vorschläge der Pariser

Du willst

Deinem Kinde am Sonntag, den 22. Dezember 1929, ein Christgeschenk kaufen und beladest es in Wirklichkeit für sein ganzes Leben mit einem Fluche!

Denn an diesem Tage wird entschieden, ob die Arbeit Deines Kindes auf die Dauer von 60 Jahren ihm selbst zugute kommen soll, oder nach dem Willen des Youngplanes der internationalen Hochfinanz.

Du kaufst Deinem Kinde für ein paar Mark ein Christgeschenk — und verdammst es ein ganzes Leben lang, als Zins- und Steuervieh arbeiten zu müssen!

Du kaufst Deinem Kinde für ein paar Mark ein Christgeschenk — und verdammst es vielleicht dereinst arbeits- und existenzlos verkommen zu müssen!

Du kaufst Deinem Kinde für ein paar Mark ein Christgeschenk — und bringst es in der Zukunft um das väterliche Geschäft, oder um den eigenen Hof.

Du kaufst Deinem Kinde für ein paar Mark ein Christgeschenk — und verpflichtest es, in seinem Leben viele Tausende an Mark im Schweiße der Arbeit abzahlen zu müssen.

Weil Du erbärmlicher und pflichtvergessener Tropf

Dich nur um Deine Gegenwart und nicht um die Zukunft Deines Kindes kümmerst!

Denn wenn Du auch nur eine Stunde Dich von Deiner eigenen feigen Gemächlichkeit losreißen, nur eine Stunde Deiner politischen Faulheit entsagen würdest, dann müßtest Du das tun, was für Dein Kind das einzige und wirkliche Christgeschenk wäre:

Du müßtest hingehen und Deine Stimme abgeben für das Gesetz, das verhindern soll, daß auch Dein Kind und selbst noch Deine Enkel derselben Not ausgeliefert werden, die wir heute um uns sehen und der diese Kinder sonst dereinst erliegen müssen.

Volksgenosse, Dein höchstes Christgeschenk im Jahre 1929 ist

Dein „Ja"

Das Freiheitsgesetz soll werden!

Komme am Samstag, den 21. Dezember,
abends 8 Uhr in das Zirkusgebäude auf dem Marsfeld

Dort spricht:

Adolf Hitler

Gau Groß-München der N.S.D.A.P.
Adolf Wagner

Am Sonntag, den 22. Dezember

Dorthin

Dein Kreuz

176

Sachverständigen und nach den daraus hervorgehenden Vereinbarungen von Deutschland übernommen werden sollen.

§ 4. Reichskanzler und Reichsminister sowie Bevollmächtigte des Deutschen Reiches, die entgegen der Vorschrift des § 3 Verträge mit auswärtigen Mächten zeichnen, unterliegen den im § 92 Nr. 3 StGB vorgesehenen Strafen.

§ 5. Dieses Gesetz tritt mit seiner Verkündung in Kraft.[218])

Der angezogene Paragraph des Strafgesetzbuches sah Zuchthaus nicht unter zwei Jahren vor, und da zu den Bevollmächtigten des Reiches zweifellos auch der Reichspräsident gehörte, fand sich der Stahlhelm plötzlich in die peinliche Lage versetzt, sein Ehrenmitglied Hindenburg mit dem Zuchthaus zu bedrohen. Für den Reichskanzler Hermann Müller und den Außenminister Stresemann fand der „Reichsausschuß" das ganz in der Ordnung, und die nationalsozialistischen Vertreter Goebbels und Graf Reventlow hätten auch gegen die Einbeziehung des „greisen Generalfeldmarschalls" nichts gehabt. Aber man entschloß sich doch, die Worte „Bevollmächtigte des Reiches" in „deren Bevollmächtigte", d.h. des Reichskanzlers und der Reichsminister, zu ändern und so Hindenburg von der Zuchthausdrohung auszunehmen.

Die Mitarbeit im Reichsausschuß gegen den Young-Plan bot dem bisher wenig einflußreichen Münchner Lokalpolitiker Hitler, dessen Partei bei der letzten Reichstagswahl nur 2,6 Prozent der Stimmen erhalten hatte, die langersehnte Möglichkeit, mit seiner Propaganda ein breiteres Publikum zu erreichen. Hugenberg öffnete ihm seine Zeitungen und machte ihn „gesellschaftsfähig". Aber trotz der hemmungslosen Demagogie lehnte Ende 1929 noch die überwältigende Mehrheit der deutschen Wähler eine Lösung Hugenberg - Hitler ab: Das Volksbegehren erhielt 4,13 Mill. Unterschriften gegenüber 6,9 Mill. Wählern für die im Reichsausschuß vertretenen Parteien bei der letzten Wahl. Im Reichstag waren am 30. November nur 60 Abgeordnete der Rechten unverfroren genug, für den Zuchthausparagraphen zu stimmen, eine Reihe der bekanntesten deutschnationalen Abgeordneten kehrte ihrer Partei den Rücken, und der Volksentscheid brachte es am 22. Dezember 1929 statt der erforderlichen 21 Millionen Jastimmen nur auf 5 825 082.

Im Zusammenhang mit einem Wachsen der Unzufriedenheit konnte diese Agitation gefährlich werden. Daran sollte es nicht fehlen. Als erste wurden die Bauern unruhig, die in der Inflationszeit zwar als Sachwertbesitzer kaum Währungsverluste erlitten hatten und sogar ihre Hypothekenschulden losgeworden waren, aber seit der Stabilisierung häufig zu viele und zu teure Kredite aufgenommen hatten, zu denen noch die hohen Steuern kamen. 1928 bereits kam es in Schleswig-Holstein zu Steuerstreiks und Widerstand gegen Zwangsversteigerungen und auch zu einem lockeren Zusammenschluß der Unzufriedenen, der sich „Landvolk" nannte.

Die radikalsten Bauern unter ihrem Führer Claus Heim verübten Attentate auf Landratsämter und andere Behörden des verhaßten „Systems". Am 2. September 1929 gab der preußische Innenminister einen Erlaß an seine nachgeordneten Behörden heraus: *Seit einer Reihe von Wochen wird die Öffentlichkeit immer wieder durch Sprengstoffanschläge beunruhigt, die schwersten Sachschaden verursacht und auch Menschenleben in Gefahr gebracht haben. Die häufigen Wiederholungen, die Gleichartigkeit der Vorbereitung wie der angewandten Mittel und die Auswahl der Ziele der Attentate lassen die Annahme gerechtfertigt erscheinen, daß es sich um das planmäßige Vorgehen einer Gruppe radikaler Elemente handelt, die politische Unruhen hervorzurufen und dadurch ihre dunklen Absichten zu fördern sucht. Es unterliegt keinem Zweifel, daß bei geeigneter Einwirkung alle Kreise bestrebt sein werden, das Erdenkliche zu tun, um den gewissenlosen Leuten entgegenzutreten, die in dieser Zeit schwerster wirtschaftlicher Not die ruhige Arbeit, Eigentum und Leben der Volksgenossen zu gefährden wagen.*[219])

Die Liste der Anschläge war erschreckend genug:

1. Attentat auf das Haus des Amts- und Gemeindevorstehers in Hollenstädt, Kreis Schleswig, in der Nacht vom 26. zum 27. November 1928.
2. Dynamitattentat auf das Auto des Amtsvorstehers in Lunden, Kreis Norderdithmarschen, am 28. November 1928.
3. Bombenfund in Beidenfleth vor dem Hause des Amtsvorstehers am 28. November 1928.
4. Anschlag mit Handgranaten in Wesselburen am 5. bis 6. April 1929.
5. Explosion im Landratsamt von Itzehoe in der Nacht vom 22. zum 23. Mai 1929.
6. Pulverexplosion in der Garage des Schulrats von Hohenwestedt in der Nacht vom 29. zum 30. Mai 1929.
7. Attentat auf das Wohnhaus des Landrats in Niebüll, Schleswig, am 9. Juni 1929.
8. Attentat in Lüneburg auf die Villa des Rechtsanwalts Dr. Strauß in der Nacht zum 1. August 1929.
9. Bombenanschlag auf das Wohnhaus des Regierungsvizepräsidenten Grimpe in Schleswig in der Nacht zum 29. August 1929.
10. Bombenattentat auf das Reichstagsgebäude in Berlin am 1. September 1929.
11. Bombenattentat auf das Regierungsgebäude in Lüneburg am 6. September 1929.[220])

Anfang 1930 war diese radikale Bauernbewegung bereits wieder im Abklingen, und am 7. Januar schrieb die „Frankfurter Zeitung":

In den norddeutschen Gebieten, die im vorigen Jahre insbesondere als Zentrum der radikalen Landvolkbewegung anzusehen waren, also Holstein, Dithmarschen, Oldenburg, Stade und Lauenburg, ist im neuen Jahr eine erhebliche Beruhigung festzustellen. Die letzten Versammlungen der Landvolkbewegung zeichneten sich zum großen Teil dadurch aus, daß die besonneneren Elemente sich nachdrücklich gegen die Anwendung des Terrorismus wandten. Es scheint doch so, als wenn gerade sie allmählich wieder das Übergewicht erhielten.[221])

Die Zeitung behielt nur zum Teil recht. Die Erben des bäuerlichen Terrorismus waren nicht die „besonneneren Elemente", sondern die Nationalsozialisten. Schleswig-Holstein war der erste Wahlkreis, in dem 1932 die NSDAP die absolute Mehrheit erhielt. Ähnlich war die Entwicklung in den Schichten des städtischen Mittelstandes. Bei den preußischen Gemeindewahlen Ende 1929 gewannen in einer Reihe von Mittelstädten Redakteure kleiner Zeitungen und andere Agitatoren, die isoliert und selbständig gegen die Arbeit der Stadtverwaltungen und die hohen Gehälter protestierten, ganz unerwartet

viele Anhänger, die „Liste Schmalix" in Erfurt zum Beispiel beinahe ebenso viele
Stimmen wie die SPD.

Dieser wachsende Haß gegen das „System" kam den extremen Parteien links und rechts,
vor allem aber rechts, zugute. Schon 1930 wurde der erste Nationalsozialist Landesminister, als sich am 13. Januar die Rechtsparteien in Thüringen darauf einigten, Wilhelm
Frick, einen der Teilnehmer an Hitlers Novemberputsch von 1923, zum Minister für
Inneres und Volksbildung zu machen und er am 24. Januar tatsächlich vom Landtag
bestätigt wurde.

Die gewandelte Atmosphäre machte sich zum Teil sogar bei den Parteien bemerkbar, die
zu den Stützen der Republik gehörten. Schon Ende 1928 hatte das Zentrum ähnlich wie
die Deutschnationale Partei eine Wendung nach rechts erlebt, wenn auch bei weitem
nicht von der gleichen Radikalität, als der bisherige Vorsitzende der Partei, Wilhelm
Marx, durch seine mehrfache Tätigkeit als Reichskanzler auch politisch verbraucht, sein
Amt niederlegte. An seiner Stelle wurde auf dem Parteitag in Köln am 9. Dezember 1928
der Bonner Professor für Kirchenrecht, Prälat Kaas, mit 184 von 318 gültigen Stimmen
gewählt. Das war keine sichere Mehrheit, aber Joseph Joos, ein Anhänger Wirths, erhielt
nur 92 und der christliche Gewerkschaftler Adam Stegerwald sogar nur 42 Stimmen.
Damit war ein knapper Sieg für den konservativen, den Anschluß nach rechts suchenden
Flügel des Zentrums errungen.

Während so die Deutschnationalen zur radikalen Rechtspartei wurden, das Zentrum
seine Stellung zur demokratischen Republik zu modifizieren begann und die Verschlechterung der Wirtschaftslage Unruhe in die Bevölkerung trug, half ein Korruptionsskandal
weit über das sachlich Gerechtfertigte hinaus die Demokratie zu diskreditieren. Schon
in den Jahren von 1925 bis 1928 hatte ein ähnliches Vorkommen die Propaganda der
Gegner des Staates von Weimar gefördert. Die Gebrüder Barmat hatten es verstanden,
während der Inflation einen Konzern aufzubauen und dabei für sie nützliche politische
Kontakte anzuknüpfen. 1924 wurden sie in den Zusammenbruch des Kutiskerkonzerns
verwickelt, der der Preußischen Staatsbank schwere Verluste beigebracht hatte. Bis
Anfang 1927 dauerte es, bevor der Prozeß eröffnet werden konnte. Zwei Zentrumspolitiker wurden hineingezogen, von denen der eine während der Untersuchungshaft starb,
und obwohl das Ergebnis der gerichtlichen Untersuchung dürftig war, lieferte sie doch
bis zu ihrem Ende im Frühjahr 1928 den Parteien der äußersten Rechten und den
Kommunisten neue Argumente gegen die Republik.

Bedeutsamer war dann aber der Skandal um die Bekleidungsfirma der Brüder Sklarek in
Berlin, weil zwei der Brüder seit kurzem der SPD angehörten, weil sämtliche an der
Berliner Stadtverwaltung beteiligten Parteien und vor allem der Oberbürgermeister
Gustav Böß von der Demokratischen Partei hineingezogen waren. Die Sklareks hatten
Uniformen an die Stadt geliefert, sich ohne Lieferung Zahlungen verschafft und an
städtische Beamte und Kommunalpolitiker so billige Waren abgegeben, daß sie
Bestechungsgeschenken gleichkamen. In der beginnenden Wirtschaftskrise gab dieser
Skandal eine ideale Gelegenheit für Angriffe aller Art auf die „Käuflichkeit" der
„Bonzen" des „Systems" ab. Vom September 1929 bis fast zum Ende des folgenden

Jahres zog der Prozeß sich hin. Ohne Zweifel ist die Republik von Korruptionserscheinungen nicht freigeblieben. Aber so verwerflich das auch war, entscheidend wirkte es sich aus, daß nur die Affären, an denen Mitglieder der republikanischen Parteien beteiligt waren oder es zu sein schienen, höchste Publizität erhielten, während zum Beispiel der Raiffeisenskandal, in den deutschnationale Politiker verwickelt waren, kaum beachtet wurde. Obwohl auch die KPD von diesen Dingen profitierte, förderte doch die um sich greifende Vorstellung von dem unsäglichen Korruptionssumpf der Novemberrepublik vor allem die Parteien der äußersten Rechten, weil sie die Stimmung mit den ihnen zahlreich zur Verfügung stehenden Zeitungen zu lenken vermochten.

Aber noch immer hätte wohl eine energische, zielbewußte Republik die Oberhand über die sich abzeichnenden gefährlichen Strömungen behalten können, wenn sie sich fähig zeigte, die Probleme zu meistern, vor die der Durchschnittsbürger sich gestellt sah. Daß es dabei in erster Linie um den Kampf gegen die Wirtschaftskrise ging, konnte im Herbst 1929 nicht mehr zweifelhaft sein. Ehe noch der „neue Plan", wie der Young-Plan genannt wurde, in Funktion treten und vor allem sein politisches Ergebnis verwirklicht werden konnte, waren seine wirtschaftlichen Voraussetzungen durch die Entwicklung bereits überholt. Wie unsicher die wirtschaftliche Blüte Deutschlands selbst in ihren besten Zeiten gewesen war, hatte zum Beispiel Stresemann frühzeitig erkannt. Vor der Presse faßte er am 14. November 1928 die Gefahr, wie er sie sah, knapp und scharf zusammen:

„*Ich möchte Sie bitten, bei Ihren Beurteilungen der wirtschaftlichen Lage Deutschlands und auch der anderen hiermit zusammenhängenden Fragen den Gedanken zugrunde zu legen, daß wir in Deutschland in den letzten Jahren von gepumptem Gelde gelebt haben. Wenn einmal eine Krise bei uns kommt und die Amerikaner ihre kurzfristigen Kredite abrufen, dann ist der Bankrott da. Was wir an Steuern erheben, geht bis an die Grenze dessen, was ein Staat überhaupt tun kann. Ich weiß nicht, woher neue Steuern geholt werden können. Die Statistiken zeigen, wieviel die Städte gebraucht haben, wieviel die Industrie gebraucht hat, wieviel fremdes Geld wir überhaupt aufgenommen haben, um uns aufrechtzuerhalten. Wir sind nicht nur militärisch entwaffnet, wir sind auch finanziell entwaffnet. Wir haben keinerlei Mittel mehr.*"[222])

Noch nicht ein Jahr dauerte es, bis der Sturm begann. Am 24. Oktober 1929 erlebte die New Yorker Börse ihren schwarzen Donnerstag und den Anfang vom Ende der Prosperity.

Die plötzliche Katastrophe in den Vereinigten Staaten gab das Signal für die schwerste Wirtschaftskrise, die je über die Welt hereingebrochen war. Sie brachte den internationalen Kredit- und Zahlungsmechanismus, wie der Young-Plan ihn voraussetzte, bald zum Erliegen und traf Deutschland in einer inneren Situation, die nicht nur durch eine Versteifung der politischen Fronten charakterisiert war, sondern auch durch eine Verschärfung der sozialen Gegensätze. Ende 1928 bereits erschütterte ein heftiger Arbeitskampf in der rheinisch-westfälischen Eisenindustrie den sozialen Frieden. Die Gewerkschaften hatten zum 1. November 1928 das Tarifabkommen gekündigt und eine generelle Lohnerhöhung um 15 Pfennig pro Stunde gefordert, sich dann aber einem

Spruch des Vorsitzenden der Düsseldorfer Schlichterkammer vom 26. Oktober gefügt, obwohl er ihnen mit durchschnittlich 6 Pfennig nicht einmal die Hälfte ihrer Forderungen brachte. Der Arbeitgeberverband lehnte ab und gab auch nicht nach, als der Reichsarbeitsminister Wissell am 31. Oktober den Schiedsspruch für verbindlich erklärte. Die Unternehmer hatten schon vor dem Düsseldorfer Spruch ihren Arbeitern zum 1. November gekündigt und schlossen an diesem Tage ihre Betriebe. 213 000 Arbeiter waren ausgesperrt. Was die Großindustrie beseitigen wollte, war der Einsatz der Staatsautorität in Auseinandersetzungen zwischen Arbeitern und Unternehmern, sobald sie über die Aufrechterhaltung der Ordnung hinausging, also das staatliche Schlichtungswesen, um sich durch eine „flexible" Lohnpolitik, also Lohnabbau in Krisenzeiten, der wirtschaftlichen Situation nach eigenem Ermessen anpassen zu können. Beide Teile wandten sich an die Gerichte. Das Arbeitsgericht gab den Unternehmern recht, das Landesarbeitsgericht hob am 24. November dieses Urteil wieder auf. Bei der Brutalität der Aussperrung befanden sich die Sympathien der Öffentlichkeit überwiegend auf der Seite der Arbeiter. Nach langer Debatte hatte der Reichstag am 14. November beschlossen, die Ausgesperrten über die Gemeinden zu unterstützen. Ende des Monats ernannte die Reichsregierung den Reichsinnenminister Severing zum Schlichter, und sein Spruch wurde von beiden Seiten im voraus akzeptiert. Die Aussperrung wurde am 3. Dezember aufgehoben. Am 21. Dezember fällte Carl Severing seinen Spruch, der den Arbeitnehmern noch etwas weniger zugestand als der Entscheid vom 26. Oktober. Noch einmal hatte sich in diesem „Eisenkonflikt Nordwest" die Autorität des Staates durchzusetzen vermocht, wenn sich auch in der Sache bereits die Unternehmer als die Stärkeren erwiesen hatten. Selbst dieses Ergebnis war nur in der augenblicklichen Regierungskonstellation möglich gewesen. Die sozialen Fronten hatten sich versteift, das Gleichgewicht der Kräfte hatte sich auch hier nach rechts verschoben, nachdem schon seit 1923 der Einfluß und die Durchschlagskraft der Gewerkschaften ständig zurückgegangen waren (vgl. Tabellen 11 und 12 im Anhang). Bald sollten die wirtschaftlichen Probleme alle anderen überschatten.

Kampf um die Arbeitslosenversicherung und Bruch der Großen Koalition

Die Weltwirtschaftskrise (1929 - 1932) bildet in der Geschichte des 20. Jahrhunderts einen tiefen Einschnitt. Sie zwang nicht nur die Regierungen in fast allen Ländern der Erde zu einschneidenden wirtschaftlichen und finanzpolitischen Konsequenzen, sondern erschütterte auch das labile politische Gefüge der noch jungen, unerprobten Demokratien in Mittel- und Ostmitteleuropa, zumal sie hier noch mit einer Agrarkrise zusammentraf.

In Deutschland machte sich seit Herbst 1928 eine Dämpfung der Konjunktur bemerkbar, die allmählich immer stärker die Formen einer Krise annahm (vgl. Statistischer Anhang, Tabellen 9 und 10). Für die Regierung und ihre laufenden

Entscheidungen äußerte sich der Rückgang der Wirtschaftstätigkeit unmittelbar in der Abnahme der Steuereinkünfte (Kassendefizit des Reiches Ende 1929 7 Milliarden RM) und in der Notwendigkeit, eine wachsende Zahl von Arbeitslosen zu unterstützen. Sogar während der besten Zeit war die amtliche Arbeitslosenziffer nur in den Monaten August bis Oktober 1927 unter die Millionengrenze herabgesunken. Das war immerhin ein Zustand, wie er vergleichsweise selbst in Vorkriegszeiten nicht erreicht worden war. Aber in dem bitterkalten Winter 1928 auf 1929 stieg die Zahl der Arbeitsuchenden im Dezember auf 1 968 397, im Januar auf 2 989 899 und erreichte ihren Höchststand im Februar mit 3 229 871. Im Haushaltsjahr 1928/29 verzeichnete die Reichsanstalt für Arbeitslosenversicherung bereits ein Defizit von fast einer halben Milliarde Mark, und als der Reichstag Ende April den neuen Etat beriet, ließ sich voraussehen, daß bis Ende Juni gegen 370 Millionen als Darlehen für die Arbeitslosenversicherung notwendig sein würden.

Die ganze Problematik der beginnenden Krise konzentrierte sich daher auf das System der Sozialversicherung, das zusammen mit dem Tarifwesen der Kern der Sozialreform der Republik bildete und einen Wall hatte errichten sollen gegen ein stärkeres Absinken des Lebensstandards nicht nur der 16 Millionen Arbeiter, sondern der breiten Massen der Bevölkerung überhaupt. Die Arbeitgeberverbände und die Rechtsparteien richteten ihre ganze Kritik gegen die Arbeitslosenversicherung und forderten mit Vehemenz vor allem die Herausnahme der Saisonarbeiter aus der Versicherung und die Wiedereinführung der Bedürftigkeitsprüfung. Ja, Hugenberg ließ erklären, daß die ganze Sozialversicherung überflüssig sei und durch einen allgemeinen Sparzwang ersetzt werden sollte. Heute, nachdem sich in den Jahren der großen Krise und danach ein ganzes Instrumentarium staatlicher Konjunkturpolitik entwickelt und allgemein durchgesetzt hat, mag es schwer begreiflich erscheinen, wie man 1929 in einer radikalen Herabsetzung der Massenkaufkraft und einer Abwälzung der Krise auf die Schwächsten einerseits, andererseits in einer Politik, die über die Bewahrung der erreichten sozialen Reformen kaum hinausging, das Allheilmittel hat erblicken können. Die Unversöhnlichkeit, mit der die Standpunkte wie Glaubenssätze einander gegenübertraten und sich auf gerade dieses Problem konzentrierten, wird nur verständlich, wenn man sich vergegenwärtigt, daß es sich hier um etwas gerade erst Geschehenes handelte, das der einen Seite als hoffnungsvoller erster Schritt zur Verwirklichung einer besseren Gesellschaftsordnung erschien, der anderen Seite als unnatürlicher und unsachgemäßer Eingriff in die Eigengesetzlichkeit einer funktionierenden Wirtschaft.

Gewiß litt das damalige System der Arbeitslosenversicherung unter vielen Mängeln, und in der Propaganda, die sich dagegen richtete, wurde immer wieder auf krasse Mißstände hingewiesen, etwa auf die Bauern, die gegenseitig ihre Söhne als Landarbeiter einstellten und sie dann wieder entließen, damit sie Arbeitslosenunterstützung beziehen konnten, oder auf die Hotelangestellten in den großen Kurorten, die im Sommer neben ihren Gehältern unter Umständen enorme Trinkgelder kassierten und im Winter stempeln gingen. Aber all diese Mißstände bedeuteten für das Ganze wenig genug und berührten vor allem nur ganz am Rande die entscheidende Frage, wie der Wirtschaft wieder zum

Aufschwung verholfen werden könne. Statt auf eine Politik der Krisenbekämpfung auszugehen, spitzte sich die Auseinandersetzung zu einem Kampf um die Höhe der Arbeitslosenversicherungssätze zu. Die SPD und die Gewerkschaften kämpften gegen jeden Abbau der Leistungen und schlugen die Beseitigung von Mißständen sowie eine befristete Erhöhung der Beiträge vor, während die bürgerlichen Parteien diese Erhöhung ablehnten und eine Senkung der Versicherungsleistungen verlangten.

Nach monatelangen zähen Kämpfen kam schließlich am 3. Oktober 1929 eine Novelle zu dem Gesetz für Arbeitslosenversicherung und Arbeitsvermittlung zustande, die lediglich die Mißbräuche beim Bezug der Unterstützung beseitigte und auch eine präzisere Definition des Begriffs der Arbeitslosigkeit gab:

Arbeitslos ist, wer berufsmäßig überwiegend als Arbeitnehmer tätig zu sein pflegt, aber vorübergehend nicht in einem Beschäftigungsverhältnis steht und auch nicht den erforderlichen Lebensunterhalt durch selbständige Arbeit, insbesondere als Landwirt oder Gewerbetreibender, erwirbt oder durch Fortführung eines vorhandenen Betriebes erwerben kann oder im Betrieb des Ehegatten, der Eltern oder Voreltern, von Abkömmlingen oder Geschwistern den gemeinsamen Lebensunterhalt miterwirbt oder erwerben kann, falls ihm dies unter Berücksichtigung der Üblichkeit und des Wohnortes zugemutet werden kann.[223])

Der tiefere Grund, der die Einigung bewirkte, lag in der Außenpolitik. Solange die Lösung der Reparations- und Räumungsfrage noch ausstand, wurden die Parteien der Großen Koalition durch die gemeinsame Aufgabe zum Zusammenwirken gezwungen. Noch stand die zweite Young-Plan-Konferenz im Haag bevor, und noch lebte der Mann, der seit 1923 mit beharrlicher Zähigkeit die deutsche Außenpolitik lenkte. Um den Kompromiß in der Fraktion der Deutschen Volkspartei durchzusetzen, war Gustav Stresemann am 2. Oktober noch einmal von seinem Krankenlager aufgestanden, zum letzten Male. Am Tage darauf ist er gestorben, und am gleichen Tage wurde im Reichstag das Gesetz mit 238 Stimmen gegen 155 Stimmen der Deutschnationalen, der NSDAP, der KPD und der Wirtschaftspartei angenommen. 40 Abgeordnete der Deutschen Volkspartei enthielten sich der Stimme.

Damit war eine Atempause gegeben, um von dem Kampf um das bestehende Sozialversicherungssystem abzulassen und sich den wirtschaftlichen Gesamtproblemen zuzuwenden. Sie stellten sich natürlicherweise auf dem Gebiete der allgemeinen Finanzpolitik, denn hier waren die Schwierigkeiten des Reiches inzwischen noch größer geworden. Der Reichsverband der deutschen Industrie forderte im Dezember in einer Denkschrift einerseits eine Senkung der öffentlichen Ausgaben und der direkten Steuern, andererseits eine Erhöhung der indirekten Steuern und Einsparungen durch Verwaltungsreform und eine Änderung des Finanzausgleichs zwischen Reich, Ländern und Gemeinden. Durch die Erhöhung der Besteuerung des Massenverbrauchs sollten die Staatseinnahmen gesteigert, durch die Herabsetzung der Ausgaben der Haushaltsausgleich erleichtert und durch die Senkung der direkten Steuern der Wirtschaft Kapital zugeführt werden. Eine Erhöhung der Beiträge zur Sozialversicherung wurde als indiskutabel abgelehnt. Die SPD widersprach diesen „reaktionären" Vorschlägen aufs schärfste. Das Kapital werde nicht mehr in erster Linie durch die hohen Einkommen gebildet, auf keinen Fall dürfe die kaufkräftige Nachfrage durch den Massenkonsum noch weiter eingeschränkt und damit die Krise verschärft werden.

Die SPD schlug vor, den Militär- und Luftetat, die Zuckersteuer und die Steuerfreigrenze zu senken, das gesamte Steuersystem zu rationalisieren und die Genußmittelsteuer durch Einführung des Tabakmonopols und Rationalisierung des Branntweinmonopols zu erhöhen.

Beide Seiten hatten ihr Programm aus den Interessen der von ihnen vertretenen Bevölkerungsschichten entwickelt. Die einen erhofften von der Begünstigung zahlenmäßig schwacher, aber wirtschaftlich leistungsstarker Schichten die Überwindung der Krise, die anderen umgekehrt von der Begünstigung der wirtschaftlich schwachen, aber zahlenmäßig starken Klassen der Bevölkerung. Auch die Reichstagsfraktion der Demokratischen Partei trat Anfang Dezember mit einem Plan zur Finanzreform hervor, der sich im ganzen halbwegs zwischen dem der SPD und des Reichsverbandes bewegte.

Trotz des weiten Auseinanderklaffens der Meinungen war Anfang Dezember im Reichskabinett ein Finanzprogramm als Kompromiß zustande gekommen, das einerseits Steuererhöhungen auf Bier und Tabak, eine Art Kopfsteuer aller Gemeindebürger zur Deckung der Sozialasten, eine Neuregelung des Finanzausgleichs mit Finanzkontrolle über die Gemeinden sowie eine Erhöhung der Beiträge zur Arbeitslosenversicherung um ein halbes Prozent, andererseits eine Senkung der Einkommen-, Grund- und Gewerbesteuer vorsah. Wieder hatte vor allem der Druck der bevorstehenden Haager Schlußkonferenz den Kompromiß ermöglicht, und es war schwer abzusehen, wie sich außerhalb des engen Kreises des Kabinetts die Deutsche Volkspartei mit der Erhöhung der Arbeitslosenversicherungsbeiträge und die SPD mit der Schlechterstellung der Gemeinden, auf denen ihre Stärke weitgehend beruhte, würden abfinden können.

Immerhin konnte der Reichskanzler Hermann Müller am 12. Dezember eine entsprechende Regierungserklärung abgeben, und zwei Tage später kam auf Vorschlag des Zentrums eine Vertrauensformel der Koalitionsparteien zustande, die dann auch im Plenum mit 222 gegen 156 Stimmen bei 22 Enthaltungen angenommen wurde:

Der Reichstag billigt die Erklärung der Reichsregierung und vertraut darauf, daß das Finanzprogramm vorbehaltlich der endgültigen Gestaltung der Gesetze im einzelnen unter Wahrung der von der Reichsregierung bekanntgegebenen Grundzüge durchgeführt wird. Der Reichstag spricht der Regierung für ihre gesamte Politik das Vertrauen aus.[224])

Wieder war die Regierung gerettet, wenn auch bei den Koalitionsparteien ein Drittel der DVP-Abgeordneten gegen das Vertrauensvotum stimmte, ein Sechstel der sozialdemokratischen Abgeordneten der Abstimmung fernblieb und die Bayerische Volkspartei sich geschlossen der Stimme enthielt. Trotzdem wurde am 19. Dezember das Sofortprogramm der Regierung, das die Beitragserhöhung der Arbeitslosenversicherung auf dreieinhalb Prozent und die Erhöhung der Tabaksteuer bereits vom 1. Januar ab vorsah, mit 248 gegen 154 Stimmen bei 9 Enthaltungen vom Reichstag gebilligt.

Aber zunächst mußte erst einmal der Dezember finanziell überbrückt werden, und in der Regierungserklärung war auch ein Überbrückungskredit von 330 Millionen Mark gefordert worden. Doch der Reichsbankpräsident Schacht machte Schwierigkeiten, weil er sein Finanzprogramm durchsetzen und die Ersparnisse aus dem Young-Plan nur für Steuersenkungen verwendet wissen wollte. Als Ausweg suchte die Regierung eine Anleihe bei dem schwedischen Zündholzkönig Ivar Kreuger, der sich später als Betrüger herausgestellt hat, und bei dem amerikanischen Bankhaus Dillon, Read & Co.. Dieses verlangte, bevor es den Kredit zu geben bereit war, die offizielle Zustimmung der Reichsbank. Schacht weigerte sich, und der Reichsfinanzminister Hilferding trat am 21. Dezember zusammen mit seinem Staatssekretär Popitz zurück. Sein Nachfolger, Professor Paul Moldenhauer von der Deutschen Volkspartei, erhielt dann gegen das Zugeständnis der Errichtung eines Tilgungsfonds, der freilich bereits im Finanzprogramm der Regierung enthalten gewesen war, durch ein von Schacht organisiertes Bankenkonsortium den erforderlichen Überbrückungskredit.

Die erneute Frist für die nun bereits erschütterte Regierung Hermann Müller dauerte nicht lange, und wieder war es die Frage der Arbeitslosenversicherung, um die der Kampf entbrannte. Schon im November hatte die Zahl der Arbeitssuchenden 2 240 257 erreicht, kletterte im Dezember mit 3 003 285 über die Dreimillionengrenze, im Januar auf 3 394 401 und stand im Februar bei 3 529 171. Die Fronten, die sich gegenüberstanden, waren klar. Anfänglich erschien Hjalmar Schacht als einer der Hauptexponenten des Kampfes. In einem Memorandum vom 6. Dezember hatte er die Finanzpolitik der Regierung angegriffen und Einsparungen, die vor allem den sozialen Bereich treffen mußten, verlangt. Die Regierung erwiderte in scharfem Ton, daß sie allein dem Reichstag verantwortlich sei. Kurz vor Weihnachten erklärte der Allgemeine Deutsche Gewerkschaftsbund in einem Aufruf mit dem Titel „Keine Katastrophenpolitik!" unter anderem:

Die unberufenen Eingriffe des Reichsbankpräsidenten in Fragen der Regierungspolitik haben die bestehenden Schwierigkeiten noch verschärft. Zu wiederholten Malen hat er notwendige Anleihen der öffentlichen Wirtschaft hintertrieben und sich damit zum Schrittmacher der Privatwirtschaft gegen die öffentlichen Betriebe gemacht.[225])

Doch in dem gleichen Maße, in dem die Verhandlungen über den Young-Plan ihrer Vollendung entgegengingen, trat die Person Schachts zurück, ging aber auch den Koalitionsparteien die gemeinsame, alle Differenzen am Ende überwiegende Aufgabe verloren. Am 12. März 1930 wurden die Young-Gesetze mit 270 gegen 192 Stimmen bei zwei Enthaltungen angenommen und am Tag darauf verkündet. Von nun an standen sich Arbeiter und Unternehmer, Gewerkschaften und Arbeitgeberverbände, SPD und DVP mit ihren entgegengesetzten Standpunkten noch unversöhnlicher gegenüber als zuvor. Am 5. März hatte das Kabinett einstimmig den Haushaltsplan verabschiedet. Durch Verschiebung von Etatposten war das für die Arbeitslosenversicherung erforderliche Defizit auf 100 Millionen verringert worden. Davon sollten 70 Millionen durch eine Beitragserhöhung von je einem achtel Prozent für Arbeitgeber und Arbeitnehmer aufgebracht werden. Im ganzen stellte das Programm aber einen Kompromiß mit der Deutschen Volkspartei dar, auf deren Widerstand hin die SPD ihre Forderung nach einem Notopfer der Festbesoldeten fallengelassen hatte. Auch trafen die Steuererhöhungen fast ausschließlich den Massenverbrauch. Allein, durch die Einigung im Kabinett waren die Koalitionsparteien nicht gebunden, und die Volkspartei lehnte als Partei der Unternehmerinteressen die Neuregelung der Arbeitslosenversicherung entschieden ab. Noch verwirrter wurde die Lage, als am 7. März Hjalmar Schacht als Reichsbankpräsident zurücktrat. Zwar bedeutete das nach den ständigen Zusammenstößen eher eine Erleichterung, wirkte aber doch durch die Wahl gerade dieses Augenblicks als Demonstration gegen die Regierung.

Ein Kompromiß mit der Sozialdemokratie, wie ihn der todkranke Stresemann noch zuletzt durchgesetzt hatte, wurde durch die Haltung der DVP unmöglich. Sie sah die Wirtschaftskrise als Klassenkampf, also als einen Hebel, um die sozialpolitische Entwicklung rückgängig zu machen und den Einfluß des Staates in der Wirtschaft wie den Einfluß der Gewerkschaften auf die Lohn- und Arbeitsbedingungen auf den Stand der Zeit vor dem Weltkrieg zu reduzieren. Gleichzeitig sollte die SPD aus der Regierung entfernt und deren Schwergewicht nach rechts verlagert werden. Ob dabei die parlamentarische Demokratie Schaden nahm, war für die Volkspartei nicht so wichtig. In der Nacht vom 26. auf den 27. März fand in Berlin eine Besprechung der Führer der Reichstagsfraktionen statt. Das Zentrum setzte durch, daß das entscheidende Problem der Arbeitslosenversicherung zuerst einer Lösung zugeführt werden sollte. Kategorisch lehnte die DVP jede Beitragserhöhung über 3 1/2 Prozent hinaus ab und forderte die SPD eine Erhöhung auf 4 Prozent. Ebenso kategorisch forderte die DVP eine Begrenzung der Zuschüsse des Reiches an die Reichsanstalt für Arbeitsvermittlung und Arbeitslosenversicherung und lehnte die SPD eine solche Begrenzung ab. Die Situation schien hoffnungslos, bis am Mittag des 27. März Heinrich Brüning, seit dem vergangenen Jahr Fraktionsführer des Zentrums, in einer neuen Zusammenkunft des Kanzlers mit den Parteiführern einen verbesserten Kompromißentwurf vorlegte:

Das Gesetz über die Arbeitsvermittlung und Arbeitslosenversicherung wird nach Maßgabe der folgenden Richtlinien geändert:

1. Kann der Bedarf der Reichsanstalt aus den Beiträgen und dem Notstock nicht völlig gedeckt werden, obwohl der Beitrag rechtzeitig einheitlich für das Reichsgebiet festgesetzt ist, so gewährt das Reich Zuschüsse, deren Höhe alljährlich im Reichshaushalt festgesetzt wird.

2. Der Reichszuschuß für das Rechnungsjahr 1930 beträgt 150 Millionen Mark, der Beitrag zur Arbeitslosenversicherung 3 1/2 Prozent.

3. Um den Ausgleich zwischen Einnahmen und Ausgaben der Reichsanstalt zu erleichtern, soll der Vorstand der Reichsanstalt die erforderlichen Maßnahmen auf dem Wege der Verwaltung treffen. Zum gleichen Zweck soll er der Reichsregierung Vorschläge zur Reform des Gesetzes unterbreiten.

4. Übersteigt das tatsächliche Bedürfnis der Reichsanstalt sowohl die eigenen Mittel der Reichsanstalt als auch die Reichszuschüsse, so hat das Reich der Reichsanstalt entsprechend dem § 163 des Gesetzes über Arbeitsvermittlung und Arbeitslosenversicherung Darlehen zu gewähren, jedoch mit der Maßgabe, daß die Reichsregierung

nach Prüfung weiterer Ersparnismöglichkeiten auf dem Wege der Gesetzgebung alsbald ein Gesetz vorzulegen hat, das entweder durch Beitragserhöhung die Rückzahlung der Darlehen ermöglicht oder durch eine Reform des AVAVG den Ausgleich zwischen Einnahmen und Ausgaben herstellt oder zur Deckung der für die Darlehen aufzuwendenden Beträge dem Reich die notwendigen Mittel zuführt.[226])
Dieser Vorschlag hielt eine mittlere Linie ein. Die Darlehenspflicht des Reiches war festgelegt, aber gleichzeitig durch so viele Bedingungen eingeschränkt, daß durchaus die Möglichkeit offenblieb, das Prinzip der gesicherten Hilfe für die Arbeitslosen zu durchbrechen und die Leistungen zu vermindern. Die Fraktionen des Zentrums und der Demokraten stimmten dem Kompromiß zu. Die Bayerische Volkspartei lehnte ab, weil sie sonst den Haushaltsvorschlag insgesamt hätte annehmen und daher auch eine Erhöhung der Biersteuer hätte akzeptieren müsse. Die Deutsche Volkspartei nahm nach mehrstündiger Diskussion mit neun Stimmen Mehrheit an.
Am längsten dauerte die Auseinandersetzung in der sozialdemokratischen Fraktion. Was bei den anderen Parteien für den Brüningschen Entwurf gesprochen hatte, sprach hier gegen ihn, die Gefährdung der Garantie eines Existenzminimums. Ein Teil der SPD-Abgeordneten schloß sich den drei zustimmenden Kabinettsmitgliedern an, zu denen auch der Reichskanzler gehörte. Die Mehrheit stimmte der ablehnenden Haltung des Arbeitsministers Wissell zu. Den Ausschlag gab schließlich das unbedingte Nein der Gewerkschaftsvertreter, so daß *der Antrag des Parteivorsitzenden und Fraktionsvorstandsmitglieds Wels, unter Ablehnung des Kompromißvorschlages an der Regierungsvorlage festzuhalten, nahezu einstimmige Annahme fand.*[227])
In der Kabinettssitzung am Spätnachmittag lehnten Finanzminister Moldenhauer und die Zentrummitglieder den Vorschlag Hermann Müllers ab, die Frage der Arbeitslosenversicherung zunächst zurückzustellen und die übrige Haushaltsvorlage durchzuführen. Nachdem die Minister noch einmal mit ihren Fraktionen Rücksprache genommen hatten und keine Änderung eingetreten war, beharrte Moldenhauer darauf, daß er die Finanzvorlage nur in ihrer Gesamtheit einschließlich des Brüningschen Kompromißvorschlages vertreten könne. Auch die Zentrumminister schlossen sich dieser Auffassung an. Damit war auch Hermann Müllers Vorschlag abgelehnt, die ursprüngliche Vorlage wieder zu benutzen, und es blieb nichts mehr übrig als die Gesamtdemission der Regierung der Großen Koalition. Der Reichskanzler, schon damals ein schwerkranker Mann — er ist bereits ein Jahr später, am 20. März 1931, gestorben —, begab sich sofort zum Reichspräsidenten, um ihm den Rücktritt der Regierung mitzuteilen.
Mit dem Ende der Großen Koalition war die letzte Möglichkeit zur parlamentarischen Mehrheitsbildung erschöpft. Von nun an konnte nur noch mit dem Artikel 48 regiert werden. Der erste Historiker der Weimarer Republik, Arthur Rosenberg, schließt seine Darstellung mit dem März 1930 ab, weil damals die 1918 geschaffene Republik untergegangen sei und seitdem nur noch eine Diktatur die andere abgelöst habe. Darüber, was Anlaß und was Ursache für den Sturz der Regierung Müller und für das Ende der parlamentarischen Demokratie in Deutschland war, ist die Diskussion heute noch nicht abgeschlossen. Für die einen ist die Weigerung der SPD-Fraktion und

insbesondere der Gewerkschaften, auf den Brüningschen Kompromiß einzugehen, der entscheidende Fehler. Die „Frankfurter Zeitung" schrieb am 28. März:

Auch wenn man durchaus in Rechnung stellt, was der Sozialdemokratie in den ganzen eindreiviertel Jahren des Bestandes der Großen Koalition das Zusammenarbeiten mit der Deutschen Volkspartei wirklich nicht leicht gemacht hat, wenn man die Intransigenz der Deutschen Volkspartei jetzt bei der Frage der Arbeitslosenversicherung als dem letzten Streitobjekt schon in Anbetracht der Kleinheit dieses Objektes nichts weniger als großartig findet — so bleibt unabweisbar, daß gerade darum die sozialdemokratische Fraktion dem gestern schließlich gefundenen Kompromiß hätte zustimmen müssen, um Größeres, Wichtigeres zu wahren. Der Gewerkschaftsflügel der Sozialdemokratie hat vor lauter Fachlich-Speziellem die Politik nicht gesehen.[228])

Andererseits steht fest, daß die Volkspartei und wesentliche Teile der anderen Koalitionsparteien die SPD um jeden Preis aus der Regierung hinausdrängen wollten und daß hinter diesem Drängen mächtige Kräfte in der Gesellschaft standen, der Reichsverband der Deutschen Industrie, die Reichswehrführung, insbesondere der sich zu ihrem eigentlichen politischen Kopf entwickelnde Schleicher, und der Reichspräsident. Unter diesen Umständen kam es auf die Kompromißbereitschaft der SPD so sehr nicht mehr an.

Diejenigen Kräfte, die die Republik von Anfang an bekämpft hatten, erzielten den entscheidenden Durchbruch. Demokratie und Parlamentarismus wurden preisgegeben, von einigen — wie sie meinten — für begrenzte Zeit, um eine Notsituation mit außergewöhnlichen Mitteln zu überbrücken, von anderen aus grundsätzlicher Überzeugung und für immer.

Andreas Hillgruber

Die Auflösung der Weimarer Republik

Das erste Kabinett Brüning

Die Wirtschaftskrise und die wachsende Arbeitslosigkeit hatten zu der unausweichlichen Alternative geführt, entweder die Beiträge für die Arbeitslosenversicherung zu erhöhen oder die Sozialversicherung einzuschränken. Die Diskussion entwickelte sich dabei immer mehr ins Grundsätzliche. „Beitragserhöhung" auf der einen Seite und „Leistungsabbau" auf der anderen waren schließlich nur noch Ausdruck des — weltanschaulich bedingten — Ringens um wirtschafts- und sozialpolitische Grundauffassungen, für einen interventionistischen Staat hier, für eine monopolistische Wirtschaft dort, schließlich sogar, ins allgemein Politische sich erweiternd, zwischen parlamentarischer Demokratie und „autoritär-ständischer Diktaturerwartung" (Bracher).

Aus der Wirtschaftskrise war somit in Deutschland unmittelbar eine politische Krise geworden, die das Ganze des Weimarer Staates in Frage stellte. Vor den Konsequenzen einer autoritären Regierung, die sich beim Versagen des Parlaments zwangsläufig ergaben, hatte bereits 1929 auf dem sozialdemokratischen Parteitag in Magdeburg der SPD-Fraktionsführer im Reichstag, Breitscheid, gewarnt und als Folge des Scheiterns der Großen Koalition vorausgesagt: *„Die Ausnutzung gewisser Verfassungsbestimmungen, die dem Sinn der Demokratie nicht entsprechen, die aber nun einmal nach ihrem Wortlaut in die Verfassung gekommen sind, und die Ausnutzung durch gewisse Desperados der Bestimmungen (sic!), die unter Umständen dem Reichspräsidenten ein Recht geben könnten, das im Grunde mit der Demokratie nicht in Einklang steht. Dann könnten wir eine Art Beamtenkabinett erhalten, das an sich vielleicht schon die verschleierte Diktatur wäre. Ich sage nicht, daß wir, um das abzuwehren, jedes Opfer zu bringen genötigt wären. Ich mahne euch nur, auch an diese Möglichkeit zu denken. Es kann sein, daß einmal der Moment kommt, wo wir sagen müssen, selbst auf diese Gefahr hin — wir können nicht weiter. Dann freilich müssen wir bereit sein, die Demokratie und den Parlamentarismus außerhalb des Parlaments zu verteidigen und zu vertreten.*'[229])

Ohne die sich aus den Perspektiven Breitscheids ergebenden Konsequenzen wirklich zu durchdenken — namentlich den Schlußgedanken, daß man notfalls die Demokratie außerhalb des Parlaments verteidigen müsse —, hatte sich die Haltung der SPD, ebenso die der DVP, immer mehr versteift. Unmittelbar nach dem Sturz der Regierung Müller schrieb der frühere Finanzminister Hilferding:

„Es unterliegt keinem Zweifel, daß, wenn das Parlament in seiner grundlegenden und

wichtigsten Funktion versagt, nämlich eine Regierung zu bilden, die Macht des Reichspräsidenten sich auf Kosten und durch Schuld des Parlaments erweitert und der Reichspräsident Funktionen ausüben muß, die zu erfüllen sich der Reichstag versagt. Nimmt man hinzu, daß diese Lähmung des Parlaments von sehr starken Gruppen direkt gewünscht und gefördert wird, so wird man verstehen, daß die eigentliche Gefahr für die Zukunft des deutschen Parlamentarismus nicht von außen, nicht von einem gewaltsamen Putsch her droht, sondern von innen her; Ajax fällt durch Ajax' Kraft.[230])

Über die Möglichkeiten zur Regierungsbildung, wenn der Reichstag sich, aus inneren oder äußeren Gründen, dazu als unfähig erweisen sollte, gab es seit längerer Zeit Überlegungen, schon anläßlich der Regierungskrise im Dezember 1926. Kurz nach Ostern 1929 trug der Chef des Ministeramtes im Reichswehrministerium, Generalmajor (seit 1929) von Schleicher, dann seine Pläne dem Fraktionsvorsitzenden des Zentrums im Reichstag, Heinrich Brüning, vor. Dieser berichtet, Schleicher habe gesagt, *der Reichspräsident sehe die Gefahr, daß die ganze Innen- und Außenpolitik im Sumpfe verlaufe. Er sei entschlossen, zusammen mit der Reichswehr und den jüngeren Kräften im Parlament die Dinge vor seinem Tode in Ordnung zu bringen. Ich fragte, ob der Reichspräsident das mit oder ohne Parlament machen wolle. Darauf Schleicher: Der Reichspräsident würde nicht die Verfassung verletzen, aber er würde das Parlament im gegebenen Augenblick für eine Zeit nach Hause schicken und in dieser Zeit mit Hilfe des Artikels 48 die Sache in Ordnung bringen.*

Brüning: „Wie lange schätzen Sie die für die Reform notwendige Zeit ein?"

Schleicher: „Na, in sechs Monaten muß man das schaffen."

Das Gespräch wandte sich dann der Wiedereinführung der Monarchie zu: *Meine Antwort: „Mich stört die Frage der Wiedereinführung der Monarchie nicht, aber die Dinge, die gemacht werden müssen in bezug auf die Ordnung der Finanzwirtschafts- und Sozialpolitik werden so unpopulär sein, daß man die Monarchie damit nicht belasten darf. Ich halte es nach den Erfahrungen der Etatsverabschiedung für möglich, die notwendigen Reformen auf diesen Gebieten schrittweise mit der jetzigen Mehrheit zu machen, bis das Rheinland geräumt ist. Der patriotische Schwung, der durch die Räumungsfeiern auch über die Sozialdemokratie kommen wird, schafft vielleicht die Möglichkeit, diese so weit zu bringen, daß sie zum mindesten eine Situation wie in Ungarn (Einsetzung eines „Reichsverwesers") toleriert."*

Schleicher: „Phantastisch. Das ist ganz meine Idee. Hermann Müller ist zwar krank, aber ein fabelhaft anständiger und patriotischer Mann."

Brüning: „Dann stimmen wir darin überein, daß die Monarchie unter keinen Umständen im Kampfe gegen die Masse der geschulten Arbeiterschaft eingeführt werden darf. Die Monarchie muß am Ende der Reformen stehen. Der Artikel 48 ist zur Änderung oder Umbiegung der Verfassung nicht zu gebrauchen."

Schleicher: „Das geht zu weit. Der Feldmarschall will nicht sterben, ohne diese Frage gelöst zu haben. Wir haben im Reichswehrministerium Gutachten von Kronjuristen gesammelt, die beweisen, daß man in Fortbildung der Praxis den Artikel 48 auch zur Verfassungsänderung gebrauchen kann.[231])

Seit der Jahreswende 1929/30 erörterten dann Schleicher, der Chef des Büros des Reichspräsidenten, Otto Meißner, und einige gegen den Hugenberg-Kurs der DNVP eingestellte Deutschnationale den Gedanken eines „Hindenburg-Kabinetts". Nach dem zu erwartenden Auseinanderbrechen der „Großen Koalition" sollte in Zukunft ohne SPD regiert werden, und zwar entweder mit einer Mitte-Rechts-Regierung, zu der die Unterstützung eines großen Teils der DNVP notwendig war, oder, falls sich Hugenberg und die Mehrheit der DNVP versagten, mit einer Minderheitsregierung, die sich auf die Autorität des Reichspräsidenten stützte. Wie unter Ebert 1923 sollte der Art. 48 der Reichsverfassung — entgegen seinem Sinn — als Grundlage für ein Notverordnungs- recht verwendet werden, das ein Regieren ohne parlamentarische Schwierigkeiten ermöglichte. Am 26. Dezember 1929 fragte Schleicher erstmals Brüning, ob er zur Übernahme der Reichskanzlerschaft nach einem Zerfall der „Großen Koalition" bereit sei. Ohne prinzipiell abzulehnen, richtete Brüning indessen in der Folgezeit alle Anstrengungen darauf, ein Auseinanderbrechen der Regierung Müller zu verhindern. Nachdem die „Große Koalition" Ende März 1930 doch gescheitert war, konnte der von Schleicher systematisch vorbereitete Weg rasch beschritten werden.

Bereits einen Tag nach dem Rücktritt Müllers betraute Reichspräsident v. Hindenburg am 28. März den Fraktionsführer des Zentrums, Brüning, mit der Bildung eines Kabinetts „ohne feste Bindung an die Reichstagsfraktionen". Der damals 45jährige Doktor der Staats- und Wirtschaftswissenschaft, der damit in den Mittelpunkt des Geschehens rückte, hatte sich als sachkundiger Finanzpolitiker schon in den Jahren vor der Wirtschaftskrise einen Namen gemacht. Als Vertreter des rechtsn Flügels des Zentrums, auch mit den Christlichen Gewerkschaften verbunden, schien er dem Reichspräsidenten als ehemaliger Oberleutnant der Reserve und Führer einer Maschi- nengewehrkompanie im Weltkrieg auch persönlich der geeignete Mann, der mit seinem Pflichtgefühl, seinem Arbeitseifer und seiner bescheidenen Zurückhaltung im Auftreten die besten Voraussetzungen bot, die komplexen wirtschafts- und sozialpolitischen Probleme zu lösen. Schleicher und unter seinem Einfluß Hindenburg glaubten, Brüning die Vollmachten des Artikels 48 anvertrauen zu können, die der Präsident der Regierung Müller soeben verweigert hatte.

Die Betrauung Brünings durch Hindenburg war mit zwei Auflagen verknüpft, die der neue Kanzler akzeptierte: die Ausschaltung der SPD von der Regierungsverantwortung und die Einbeziehung umfassender finanzieller Unterstützungen für die ostdeutsche Landwirtschaft, speziell den Großgrundbesitz („Osthilfe"), in das Regierungspro- gramm. Brüning selbst sah die vor ihm liegende Aufgabe zunächst unter dem Gesichtspunkt des „Primats der Außenpolitik". Er wollte die Wirtschaftskrise dazu benutzen, die Zahlungsunfähigkeit Deutschlands zu demonstrieren, die Streichung der Reparationslasten zu erreichen, zugleich nach dem erwarteten Scheitern der Abrü- stungskonferenz die militärische Gleichberechtigung des Reiches durchzusetzen und die Basis für einen machtpolitischen Wiederaufstieg des Reiches zu legen. Seine innenpoli- tischen Ziele sind demgegenüber weniger deutlich und waren in der Geschichtsschrei- bung lange umstritten. Für die einen war sein autoritäres Regime das Ende der parlamentarischen Demokratie und Brüning ein Vorläufer Hitlers. Andere sahen in ihm den letzten auf dem Boden der Verfassung stehenden Kanzler, der durch zeitweilige Ausschaltung des handlungsunfähigen Parlaments versucht habe, die Substanz der Demokratie zu retten. Seit dem Erscheinen von Brünings Memoiren (1970) steht fest, daß sein letztes Ziel die Wiedereinführung der Monarchie auf friedlichem Wege war. Zunächst sollten die Rechte des Reichstags eingeschränkt und die Stellung des Reichspräsidenten weiter gestärkt werden:

Das einzige, was mir dann noch praktisch fehlte zur rechtlichen Stabilisierung gesunder Verhältnisse in politischer und finanzieller Beziehung, war der freiwillige, durch Änderung der Geschäftsordnung des Reichstages herbeizuführende Verzicht auf die dauernden Mißtrauensanträge, die ich ausschließlich auf die Etatsberatungen und auf das erste Auftreten einer neuen Regierung im Reichstag zu beschränken gedachte. Dann war die Stellung des Staatsoberhauptes eine stärkere als in der Bismarckschen Verfassung. Die Kontinuität der Politik auf allen Gebieten war gesichert, und es war eine Frage des richtigen Augenblicks, um an die Stelle des Präsidenten wieder einen Monarchen zu setzen.[232])

Diese Ziele sprach Brüning nicht offen aus. In seiner Regierungserklärung vom 1. April 1930 sagte er:

„Das neue Reichskabinett ist entsprechend dem mir vom Herrn Reichspräsidenten erteilten Auftrag an keine Koalition gebunden. Doch konnten selbstverständlich die politischen Kräfte dieses Hohen Hauses bei seiner Gestaltung nicht unbeachtet bleiben. Das Kabinett ist gebildet mit dem Zweck, die nach allgemeiner Auffassung für das Reich lebensnotwendigen Aufgaben in kürzester Frist zu lösen. Es wird der letzte Versuch sein, die Lösung mit diesem Reichstage durchzuführen.

Einen Aufschub der lebensnotwendigen Arbeiten kann niemand verantworten. Die Stunde fordert schnelles Handeln.

Innenpolitisch gibt unsere Lage angesichts der sozialen und wirtschaftlichen Notstände und der mit ihnen verbundenen radikalen Strömungen Anlaß zu besonderer Wachsamkeit. Diesen Strömungen läßt sich nicht nur mit dem Einsatz staatlicher Mittel begegnen, sie müssen in erster Linie durch wirtschaftliche Aufbauarbeit behoben werden.

Die Reichsregierung fühlt sich stark genug, mit den Mitteln, welche das Grundgesetz unserer staatlichen Ordnung, die Weimarer Verfassung, der deutschen Republik zur Verfügung stellt, allen gefahrvollen Bedrohungen entgegenzuwirken." (Lebhafte Rufe: Bravo! in der Mitte. — Zurufe von den Kommunisten: Artikel 48![233]) Brüning stand somit, dem Willen des Reichspräsidenten und seiner Umgebung entsprechend, vor der Alternative, entweder zu versuchen, die Rechtsopposition mit in die Regierungsverantwortung einzubeziehen, oder aber mit seinem Kabinett als außerparlamentarische Fachmannsregierung (überparteiliches Beamtenkabinett) auf Notverordnungsbasis zu amtieren. Seine Regierung setzte sich, die Möglichkeit einer Unterstützung durch die Rechtsparteien (vom Zentrum bis zu den Deutschnationalen) beachtend, aus Vertretern der Parteien rechts von der SPD zusammen: Außenminister Dr. Curtius und Finanzminister Moldenhauer gehörten der DVP, Innenminister Wirth, Arbeitsminister

Stegerwald und Verkehrsminister v. Guérard dem Zentrum, Vizekanzler und Wirtschaftsminister Dr. Dietrich der DDP an. Ernährungsminister Schiele war Mitglied der DNVP (allerdings nur noch für drei Tage). Parteilos war Reichswehrminister Groener.

Die DNVP unter Führung Hugenbergs lehnte jegliches Entgegenkommen gegenüber Brüning ab und vollzog ihrerseits eine Wendung nach rechts, indem sie eine rechtsradikale Blockbildung anstrebte, in der unter ihrer Führung alle rechtsextremistischen Gruppen einschließlich der NSDAP gesammelt werden sollten. Die erste Folge davon war, daß die gemäßigten Teile der Partei, die zu einer Unterstützung Brünings neigten und mit dem demagogischen Kurs ihres Parteivorsitzenden nicht einverstanden waren, absplitterten (Gruppe Treviranus, später Graf Westarp), so daß die geschwächte Partei zu einer solchen Konzentration auf der Rechten gar nicht fähig war. Daher bildete die DNVP vorerst keine ernsthafte Gefahr für die Regierung Brüning.

Diese hoffte, durch ein klares Programm nicht nur die Krise zu meistern, sondern auch im Volke selbst Zustimmung zu finden.

In seiner Regierungserklärung vom 1. April hatte der Reichskanzler bereits Maßnahmen zur Überwindung der Krise, vor allem zur Förderung des Mittelstandes und der Landwirtschaft, sowie Sparmaßnahmen in der öffentlichen Verwaltung angekündigt:

„Neue Steuerlasten zur Sanierung der Kassenlage sind nur tragbar, wenn sie im Rahmen eines auf weite Sicht gestellten, Schritt für Schritt durchzuführenden Gesamtprogramms stehen. Eingehende Sparvorschläge auf allen Gebieten des öffentlichen Lebens werden in kürzester Frist seitens der Reichsregierung den zuständigen Körperschaften unterbreitet werden. Diese Sparmaßnahmen sollen nicht von einem antisozialen Geist getragen sein. Sie haben lediglich den Zweck, ihrerseits zur Senkung der Steuern, zur Hebung der Produktivität der Wirtschaft, zur Stärkung der Kreditwürdigkeit Deutschlands beizutragen. Sie sollen Raum schaffen für die Senkung der auf dem Handwerk und dem gesamten städtischen und ländlichen Mittelstand besonders schwer lastenden Realsteuern.

Stützung und Wiederbelebung der ländlichen Wirtschaft ist das wirksamste Mittel zur Drosselung der Landflucht und zur Schaffung neuer Absatz- und Arbeitsmöglichkeiten für Gewerbe und Arbeiterschaft. Von hier aus muß der Druck auf den Arbeitsmarkt und die ständige Bedrohung der Lebenshaltung des deutschen Volkes beseitigt werden.

Deshalb ist die Regierung entschlossen, in Fortführung und Erweiterung der von dem bisherigen Reichsernährungsminister bis in die letzten Tage getroffenen Maßregeln ein umfassendes und durchgreifendes Hilfsprogramm für die Landwirtschaft schleunigst zu verwirklichen. Sie scheut dabei angesichts der ernsten Lage nicht vor außergewöhnlichen Mitteln zurück. Die Reichsregierung ist davon überzeugt, daß nur auf diesem Wege der drohende Zusammenbruch der Landwirtschaft aufzuhalten, eine wesentliche Besserung der gegenwärtigen Krise und dadurch eine Wendung der Lage dieses Berufsstandes herbeizuführen ist. So wird auch dem deutschen Bauern der Mut zu lebendigem Schaffen aus eigener Kraft wieder erwachsen. Diese Maßregeln schaffen allein nicht die Gewähr, um das deutsche Volkstum in der Ostmark wieder fester mit seiner Heimat und seiner Scholle zu verbinden. Durchgreifende und umfassende Osthilfe, Zug um Zug mit dem allgemeinen Agrarprogramm, ist hier eine besondere Notwendigkeit; Umschuldung und

Entschuldung, Zins- und Lastensenkung, Ordnung der Kreditverhältnisse stehen im Vordergrund. Festigung und Erhaltung der bestehenden wirtschaftlichen Betriebe schaffen erst die Möglichkeit einer zielbewußten Bauern- und Arbeitersiedlung. Zur Deckung dieser notwendig werdenden Ausgaben wird die Reichsregierung, ohne den Steuerzahler neu zu belasten, eine besondere Vorlage unterbreiten. In Übereinstimmung mit dem Herrn Reichspräsidenten hat sich die Reichsregierung zu diesem Vorhaben entschlossen. Gesundung der östlichen Wirtschaft ist die Grundlage nationaler und volkspolitischer Rettung des deutschen Ostens.'[234])

Der Fraktionsvorsitzende der SPD, Breitscheid, beschwor anschließend den Reichskanzler, nicht den Weg der Diktatur zu gehen, doch wurden die Mißtrauensanträge der SPD und KPD, denen sich die 12 Vertreter der NSDAP anschlossen, von der Mehrheit des Reichstages abgelehnt und die Regierung Brüning damit vom Parlament in ihrer Zielsetzung bestätigt.

Es gelang Brüning hingegen trotz allen Anstrengungen nicht, den Haushaltsausgleich zu erreichen, da die Wirtschaftskrise schneller als erwartet um sich griff. Ein neues umfangreiches Sonderbesteuerungsprogramm sollte hier die notwendige Entlastung bringen (5. Juni). Aber das mehrfach abgeänderte Deckungsprogramm, das nach dem Rücktritt Moldenhauers von seinem Nachfolger, dem Vizekanzler Dr. Dietrich, vertreten wurde, fand nicht die Zustimmung der SPD und der radikalen Rechts- und Linksopposition (DNVP, NSDAP und KPD). Daraufhin glaubte die Regierung, die Durchsetzung ihres Programms mit Hilfe des Artikels 48 der Reichsverfassung erzwingen zu können. Brüning erklärte, die Regierung lege auf weitere parlamentarische Verhandlungen über die Vorlagen keinen Wert mehr. Statt dessen setzte der Reichspräsident am 16. Juli das Gesetzbündel als Notverordnung „zur Behebung finanzieller, wirtschaftlicher und sozialer Notstände", die neben dem Finanzausgleich u. a. auch einen Abschnitt über die Osthilfe enthielt, in Kraft.

Finanzminister Dr. Dietrich bemühte sich, dem Reichstag die Notwendigkeit für diesen Schritt vor Augen zu führen, und warnte vor den Konsequenzen einer Ablehnung:

„Es hat sich gezeigt, daß eine Mehrheitsbildung in diesem Reichstag nicht möglich ist, wir mußten also einen anderen Ausweg aus dem Defizit suchen, und wir setzen voraus, daß in diesem Hause noch so viel Verstand aufgebracht wird, daß man uns diesen Ausweg nicht versperrt.

Das deutsche Volk wird nachher nicht fragen, warum diese Schwierigkeiten entstanden sind, sondern warum sie nicht beseitigt worden sind. Das deutsche Volk wird sich auf die Seite derjenigen stellen, die diese Schwierigkeiten beseitigen wollten. Der Reichstag muß heute zeigen, ob wir noch ein Staatsvolk sind oder nur ein Haufen von Interessenten.'[235])

Innenminister Wirth prophezeite: *„Stürzen Sie diese Regierung oder treiben Sie es zur Auflösung, dann laufen Sie das Risiko, von der Krise des Parlaments in die Krise des Systems der Demokratie zu geraten.'*[236])

Trotz allen Beschwörungen lehnte jedoch die Mehrheit, 256 Abgeordnete (SPD, KPD, NSDAP und Teile der DNVP), die Notverordnung vom 16. Juli ab und verlangte ihre Aufhebung. Auf Brünings Rat, der den folgenden Beschluß sogleich dem Reichstag verkündete, schritt der Reichspräsident nun zur Auflösung des Reichstages und zur Ausschreibung von Neuwahlen für den 14. September 1930:

Nachdem der Reichstag heute (18. Juli) beschlossen hat, zu verlangen, daß meine auf Grund des Artikels 48 der Reichsverfassung erlassenen Verordnungen vom 16. Juli außer Kraft gesetzt werden, löse ich auf Grund von Artikel 25 der Reichsverfassung den Reichstag auf.[237])

Hierbei wurden erstmals diese beiden Artikel, Diktatur- und Reichstagsauflösungsparagraph, miteinander verbunden, obwohl der Artikel 48 das Recht des Reichstages auf Aufhebung von Notverordnungen des Reichspräsidenten ausdrücklich anerkannte. Damit kam die antiparlamentarische Tendenz des Hindenburg-Schleicher-Groener-Brüning-Kurses offen zum Ausdruck; die bisher noch mögliche Alternative, eine parlamentarische Basis herzustellen, gestützt auf die Rechts- und Mittelparteien, war endgültig aufgegeben, nachdem Hugenberg, sich seiner Schlüsselposition bewußt, alle Vorschläge Brünings mit überspitzten Forderungen abgelehnt hatte. Das endgültige Auseinanderbrechen der DNVP in eine Hugenberg- und eine Westarp-Gruppe, die Brüning ihr Vertrauen aussprach, war allerdings die unmittelbare Folge dieser starren Haltung des Parteivorsitzenden.

Die noch verschärfte Notverordnung wurde am 26. Juli durch Verfügung des Reichspräsidenten endgültig in Kraft gesetzt. Brüning erhoffte sich von den Neuwahlen eine Verstärkung seiner Position. Eine im ganzen erfolgreiche Preissenkungsaktion, die endgültige Räumung des Rheinlandes, verbunden mit den Befreiungsfeiern (Juli 1930), vermochten allerdings trotz aller daran anknüpfenden Regierungspropaganda nicht, die Schwere der Krise, in die die Republik geraten war, im Bewußtsein der Masse der Bevölkerung zu überdecken. So trat das Gegenteil von dem ein, was sich Brüning erhofft hatte: nicht eine Verbreiterung seiner Regierungsbasis war das Ergebnis der Wahlen vom 14. September, sondern eine gefährliche Verengung seiner Bewegungsfreiheit.

Dabei hatten gerade die extremen Parteien im Sommer 1930 innere Schwierigkeiten zu überstehen: Spaltung der DNVP, Ausscheiden Otto Strassers, des Exponenten des sozialrevolutionären Flügels, aus der NSDAP im Juli, SA-Krise im August (Hitler machte sich nach der Ausbootung Pfeffer von Salomons selbst zum „Obersten SA-Führer" und holte den vorübergehend nach Bolivien gegangenen Hauptmann a.D. Röhm als Chef seines Stabes zurück). Währenddessen unternahm die Deutsche Demokratische Partei den Versuch, sich durch Aufnahme anderer Gruppen (unter anderem des Jungdeutschen Ordens) zu einer breiten bürgerlichen Sammlungspartei, der „Deutschen Staatspartei", zu erweitern. Um so mehr war der Wahlausgang vom 14. September ein Sturmzeichen, das nicht nur in Deutschland, sondern auch im Ausland als sichtbarer Ausdruck der deutschen Staatskrise gedeutet wurde. Das Sensationellste war das Emporschnellen des Stimmenanteils der NSDAP. Es war nicht zuletzt auf die fanatische, demagogische Propaganda Hitlers und seiner Partei zurückzuführen. Sein langes „Manifest an das deutsche Volk" vom 10. September hatte mit den Schlagzeilen geschlossen:

Die Parole für den 14. September kann nur lauten: Schlagt die politischen Bankrotteure unserer alten Parteien! Vernichtet die Zersetzer unserer nationalen Einheit! Weg mit den Verantwortlichen für unseren Verfall! Volksgenosse, schließe dich an der marschierenden braunen Front des erwachenden Deutschlands! Dein Nein dem heutigen System gegenüber heißt: Liste 9! Schlagt sie am 14. September zusammen, die Interessenten am Volksbetrug![238])

An Stelle der bisherigen 12 erhielt die NSDAP nun 107 Sitze im Reichstag. Sie selbst hatte nur 40 bis 50 erwartet. Über 6 Millionen Wähler, die Masse der Jungwähler, bisherige Nichtwähler und vorwiegend Kleinbürger und kleine Bauern, die sich von den Mittelparteien abgewandt hatten, waren den Parolen Hitlers gefolgt. Auch die andere radikale Partei, die KPD, gewann an Stimmen und damit 23 neue Sitze, so daß sie jetzt im Reichstag mit 77 Abgeordneten vertreten war. Durch die von der KPdSU beherrschte „Kommunistische Internationale" (Komintern) war die KPD 1928 auf einen „ultralinken" Kurs festgelegt worden. Die Hauptstoßrichtung der KPD richtete sich dementsprechend gegen die Sozialdemokraten, die als „Sozialfaschisten" und „Arbeiterverräter" bezeichnet wurden; erst in zweiter Linie wurden die „Faschisten" selbst bekämpft, wobei zwischen den bürgerlichen Mittel- und Rechtsparteien und der NSDAP kein nennenswerter Unterschied gemacht wurde. Ein Bündnis zwischen den „beiden Arbeiterparteien" war damit für die Endphase der Weimarer Republik ausgeschlossen. Darüberhinaus lähmte die „ultralinke Taktik" der KPD, deren Argumente die linken Randzonen von Anhängern und Wählern der SPD stark beeinflußten, den politischen Handlungsspielraum der SPD-Führung. In einer Programmerklärung des Zentralkomitees der KPD „zur nationalen und sozialen Befreiung" Deutschlands vom 23. April 1930 hatte die Partei einige Monate vor den Wahlen verkündet:

Wir Kommunisten werden zwischen Sowjetdeutschland und der Union der Sozialistischen Sowjetrepubliken ein festes politisches und Wirtschaftsbündnis schließen, auf Grund dessen die Betriebe Sowjetdeutschlands Industrieprodukte für die Sowjetunion liefern werden, um dafür Lebensmittel und Rohstoffe aus der Sowjetunion zu erhalten. Zur Macht gelangt, werden wir dem Treiben der Bankmagnaten, die heute dem Lande offen ihren Willen aufzwingen, schonungslos Einhalt gebieten. Wir werden die proletarische Nationalisierung der Banken durchführen und die Verschuldung an die deutschen und ausländischen Kapitalisten annullieren.

Wir werden die Herrschaft der Großgrundbesitzer brechen, werden ihren Grund und Boden entschädigungslos enteignen und den landarmen Bauern übergeben, werden Sowjetgüter mit modernstem Maschinenbetrieb schaffen, die Arbeitsbedingungen des Landproletariats denjenigen der städtischen Arbeiterschaft gleichsetzen und viele Millionen werktätiger Bauern in den Aufbau des Sozialismus einbeziehen. Wir werden die Löhne erhöhen, indem wir die Unternehmerprofite, die unproduktiven Unkosten der kapitalistischen Wirtschaftsweise und die Reparationszahlungen abschaffen. Mit bolschewistischer Rücksichtslosigkeit werden wir allen bürgerlichen Faulenzern gegenüber das Prinzip durchführen: Wer nicht arbeitet, soll auch nicht essen.[239])

Wenn auch diese demagogische Propaganda im Vergleich zu der nationalsozialistischen nicht so erfolgreich war, so zeigte die Zunahme der KPD-Stimmen doch, daß neben dem

Rechtsradikalismus auch der anwachsende kommunistische Linksradikalismus die Grundlagen der parlamentarisch-freiheitlichen Demokratie bedrohte. Die bürgerlichen Mittelparteien hatten am 14. September auf der ganzen Linie Verluste erlitten. Die Staatspartei hatte entgegen ihren Hoffnungen nur 20 Mandate erhalten (gegenüber 25 der DDP im alten Reichstag), die DVP nur 30 (an Stelle von bisher 45). Lediglich Brünings Partei selbst, das Zentrum, hatte 6 Sitze gewonnen und stellte jetzt 68 Abgeordnete für den Reichstag (die BVP 19). Die Volkskonservativen (Westarp) und verwandte Gruppen, mit denen Brüning hätte zusammengehen können, hatten dagegen nur 21 Mandate erhalten, die DNVP Hugenbergs immerhin 41. Selbst die SPD hatte weniger Stimmen an sich ziehen können, wenn sie auch mit 143 Abgeordneten (10 weniger als im alten Reichstag) immer noch die stärkste Fraktion bildete.

Die „Frankfurter Zeitung" urteilte am Morgen nach der Wahl:

Erbitterungs-Wahlen also, in denen eine aus vielen Quellen gespeiste Stimmung, durch eine wilde Verhetzung aufgewühlt, sich in radikalen Stimmzetteln entlud. Kein positiver Wille, auch nicht der zu einem wirklichen Umsturz des heutigen Staates, nicht einmal der zu dem gewaltsamen Versuch eines Umsturzes unserer heutigen außenpolitischen Grundlagen, steht hinter einem großen Teil dieser radikalnegierenden Stimmen. Ein solcher Umsturz-Wille ist, wir dürfen uns wahrhaftig nicht in Illusionen wiegen, bei einem Teil sicherlich vorhanden. Der andere Teil hat lediglich Protest gewollt. Protest — auch hierüber dürfen wir uns keine Illusionen machen, und am allerwenigsten dürfen das diejenigen Parlamentarier und sonstigen Parteistellen, die es zunächst angeht — gegen die Methoden des Regierens oder Nichtregierens, des entschlußlosen parlamentarischen Parlamentierens der letztvergangenen Jahre, die jedem anderen mißfallen haben als den Parlamentariern, die sie betreiben. Protest gegen die wirtschaftliche Not, die furchtbar ist und die viele, zum Teil aus ehrlicher Verzweiflung, zum anderen bloß aus dem Ärger über diese oder jene Einzelmaßnahme, einfach in die Stimmung treibt: die Partei, für die sie bisher gestimmt hatten, habe ihnen nicht geholfen, also versuche man es nun einmal mit der anderen Tonart. Hitler verspricht ja Macht, Glanz und Wohlstand. Also! [240])

Seltsam mutet aus der Rückschau — wie schon manche Wendung zuvor — nun aus der Schlußperspektive an: *Wie aber wäre es, wenn Hitler jetzt wirklich die Möglichkeit erhielte, die Macht zu ergreifen? Er stünde nackt und bloß und wüßte in Wirklichkeit nichts, gar nichts, um seine Versprechungen zu erfüllen und Deutschland aus der Not herauszuführen.* — Hier kündigte sich in vorsichtig-tastender Weise schon der Gedanke an, man könnte Hitler doch — ein wenig — an die Macht lassen, dann würde sich bald erweisen, daß auch er nichts erreichen könne, sein Millionenanhang würde von ihm abfallen, und das Problem löste sich von selbst, ein Gedanke, der als „Abnutzungstheorie" noch eine verhängnisvolle Rolle spielen sollte. Daß es Hitler gar nicht auf die sachliche Lösung von Problemen ankam, sondern nur darauf, den Sprung zur Macht zu finden — diese Überlegung war den verantwortlichen bürgerlichen Kreisen absolut fremd.

Tiefgründig erfaßte Thomas Mann in seiner „Deutschen Ansprache" am 17. Oktober 1930 in Berlin die Ursachen des unerwarteten Aufstiegs der NSDAP:

198

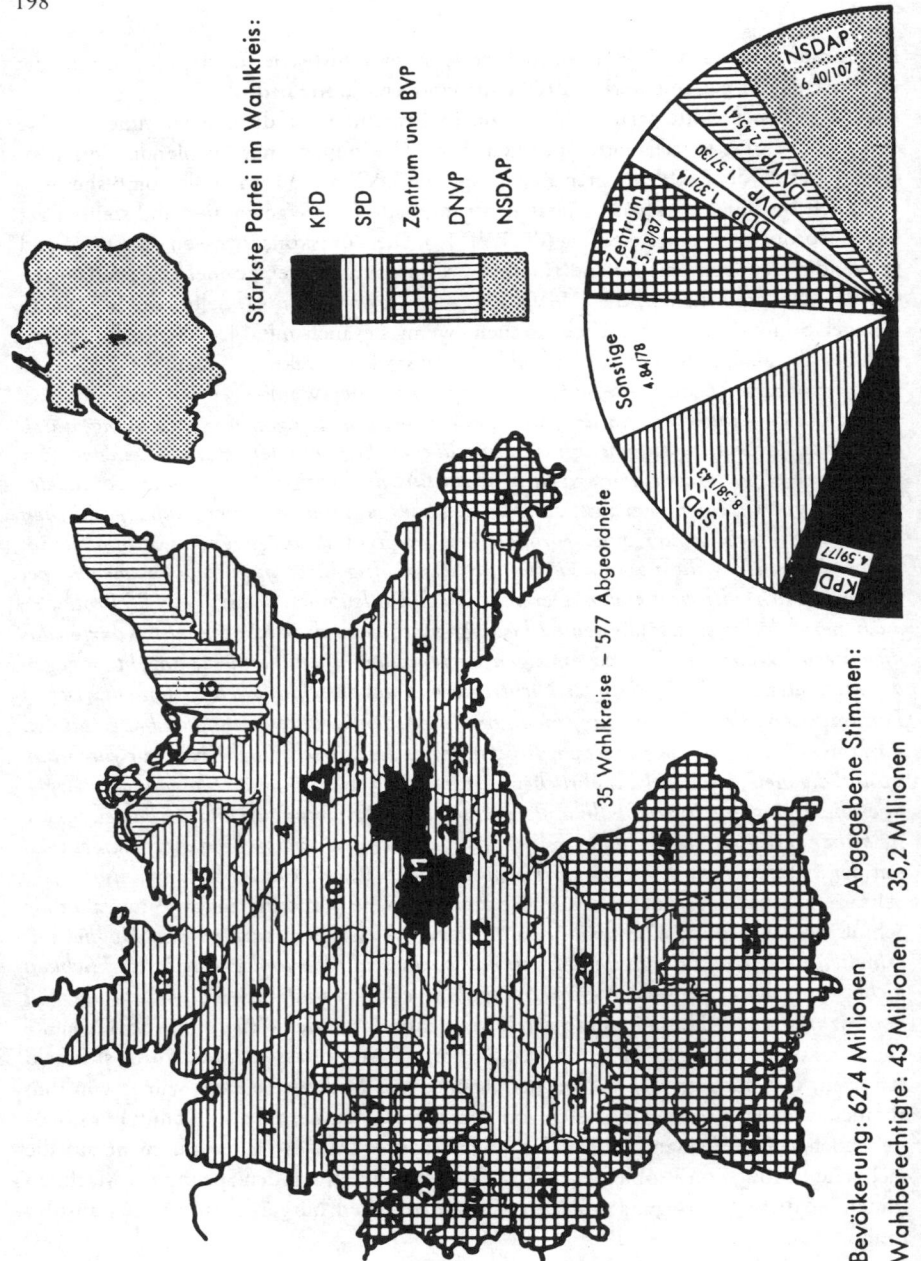

Stärkste Partei im Wahlkreis:

KPD
SPD
Zentrum und BVP
DNVP
NSDAP

NSDAP 6,40/107
DNVP 2,46/41
DVP 1,57/30
DDP 1,32/14
Zentrum 5,18/87
Sonstige 4,84/78
SPD 8,58/143
KPD 4,59/77

35 Wahlkreise — 577 Abgeordnete

Reichstagswahl 14. September 1930

Bevölkerung: 62,4 Millionen   Abgegebene Stimmen:
Wahlberechtigte: 43 Millionen   35,2 Millionen

„*Der Nationalsozialismus hätte als Massen-Gefühls-Überzeugung nicht die Macht und den Umfang gewinnen können, die er jetzt erwiesen, wenn ihm nicht, der großen Mehrzahl seiner Träger unbewußt, aus geistigen Quellen ein Sukkurs käme, der, wie alles zeitgeborene Geistige, eine relative Wahrheit, Gesetzlichkeit und logische Notwendigkeit besitzt und davon an die populäre Wirklichkeit der Bewegung abgibt. Mit dem wirtschaftlichen Niedergang der Mittelklasse verband sich eine Empfindung, die ihr als intellektuelle Prophetie und Zeitkritik vorausgegangen war: die Empfindung einer Zeitwende, welche das Ende der von der Französischen Revolution datierenden bürgerlichen Epoche und ihrer Ideenwelt ankündigte. Eine neue Seelenlage der Menschheit, die mit der bürgerlichen und ihren Prinzipien: Freiheit, Gerechtigkeit, Bildung, Optimismus, Fortschrittsglaube, nichts mehr zu schaffen haben sollte, wurde proklamiert und drückte sich künstlerisch im expressionistischen Seelenschrei, philosophisch als Abkehr vom Vernunftglauben, von der zugleich mechanistischen und ideologischen Weltanschauung abgelaufener Jahrzehnte aus, als ein irrationalistischer, den Lebensbegriff in den Mittelpunkt des Denkens stellender Rückschlag, der die allein lebenspendenden Kräfte des Unbewußten, Dynamischen, Dunkelschöpferischen auf den Schild hob, den Geist, unter dem man schlechthin das Intellektuelle verstand, als lebensmörderisch verpönte und gegen ihn das Seelendunkel, das Mütterlich-Chthonische, die heilig gebärerische Unterwelt, als Lebenswahrheit feierte. Der exzentrischen Seelenlage einer der Idee entlaufenen Menschheit entspricht eine Politik im Grotesktil mit Heilsarmee-Allüren, Massenkrampf, Budengeläut, Halleluja und derwischmäßigem Wiederholen monotoner Schlagworte, bis alles Schaum vor dem Munde hat. Fanatismus wird Heilsprinzip, Begeisterung epileptische Ekstase, Politik wird zum Massenopiat des Dritten Reiches oder einer proletarischen Eschatologie, und die Vernunft verhüllt ihr Antlitz.*'[241])*

Im Ausland wirkte das Wahlergebnis alarmierend. Kursstürze deutscher Werte an den Börsen waren die unmittelbare Folge; verhängnisvoller noch wurde das Erlöschen des amerikanischen Kreditflusses nach Deutschland und die nun einsetzende Gegenbewegung, die Zurückziehung der kurzfristigen und auch einiger langfristiger Kredite, die an die Länder, Gemeinden und an die Privatwirtschaft gegeben worden waren. Eine zweite, heftigere Welle der Weltwirtschaftskrise erfaßte Deutschland. Die Reichsbank mußte erhebliche Gold- und Devisenreserven abgeben, um die größten Schwierigkeiten zu steuern. Allein von Mitte September bis Mitte Oktober 1930 führte dies zu einer Einbuße von fast 1 Milliarde RM.

Wenige Tage nach der Reichstagswahl, die seiner Partei so unerwartet hohe Gewinne gebracht hatte, stand Hitler vor dem Reichsgericht in Leipzig, wo er am 26. September in dem Hochverratsprozeß gegen die drei Ulmer Reichswehroffiziere Scheringer, Ludin und Wendt als Zeuge aussagte. Die Offiziere waren wegen des Versuchs, in der Reichswehr nationalsozialistische Zellen zu bilden, angeklagt worden. Nationalrevolutionäre Tendenzen in Teilen des jüngeren Offizierskorps der Reichswehr waren damit offenkundig geworden. „Es ist eine Jugendbewegung, und sie kann nicht gebremst werden" und „Es wäre doch ein Jammer, auf diese prachtvolle Jugend schießen zu müssen", war die allgemeine Auffassung der in der Theorie parteipolitisch neutralen, der Gesinnung nach aber traditionell rechts eingestellten Reichswehrführung zur NS-Bewegung, besonders zu ihren halbmilitärischen Verbänden. Auf die Frage, ob die Nationalsozialisten einen gewaltsamen Umsturz beabsichtigten, antwortete Hitler unter Eid:

Ich habe bei Nichtbefolgung meiner Befehle auch stets augenblicklich durchgegriffen. Zahlreiche Parteigenossen sind deshalb ausgeschlossen, zu ihnen gehört auch Otto Strasser.

Otto Strasser hat tatsächlich mit dem Gedanken der Revolution gespielt. Ich habe mich damit niemals einverstanden erklärt.

Ich darf Ihnen aber versichern, wenn die nationalsozialistische Bewegung in ihrem Kampf siegt, dann wird ein nationalsozialistischer Gerichtshof kommen, und der November 1918 wird seine Sühne finden, und es werden auch Köpfe rollen. Vorsitzender: „Wie denken Sie sich die Errichtung des Dritten Reiches?" Hitler: „Die Verfassung schreibt nur den Boden des Kampfes vor, nicht aber das Ziel. Wir treten in die gesetzlichen Körperschaften ein und werden auf diese Weise unsere Partei zum ausschlaggebenden Faktor machen. Wir werden dann allerdings, wenn wir die verfassungsmäßigen Rechte besitzen, den Staat in die Form gießen, die wir als die richtige ansehen." Vorsitzender: „Also nur auf verfassungsmäßigem Wege?" Hitler: „Jawohl."242)*

Hitler bekannte sich damit im Gegensatz zu seinem Putschversuch in München am 9. November 1923 zum „legalen" Weg der Machtergreifung. Was seine Anhänger allerdings darunter verstanden, zeigte die nationalsozialistische Reichstagsfraktion (unter Hitlers Stellvertreter Gregor Strasser — Hitler selbst besaß noch nicht die deutsche Staatsangehörigkeit und konnte (und wollte) nicht im Reichstag auftreten) beim ersten Zusammentritt des neugewählten Parlaments am 13. Oktober, als sie in ihren braunen Uniformen erschienen (die zu tragen in Preußen verboten war — im Reichstagsgebäude genossen sie hingegen Immunität) und mit demagogischen Gesetzesanträgen und Tumultszenen versuchten, die parlamentarische Arbeit zu lähmen. Gregor Strasser beteuerte zwar die „Verfassungsmäßigkeit" der NSDAP — man wolle „keine Judenverfolgung, sondern lediglich die Ausschaltung der Juden aus dem deutschen Leben" —, alle Sanierungsmaßregeln der Reichsregierung lehnte er aber ab, da sie nur der „Erfüllungspolitik" dienten. Am gleichen Tage inszenierten die Nationalsozialisten in Berlin einen „kleinen" Judenpogrom. Das Einschlagen der Schaufenster jüdischer Geschäfte und die Belästigung jüdischer Bürger auf der Straße wurden zwar bald durch die preußische Polizei unterbunden. Die Vorgänge waren als Symptom jedoch ein deutliches Warnzeichen.

Die von der Reichsregierung durch die Wahl erhoffte Verbreiterung ihrer Basis durch Gewinn der Mittelparteien oder der gemäßigten Rechten war, wie betont, nicht eingetreten. Ob nun überhaupt noch eine, wenn auch nur lose Zusammenarbeit zwischen Reichstag und Regierung möglich war, hing ausschließlich davon ab, ob die SPD — aus Furcht vor Schlimmerem — bereit war, die Regierung Brüning zu tolerieren.

Da feststand, daß eine erneute Ablehnung der Notverordnungspolitik Brünings mit einer zweiten Auflösung des Reichstages beantwortet werden würde, die Neuwahl aber zu weiterem Ansteigen der radikalen Flügelparteien geführt hätte, entschied sich die SPD für Brüning, zumal die Konsequenzen einer weiteren Ablehnung überhaupt nicht zu übersehen waren. Der preußische Ministerpräsident Braun setzte sich dabei besonders energisch für diesen Kurs ein: *War man im März 1930 ohne zwingenden Grund aus dem Reichskarren ausgestiegen und hatte Brüning die Zügel in die Hand gespielt, so mußte man nun eben neben dem Karren hertrotten und verhüten, daß er in den reaktionären Abgrund glitt.*[243]) Braun, der bei der Abfassung seiner Memoiren noch nicht wissen konnte, daß, wie oben dargestellt, seine Partei im März weniger aus der Regierung „ausgestiegen" als hinausgedrängt worden war, gab die damalige Auffassung der SPD-Führung wieder, die nun eine passive Zusammenarbeit mit Brüning begann, die das kleinere Übel zu sein schien. Brüning andererseits hätte sich nach wie vor lieber mit der Rechten arrangiert und es vorgezogen, mit einer vom Hugenberg-Kurs abgestoßenen DNVP zusammenzugehen.

Die Unterstützung Brünings durch die SPD bedeutete für Schleicher, daß der Kanzler die erwartete Leistung, für die er die Vollmachten des Artikels 48 erhalten hatte, nämlich die SPD und das Parlament schrittweise auszuschalten, bisher nicht erbracht hatte. Schleicher begann, sich nach anderen Kombinationen umzusehen und stellte − unter seinem Einfluß auch Groener − Überlegungen an, die NSDAP an der Regierung zu beteiligen, um sie sich in der Regierungsverantwortung unter der Kontrolle der bisherigen „Reichsführung", also Hindenburg-Schleicher-Groener-Brüning, „abnutzen" zu lassen, so lange sie noch zu schwach war, um die ganze Macht erlangen zu können. Immer wieder erschien in den folgenden Jahren dieses Abnutzungsrezept als das geeignete Mittel, mit dem unheimlichen Phänomen des Nationalsozialismus fertig zu werden, da man sich aus unterschiedlichen, redlichen und unredlichen Bedenken nicht dazu aufraffen konnte, diese Partei im ganzen Reich ernsthaft zu bekämpfen.

Zunächst aber war an eine Verwirklichung solcher Pläne schon deshalb nicht zu denken, weil Hitler eine Mitwirkung an einer neuen Regierung rundheraus ablehnte, obwohl man sogar erwog, seiner Partei das Reichsinnen- und Reichswehrministerium zu übertragen.

So als ob er die Hintergedanken der Verfechter der Abnutzungstheorie erfaßt hätte, erwiderte er auf entsprechende Sondierungen, machtpolitisch und psychologisch instinktsicher, „ihm liege nichts an der Regierungsbildung und an der Sanierung der Steuern, sondern zunächst nur an einem weiteren Machterwerb durch Zuwachs an Mandaten." Es kam ihm also darauf an, unter Ausnutzung der wirtschaftlichen und sozialen Schwierigkeiten das Weimarer „System" weiterhin zu diskreditieren und die Zerstörung der Demokratie mit den Mitteln der Demokratie fortzusetzen. Unmißverständlich brachte dies Goebbels, der Reichspropagandaleiter der NSDAP und Gauleiter von Berlin, in einem Artikel seiner Zeitung „Der Angriff" schon 1928 zum Ausdruck: *Wir gehen in den Reichstag hinein, um uns im Waffenarsenal der Demokratie mit deren eigenen Waffen zu versorgen. Wir werden Reichstagsabgeordnete, um die Weimarer*

Gesinnung mit ihrer eigenen Unterstützung lahmzulegen. Wenn die Demokratie so dumm ist, uns für diesen Bärendienst Freifahrkarten und Diäten zu geben, so ist das ihre eigene Sache. Uns ist jedes gesetzliche Mittel recht, den Zustand von heute zu revolutionieren. Auch Mussolini ging ins Parlament. Man soll nicht glauben, der Parlamentarismus sei unser Damaskus. Wir kommen als Feinde! Wie der Wolf in die Schafherde einbricht, so kommen wir. Jetzt seid ihr nicht mehr unter euch!²⁴⁴)

Die Fortsetzung der Notverordnungspolitik Brünings war, wie erwähnt, von der Tolerierung durch die SPD abhängig, d.h. vom Verzicht der Mehrheit des Parlaments auf das diesem an sich zustehende Recht, die Aufhebung der nach Artikel 48 der Reichsverfassung vom Reichspräsidenten erlassenen Notverordnungen zu verlangen. Nachdem die SPD auf eine weitere Opposition gegenüber Brüning verzichtet hatte, entwickelte die Regierung eine beachtliche Stabilität, da sie die Mißtrauensanträge der extremen Rechts- und Linksparteien durch die Unterstützung aller Parteien zwischen KPD und DNVP/NSDAP bequem überstehen konnte. Allerdings hatte das Parlament durch diese Methode des Tolerierens, die sich aus dem Zwang der Lage ergeben hatte, jegliche Initiative verloren, hatte auf seine Rechte und Pflichten der Gesetzgebung verzichtet und begnügte sich mit einer – nur noch schwach – kontrollierenden Funktion. Eine Art „semiparlamentarisches System" hatte sich damit an Stelle des gewaltenteilenden vollparlamentarischen Prinzips der Weimarer Verfassung herausgebildet, das sein Vorbild in der Situation des Krisenwinters 1923/24 hatte. Im Gegensatz zu damals war jetzt aber eine Alternative, die eine Rückkehr zur alten Ordnung ermöglichte, nicht zu erkennen. Denn Neuwahlen hätten mit weiterem Ansteigen der radikalen Parteien den Reichstag unter Umständen vollkommen arbeitsunfähig gemacht und zu einer antiparlamentarischen Präsidialregierung oder einer Rechtsregierung geführt, die zwar möglicherweise formal einen Rückhalt im Parlament gefunden hätte, in der sich aber die verfassungsfeindlichen Nationalsozialisten rasch durchgesetzt hätten. Die SPD begründete daher ihren gemäßigten Kurs gegenüber Brüning mit den Gefahren, die nach ihm zu kommen drohten:

Die Nationalsozialisten wollen gar nicht parlamentarisch regieren. Sie wollen sich aller Machtmittel des Reiches bemächtigen, vor allem die Reichswehr und die Polizei unter ihr Kommando stellen und die maßgebenden Beamtenstellen mit ihren Anhängern besetzen. Eine verschleierte oder unverschleierte Hitler-Regierung hat die vollständige Ausschaltung des Reichstages und darüber hinaus die Zerschlagung aller demokratischen Rechte des Volkes zum Ziel. Die Folge einer Hugenberg-Hitler-Regierung wäre nicht etwa eine Entlarvung der nationalsozialistischen Partei. Eine Hitler-Regierung würde sich die Wiederholung des italienischen Beispiels zum Ziel setzen. Also Zertrümmerung aller Organisationen der Arbeiterschaft, dauernder militärischer Belagerungszustand, Aufhebung aller Presse-, Versammlungs- und sonstiger politischer Freiheiten, ständige Gefahr des Bürgerkrieges im Innern und des Revanchekrieges nach außen.²⁴⁵)

So gelang es Brüning, im Herbst 1930 und im Winter 1930/1931 eine Reihe weiterer einschneidender Notverordnungen durchzubringen, denen gegenüber die Ursachen des Auseinanderbrechens der Großen Koalition im März 1930 rückschauend völlig belanglos erschienen: Erhöhung der Beiträge zur Arbeitslosenversicherung auf 6 1/2 Prozent, Gehalts- und Pensionskürzungen der Beamten, Herabsetzung der Überweisungen an Länder und Gemeinden, auch an die Arbeitslosenversicherung, Fortdauer der Ledigensteuer, Zuschläge zur Einkommensteuer und weitere Maßnahmen zugunsten der Landwirtschaft (einschließlich der Osthilfe) und für das Kleingewerbe gehörten zu dem Sanierungsprogramm, das, so sachlich notwendig es war, Brüning außerordentlich unpopulär werden ließ; doch vermochte ihn keine noch so wohlgemeinte Kritik von seinem mit wissenschaftlicher Gründlichkeit erarbeiteten Sanierungsprogramm abzubringen. *Wir hatten nicht die Absicht,* so drückte dies Vizekanzler Dr. Dietrich aus, *das Steuer des Staates aus der Hand zu geben, wir sind entschlossen, uns durch den ungeheuren Irrsinn, der in großen Teilen des Volkes umgeht, nicht irremachen zu lassen, sondern den Kampf mit Ruhe wie mit Energie zu führen in dem Bewußtsein, daß es nicht auf die Anerkennung der Gegenwart, sondern darauf ankommt, wie unsere Arbeit sich in der Zukunft auswirkt.*[246]) Aber dieses „Pathos rücksichtsloser Ehrlichkeit" (Bracher) gegen alle Überlegungen einer politischen Psychologie des Augenblicks, die um die Massen warb, bot seinen verantwortungslosen demagogischen Gegenspielern der radikalen Parteien breite Angriffsflächen und immer neuen Stoff für ihre zügellose Propaganda. In den Länderwahlen zeigte es sich, daß der Stimmenzuwachs der Radikalen weiterhin anhielt (beispielsweise der Wahlerfolg der NSDAP in Bremen am 30. 11. 1930, der ihr einen Stimmengewinn von 25 Prozent gegenüber der Reichstagswahl vom 14. 9. brachte). Die Mitgliederzahl der NSDAP stieg Ende 1930 auf 400 000. Die Hoffnung auf eine allmähliche Besserung der wirtschaftlichen und damit der sozialen und politischen Verhältnisse, die sich in den ersten Monaten des Jahres 1931 allerorts geregt hatte — Hindenburg sprach der Regierung Brüning für ihre Leistungen Anerkennung und Dank aus —, wurde indessen zunichte, als im Mai 1931 eine dritte Welle der Weltwirtschaftskrise nach Deutschland hereinbrach. Nach dem Zusammenbruch der Österreichischen Creditanstalt (11. Mai 1931) erklärte am 13. Juli als Folge des Bankrotts eines der größten deutschen Textilkonzerne die Darmstädter und Nationalbank ihre Zahlungsunfähigkeit. Ein panikartiger Sturm auf sämtliche deutschen Geldinstitute führte vorübergehend zu einer Schließung aller Banken, Sparkassen und Börsen. Weitere Notverordnungen waren unumgänglich. Die Krise erreichte ihren Höhepunkt. Die Zahl der beim Arbeitsamt registrierten Arbeitslosen, die im Juli 1930 2,8 Mill. betragen hatte, im Januar 1931 auf 4,9 Mill. gestiegen und im Sommer nur auf knapp 4 Millionen gesunken war, erreichte dann im Winter 1931/32 den Höchststand mit 6,042 Millionen und unterschritt im ganzen Jahr 1932 nie die 5-Millionen-Grenze. Längst hatte die Wirtschaftskrise fast alle Schichten der Bevölkerung in Mitleidenschaft gezogen. Besonders hart waren Jugendliche und diejenigen betroffen, die wegen der langen Dauer ihrer Arbeitslosigkeit „ausgesteuert" waren und keine Versicherungsleistungen mehr erhielten, sondern nur noch die erheblich geringere Krisenfürsorge. Während sich die Wirtschaftkrise aus der Sicht der Regierung vorwiegend als ein Problem des Haushaltsausgleichs darstellte, war sie für die Betroffenen eine Frage des nackten physischen Überlebens, die Beschaffung von Brot für den nächsten Tag, von

Holz oder Kohlen für den nächsten Winter. Not und Hoffnungslosigkeit bereiteten den Boden für die demagogischen Parolen der links- und insbesondere der rechtsradikalen Parteien.

Brüning ließ sich trotz aller Sturmzeichen nicht von seinem konsequenten Sparkurs abbringen. Am 5. November 1931 erklärte er vor dem Reichsausschuß des Zentrums: *„Ich werde mich bis zum letzten dagegen wehren, irgendeine inflatorische Maßnahme irgendeiner Art zu treffen, und zwar nicht nur aus Gerechtigkeit, nicht nur zum Schutze der Schwachen, sondern weil ich der Ansicht bin, daß die ehrliche Bilanz in der deutschen Wirtschaft trotz aller Bitternisse wiederhergestellt werden muß und daß jeder Versuch und jedes Verlangen nach inflatorischen Maßnahmen letzten Endes nur den Zweck haben kann, diesen Prozeß der klaren Bilanz der gesamten deutschen Wirtschaft zuschanden zu machen und wiederum einen Schleier über die Fehler der Vergangenheit zu ziehen. Erfolge in der Außenpolitik sind um so eher zu erreichen, wenn wir die Bilanz der deutschen Finanzen und der deutschen Wirtschaft klar und ehrlich jedermann in der Welt zur Einsicht vorlegen. Das ist die stärkste und durchschlagendste Waffe, die die Reichsregierung haben konnte, und diese Waffen zu schmieden, war die Aufgabe des ersten Jahres der Tätigkeit dieser Reichsregierung.“*[247])

Brüning nahm also die sozialen Folgen seiner Deflationspolitik, die er allerdings durch die „Osthilfe"-Subventionen teilweise selbst durchkreuzte, bewußt in Kauf. Dabei war das eine Motiv, die Vermeidung einer Inflation, weniger gewichtig als das andere, die finanzielle Schwäche Deutschlands so drastisch zu demonstrieren, daß das Ende der Reparationen unabweisbar wurde. Brüning hat die Krise nicht nur nicht bekämpft, sondern aus außenpolitischen Gründen bewußt bis hart an den Rand des totalen wirtschaftlichen Zusammenbruchs verschärft. Die Frage allerdings, ob und welche Alternativen es zu seiner Wirtschaftspolitik gab, ist bis heute umstritten.[248]). Die innenpolitischen Folgen, die Radikalisierung, glaubte er in Kauf nehmen zu können. Mit den Kommunisten würde er mit Hilfe der Reichswehr schon fertig werden, und die nationalsozialistische Opposition war ihm nicht einmal unwillkommen, weil er sie dem Ausland gegenüber als Druckmittel benutzen konnte. Durch Erfolge auf dem Gebiet der Außenpolitik hoffte er, die öffentliche Meinung von den drückenden Lasten der Wirtschaftskrise zunächst abzulenken und von hier aus allmählich auch im Inneren festeren Boden zu gewinnen.

Der vom französischen Außenminister Briand allen europäischen Ländern unterbreitete Vorschlag, die „Vereinigten Staaten von Europa" zu bilden, war von der Reichsregierung zwar im Prinzip begrüßt, jedoch wegen der damit verknüpften Festlegung auf den territorialen status quo in Europa durch die Forderung auf Anerkennung der vollen Gleichberechtigung Deutschlands als Voraussetzung (nicht als allmählich eintretendes Ergebnis der weiteren Entwicklung) praktisch abgelehnt worden (15. Juli 1930), und zwar nicht nur mit Rücksicht auf die nationalistische Opposition in Deutschland, sondern auch um der eigenen und den nachfolgenden Regierungen den Weg zu einer erfolgreichen Revisionspolitik (vor allem im Osten) offenzuhalten. Der erste Schritt einer „offensiven" Außenpolitik 1931, der diplomatisch schlecht vorbereitete, vorzeitig bekanntgewordene Plan einer deutsch-österreichischen Zollunion (19. März 1931), war infolge des Widerstandes Frankreichs, Italiens sowie der Mächte der Kleinen Entente zum Scheitern verurteilt, so daß der Plan schließlich fallengelassen wurde (3. September), noch ehe der Spruch des Internationalen Gerichtshofes im Haag die Zollunion mit acht gegen sieben Stimmen für unvereinbar mit den aus dem Vertrag von St. Germain herrührenden Verpflichtungen Österreichs erklärt hatte.

Dagegen gelang es Brüning bei seinem Besuch in England (6./7. Juni 1931) nicht nur, klar zu erweisen, daß es für Deutschland unmöglich war, unter den gegenwärtigen Umständen die nach dem Young-Plan vorgesehenen Zahlungen zu leisten, sondern auch, den Plan unter den gegenwärtigen Wirtschaftsverhältnissen als verderblich für die Weltwirtschaft erscheinen zu lassen. Überraschend für die Reichsregierung, aber als konsequentes Ergebnis der besonders von Stresemann systematisch geförderten deutsch-amerikanischen Interessengemeinschaft, schlug dann der Präsident der USA, Herbert Hoover, am 19. Juni 1931 ein allgemeines Zahlungsmoratorium zwischen den Staaten vor, das den Aufschub aller zwischen den Regierungen bestehenden Verpflichtungen hinsichtlich Reparations- und Kriegsschuldenzahlungen für die Zeit vom 1. Juli 1931 bis 30. Juni 1932 vorsah und trotz französischem Widerstand schließlich am 7. Juli in Kraft trat. Die von Brüning erstrebte endgültige Lösung des Reparationsproblems zögerte sich, obwohl im Prinzip bereits 1931 alle Beteiligten dafür gewonnen waren, noch bis zum Juni 1932 hinaus — ein verhängnisvoller Zeitverlust, denn so konnte Brüning den Erfolg seines Bemühens nicht mehr selbst einbringen. Sein unerwarteter Sturz am 30. Mai 1932 ließ die Kontinuität der außenpolitischen Linie der deutschen Politik abreißen. Es rächte sich bei ihm schließlich die geringschätzige Vernachlässigung der Innenpolitik, die Mißachtung aller massenpsychologischen Faktoren, vor allem aber auch sein bedingungsloses Vertrauen auf den Schutz durch die präsidiale Autorität, obwohl ihn gewisse Anzeichen rechtzeitig hätten warnen müssen.

Das zweite Kabinett Brüning

Schon im September 1931 empfand Brüning erstmals eine gewisse Unsicherheit Hindenburgs gegenüber dem Kurs seiner Innenpolitik. Der Druck, der von den Rechtskreisen, vor allem dem DNVP-Vorsitzenden Hugenberg, auf Hindenburg gegen die bisherige Linie der Brüning-Regierung ausgeübt wurde, verstärkte sich in diesen Wochen erheblich. Vor allem kritisierte Hugenberg, daß Brüning faktisch mit der SPD, zumindest indirekt, zusammenarbeitete. Dieser Druck auf den Reichspräsidenten fand in der Demonstration der Harzburger Tagung der sogenannten „Nationalen Opposition" am 11. Oktober 1931 einen ersten Höhepunkt. Vertreten waren dort Hitler mit seiner NSDAP, Hugenberg mit der DNVP, Teile der DVP, der „Stahlhelm", schließlich mehrere Großindustrielle und einflußreiche „Privatleute", sogar der frühere Reichsbankpräsident Dr. Schacht, der sich nach seiner politischen Schwenkung nun als Vertreter der „Nationalen Opposition" ausgab. In der in Bad Harzburg gefaßten

Entschließung der bunt zusammengewürfelten, in sich nur im Negativen einigen Rechtsopposition — Hitler hatte es gegen die Absicht Hugenbergs verstanden, seine Unabhängigkeit und Eigenständigkeit demonstrativ zu beweisen — hieß es:

Wir fordern den sofortigen Rücktritt der Regierungen Brüning und Braun, die sofortige Aufhebung der diktatorischen Vollmachten für Regierungen, deren Zusammensetzung nicht dem Volkswillen entspricht und die sich nur noch mit Notverordnungen am Ruder halten; wir fordern sofortige Neuwahl der überalterten Volksvertretung, vor allem im Reich und in Preußen. Im vollen Bewußtsein der damit übernommenen Verantwortung erklären wir, daß die in der nationalen Opposition stehenden Verbände bei kommenden Unruhen wohl Leben und Eigentum, Haus, Hof und Arbeitsstelle derjenigen verteidigen werden, die sich mit uns offen zur Nation bekennen, daß wir es aber ablehnen, die heutige Regierung und das heute herrschende System mit dem Einsatz unseres Blutes zu schützen. Wir verlangen Wiederherstellung der deutschen Wehrhoheit und Rüstungsausgleich. Einig stehen wir zu diesen Forderungen. Geächtet ist jeder, der unsere Front zersetzen will.

Wir beschwören den durch uns gewählten Reichspräsidenten v. Hindenburg, daß er dem stürmischen Drängen von Millionen vaterländischer Männer und Frauen, Frontsoldaten und Jugend entspricht und in letzter Stunde durch Berufung einer wirklichen National-regierung den rettenden Kurswechsel herbeiführt.[249])

Es kann keinem Zweifel unterliegen, daß bei aller Phrasenhaftigkeit dieser Appell im ganzen doch einen Ton traf, für den der Reichspräsident empfänglich war, wenn auch direkte Folgen vorerst ausblieben.

In den Augen der Nationalsozialisten sah die in der Harzburger Tagung offen zum Ausdruck gekommene Schwenkung ihrer Partei vom bisher propagierten nationalen Sozialismus fort in Richtung auf das Großbürgertum und die Industrie nach der Darstellung ihres Pressechefs Dr. Dietrich so aus:

Im Sommer 1931 faßte der Führer plötzlich den Entschluß, die im Zentrum des Widerstandes stehenden maßgeblichen Persönlichkeiten der Wirtschaft und der von ihnen getragenen Mittelparteien systematisch zu bearbeiten, um hier Stein für Stein aus dem Regierungsgebäude herauszubrechen. Dem plötzlichen Entschluß folgte die Durch-führung auf dem Fuße. In den folgenden Monaten durchquerte der Führer mit seinem Mercedes-Kompressor ganz Deutschland. Überall tauchte er auf zu vertraulichen Besprechungen mit führenden Persönlichkeiten. Vertraulichkeit war dringend geboten, um der Presse keinen Stoff zur Hetze zu liefern. Die Wirkung blieb nicht aus. Es begann im Regierungsgebälk zu knistern. Die Deutsche Volkspartei distanzierte sich.[250])

Allerdings war damit der „Sozialismus" des Parteiprogramms, den Hitler selbst ohnehin nie ernst genommen hatte, für die höchste NS-Führung endgültig erledigt. Nur Gregor Strasser und einige seiner Freunde lehnten den Kurswechsel ab, ohne indessen sogleich die Konsequenzen zu ziehen. Daß es sich in Bad Harzburg keineswegs um eine Bewegung mit einheitlichem Reform- oder Revolutionsprogramm handelte, sprach Goebbels, dessen Tagebuch die wechselvolle Entwicklung der Partei in diesen Jahren — wenn auch nicht ohne gewollte Überzeichnung — gut widerspiegelt, deutlich aus:

Man wollte Brüning stürzen und weiter nichts. Man wollte eine feindliche Macht zur Auflösung bringen und überließ die Sorge darüber, was danach kommen mußte, einer näheren und fernen Zukunft. Die große Kundgebung der nationalen Opposition in Harzburg war ein Bekenntnis zu gemeinsamem Vorgehen zum Zwecke der Erreichung eines Teilziels. In dieser Beziehung ging ihr Sinn nicht über taktische Bedeutung hinaus. Da die nationalsozialistische Bewegung auf dem Legalitätsprinzip steht und keinerlei Veranlassung ist, davon abzuweichen, kann es keinem Zweifel unterliegen, daß die Eroberung der Macht vorerst nur in einer Koalition möglich ist. Die Machteroberung aber unterscheidet sich wesentlich und grundsätzlich vom Machtziel.[251])

Somit bildete Harzburg für die Nationalsozialisten nur eine Etappe auf ihrem Wege zur Macht. Die übrigen Teilnehmer, DNVP wie Industrielle, wiegten sich um so mehr in Illusionen, Hitler als „Trommler" für ihre eigenen Ziele, die Wahrung der „kapitalistischen" Wirtschafts- und Sozialordnung einspannen zu können. Im Sinne dieser „Trommler"-Konzeption lag es, Hitler als Demagogen agieren zu lassen, um möglichst viele Menschen von den „marxistischen" Parteien abzuziehen, ohne ihm jedoch ein substantielles politisches Mitspracherecht einzuräumen.

Zwei Tage nach dem Harzburger Treffen trat der Reichstag zusammen (13. Oktober), um die Regierungserklärung des neu gebildeten Kabinetts Brüning entgegenzunehmen. Brüning war nach dem vorausgegangenen Rücktritt des Außenministers Dr. Curtius am 7. Oktober mit dem Gesamtkabinett zurückgetreten. Reichspräsident v. Hindenburg beauftragte ihn sogleich mit der Neubildung der Regierung, und zwar mit der ausdrücklichen Weisung, eine völlig unabhängige Regierung ohne parteimäßige Bindungen zu bilden, nachdem die Zersplitterung des Reichstages in gegensätzliche Fraktionen eine Koalitionsregierung unmöglich gemacht habe. Damit war die Idee des reinen Präsidialkabinetts offen ausgesprochen. Der Reichskanzler und seine Minister stellten in diesem Sinne nur noch Berater und Exekutivorgane des Reichspräsidenten dar. Reichswehrminister Groener und Schleicher spielten dabei eine Rolle der Mittelsmänner zwischen Kabinett und Präsidenten. Seit Hindenburgs Aufenthalt in Dietramzell (Allgäu) im September 1931 drängten sich aber auch noch andere „Berater" − neben Staatssekretär Meißner die ostpreußischen Gutsnachbarn Hindenburgs und sein Sohn Oberst Oskar von Hindenburg − an den jetzt 84jährigen Reichspräsidenten heran.

Auch das zweite Kabinett Brüning legte indessen, obwohl es sich als „Fachkabinett" betrachtete, auf die passive Unterstützung des Reichstages Wert, so daß das Verhältnis zwischen Reichstag und Regierung das gleiche wie zuvor blieb. Die SPD setzte ihre „Tolerierungs"-Politik fort.

Im neuen Kabinett hatte Brüning selbst die Leitung des Außenministeriums übernommen, Reichswehrminister Groener auch (einer Idee Schleichers entsprechend) die Geschäfte des Reichsinnenministers, um in seiner Hand die polizeilichen und militärischen Machtmittel des Staates zu vereinigen. Im ganzen war es eine Verengung der Regierung, da gerade die wichtigsten Ministerien in Personalunion verwaltet wurden, zugleich ein Ruck nach rechts, da die Vertreter des linken Flügels des Zentrums (Wirth, v. Guérard) ausgeschieden waren. Im Zusammenhang mit der Regierungsumbildung war auch Hitler (zusammen mit Göring, der als Träger des „Pour le mérite" auf Hindenburg wirken sollte) zum erstenmal vom Reichspräsidenten empfangen worden (10. Oktober). Hindenburgs Bemühungen, eine positive Einstellung der NSDAP zur neuen Regierung Brüning zu erreichen, blieben allerdings völlig ergebnislos. Überhaupt hatte der „böhmische Gefreite" auf den Reichspräsidenten einen äußerst abstoßenden Eindruck gemacht. In seiner Regierungserklärung stellte Brüning die Außenpolitik an die Spitze seiner Ausführungen:

„Ich werde die Außenpolitik im Geiste der Besprechungen der letzten Monate, vor allem der jüngsten deutsch-französischen in Berlin, fortführen. Die Reichsregierung erwartet das Heil nicht allein durch internationale Verhandlungen oder Hilfe des Auslandes. Aber Deutschland hat im letzten Jahrzehnt am eigenen Leibe mehr als alle Nachbarn gespürt, wie die ungelösten politischen Fragen der Welt die innere Not bis zur Grenze des Erträglichen gesteigert und wachsende Verzweiflung in allen Schichten des Volkes genährt haben. Deshalb hat Deutschland das Recht, an die Völker der Welt den Appell zu richten, die Bemühungen zu der unerläßlichen solidarischen Zusammenarbeit endlich zur praktischen Tat werden zu lassen. Deutschland fordert bei aller verständnisvollen Rücksichtnahme auf die Lebensnotwendigkeiten der Nachbarn die Verwirklichung des Grundgesetzes der Gerechtigkeit und Gleichberechtigung unter den Völkern."[252])

Die NS-Fraktion, die seit dem 16. Februar 1931 den Sitzungen des Reichstages aus demagogischen Gründen ferngeblieben war, gab anschließend an die Vertrauensabstimmung folgende Erklärung ab:

Wir Nationalsozialisten haben am 16. Februar des Jahres erklärt: Wir verlassen das Young-Parlament, und wir werden dieses Haus erst wieder betreten, wenn sich etwa die Möglichkeit bietet, gegen eine besonders heimtückische Maßnahme der volksfeindlichen Mehrheit noch etwas zum Wohle des Volkes auszurichten. Wir sind am 13. Oktober, entsprechend dieser Erklärung, hierher zurückgekehrt, um die Möglichkeit auszunützen, diesem ganzen volksfeindlichen System und damit der Regierung Brüning ein Ende zu bereiten. Dieser Versuch ist mit den soeben vollzogenen Abstimmungen vorerst gescheitert, wenn wir auch nicht anerkennen können, daß diese durch ein unnatürliches Bündnis zwischen Marxisten und bürgerlichen Interessenvertretern gebildete Mehrheit irgendeine lebensfähige Regierungsbasis abgibt. Wir verlassen daher entsprechend unserer Erklärung vom 16. Februar dieses Haus, um durch unser weiteres Wirken draußen im Volk die letzten Stützen dieses Systems zu beseitigen und damit die Voraussetzungen für eine Gesundung der Nation zu schaffen.[253])

Entscheidend wurde, daß Schleicher sich zunehmend von Brüning distanzierte und eine Erweiterung der Regierung nach rechts befürwortete. Nach einem ersten Zusammentreffen mit Hitler Anfang Oktober (das dann den Empfang Hitlers durch Hindenburg nach sich zog) äußerte er:

„Ein interessanter Mann mit überragender Rednergabe. In seinen Plänen versteigt er sich in höhere Regionen. Man muß ihn dann am Rockzipfel auf den Boden der Tatsachen herunterziehen."[254])

Schleicher verhandelte dann im Spätherbst 1931 mit Hitler und auch mit Hugenberg und deren engsten Vertrauten, um beider Parteien an die Regierung und an die Mittelparteien heranzuziehen und eine Koalition vom Zentrum bis zu den Nationalsozialisten zustande zu bringen, was zunächst auch der Absicht seines väterlichen Freundes, des Reichswehr- und Reichsinnenministers Groener entsprach: *Wir wollen die Nazis einfangen, die Sozis aber nicht in die Opposition drängen.*[255]) Das letztere mag die Absicht Groeners gewesen sein, entsprach aber nicht den Vorstellungen Schleichers, der in gewisser Weise die ursprüngliche Konzeption Brünings (beim Regierungsantritt 1930) wieder aufgriff, jetzt allerdings gegen den Kanzler. Der General wollte gleichzeitig die wehrfreudige „nationale" Massenpartei als zusätzliches militärisches Potential gewinnen. Gefährliche politische Konsequenzen einer solchen Kooperation werde die Reichswehr unter der Autorität Hindenburgs schon zu verhindern wissen.

General v. Hammerstein, der mit Schleicher befreundete Chef der Heeresleitung (seit 1930), äußerte nach einer ersten Unterredung mit Hitler, daß dieser „bis auf das Tempo eigentlich dasselbe wie die Reichswehr wolle".

Schleicher plante ein ähnliches Vorgehen gegenüber der NSDAP wie einst Groener gegenüber der Revolution 1918: durch Bündnis mit den gemäßigten Elementen die Radikalisierung abzufangen und erstere durch Bindung an die Verantwortung von ihrem revolutionären Kurs abzudrängen.[256]) Dieses „Zähmungskonzept", Abspalten des Massenanhangs und Einbindung in einen staatlichen Wehrsportverband, später Spaltung der NSDAP, das alternativ zum „Abnutzungskonzept" — Regierungsbeteiligung der Nationalsozialisten in einer Minderheitsposition — von Schleicher ins Spiel gebracht wurde, erforderte ein hohes Maß an taktischer Geschicklichkeit, die er Brüning nicht zutraute, sondern wohl nur sich selbst. So verfolgte er seine Absichten erst mit, dann gegen den von ihm lancierten Kanzler, dann wiederum mit, dann gegen Papen und schließlich selber als Reichskanzler.

Hindenburg gegenüber erweckte Schleicher im Herbst 1931 den Eindruck, daß die Abhängigkeit Brünings von der Tolerierung durch die SPD die Ursache dafür sei, daß die vom Präsidenten bevorzugte „nationale" Regierung nicht zustande kam. Dessen bislang überwiegend positive Einstellung zur Politik Brünings erhielt so einen weiteren starken Stoß, ohne daß er allerdings bereit gewesen wäre, schon jetzt Konsequenzen zu ziehen, zumal die Geheimverhandlungen Schleichers mit der NSDAP ohne erkennbare Resultate blieben. Die Unentschlossenheit Hindenburgs und seine Bereitschaft, auf Ratschläge zu hören, wuchs indessen ständig. Sie bot weithin verschiedenartigen Kräften, die außerhalb der Regierungsverantwortung standen, die Möglichkeit, das Ohr des Reichspräsidenten zu finden, doch bedeutete eine Zustimmung Hindenburgs zu irgendeinem Gedankengang des „Ratgebers" noch lange nicht, daß der alte Herr seine Meinung nicht wieder umstieß.

Was von der Konzeption einer „Zähmung" der NS-Bewegung im Rahmen einer „nationalen" Regierung zu halten war, zeigte indes gerade in diesen Wochen nur zu deutlich ein parteioffiziöses Dokument, nach dem Ort der Besprechungen, deren Ergebnisse darauf wiedergegeben wurden, dem Boxheimer Hof bei Worms, „Boxheimer Dokument" genannt. Es stellt eine Ausarbeitung von praktischen Plänen für den Fall einer nationalsozialistischen Machtergreifung dar, die man sich als Folge eines Umsturzes der Weimarer Republik durch die Kommunisten vorstellte: *Nach dem Wegfall der seitherigen obersten Staatsbehörden und nach Überwindung der Kommune werde der neue Rechtszustand* bekanntgegeben. *SA, Landeswehren* oder ähnliche Verbände übernehmen die *verwaiste Staatsgewalt* und die Funktion der Ministerien, sie garantieren *durch außerordentliche Maßnahmen die schärfste Disziplin der Bevölkerung,* die durch *rücksichtsloses Durchgreifen der bewaffneten Macht* (SA, Landeswehren) erreicht wird. Nichtbefolgung der Befehle der örtlichen *Befehlshaber wird grundsätzlich mit dem Tode bestraft. Alle von der Führung (SA und Landeswehren) erlassenen Notverordnungen haben durch Anschlag sofortige Gesetzeskraft; ihre Verletzung kann ebenfalls mit dem Tode bestraft werden. Sie betreffen vor allem die Ablieferung sämtlicher Lebensmittel an die NS-Behörden sowie Kollektivspeisung und Lebensmittelrationierung durch Karten, sie unterstellen alles Eigentum der neuen Führung und sistieren alle Zinsverpflichtungen: ,,Es gibt bis zu anderweitiger Regelung kein Privateigentum mehr.''*[257]*) Eine wirklich scharfe Reaktion der Reichsregierung gegen diese Umsturzpläne, die Hitler als ,,private Ausarbeitung von Parteigenossen'' abtat, unterblieb. Reichskanzler Brüning betonte den unbedingten Willen zum Schutz der Verfassung, drohte ihren Gegnern mit dem Ausnahmezustand und wies Hitler auf die Diskrepanz zwischen seinen Legalitätsbeteuerungen und der Wirklichkeit hin.

Bedeutsamer noch als die zwielichtigen Verhandlungen zwischen Hitler und Schleicher war, daß Hitler im Winter 1931/1932 der Durchbruch bei den westdeutschen Industriekapitänen gelang, die sich von ihrer ursprünglichen Unterstützung des Brüning-Kurses abgewandt und der Harzburger Front angenähert hatten. Sie versprachen sich offensichtlich von einer Rechtsregierung eine raschere Überwindung der Wirtschaftskrise, die auch den Interessen der Großindustriellen bedrohlich wurde. Bestimmte Gruppen aus Industrie und Finanz wollten darüber hinaus die Krise benutzen, um die sozialpolitische Entwicklung der Republik rückgängig zu machen und Gewerkschaften und SPD in die Rolle zurückzudrängen, die sie im kaiserlichen Deutschland innegehabt hatten. Schon bei der Tagung in Bad Harzburg war das Auftreten bekannter Industrieller stark beachtet worden. Am 27. Januar 1932 zeigte Hitler in einem zweistündigen Vortrag (,,einer der besten Reden seines Lebens'' (Bullock)) vor westdeutschen Wirtschaftlern im Industrie-Club in Düsseldorf, vor der ,,Elite der deutschen Wirtschaft'', eine ,,tiefe Wirkung'' bei seinen Zuhörern:

,,Und wenn man uns unsere Unduldsamkeit vorwirft, so bekennen wir uns stolz zu ihr — ja, wir haben den unerbittlichen Entschluß gefaßt, den Marxismus bis zur letzten Wurzel in Deutschland auszurotten.

Wenn ich heute vor Ihnen spreche, dann nicht, um Sie zu einer Stimmabgabe zu bewegen, oder um Sie zu veranlassen, meinetwegen das oder jenes für die Partei zu tun. Nein, ich trage Ihnen hier eine Auffassung vor, von der ich überzeugt bin, daß ihr Sieg den einzig möglichen Ausgangspunkt für einen deutschen Wiederaufstieg bedeutet, die aber auch der letzte Aktivposten des deutschen Volkes überhaupt ist. Man sagt mir oft: Sie sind nur der Trommler des nationalen Deutschland! Und wenn ich nur der Trommler wäre?! Es würde heute eine größere staatsmännische Tat sein, in dieses deutsche Volk wieder einen neuen Glauben hineinzutrommeln, als den vorhandenen langsam zu verwirtschaften.[258])

Wenn auch die Unterstützung Hitlers durch deutsche Industrielle nicht überschätzt werden darf — Hitler war keineswegs, wie es die kommunistische Propaganda damals und heute behauptet, ein „Produkt" der deutschen Schwerindustrie —, so muß doch auf die beträchtlichen Zahlungen einzelner Industriemagnaten hingewiesen werden. Kirdorf zahlte zwischen 1930 und 1933 600 000 bis 700 000 RM an die NSDAP; Flick und Vögler förderten die Partei ab 1932, Sir Henry Deterding, der Herr des Shellkonzerns, schon ab 1930. Hugenberg ließ Hitler von den ihm zufließenden politischen Geldern der großen Industriekonzerne jährlich etwa ein Fünftel zukommen. Schacht knüpfte für Hitler Verbindungen zur Commerz- und Privatbank sowie zur Deutschen Bank. Sie alle finanzierten die großen Wahlkämpfe der Partei, namentlich des Jahres 1932. Thyssen, schon vor 1923 mit der NSDAP verbunden, ermöglichte Hitler darüber hinaus den Bau des „Braunen Hauses" in München.

Das weitere Schicksal der Regierung hing indessen nach wie vor entscheidend von der Haltung des Reichspräsidenten ab, dessen Amtszeit 1932 ablief. Schon während des Winters 1931/1932 überschattete das Problem der bevorstehenden Reichspräsidentenwahl die politische Taktik aller Parteien und Gruppen. Der Gedanke Brünings, eine Verlängerung der Amtszeit Hindenburgs um zwei Jahre durch eine vom Reichstag mit Zweidrittelmehrheit zu beschließende Verfassungsänderung zu erreichen, um dem deutschen Volk in der krisenhaften Situation einen Wahlkampf zu ersparen und damit zugleich die Kontinuität seiner Politik zu sichern, scheiterte an der Haltung Hugenbergs, der seine Zustimmung von der Entlassung der Regierung Brüning und der Berufung einer „nationalen" Regierung abhängig machte, während sich Hitler zunächst abwartend verhielt. Hugenberg war in seiner verbohrten Starrheit *eher geneigt, sich trotz des Zerfalls der Harzburger Front und trotz der abweisenden Haltung Hitlers den Nationalsozialisten an den Hals zu werfen, als Hindenburg den Weg freizugeben,*[259]) indem er für die durch seine intransigente Haltung nun unvermeidbar gewordene Wahl die Aufstellung eines eigenen Kandidaten, des stellvertretenden Vorsitzenden des „Stahlhelms", Duesterberg, betrieb. Die Nominierung Hitlers, der durch den nationalsozialistischen Minister Klagges in Braunschweig zum braunschweigischen Regierungsrat (mit der Aufgabe, „für die Belange der wirtschaftlichen Interessen des Landes Braunschweig tätig zu sein") ernannt wurde, womit er endlich automatisch die deutsche Staatsangehörigkeit erhielt — er legte in diesem Zusammenhang am 26. Februar erstmals den Eid auf die Weimarer Verfassung ab —, als Kandidat der NSDAP war die Folge. Über diese innenpolitische Situation führte General Frhr. v. Hammerstein, der Chef der Heeresleitung, auf einer Besprechung am 27. Februar 1932 aus:

Zwei Hauptfragen, die jeder Ausländer stellt:
a) Wer wird Reichspräsident? b) Wann kommt Hitler?
Zunächst versucht, Gesetz mit Zweidrittelmehrheit zu machen. Hinterher wurde Verfassungsmäßigkeit angezweifelt. Dies nicht Grund, sondern Sabotierung.

Brüning, Groener, Hitler hatten sich zu 80 Prozent geeinigt, verhindert worden ist die Einigung durch Hugenberg, der die Sache auf das Parteigeschäftliche gebracht hat. Nachheriges Stadium: Verhandeln wir über Volkswahl Hindenburgs auf breitester Grundlage. Verhandlungen nunmehr äußerst schwierig, da nunmehr drin im parteipolitischen Schmutzgeschäft. Jeder stellte seine Parteiforderungen auf (Deutschnationale und Nazi): „Zunächst politische Macht für mich allein", auch nächste Nachbargruppe nicht beteiligen. Bei Nazi auch verständlich (51 Prozent der künftigen Sitze), aber auch Hugenberg stellt diese Forderung (Reichskanzler und preußischer Ministerpräsident). Daran haben sich die Verhandlungen zerschlagen, denn Nazi nicht zu verantworten, Staatsmacht ihnen als Vorleistung zu übertragen. Deutschnationale überhaupt nicht zu verstehen.

Reichspräsident hat weitestgehende Zusagen angeboten, um Einigung herbeizuführen. Scheitert daran, daß Hugenberg als Bedingung stellt, er Reichskanzler und er preußischer Ministerpräsident. Reichspräsident lehnt entrüstet ab.

Zu verurteilen Führer! Wir alle stehen der Gesinnung nach rechts, aber wir müssen uns klarmachen, durch wessen Schuld Trümmerhaufen entstanden. Das sind die Führer der Rechtsparteien. Sie haben es verschuldet. Dahin zugespitzt: Hie Hindenburg, hie Hitler. Wahlkampf wird gemein geführt werden! Gemeinste Verleumdung Hindenburgs schon jetzt im Umlauf.[260])

Die KPD, die wie bisher schon ihre Hauptangriffe weiter gegen die SPD richtete und den von der SPD tolerierten „Brüningschen Faschismus" als „um kein Haar besser als den Hitlerschen Faschismus" bezeichnete, nominierte ihren Vorsitzenden Thälmann als Präsidentschaftskandidaten. Ihrer „ultralinken" Taktik entsprechend betrachtete sie die SPD weiterhin als ihren Hauptfeind. So hieß es etwa in der Monatsschrift „Der Propagandist":

Eine sozialdemokratische Koalitionsregierung, der ein kampfunfähiges, zersplittertes Proletariat gegenüberstände, wäre ein tausendmal größeres Übel als eine offen faschistische Diktatur, der ein klassenbewußtes, kampfentschlossenes, in seiner Masse geeintes Proletariat gegenübertritt. Nur durch den unversöhnlichen Kampf gegen die kapitalistische Diktatur in allen ihren Formen, gegen alle Parteien und Hilfskräfte der Bourgeoisie kann sich aber das Proletariat zu einer einheitlichen, kampfentschlossenen Massenkraft zusammenschließen. Das „Größere Übel", die offen faschistische Diktatur, wird, wenn die Arbeiterschaft das „Kleinere Übel", Regierung der verhüllten Durchführung der faschistischen Diktatur, ohne Widerstand duldet, nicht verhindert, sondern beschleunigt. Für die Arbeiterschaft aber ist es eine sehr untergeordnete Frage, ob Sozialdemokraten oder Nationalsozialisten im Auftrage der Bourgeoisie die Ausplünderung und Unterdrückung der Massen besorgen.[261])

Das Ergebnis dieser Taktik war, daß sich in der ganzen Endphase der Weimarer Republik die Kommunisten von einer möglichen Beeinflussung des Geschehens selbst ausschalteten, die Handlungsfreiheit der SPD stark einschränkten und damit zur Lähmung des Reichstages wesentlich beitrugen. Auch in der Frage der Reichspräsidentenwahlen führte die Aufstellung eines KP-Kandidaten dazu, daß die SPD, um eine Wahl

Hitlers zu vermeiden, genötigt war, die Kandidatur Hindenburgs zu unterstützen. Erst durch erhebliche Anstrengungen war es Brüning überhaupt gelungen, Hindenburg dafür zu gewinnen, sich erneut als Reichspräsidentschaftskandidat aufstellen zu lassen. Tief verbittert darüber, daß die „nationale Rechte", der er seinen Wahlerfolg von 1925 verdankte, sich von ihm abgewandt hatte und er nun von den Mittelparteien einschließlich der SPD vorgeschlagen wurde, gab er erst am 16. Februar endlich seine Zustimmung, nachdem der Nachweis erbracht schien, daß nationale Wähler von 1925 auch jetzt hinter seiner Wahl standen. Der nun beginnende Wahlkampf wühlte in der ohnehin hochgespannten Atmosphäre die Leidenschaften des deutschen Volkes tief auf. In dem Aufruf der SPD (27. Februar 1932), der es naturgemäß schwerfiel, ihr Eintreten für Hindenburg zu begründen, hieß es:

Das deutsche Volk steht am 13. März vor der Frage, ob Hindenburg bleiben oder ob er durch Hitler ersetzt werden soll. Die Rechte hat vor sieben Jahren Hindenburg auf den Schild gehoben. Sie hoffte, er würde sein Amt parteiisch zu ihren Gunsten führen, seinen Eid verletzen und die Verfassung brechen. Es war selbstverständlich, daß wir Sozialdemokraten einen Bewerber, auf den unsere schlimmsten Feinde solche Hoffnungen setzten, entschieden bekämpften. Hindenburg aber hat seine einstigen Anhänger enttäuscht. Weil er unparteiisch war und es bleiben wollte, weil er für einen Staatsstreich nicht zu haben ist, darum wollen sie ihn jetzt beseitigen. Hitler statt Hindenburg, das bedeutet Chaos und Panik in Deutschland und ganz Europa, äußerste Verschärfung der Wirtschaftskrise und der Arbeitslosennot, höchste Gefahr blutiger Auseinandersetzungen im eigenen Volk und mit dem Ausland. Hitler statt Hindenburg, das bedeutet: Sieg des reaktionären Teils der Bourgeoisie über die fortgeschrittenen Teile des Bürgertums und über die Arbeiterklasse, Vernichtung aller staatsbürgerlichen Freiheiten, der Presse, der politischen, gewerkschaftlichen und Kulturorganisationen, verschärfte Ausbeutung und Lohnsklaverei. Gegen Hitler! Das ist die Losung des 13. März. Es gibt kein Ausweichen! Hitler oder Hindenburg? Es gibt kein Drittes! Jede Stimme, die gegen Hindenburg abgegeben wird, ist eine Stimme für Hitler. Jede Stimme, die Thälmann entrissen und Hindenburg zugeführt wird, ist ein Schlag gegen Hitler.[262])

Auch die Diskussion im Reichstag war bereits im Februar von der Wahlkampfatmosphäre bestimmt. Am 23. Februar ging Goebbels zum direkten Angriff auf Hindenburg über: „*Sage, wer dich lobt, und ich sage dir, wer du bist! Hindenburg wird gelobt von der Berliner Asphaltpresse, gelobt von der Partei der Deserteure ...*"[263])

Wegen Beleidigung des Staatsoberhauptes wurde er daraufhin von der Mehrheit des Reichstages von der weiteren Sitzung ausgeschlossen und verließ unter Heilrufen der NS-Abgeordneten den Saal. Der SPD-Abgeordnete Kurt Schumacher rechnete anschließend scharf mit den Nationalsozialisten ab: „*Wenn wir irgend etwas beim Nationalsozialismus anerkennen, dann dies, daß ihm zum ersten Male in der deutschen Politik die restlose Mobilmachung der menschlichen Dummheit gelungen ist. Die moralische und intellektuelle Verlumpung* durch den Nationalsozialismus führe in ihrer Propaganda *zu einem dauernden Appell an den inneren Schweinehund im Menschen.*"[264])

Am letzten Sitzungstag (26. Februar) brandmarkte August Weber, der Fraktionsvorsitzende der Deutschen Staatspartei, den Mordterror des Rechtsradikalismus:
„Die deutsche politische Geschichte kannte bis zur neuesten Zeit keine politischen Morde. Der Kampf ist mit geistigen Waffen ausgetragen worden. Nach dem Zusammenbruch ist das leider anders geworden. Unter den großen politischen Morden in Deutschland, denen führende Politiker der Linken und des Zentrums zum Opfer gefallen sind, erinnere ich nur an die Morde von Erzberger und Rathenau. Niemand kann leugnen, daß diese Morde unter einer vom Rechtsradikalismus erzeugten Atmosphäre begangen sind. Niemand kann leugnen, daß Beteiligte Mitglieder und Funktionäre der Nationalsozialistischen Partei geworden sind. Ich darf mir gestatten, ein sehr bekanntes Sturmlied der jungen Leute der SA zu verlesen, von denen die letzten Verse folgendermaßen lauten:

> *Wenn der Sturmsoldat ins Feuer zieht,*
> *Dann hat er frohen Mut,*
> *Und wenn das Judenblut vom Messer spritzt,*
> *Dann geht's noch mal so gut.*
> *Die Juden und Marxisten,*
> *Die bringen uns kein Heil,*
> *Den Severing und Genossen*
> *Erschlagen wir mit dem Beil.*
> *Und der Schlußrefrain lautet:*
> *Blut muß fließen knüppelhageldick,*
> *Wir pfeifen auf die Freiheit der Judenrepublik.'*[265])

Weber schreibt in seinen „Erinnerungen": *Zahlreiche Drohbriefe waren die Folge; sie wanderten in den Papierkorb. Brüning ließ mich wissen, daß er diese Rede nicht billige. Darauf gab ich jeden weiteren Versuch auf, auf die Reichspolitik irgendwie einzuwirken. Unsere Parteigruppe war dafür zu klein. Sie konnte daher auch nicht die Verantwortung übernehmen, Brüning und unseren Kollegen Dietrich zu Fall zu bringen.*[266])
Das Ergebnis der Reichspräsidentenwahlen vom 13. März zeigte das Bild einer scheinbar ausweglosen Zerrissenheit des deutschen Volkes. Hindenburg errang zwar mit 49,6 Prozent aller abgegebenen gültigen Stimmen (18,6 Millionen) einen eindeutigen Sieg über Hitler, der 30,1 Prozent (11,3 Millionen) auf sich vereinigte, doch fehlten Hindenburg an der erforderlichen absoluten Mehrheit 170 000 Stimmen, so daß ein zweiter Wahlgang (10. April) nach neuem Wahlkampf notwendig wurde. Daran trug die Kandidatur Duesterbergs, dem 2,5 Millionen ihre Stimme gaben, die Hauptschuld. Auch Thälmann hatte 4,98 Millionen Stimmen erhalten und damit zu dem unklaren Ergebnis beigetragen.
Der zweite Wahlgang, der sich noch mehr als der erste auf den Kampf zwischen Hindenburg und Hitler konzentrierte — der deutsche Kronprinz erklärte öffentlich, daß er Hitler, nicht Hindenburg wählen würde —, führte nach dem Verzicht Duesterbergs

zwar zum Siege Hindenburgs, der 53 Prozent der Stimmen erreichte, aber Hitler erzielte den größeren Stimmengewinn (2 Millionen weitere Wähler gegenüber dem 13. März), wobei ihm offensichtlich nicht nur die meisten Duesterberg-Stimmen, sondern auch die Masse der 1,3 Millionen Stimmen zufielen, die Thälmann weniger als am 13. März erhielt.

Der wiedergewählte Reichspräsident v. Hindenburg erklärte einen Tag nach der Wahl in einer Kundgebung an das deutsche Volk:

Getreu meinem Eide werde ich mein Amt weiterführen im Geiste der Überparteilichkeit und der Gerechtigkeit mit dem festen Willen, unserem Vaterlande zur Freiheit und Gleichberechtigung nach außen, zur Einigkeit und zum Aufstieg im Innern zu verhelfen. Die Zusammenfassung aller Kräfte ist notwendig, um der Wirrnisse und Nöte unserer Zeit Herr zu werden. Nur wenn wir zusammenstehen, sind wir stark genug, um unser Schicksal zu meistern. Darum: in Einigkeit vorwärts mit Gott![267])

Mit dem Ausgang der Reichspräsidentenwahl schien die — wenn auch durch den häufigen Gebrauch des Artikels 48 eingeschränkte — Fortführung der Weimarer Republik noch einmal gesichert. Karl Dietrich Bracher urteilt: *Hatte man 1925 von (Hindenburg) die antirepublikanische Korrektur des Weimarer „Systems" von 1918/ 1919 erwartet, so trug das Votum von 1932 die Hoffnung einer klaren Mehrheit auf Behauptung und Wiederherstellung stabiler demokratischer Verhältnisse in sich — ob sie nun in liberalem, sozialistischem oder konservativem Sinn verstanden wurde.*[268])

Um so überraschender war es, daß Hindenburg, als ihm Brüning, dessen energischem wie umsichtigem Einsatz der Wahlerfolg in erster Linie zu verdanken war, routinemäßig den Rücktritt des Kabinetts anbot, den Kanzler zwar bat, die Regierung weiterzuführen, zugleich aber zu erkennen gab, daß er die Berufung eines Rechtskabinetts in absehbarer Zeit für wünschenswert erachtete, also die von seiner Umgebung schon lange angebahnte Schwenkung jetzt zu vollziehen beabsichtigte. So führte das Wahlergebnis nicht zu einer — wenn auch nur vorübergehenden — Beruhigung, sondern sogleich zu einer Zuspitzung der Spannungen, die in der zunehmenden Verschlechterung des Verhältnisses zwischen Hindenburg und Brüning schließlich einen dramatischen Ausdruck fanden. Hindenburg machte es Brüning persönlich zum Vorwurf, daß er sich wegen der Unterstützung durch die Mittelparteien bei der Wahl mit seinen Freunden auf der Rechten entzweit hatte.

Ein besonderer Konflikt rankte sich um das von Groener als Reichsinnenminister am 13. April (drei Tage nach der Wahl) auf Druck der Länderinnenminister veranlaßte, durch eine präsidiale Notverordnung „zur Sicherung der Staatsautorität" verfügte Verbot der auf über 400 000 Mann angewachsenen SA und aller anderen militärähnlichen Organisationen der NSDAP im gesamten Reichsgebiet. In Preußen bestand ohnehin schon ein Uniform-, Aufmarsch- und Redeverbot, während sich die übrigen Länder diesen Maßnahmen noch nicht angeschlossen hatten, jetzt aber drohten, selbst handeln zu wollen, wenn das Reich nichts täte.

§ 1 der Verordnung lautete:

Sämtliche militärähnlichen Organisationen der Nationalsozialistischen Deutschen Ar-

beiterpartei, insbesondere die Sturmabteilungen (SA), die Schutzstaffeln (SS), mit allen dazugehörigen Stäben und sonstigen Einrichtungen, einschließlich der SA-Beobachter, SA-Reserven, Motorstürme, Marinestürme, Reiterstürme, des Fliegerkorps, Kraftfahrkorps, Sanitätskorps, der Führerschulen, der SA-Kasernen und der Zeugmeistereien werden mit sofortiger Wirkung aufgelöst.[269])

Damit schien ein längst fälliger Schritt zur Bewältigung der nationalsozialistischen Gefahr unter dem Eindruck des Wahlerfolgs Hindenburgs endlich getan zu sein. Allerdings zeigten die komplizierte Vorgeschichte des SA-Verbots und die unmittelbar darauf folgenden Ereignisse, daß die Meinungsverschiedenheiten über die Zweckmäßigkeit eines solchen Schrittes bis ins Kabinett und die engste Umgebung Hindenburgs hineinreichten. Noch am 11. Januar 1932 hatte Groener geurteilt, Hitler sei ein „bescheidener, ordentlicher Mensch, der Bestes will. Im Auftreten Typ des strebsamen Autodidakten." Die „legalen Bestrebungen Hitlers" sollte man mit allen Mitteln stützen, „andererseits gegen Unruhestifter aus Nazikreisen weiter bekämpfend vorgehen". Hitlers Absichten und Ziele seien gut, er selbst sei aber ein „Schwarmgeist, glühend, vielseitig". Als Ziel hatte Groener bezeichnet: *Das Gute aus den Verbänden an uns heranziehen, jedoch nicht, wie Italien, Wehrmacht in Gefolgschaft politisch eingestellter Miliz bringen.*[270]) Erst die Beschlagnahme landesverräterischer Anweisungen Hitlers an seine Verbände, die seine Worte in Lauenburg (Pommern) bestätigten, daß er bei einem polnischen Einmarsch „seine Kämpfer nicht für das System opfern wolle, sondern die Grenzen erst dann schützen werde, wenn zuvor die Träger des heutigen Systems vernichtet seien", führte zu einer Wendung in der Einstellung Groeners zum Problem der NSDAP und ihrer Kampforganisationen. Schleicher indessen, von Groener „entdeckt, hochgezogen und wie ein Sohn geliebt" (Brüning) und bisher sein „Kardinal in politicis", benutzte das SA-Verbot, indem er den Minister erst in seiner Absicht bestärkte und ihn dann im Stich ließ, um Groener und schließlich auch Brüning zu stürzen.

Dem gegen das Verbot einsetzenden Sturm, der über verschiedene Kanäle zu Hindenburg gelangte — der Kronprinz richtete einen Protestbrief an Groener, in dem er gegen „die Ausschaltung des wunderbaren Menschenmaterials" Stellung nahm —, ließ Schleicher freien Lauf, so daß bei der auch aus persönlichen Gründen wachsenden Entfremdung zwischen Hindenburg und seinem früher engsten Mitarbeiter in der OHL dieser durch den ganzen Lauf der Dinge früher oder später „auflaufen" mußte. Im Reichstag verteidigte Groener, durch Krankheit behindert, das Verbot am 10. Mai nur mühsam:

„Ich muß feststellen, daß etwa bis zum Herbst 1930 die SA eine verhältnismäßig — ich sage: verhältnismäßig — harmlose Sache war. Das hat sich aber geändert vom Herbst 1930 an, und zwar ist es gar kein Zweifel, daß das Verdienst daran einerseits Herrn Hitler, vor allem aber dem Hauptmann Röhm zukommt. Mit dessen Erscheinen bei der SA (August 1930) ist ein ganz anderer Zug in die Sache hineingekommen. Damit fing die Geschichte an, für den Staat mehr und mehr unerträglich zu werden. Trotz aller Erklärungen von Legalität, die Sie mir ja in großen Mengen zugesandt haben,

muß man immer festhalten: eine solche Organisation hat ihre Dynamik in sich und kann nicht einfach bald legal, bald illegal erklärt werden. Ohne die SA hätten wir seit Jahren Ruhe und Ordnung in Deutschland.'[271]) Diese Rede Groeners ging in tumultartigen Lärmszenen, die die nationalsozialistischen Reichstagsabgeordneten veranstalteten, unter.

Groener entschloß sich, von Schleicher gedrängt, der sich auf die Stimmung in der Reichswehr berief, am 12. Mai zum Rücktritt als Reichswehrminister. Er wollte jedoch als Reichsinnenminister die Politik, die er soeben im Reichstag begründet hatte, fortsetzen. Schleichers Weigerung, seinerseits das Reichswehrministerium zu übernehmen, deutete bereits darauf hin, daß er die Entfremdung zwischen Hindenburg und Brüning als feststehend betrachtete, den Sturz der gesamten Regierung für unvermeidbar hielt und sich nicht ganz zum Schluß noch mit seiner Beteiligung an ihr belasten wollte. Dabei hatte Brüning am 11. Mai im Reichstag noch einmal einen Achtungserfolg erzielt. Mit Hinweisen auf nahe bevorstehende Erfolge in der Außenpolitik und günstige Erwartungen auf dem Gebiet der Wirtschafts- und Finanzpolitik verband er eine heftige Kritik an der destruktiven Politik der Rechtsopposition, „die keine Rücksicht auf die Erhaltung der Widerstandskraft des deutschen Volkes und auf die außenpolitische Situation Deutschlands nimmt und die mit dieser Not allein Agitation treiben" will. Schließlich ließ sich der sonst so nüchterne Brüning zu einem beschwörenden Appell hinreißen: *„Nur nicht in den letzten fünf Minuten weich werden! Ich habe sehr lange zu vielen Dingen geschwiegen. Es spielt auch gar keine Rolle, was Sie über mich im Lande verbreiten. Wenn ich mich dadurch beeindrucken ließe, dann würde ich damit den schwersten politischen Fehler begehen. Ich würde die Ruhe auch innenpolitisch verlieren, die an den letzten hundert Metern vor dem Ziel das absolut Wichtige ist.'*[272]) Brüning war der Auffassung, das Reich erfolgreich durch die Krise gesteuert zu haben; denn das Ende der Reparationen stand unmittelbar bevor, und die vorbereiteten, bis dahin absichtlich um der Reparationslösung willen aufgeschobenen Arbeitsbeschaffungsmaßnahmen konnten dann unmittelbar in Gang gesetzt werden. Nach Erreichung dieses Ziels war Brüning bereit zurückzutreten, um dem von Hindenburg gewünschten Rechtskabinett Platz zu machen. Er dachte dabei an Carl Goerdeler (DNVP), den Oberbürgermeister von Leipzig, als seinen Nachfolger. Noch einmal lehnte der Reichstag am 11. Mai ein Mißtrauensvotum der Opposition ab, doch kam es auf den Reichstag schon nicht mehr an.

Brünings Stellung, längst nicht mehr unangefochten, geriet vollends ins Wanken in der Zeit, in der sich Hindenburg auf seinem Gut Neudeck in Ostpreußen aufhielt (12. bis 28. Mai). Im Gegensatz zu Brüning, der davon ausging, daß nach dem bevorstehenden außenpolitischen Erfolg und den anschließenden innenpolitischen Maßnahmen zur Überwindung der Arbeitslosigkeit die nationalsozialistische Welle zurückgehen und sich schließlich brechen werde, vertrat Schleicher nach wie vor die Konzeption einer Rechtsregierung mit Nationalsozialisten oder unter Tolerierung durch die NSDAP. Diese verlangte dafür die Aufhebung des SA-Verbots, Auflösung und Neuwahl des Reichstages. Zu beidem war Brüning nicht bereit. Also mußte er fallen. Schon am 28.

April notierte Goebbels in sein Tagebuch: *Der Führer ist bei Schleicher gewesen. Das Gespräch verlief gut. Am 8. Mai: Der Führer hat eine entscheidende Unterredung mit General Schleicher: einige Herren aus der nächsten Umgebung des Reichspräsidenten sind dabei. Brüning soll in den nächsten Tagen schon fallen. Der Reichspräsident wird ihm sein Vertrauen entziehen. Der Plan geht dahin, ein Präsidialkabinett zu installieren; der Reichstag wird aufgelöst, alle Zwangsgesetze sollen fallen, wir bekommen Agitationsfreiheit und liefern dann ein Meisterstück an Propaganda.*[273])
Am 13. Mai, einen Tag nach dem Sturz Groeners, triumphierte Goebbels: *Wir bekommen Nachricht von General Schleicher: die Krise geht programmgemäß weiter. Am 18. Mai notierte er: Wieder in Berlin. Hier ist alles in Pfingststimmung. Nur bei Brüning scheint der Winter eingekehrt zu sein. Die geheime Aktion gegen ihn geht unentwegt weiter. Er ist bereits vollkommen isoliert. Sucht händeringend nach Mitarbeitern. Ein Königreich für einen Minister! General Schleicher hat die Übernahme des Reichswehrministeriums abgelehnt. Unsere Wühlmäuse sind an der Arbeit, die Brünings Position vollkommen zernagen.*[274])
Schleicher gelang es, Hindenburg davon zu überzeugen, daß die anzustrebende Ausschaltung der SPD in Preußen (gleich nach den Wahlen vom 24. April, s. unten) und die Lösung aus der indirekten Abhängigkeit vom Tolerierungskurs der SPD im Reich nur über eine Entlassung Brünings möglich seien. Damit waren die Weichen grundsätzlich in Richtung auf eine Regelung gestellt, die auf eine konservative Minderheitsregierung unter Duldung durch die NSDAP hinauslief. Den letzten Anstoß bot die vom Kabinett Brüning am 23. Mai zur Verwirklichung eines Siedlungsprogramms beschlossene, am 25. Mai von Meißner Hindenburg in Neudeck zur Unterzeichnung als „Fünfte Notverordnung" vorgelegte „Siedlungsverordnung". Die darin vorgesehene Aufsiedlung nicht entschuldungsfähiger Güter nach einer Zwangsversteigerung bezeichnete Hindenburg als „Agrarbolschewismus". Zusammen mit der unterschriftsreifen „Siedlungsverordnung" übergab Meißner am 25. Mai einen Brief des Hindenburg persönlich verbundenen Direktors der Ostpreußischen Landgesellschaft, des Mitglieds des Reichsrates und Preußischen Staatsrates, Frhr. v. Gayl, der mit ähnlichen „Bedenken" ostpreußischer Gutsbesitzer und Nachbarn Hindenburgs übereinstimmte.
Herrn Generalfeldmarschall bitte ich gehorsamst, eine schwere Sorge vortragen zu dürfen, die heute weite Kreise des Ostens und der deutschen Wirtschaft bewegt. Das Reichskabinett berät zur Zeit den Entwurf einer Verordnung des Reichspräsidenten über die Förderung der landwirtschaftlichen Siedlungen auf Grund des Art. 48, Abs. 2, deren § 2 eine Bestimmung enthält, welche der Oststelle das Recht gibt, in die nicht mehr umschuldungsfähigen Grundstücke, ohne Antrag der Gläubiger, von sich aus die Zwangsversteigerung zu betreiben. Praktisch ist der Nutzen der Neuordnung gering. Nach vielen schweren Eingriffen der früheren Notverordnungen in das Privateigentum bedeutet das neue Zwangsversteigerungsrecht der Behörde einen weiteren Eingriff und neues Abgleiten in Staatssozialismus. Durch das Bekanntwerden des Entwurfs sind weite Kreise des Ostens in Landwirtschaft und städtischem Mittelstand schwer beunruhigt. Die Zermürbung der Seelen macht im

Osten furchtbare Fortschritte. Sie wirkt allmählich auf die Widerstandskraft der Kreise, welche bisher Träger des nationalen Wehrwillens gegenüber Polen sind. Diese Beobachtung ist auch den militärischen Stellen nicht entgangen. In dieser kritischen Zeit müßte alles vermieden werden, was irgendwie den Widerstandswillen schwächt.[275])

Bemerkenswert ist dieses Schreiben v. Gayls, der im Kabinett v. Papen wenige Tage später Reichsinnenminister werden sollte, nicht zuletzt deswegen, weil hier die eigenen Interessen der Gutsbesitzerschicht „national" verbrämt vorgetragen und die Nichtberücksichtigung dieser Interessen mit einem Zusammenbruch „nationalen" Widerstandswillens gegenüber Polen in engste Verbindung gebracht wurden.

Nach seiner Rückkehr von Neudeck empfing Hindenburg am 29. Mai Brüning. Dabei ging es in der einstündigen Unterredung von Anfang an nicht nur um die umstrittenen Siedlungspläne, sondern um eine Erweiterung des Kabinetts nach rechts. Brüning berichtet:

Der Reichspräsident ließ mich reden. Ich setzte ihm auseinander, daß es mein Bestreben gewesen sei, die schrankenlose und planlos ausgeübte Macht des Parlaments so weit einzuschränken, daß es einer Regierung, die ohne Herausforderung des Parlaments entschlossen und planvoll auftrete, keine Schwierigkeiten mehr mache. Die Regierung sei dadurch absolut überparteilich geworden. Sie habe die außenpolitischen Arbeiten so vollziehen können, daß die Erfolge nun greifbar seien. Das sei aber nur durch große Geduld und vorübergehende Unpopularität möglich gewesen. Wenn erst die Erfolge sichtbar wären, würde diese Unpopularität schwinden.

Ohne darauf einzugehen, las der Reichspräsident Brüning eine vorher formulierte Erklärung vor, daß er der Regierung das Recht zum Erlaß von Notverordnungen und zu Personalveränderungen entziehe.

Ich antwortete: „Wenn ich die mir soeben vorgelesenen Äußerungen richtig verstehe, so wünschen Sie, Herr Reichspräsident, die Gesamtdemission des Kabinetts."

Antwort des Reichspräsidenten: „Jawohl. Diese Regierung muß weg, weil sie unpopulär ist."

Ich erklärte: „Ich werde morgen das Kabinett zusammenrufen und die Gesamtdemission des Kabinetts beschließen lassen."[276])

Eine zweite Unterredung zwischen Hindenburg und Brüning am 30. Mai dauerte nur 3½ Minuten und endete mit dem Rücktrittsgesuch des Reichskanzlers, das Hindenburg genehmigte. Damit war der letzte, wenigstens noch mit passiver Unterstützung des Parlaments regierende Kanzler gestürzt, nicht vom Parlament, sondern vom Reichspräsidenten, dessen Wiederwahl er durchgesetzt hatte und den er zum Wegbereiter der von ihm ersehnten monarchischen Restauration machen wollte. Gestürzt von unverantwortlichen Kräften hinter den Kulissen, die die politischen und gesellschaftlichen Verhältnisse der Vorkriegszeit wiederherstellen wollten und sich der Illusion hingaben, dabei die Massenbewegung des Nationalsozialismus für sich einspannen zu können.

Das „Kabinett der Barone"

Die Frage der Nachfolgerschaft Brünings war schon Wochen vorher von Staatssekretär Meißner, vor allem aber von Schleicher, gründlich durchdacht worden, ohne daß sich eine überzeugende Lösung finden ließ. Am 8. Mai 1932 hatten Hitler und Meißner vereinbart, daß die NSDAP gegen eine Aufhebung des SA-Verbots im ganzen Reich und die Ausschreibung von Neuwahlen für den Reichstag die Konzession machen werde, ein neues, nicht mehr von Brüning geleitetes Kabinett zu tolerieren. Als Nachfolger war schließlich von dem Kreis um Hindenburg, besonders dem Sohn Oskar v. Hindenburg und von Schleicher, als Notlösung ein Mann ausersehen, der im ersten Weltkrieg als deutscher Militärattaché in Washington eine nicht eben besonders erfolgreiche, in der deutschen Innenpolitik bisher überhaupt keine große Rolle gespielt hatte, obwohl er als preußischer Landtagsabgeordneter des Zentrums und als einflußreicher Aktionär des Berliner Zentrumsblattes „Germania" auch nicht als völlig bedeutungslos gelten konnte: der 53jährige Franz von Papen, aus katholischem westfälischen Landadel stammend. Er sollte ganz im Sinne Schleichers, dem eine Tätigkeit in der Öffentlichkeit von Natur aus nicht lag, ein „Sprechminister" sein. Auf die überraschende Frage von Freunden: *Der Papen ist doch kein Kopf,* erwiderte Schleicher: *Das soll er ja auch nicht sein, aber er ist ein Hut.*[277]) Papen selbst berichtet, daß er auf einen Anruf Schleichers vom 26. Mai vom Landgut seiner Frau im Saargebiet, „nicht ahnend, um was es sich handeln könne", nach Berlin eilte, wo er am 28. Mai von Schleicher über den Stand der Dinge unterrichtet wurde: *Schleicher hatte schon weitgehend personelle Sondierungen vorgenommen, und so bedurfte es meinerseits nurmehr der Billigung.*[278])

Dem Wunsch Hindenburgs nach einem „von den Parteien unabhängigen, aus Fachmännern zusammengesetzten Kabinett" entsprechend, wurde das sogenannte Kabinett der Barone gebildet, das sich hauptsächlich aus konservativen Adligen, die zum größten Teil der DNVP nahestanden, zusammensetzte: u.a. Frhrn. v. Neurath, dem bisherigen Botschafter in London, als Außenminister, Frhrn. v. Gayl Innenminister, Frhrn. v. Braun Landwirtschaftsminister, Graf Schwerin v. Krosigk als Finanzminister. Schleicher selbst übernahm das Reichswehrministerium. Seinen Absprachen mit Hitler gemäß, hoffte er, daß nunmehr die NSDAP die neue Regierung tolerieren würde, so wie es die SPD der Regierung Brüning gegenüber getan hatte.

Hugenberg blieb abseits. Die DNVP erklärte, daß sie an der Bildung der Reichsregierung unbeteiligt sei und daß keine Bindungen zwischen einzelnen Ministern und ihr bestünden. Dennoch konnte diese Partei als die einzige angesehen werden, die die Regierung Papen unterstützen würde. Das Zentrum, über die brüske Entlassung Brünings empört, lehnte die neue Regierung strikt ab und schloß Papen aus seinen Reihen aus. SPD und KPD sagten ohnehin dem „Kabinett der Barone" schärfsten Kampf an. Die Haltung der NSDAP war anfangs verabredungsgemäß tolerierend. Es galt ja abzuwarten, ob Papen die gegebenen Zusagen einhielt. Tatsächlich löste Hindenburg auf Papens Antrag am 4. Juni den Reichstag auf und schrieb für den 31. Juli

Neuwahlen aus. Goebbels jubelte: „Wählen, wählen! Heran ans Volk! Wir sind alle sehr glücklich!"
Wenige Tage später wurde das SA-Verbot aufgehoben (16. Juni). *In kurzem hallten die Straßen zahlreicher Städte von den Schüssen der sich befehdenden Nazi- und Kommunistenbanden wider, wobei anfangs die Rotfrontler glaubten, sich durch besondere Aggressivität auszeichnen zu müssen. Als die Landesregierungen versuchten, durch Uniform- und Demonstrationsverbote für ihre Gebiete sich dieser durch die Reichsverordnung ausgelösten Hochflut blutiger Ausschreitungen zu erwehren, erschien eine neue Verordnung des Reichspräsidenten, die ihnen das, von zeitlich und örtlich begrenzten Einzelfällen abgesehen, verbot. Nun konnte sich der blutige Straßenterror austoben, dem die Polizeiorgane unter Dransetzung ihres Lebens vergeblich zu steuern suchten.*[279])
Über 300 Menschen wurden in den Monaten Juli und August 1932 durch den politischen Terror getötet, 1 200 verletzt. Trotz dem Entgegenkommen der Papen-Regierung ging die NSDAP ihrerseits über vage Erklärungen allgemeinster Art nicht hinaus und hütete sich vor irgendeiner Festlegung. So schrieb der „Völkische Beobachter" am 3. Juni: *Allen bisherigen Meldungen über den Inhalt der Unterredung unseres Führers Adolf Hitler mit dem Herrn Reichspräsidenten, die angeblich von „nationalsozialistischer Seite" kommen, steht die NSDAP fern. Ihre grundsätzliche Auffassung über die Lage nach dem Sturz des Kabinetts Brüning ist bekannt und in der „Nationalsozialistischen Parteikorrespondenz" dahingehend zum Ausdruck gebracht worden, daß ein Kabinett des besonderen Vertrauens vorerst die Aufgabe zu lösen habe, den Reichstag nach Hause zu schicken, Neuwahlen auszuschreiben, die Organisations-, Propaganda- und Demonstrationsfreiheit für die bisher so maßlos unterdrückte nationalsozialistische Bewegung wiederherzustellen und durch den Appell an die Nation Übereinstimmung zu schaffen zwischen dem Willen des Volkes und seiner parlamentarischen Vertretung. Die Lösung einer solchen, ebenso notwendigen wie staatspolitischen Aufgabe als Voraussetzung einer grundlegenden wirtschaftlichen und politischen Neugestaltung würde durchaus auf der Linie der großen Zielsetzung liegen, die die nationalsozialistische Freiheitsbewegung dem deutschen Volk gegeben hat und die sie auf dem schnellsten Wege durchzuführen entschlossen ist. Die Stellungnahme der Partei zum neuen Kabinett und seinen Maßnahmen wird zu gegebener Zeit erfolgen.* Prägnanter drückte es Goebbels am 5. Juni in seinem Tagebuch aus: *Wir müssen uns von dem bürgerlichen Übergangskabinett so schnell wie möglich absentieren.*[280])
Der Übergang von Brüning zu Papen wurde auch von ausländischen Beobachtern gründlich analysiert. Graf Westarp berichtet von der Reaktion eines prominenten Amerikaners: *In Amerika sei wegen der Papen-Vorgänge aus dem Kriege größte Empörung. Man schließe jetzt dort den Vorhang; wenn wir in Deutschland immer wieder glaubten, isoliert auf dem Monde zu leben und uns um die Stimmung der Welt nicht kümmern zu brauchen, so sei uns auch nicht zu helfen.*[281])
Papen stürzte sich sogleich mit Energie auf die Außenpolitik. Zwei Problemkomplexe beherrschten damals die Diskussion zwischen den Großmächten: die Abrüstungsfrage und die endgültige Regelung des Reparationsproblems. In der Frage der Abrüstung war

mit der am 2. Februar 1932 eröffneten Genfer Konferenz die bisher rein theoretische Erörterung in das Stadium konkreter Verhandlungen getreten. In einer großen Rede am 9. Februar hatte Brüning die Abrüstung der Siegermächte als Gegenleistung zu der bereits vollzogenen deutschen Abrüstung gefordert. Darauf habe Deutschland einen rechtlichen und moralischen Anspruch. Die Abrüstung könne nur auf der Basis der Gleichberechtigung vollzogen werden.

Da diese Forderung praktisch auf eine Aushöhlung der Versailler Vertragsbestimmungen hinauslief, wenn sie auch mit der Völkerbundsatzung in Einklang stand, widersetzte sich Frankreich heftig den Vorschlägen, die die deutsche Delegation am 18. Februar in den Einzelheiten unterbreitete. Großbritannien und die USA bemühten sich um einen Kompromiß, der in greifbare Nähe gerückt schien, als der Sturz Brünings die Verhandlungen unterbrach. Der Kanzler war tatsächlich, wie er am 11. Mai im Reichstag gesagt hatte, „auf den letzten hundert Metern vor dem Ziel", dem Ziel der Aufhebung der Reparationen und der militärischen Gleichberechtigung Deutschlands, gestürzt worden. Sein Nachfolger konnte ohne große Mühe die Erfolge ernten, um die er — und vor ihm Stresemann — jahrelang gekämpft hatten und für die Brüning dem deutschen Volk das äußerste Maß an Entbehrungen abverlangt hatte.

Auf der am 16. Juni beginnenden Konferenz von Lausanne, die nach dem Auslaufen des Hoover-Moratoriums die abschließende Regelung der Reparationen bringen sollte, versuchte Papen eine eigene Außenpolitik, insbesondere in Zusammenarbeit mit Frankreich, profitierte tatsächlich aber nur von der Vorarbeit Brünings. Am 8. Juli wurde die Vereinbarung unterzeichnet, die das Ende der Reparationszahlungen brachte. Zwar verpflichtete sich Deutschland noch, frühestens nach drei Jahren eine Abschlußzahlung von 3 Milliarden Goldmark in Form von Schuldverschreibungen an die Gläubigermächte zu zahlen. (Selbst dazu kam es dann aber unter den völlig veränderten Verhältnissen nicht mehr). Der Weimarer Republik, die bereits in den letzten Zügen lag, kam der Erfolg nicht mehr zugute.

Die Präsidialregierung Papen wurde im Kreise um den Reichskanzler selbst, der sich langsam, aber bestimmt aus der Abhängigkeit von Schleicher zu lösen verstand und den direkten Weg zu Hindenburg fand, als Übergang von der gescheiterten parlamentarischen Demokratie zu einem „Neuen Staat" ständisch-autoritärer Prägung betrachtet, der seinerseits wieder die Vorstufe zur monarchischen Restauration sein sollte. Insoweit knüpfte Papen an die Pläne Brünings an, verfolgte seine Ziele aber im Gegensatz zu seinem Vorgänger, der behutsam vorgehen und eine günstige Gelegenheit abwarten wollte, ungleich bedenkenloser und leichtfertiger. Papens Staatsreformpläne sahen die Entmachtung des Reichstages, eine Abänderung des Wahlrechts und die Schaffung eines Ober- oder Herrenhauses vor. Eine Anlehnung an die Bismarck-Verfassung, die besonders in der von Papen erstrebten Unabhängigkeit des Reichskanzlers vom Vertrauen des Reichstages und in der Vereinigung der Ämter des Reichskanzlers und des preußischen Ministerpräsidenten zum Ausdruck kommen sollte, machte den restaurativen, besser reaktionären, Zug dieser Pläne besonders deutlich. Diese anachronistisch wirkenden Vorstellungen hatten indessen ganz bestimmte konkrete Nahziele zur

Konsequenz, von denen das bedeutendste die Ausschaltung der preußischen Regierung war, der „Preußenschlag" vom 20. Juli 1932.
Nach den Landtagswahlen vom 24. April 1932 war die auf das Bündnis von Sozialdemokraten und Zentrum gestützte Regierung des Ministerpräsidenten Braun im Landtag in die Minderheit geraten (vgl. Statistischer Anhang, Tabelle 4). Die National-sozialisten besaßen nun als stärkste Partei mit 162 (statt bisher 8) Sitzen zusammen mit den ebenfalls angewachsenen Kommunisten (jetzt 57 Mandate) eine Sperrmehrheit. Da der alte Landtag aber kurz vor Schluß der Legislaturperiode eine Änderung der Geschäftsordnung beschlossen hatte, nach der bei der Wahl des Ministerpräsidenten in Zukunft auch im zweiten Wahlgang die absolute statt wie bisher die einfache Mehrheit erforderlich sei, war es angesichts der Tatsache, daß sich NSDAP und KPD auf keinen gemeinsamen Kandidaten einigen konnten, unmöglich, einen neuen Regierungschef zu wählen. Die Regierung Braun blieb daher geschäftsführend im Amt. Nationalsozialisten und Kommunisten, die zusammen 52 Prozent aller Abgeordneten stellten, errangen mit ihren Mißtrauensanträgen zwar parlamentarische „Siege", konnten jedoch an der Sachlage nichts ändern. Wenn auch die politische Stellung der Regierung Braun erschüttert war, so konnte an der Rechtmäßigkeit ihrer Geschäftsführung doch kein Zweifel bestehen. Auf den Hinweis eines Zentrumsabgeordneten, daß die Taktik der KPD nur die NSDAP an die Macht bringen würde, antwortete der KP-Abgeordnete Obuch: *„Das wollen wir gerade! Wir Kommunisten sind uns darüber klar, daß wir niemals eine Chance haben werden, zur Macht zu kommen, solange die in der freien und in der christlichen Gewerkschaft organisierten Arbeiter hinter der Regierung stehen. Wir müssen daher so taktieren, daß zunächst einmal die Rechte zur Macht kommt. Gegen diese Regierung wird dann die gesamte Arbeiterschaft geschlossen in Opposition gehen. Die Herrschaft der Nazis wird nicht lange dauern. Sie wird bald zusammenbrechen, und die Erben, die sind wir!"*[282])
Der Fraktionsführer der NSDAP im Preußischen Landtag, Kube, wiederum wandte sich in der Landtagssitzung vom 2. Juni an die Kommunisten:
„Das will ich Ihnen sagen: Solange die Kommunistische Partei den Kampf gegen das Kabinett Braun führen will, meine Herren Kommunisten, wenn es Ihnen mit dem Kampf gegen das sogenannte System ernst ist, dann müssen Sie die vorhandenen Mittel anwenden, die Ihnen der Staat und die Ihnen Ihre Stärke in diesem Parlament bietet. — Begründen Sie das, wie Sie wollen; stellen Sie den Antrag, und wir stimmen sofort zu.[283])
Indessen gelangten in Preußen nicht die Nationalsozialisten zur Macht, sondern die Regierung Papen verkündete am 20. Juli den Ausnahmezustand und erklärte die Regierung Braun für abgesetzt.
Die „Verordnung des Reichspräsidenten, betreffend die Wiederherstellung der öffentlichen Sicherheit und Ordnung im Gebiet des Landes Preußen" lautete:

Auf Grund des Artikels 48 Abs. 1 und 2 der Reichsverfassung verordne ich zur Wiederherstellung der öffentlichen Sicherheit und Ordnung im Gebiet des Landes Preußen folgendes:

224

§ 1. *Für die Geltungsdauer dieser Verordnung wird der Reichskanzler zum Reichskommissar für das Land Preußen bestellt. Er ist in dieser Eigenschaft ermächtigt, die Mitglieder des Preußischen Staatsministeriums ihres Amtes zu entheben. Er ist weiter ermächtigt, selbst die Dienstgeschäfte des Preußischen Ministerpräsidenten zu übernehmen und andere Personen als Kommissare des Reiches mit der Führung der Preußischen Ministerien zu betrauen.*
§ 2. *Diese Verordnung tritt mit dem Tage ihrer Verkündung in Kraft.*
Neudeck und Berlin, den 20. Juli 1932
Der Reichspräsident, gez. von Hindenburg
Der Reichskanzler, gez. von Papen[284])

In der Reichskanzlei trafen am Morgen des 20. Juli Papen, Inenminister v. Gayl und Staatssekretär Planck mit dem amtierenden preußischen Ministerpräsidenten Hirtsiefer (in Vertretung des resigniert in Urlaub gegangenen Ministerpräsidenten Braun), dem preußischen Innenminister Severing und dem Finanzminister Klepper zusammen. Papen erklärte, da die öffentliche Sicherheit und Ordnung in Preußen nicht mehr gewährleistet erscheine, habe Hindenburg die Verordnung erlassen. Kraft dieser Vollmacht enthebe er Braun und Severing ihrer Ämter und betraue mit der Führung des Preußischen Innenministeriums den Essener Oberbürgermeister Bracht. Severing erwiderte entschieden, daß nicht in einem Falle nachzuweisen sei, daß Preußen weniger als andere Länder für Sicherheit und Ordnung gesorgt habe. Papen fragte Severing, ob er freiwillig die Geschäfte an Bracht übergeben wolle. Daraufhin wies Severing auf die Bedeutung dieses Verfassungsbruchs hin und auf die Pflicht eines republikanischen Ministers, sich nicht durch freiwilligen Rückzug mit dem Makel der Desertion zu beflecken: er weiche nur der Gewalt. Nach Verhängung des militärischen Ausnahmezustandes in Berlin besetzten Einheiten der Reichswehr die preußischen Ministerien. Auch die preußische Polizei wurde auf dem Verordnungswege Papen unterstellt.
Die Möglichkeit eines Widerstandes war indessen von Papen überschätzt worden. Auch das Wort Severings war nur der Ausdruck eines ohnmächtigen Protestes, nicht die Ankündigung eines aktiven Widerstandes. Die SPD-Führung hatte schon vier Tage vor dem Staatsstreich Papens beschlossen, „bei allem, was kommen möge, die Rechtsgrundlage der Verfassung nicht zu verlassen." Sie lehnte dementsprechend ab, Gewalt mit Gewalt zu beantworten. An Generalstreik wie beim Kapp-Putsch 1920 war nicht zu denken. Die Gewerkschaften waren sich ihrer Schwäche in der bestehenden Situation bewußt. Sechs Millionen Arbeitslose und die Tatsache, daß die Arbeiterschaft in sich tief gespalten war, ließen alle Erwägungen in dieser Richtung verstummen, zumal der Gedanke an einen Bürgerkrieg abschreckte. So kapitulierte Preußen, die „republikanische Festung", kampflos. Die Regierung Braun entschloß sich lediglich, den Staatsgerichtshof anzurufen. Papens Aktion konnte als geglückt angesehen werden, auch wenn das Gericht am 25. Oktober 1932 entschied, daß den preußischen Staatsministern weiterhin die Vertretung Preußens im Reichstag, Reichsrat und Landtag zustehe. Allerdings widerstreite es nach Auffassung des Gerichts der Verfassung nicht, wenn der

Reichspräsident vorübergehend die Ausübung der Hoheitsrechte in Preußen in die Hände von Beauftragten lege. An der faktischen Situation änderte somit dieser salomonische Gerichtsentscheid nichts, zumal Papen die Gerichtsentscheidung nicht voll anerkannte.

Alle innen- und außenpolitischen Maßnahmen der Regierung Papen sollten — abgesehen von den Fernzielen einer Staatsreform — dazu dienen, den Nationalsozialisten eine Unterstützung oder zumindest eine Tolerierung dieser Regierung schmackhaft zu machen.

Die Reichstagswahlen vom 31. Juli — allein am Wahltag gab es 9 Tote und 5 Verletzte als Opfer des politischen Terrors — brachten hingegen den Nationalsozialisten dank ihrer massiven Propaganda einen solchen Stimmengewinn (jetzt mit 230 Mandanten die stärkste Reichstagsfraktion, SPD 133, KPD 89, Zentrum 75, Deutschnationale nur 40, BVP 22 Sitze, alle anderen Gruppen, besonders die liberal-demokratischen Parteien, sanken unter Fraktionsstärke), daß die innenpolitische Lage als völlig gewandelt gelten konnte. Fast 14 Millionen hatten Hitler und seine Partei gewählt, die Mitgliederzahl der NSDAP stieg auf 1,2 Millionen (der SPD gehörten 1932 1,05 Millionen, der KPD 320 000 an).

Diese neue Sachlage wurde von der Umgebung Hindenburgs, von Papen und Schleicher verkannt. Hinter den Kulissen begannen wieder geheime Besprechungen zwischen Hitler und Schleicher. Dieser entwickelte abermals ein neues taktisches Konzept. Der langjährige Reichstagspräsident Paul Löbe (SPD) berichtet über ein Gespräch mit Schleicher, in dem dieser ihm seine Pläne auseinandersetzte:

Schleicher: ,,Wie ist die Lage? Die Welle (des Nationalsozialismus) *ist so groß geworden, daß wir sie nicht aufhalten können. Deshalb müssen wir es anders machen. Wir nehmen den Kerl in die Mitte und hängen ihm zwei Gewichte an. Auf der einen Seite ich und die Reichswehr, auf der anderen Seite der alte Herr und seine Autorität. Da werden wir Adolf schon kirre kriegen."*

Löbe kommentiert: *So suchte ein Fuchs den anderen zu betrügen. Da Hitler aber nicht nur Fuchs, sondern auch Wolf und Schakal war, hat er über Schleicher triumphiert und ihn später umbringen lassen.*[285])

Während Schleicher noch am 10. August in einer Ministerratssitzung seine Auffassung vertrat, ,,daß der Eintritt von Nationalsozialisten in die Reichsregierung zwangsläufig zu Kämpfen zwischen den in die Reichsregierung eingetretenen Nationalsozialisten und den SS- und SA-Formationen führen müsse", hatten die Nationalsozialisten bereits durch ihre Forderung auf die Kanzlerschaft und die preußische Ministerpräsidentschaft für Hitler, das Reichs- und das Preußische Ministerium des Innern, das Landwirtschafts- und das Justizministerium für seine Gefolgsleute deutlich gemacht, wie sie sich die ,,Machtübernahme" dachten. Goebbels formulierte es in seinem Tagebuch eindeutig: *Haben wir die Macht, dann werden wir sie nie wieder aufgeben, es sei denn, man trägt uns als Leichen aus unseren Ämtern heraus. Die ganze Partei hat sich bereits auf die Macht eingestellt.*[286])

Indessen zeigte es sich, daß der Einfluß Schleichers auf Hindenburg, der zeitweilig

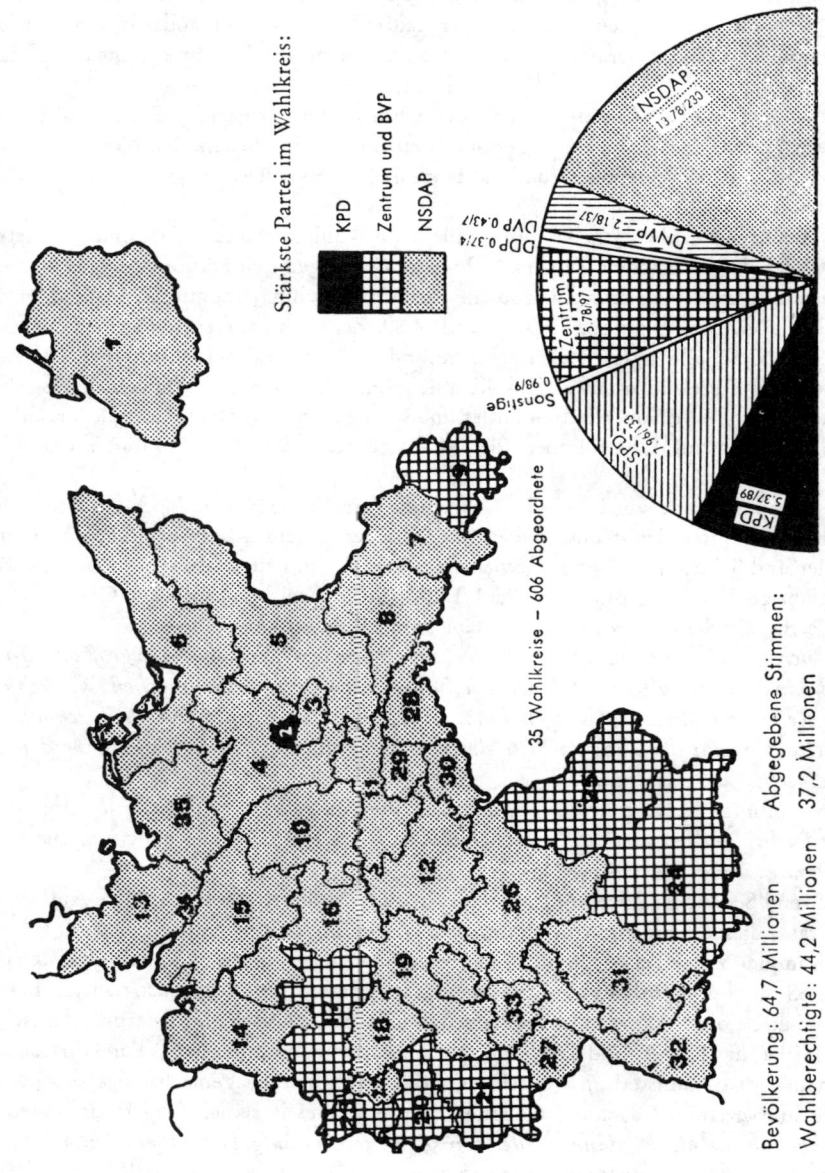

Stärkste Partei im Wahlkreis:

KPD

Zentrum und BVP

NSDAP

NSDAP 13 78/230

DNVP 2 18/37

DVP 0.43/1

DDP 0.37/4

Zentrum 5.78/97

Sonstige 0 98/6

SPD 7 96/133

KPD 5.37/89

35 Wahlkreise – 606 Abgeordnete

Bevölkerung: 64,7 Millionen

Wahlberechtigte: 44,2 Millionen

Abgegebene Stimmen: 37,2 Millionen

Reichstagswahl 31. Juli 1932

beherrschend schien, doch seine Grenzen hatte. Hindenburg fand sich nicht bereit, seinen inzwischen zum Lieblingskanzler gewordenen v. Papen gegen den unsympathischen Fanatiker Hitler einzutauschen, so wie auch Papen, der sich inzwischen völlig von der Vormundschaft Schleichers befreit hatte, nicht geneigt war, zugunsten Hitlers auf sein Amt als Reichskanzler zu verzichten. Er war höchstens bereit, Hitler die Vizekanzlerschaft zu übertragen. In einer offiziösen Verlautbarung des Reichspräsidialamts vom 11. August hieß es: *Der Reichspräsident hält absolut an der Linie fest, nach der die bisherige Regierung gebildet worden ist, daß heißt eine vom Parlament unabhängige Regierung. Das gilt nicht nur für heute, das gilt für die jetzigen Verhandlungen überhaupt, und von dieser Linie geht der Reichspräsident nicht ab.*[287]) Die offiziellen Verhandlungen zwischen Hindenburg und Hitler endeten daher am 13. August mit einem eisigen Abschied. Die absichtlich scharf formulierte Mitteilung der Präsidialkanzlei erwähnte, daß Hitler die Führung der Regierung und die Übertragung der „gesamten Staatsgewalt" gefordert habe. Der Reichspräsident habe demgegenüber erklärt, *daß er vor seinem Gewissen und seinen Pflichten dem Vaterlande gegenüber nicht verantworten könne, die gesamte Regierungsgewalt ausschließlich der nationalsozialistischen Bewegung zu übertragen, die diese Macht einseitig anzuwenden gewillt sei. Er bedauere, daß Herr Hitler sich nicht in der Lage sehe, entsprechend seinen vor den Reichstagswahlen abgegebenen Erklärungen eine vom Vertrauen des Herrn Reichspräsidenten berufene Nationalregierung zu unterstützen.*[288])

Unmittelbare Folge des 13. August mit dem Bruch zwischen Hitler und Papen war der Übergang der NSDAP zu schärfster Opposition gegen die Reichsregierung. Diese stand nun vor der Alternative: Gewaltanwendung oder schrittweise Kapitulation vor der NSDAP. Da sich Hindenburg, im ewigen Schwanken darüber, welchen Weg er einschlagen sollte, der ersten Konsequenz versagte, blieb schließlich nur die andere Lösung, die Kapitulation vor Hitler, auch wenn oder gerade weil er zunächst die Entscheidung noch hinauszögerte.

Was von Hitler und seiner NSDAP zu erwarten war, wenn sie erst einmal die Macht im Reiche in den Händen hielt, zeigte dabei allen, die immer noch nicht sehen wollten, der Mordfall in Potempa (Oberschlesien). In der Nacht vom 9./10. August drangen fünf SA-Leute in Uniform in die Wohnung eines Arbeiter ein (dessen Bruder Kommunist war) und prügelten ihn vor den Augen seiner Mutter zu Tode. Einen Tag zuvor hatte eine Verordnung der Reichsregierung, die die Geister, die sie mit der Aufhebung des SA-Verbots selbst gerufen hatte, endlich bannen wollte, als verschärfte Strafandrohung für politischen Terror und Gewalttaten die Todesstrafe festgelegt. Am 22. August verurteilte das Sondergericht in Beuthen die fünf Mörder zum Tode. Hitler nannte Papen öffentlich einen „Bluthund" und sandte den Verurteilten folgendes Telegramm: *Meine Kameraden! Angesichts dieses ungeheuerlichen Bluturteils fühle ich mich Euch in unbegrenzter Treue verbunden. Eure Freiheit ist von diesem Augenblick an eine Frage unserer Ehre. Der Kampf gegen eine Regierung, unter der dies möglich war, unsere Pflicht!*[289])

Der Reichsjustizminister Gürtner empfahl Hindenburg, die Todesstrafe in lebenslängliches Zuchthaus umzuwandeln, da den Mördern Unkenntnis der erst am Vortage erlassenen Verordnungen zugebilligt werden könne. So geschah es. Am 23. März 1933 wurden die Mörder von der Regierung Hitler freigelassen!

Ungeachtet der Symptomatik des Ereignisses begannen jedoch gerade in diesen Wochen Verhandlungen zwischen der NSDAP und dem Zentrum, das ebenfalls zur Regierung Papen in scharfer Opposition stand. Dabei war sogar zeitweise von einem Kabinett die Rede, in dem Hitler Kanzler und Brüning Außenminister würde. Eine Kombination Zentrum-BVP-NSDAP wäre auf Grund des Zahlenverhältnisses im Reichstag durchaus in der Lage gewesen, die Regierung Papen aus den Angeln zu heben und die DNVP zu überspielen. Allerdings gelangten die Verhandlungen über vage Anfänge nie hinaus, zumal die Meinungen in der NS-Führung über die Richtigkeit eines solchen Umweges zur Macht geteilt waren. Während der stellvertretende Parteivorsitzende Gregor Strasser für einen solchen Übergangskompromiß eintrat (um erst einmal in die Regierung hineinzukommen und das ständige Warten vor den Toren der Macht zu beenden, das der Masse der ungeduldigen Anhänger der NSDAP, vor allem der SA, schon sichtlich auf die Nerven fiel), bestand Hitler nach wie vor auf der uneingeschränkten Führung in einem Präsidialkabinett. Karl Dietrich Bracher interpretiert diese Haltung so: *Er brauchte jenen legalen „Geruch der Illegalität", der jeder Präsidiallösung anhaftete und die psychologischen Voraussetzungen für eine revolutionäre Umwandlung der Staats- und Gesellschaftsordnung auf legalem Wege bot, wenn schon ein revolutionärer Umsturz nach Mussolinis Vorbild durch Hindenburg und die Reichswehr blockiert wurde.*[290])

Angesichts der hoffnungslosen parteipolitischen Isolierung des „Kabinetts der Barone", das nicht einmal von der DNVP ausdrücklich unterstützt wurde, mußte das erste Auftreten Papens vor dem neugewählten Reichstag für ihn zu einer vernichtenden parlamentarischen Niederlage werden. Sie trat am 12. September ein, obwohl DNVP und DVP bei der entscheidenden Abstimmung für ihn stimmten. Der an Stelle Löbes zum neuen Reichstagspräsidenten gewählte Hermann Göring (die Nationalsozialisten stellten als stärkste Reichstagsfraktion den Präsidenten), der an diesem Tage gleich zu Beginn dem kommunistischen Fraktionsvorsitzenden Torgler das Wort zu einem Antrag auf Aufhebung der letzten von Papen gegengezeichneten Notverordnungen erteilte, gab dem Reichskanzler während der dann folgenden Mißtrauensabstimmung keine Gelegenheit, die eilends vorbereitete Auflösungsorder des Reichspräsidenten zu verlesen, um nicht die in Gang befindliche Abstimmung unterbrechen zu müssen, was Papen zumindest die sichtbare Niederlage erspart hätte. So blieb Papen gar nichts anderes übrig, als das Auflösungsdekret auf den Präsidententisch zu legen und mit dem gesamten Kabinett unter Protest gegen die Verhandlungsführung Görings den Sitzungssaal zu verlassen.

Mit 512 gegen 42 Stimmen wurde der Regierung Papen das Mißtrauen ausgesprochen, die vernichtendste Niederlage, die je ein Kabinett der Weimarer Republik im Reichstag erlebte.

Verfassungsrechtlich äußerst fragwürdig war die Begründung des Dekrets für die neuerliche Auflösung des eben erst gewählten Reichstags. *Weil die Gefahr besteht, daß* der Reichstag die Aufhebung meiner Notverordnung vom 4. September des Jahres verlangt.[291]) Am 18. Juli 1930 war die Reichstagsauflösung noch mit der vollzogenen Aufhebung einer präsidialen Notverordnung begründet worden — was an sich schon fragwürdig war —; jetzt aber gingen Hindenburg und seine Ratgeber noch einen Schritt weiter: Nur weil die „Gefahr" bestand, daß der Reichstag ein ihm zustehendes Recht wahrnahm, wurde er aufgelöst. Die einzige Kontrolle des präsidialen Notverordnungsrechtes war damit ausgeschaltet. Die Gesetzgebung war endgültig vom Parlament auf die Regierung übergegangen, ein quasi-konstitutionelles an die Stelle des parlamentarischen Systems getreten.

Ein erneuter Wahlkampf — die Wahlen wurden auf den 6. November festgesetzt — war unvermeidlich. Das durch die Wirtschaftskrise aufgewühlte deutsche Volk mußte nun zum fünften Male im Jahre 1932 zur Wahlurne schreiten. Die Regierung Papen erhielt damit zwar eine mehrwöchige Galgenfrist, die sie zu forcierten Bemühungen in der Außenpolitik benutzen wollte, doch gelang es Neurath nicht, die erstrebte Gleichberechtigung auf militärischem Gebiet in der Genfer Abrüstungskonferenz rechtzeitig zu erreichen, um dem Kabinett Papen vor den Wahlen den erwünschten Prestigeerfolg zu bringen. Auch in der Innenpolitik wollte Papen die Zeit nutzen, um seine Staatsreformpläne voranzutreiben. Sie blieben dennoch in theoretischen Ansätzen stecken, obwohl die Zeit nicht gerade ungünstig für ihn war. Der Tiefpunkt der Wirtschaftskrise schien durchschritten und damit die Gefahr der mit der Kurve der Wirtschaftskrise parallel laufenden nationalsozialistischen Welle zumindest nicht mehr ganz so drohend wie im Juli. Die NSDAP hatte durch die Ereignisse des 13. August eine erhebliche politischpropagandistisch-massenpsychologische Schlappe erlitten, die Anhängermassen, die an eine nahe bevorstehende Machtergreifung geglaubt hatten, wurden immer ungeduldiger, die Reaktion vieler Parteigenossen auf Hitlers Starrsinn war alles andere als förderlich für ihn, so daß die NSDAP keineswegs mehr der monolithische Block war, den sie im Sommer darzustellen schien. Diese beginnenden Schwierigkeiten auszunutzen, fehlten Papen und seiner Regierung jedoch alle Voraussetzungen.

Daß die NSDAP an einem Kreuzpunkt ihres Weges angelangt war, zeigte symptomatisch der Streik der Berliner Verkehrsbetriebe vom 4. bis 8. November — also gerade in der Zeit der Wahl. Es handelte sich dabei um einen lokal begrenzten, aus sozialen Mißständen bei den Verkehrsbetrieben erwachsenen Vorgang; er gewann allerdings — im Bewußtsein einer breiten Öffentlichkeit — Bedeutung dadurch, daß sowohl Nationalsozialisten als auch Kommunisten entgegen den Parolen der Gewerkschaften zum Streik aufriefen. Dies schien darauf hinzuweisen, daß der sozialistische Flügel der NSDAP — vorübergehend — wieder an Einfluß gewonnen hatte und der von Hitler seit 1931 gesteuerte Kurs der Annäherung an Industrie und Großbürgertum nicht unbestritten geblieben war.

Der Wahlkampf selbst konnte zudem von den Nationalsozialisten nicht wie bisher in voller Stärke geführt werden: die Finanzlage der Partei war durch die vorangegangenen Wahlschlachten und auch durch das Schwanken der Industrie, die mit Hitlers Haltung am 13. August nicht einverstanden war, angespannt; auch war die Hochstimmung der

Juliwahlen verrauscht. So trat der von der NS-Führung erwartete Rückschlag tatsächlich ein, allerdings in einem Ausmaß, das ihre schlimmsten Befürchtungen übertraf. Über zwei Millionen Wähler hatten sich von der NSDAP abgewandt. Die Zahl ihrer Reichstagsmandate ging auf 196 zurück. Sie blieb allerdings auch jetzt noch die stärkste Partei im Reichstag. Da die Kommunisten es von 89 auf 100 Sitze brachten, blieb die negative Sperrmehrheit der totalitären Parteien erhalten (50,7 Prozent). Einen gewissen, wenn auch relativ bescheidenen Gewinn hatten die Deutschnationalen zu verzeichnen, die sich in der Wahl zu der Regierung Papen bekannt hatten. Ihre Stärke war auf 52 Reichstagsmandate angewachsen, doch änderte dies die hoffnungslose parlamentarische Isolierung der Regierung nicht. Während das Zentrum nur geringe Einbußen hatte, verlor die SPD 12 Reichstagsmandate und besaß jetzt noch 121. Eine Regierung der Mitte etwa im Sinne der früheren Großen Koalition war auf Grund der Zahlenverhältnisse nach wie vor ebensowenig möglich wie eine − parlamentarisch fundierte − Regierung der „Harzburger Front" (NSDAP und DNVP), ganz abgesehen davon, daß diese im Augenblick zerfallen war.

Die „Deutsche Allgemeine Zeitung" faßte den Ausgang der Wahl zusammen, indem sie feststellte, „daß der Nationalsozialismus, ohne im geringsten in die sogenannte marxistische Front einbrechen zu können, die proletarischen Elemente behalten, nur bürgerliche Mitläufer an die nationalen Rechtsparteien oder die Nichtwähler verloren hat". Sehr scharf blieb weiterhin die Opposition des Zentrums, vor allem auch der SPD, gegen die Regierung Papen, die nach ihrer Auffassung „auf dem besten Wege war, auch die Autorität des Reichspräsidenten endgültig zu diskreditieren". In der SPD war dabei das „Anti-Papen-Sentiment" stärker als die Feindschaft gegen Hitler.

Die Stimmung in der NS-Führung nach der Wahl spiegelt sich am besten in den Tagebuchaufzeichnungen Goebbels' wider:

6. November 1932.
Wir haben eine Schlappe erlitten. Die Gründe: der 13. August, für den das Verständnis in den Massen noch nicht weit genug vorgeschritten ist, und die gewissenlose Ausnutzung unserer Fühlungnahme mit dem Zentrum durch die deutschnationale Propaganda.
10. November 1932.
Wieder in Berlin. Die anfänglich starke Stimmung in der Partei ist jetzt wieder einer flauen Depression gewichen. Überall tauchen nun Ärger, Streit und Mißhelligkeiten auf. Wie das immer so ist: nach der Niederlage kommt der ganze Unrat hoch, und damit muß man sich dann wochenlang abrackern.
11. November 1932.
Ich nehme einen Bericht über die Kassenlage der Berliner Organisation entgegen. Dieser ist ganz trostlos. Nur Ebbe, Schulden und Verpflichtungen, dazu die vollkommene Unmöglichkeit, nach dieser Niederlage irgendwo Geld in größerem Umfang aufzutreiben.[292])

Auf Druck Schleichers, der sich seit dem 13. August innerlich von „seinem" Kanzler gelöst hatte, reichte Papen am 17. November die Demission seines parlamentarisch gänzlich isolierten Kabinetts ein, um Hindenburg freie Hand zu Verhandlungen mit den Parteiführern zu geben. Hauptpunkt der Kontroverse zwischen Schleicher und Papen war die Überzeugung des Reichswehrministers, daß die Armee zur gewaltsamen Durchsetzung eines Verbots der extremistischen Parteien und ihrer Verbände, das im Rahmen von Papens Staatsreformplänen vorgesehen war, nicht in der Lage sei. Hinter dem Rücken des Kanzlers ließ Schleicher diese seine Auffassung einige Kabinettskollegen wissen.

In die nun anlaufenden Besprechungen schalteten sich auch einige bedeutsame Großindustrielle und Männer der Finanz ein, die dem Reichspräsidenten ein Memorandum übersandten, dessen einziger Zweck es war, die Notwendigkeit einer Berufung Hitlers zum Kanzler darzulegen. Die Verhandlungen Hindenburgs mit den Parteiführern brachten wenig Neues, abgesehen davon, daß Prälat Kaas, der Vorsitzende des Zentrums, eine „Regierung der nationalen Konzentration", notfalls auch mit Hitler als Kanzler, befürwortete: *Wir bitten Sie, Herr Reichspräsident, alles zu konzedieren, was möglich ist, ohne grundsätzliche Überzeugungen preiszugeben.*[293] In den mehrtägigen mündlichen und schriftlichen Verhandlungen zwischen Hindenburg und Hitler stellte der Reichspräsident Bedingungen, die Hitlers Bewegungsfreiheit als Kanzler weitgehend eingeschränkt hätten. So ist es von seinem Standpunkt aus verständlich, daß er ablehnte und damit auch der zweite Versuch, Hitler im Rahmen eines kontrollierenden Kabinetts zur Mitregierung zu veranlassen, scheiterte.

Im amtlichen Kommuniqué über die Verhandlungen hieß es:
In seinem Schreiben vom 23. November 1932 hat Herr Adolf Hitler es abgelehnt, den ihm erteilten Auftrag der Feststellung einer parlamentarischen Mehrheit für eine von ihm zu bildende Regierung auszuführen, und hat seinerseits vorgeschlagen, daß der Herr Reichspräsident ihn ohne Vorbehalte und ohne vorherige Feststellung einer Reichstagsmehrheit mit der Bildung einer Regierung betrauen und dieser die Präsidialvollmachten zur Verfügung stellen solle. Der Herr Reichspräsident hat diesen Vorschlag abgelehnt, da er glaubt, es vor dem deutschen Volk nicht vertreten zu können, dem Führer einer Partei, die immer erneut ihre Ausschließlichkeit betont hat, seine präsidialen Vollmachten zu geben, und er befürchten mußte, daß ein von Herrn Hitler geführtes Präsidialkabinett sich zwangsläufig zu einer Parteidiktatur mit allen ihren Folgen für eine außerordentliche Verschärfung der Gegensätze im deutschen Volk entwickeln würde, die herbeigeführt zu haben der Herr Reichspräsident vor seinem Eid und seinem Gewissen nicht verantworten könnte.[294] Freilich hatte Hindenburg beim Abschied auch gesagt, „seine Tür werde immer für Hitler offenstehen". Doch schien das bei der Klarheit des offiziellen Kommuniqués zunächst wenig zu besagen.

Um eine Entscheidung über die Fortführung des Präsidialkabinettskurses herbeizuführen, empfing Hindenburg am 1. Dezember seine beiden wichtigsten Berater: Papen und Schleicher. Sie trugen ihm zwei grundsätzlich unterschiedliche Konzeptionen vor, die wie Alternativvorschläge wirkten. Papen erklärte, daß die Weimarer Verfassung für einen solchen Zustand (gemeint war die völlige Zersplitterung und Verkrampfung der

parlamentarischen Situation und die im Reich herrschenden bürgerkriegsähnlichen Zustände) keine Vorsorge getroffen habe, daß er daher vorschlage, die Staatsreformpläne seiner Regierung gegen alle Widerstände notfalls mit Gewalt durchzusetzen, den Reichstag auszuschalten und alle Parteien und halbpolitischen Organisationen durch die Reichswehr und die Polizei zu unterdrücken. Durch eine Volksabstimmung oder eine neu einzuberufende Nationalversammlung solle dieser Staatsstreich, der Bruch der Weimarer Verfassung, nachträglich gebilligt werden. Schleicher entwickelte demgegenüber einen neuen „Zähmungsplan". Er wollte Gregor Strasser, Hitlers Stellvertreter, mit einigen seiner Anhänger an einem Kabinett Schleicher beteiligen, die NSDAP spalten, eine Anzahl nationalsozialistischer Abgeordneter („einige 60") gewinnen und durch eine „Gewerkschaftsachse", Ausnutzung der gewerkschaftlichen Bindungen von Abgeordneten aller Fraktionen bis zur SPD, die Tolerierung der Regierung erreichen.
Hindenburg entschied sich für Papen, der in wenigen Monaten seiner Regierung das volle Vertrauen des Reichspräsidenten gewonnen hatte. In der Kabinettssitzung am folgenden Tage (2. Dezember) mußte jedoch Papen feststellen, daß die Mehrzahl seiner Kabinettskollegen unter dem Eindruck der Schleicherschen Argumentation, die sie schon kannten, den Staatsstreichplan ablehnten. Schleicher verwies in der Kabinettssitzung auf die Studie des Oberstleutnants i. G. Ott aus dem Reichswehrministerium, über deren Ergebnisse Ott selbst anschließend dem Kabinett vortrug. Die Studie ging von der Frage aus, *ob die Wehrmacht einem zukünftigen Ausnahmezustand gewachsen sein würde, der gegen den Terror von rechts und links durchzuführen wäre.* In einem dreitägigen Kriegsspiel mit Vertretern aller Staatseinrichtungen, die für einen Ausnahmezustand von Wichtigkeit waren, war festgestellt worden, daß die militärischen Möglichkeiten *überall gleich unzulänglich* waren. Im ganzen gesehen sei es unmöglich, *irgendwelche Ordnungskräfte auszusparen und an den Schwerpunkten der Krise zusammenzuziehen,* man habe daher Schleicher melden müssen, *daß die Ordnungskräfte des Reiches und der Länder in keiner Weise ausreichten, um die verfassungsmäßige Ordnung gegen Nationalsozialisten und Kommunisten aufrechtzuerhalten und die Grenzen zu schützen. Es sei daher die Pflicht des Reichswehrministers, die Zuflucht der Reichsregierung zum militärischen Ausnahmezustand zu verhindern.*[295])
Die viel erörterte Frage, wieweit die Studie objektiv die Situation widerspiegelte oder „bestellte Arbeit" des Reichswehrministers war, läßt sich auf Grund aller verfügbaren Unterlagen heute wie folgt beantworten: Ott (als Schleicher treu ergebener Mitarbeiter) betrachtete seine Aufgabe darin, das Ergebnis zu bestätigen, das Schleicher seiner Meinung nach von ihm erwartete, ohne daß er einen „Auftrag" dazu erhalten hätte. Ott kannte Schleichers Standpunkt, daß Papen unter keinen Umständen Gelegenheit erhalten dürfe, seine auf einen Staatsstreich hinauslaufenden Pläne zu verwirklichen. Im Anschluß an die bereits in der Krise von 1923 von der Reichswehrführung vertretene Auffassung, daß die Truppe nicht stark genug sei, um gegen rechts und links gleichzeitig vorzugehen, lag allen an dem Kriegsspiel beteiligten Offizieren diese Antwort ohnehin nahe. Wenn man daher auch der These zustimmen kann, daß die Reichswehr 1932 durchaus in der Lage gewesen wäre, es militärisch mit den zahlenmäßig stärkeren

Kräften der SA aufzunehmen – ein bewaffneter Aufstand der Kommunisten drohte, objektiv gesehen, nicht –, so muß man andererseits doch zugestehen, daß die Folgen eines Bürgerkrieges in der schweren Wirtschaftskrise unabsehbar waren.

Nachdem sich die Mehrheit des Kabinetts gegen ihn ausgesprochen hatte, blieb Papen nichts anderes übrig, als nun doch Hindenburg seinen endgültigen Rücktritt zu erklären. Nur äußerst ungern trennte sich der Präsident von seinem „Lieblingskanzler". „Dann müssen wir in Gottes Namen Herrn v. Schleicher sein Glück versuchen lassen", war seine resignierende Feststellung. Während er Papen ein Bild mit der Widmung „Ich hatt' einen Kameraden" sandte, war er im Innern der festen Überzeugung, daß Schleicher der vor ihm liegenden Aufgabe nicht gewachsen sei. Wie tragische Ironie erscheint es, daß Schleicher, der jahrelang das volle Vertrauen des alten Reichspräsidenten besessen und den stärksten Einfluß auf ihn ausgeübt hatte, in dem Augenblick, in dem er endlich aus dem Hintergrund hervortrat und als Kanzler die volle Verantwortung übernahm, dieses Vertrauen, das niemals notwendiger als jetzt gewesen wäre, verloren hatte.

Die Zeit der Regierung Schleicher

Das am 3. Dezember 1932 gebildete Kabinett Schleicher, in dem der neue Reichskanzler das Reichswehrministerium behielt, hatte fast die gleiche Zusammensetzung wie das bisherige Kabinett Papen. Dennoch fand es im Vergleich zu diesem im Reichstag, der Papen schärfsten Kampf angesagt hatte, eine viel zurückhaltendere Aufnahme. Nur KPD und SPD stellten sich sogleich in Opposition. Die auffallende Zurückhaltung der NSDAP hing entscheidend mit den wachsenden Schwierigkeiten im eigenen Hause zusammen. Eine Wahlniederlage bei den Thüringer Gemeinderatswahlen, bei denen die Partei im Vergleich zu den Wahlen am 31. Juli fast 40 Prozent der Stimmen verlor, wirkte als Symptom des Zerfalls bedrohlich. Goebbels notierte in sein Tagebuch: „Die Lage ist katastrophal." Schlimmer noch war, daß es auch im Führungszentrum kriselte. Am 5. Dezember kam es zu einem ersten scharfen Zusammenprall zwischen Hitler und Gregor Strasser, der für eine Tolerierung der Regierung Schleicher eintrat. Unabhängig von dieser taktischen Frage mußte die Partei Reichstagsneuwahlen zu diesem Zeitpunkt unbedingt vermeiden. Sie hätten aller Wahrscheinlichkeit nach ihre innere Schwäche voll aufgedeckt und möglicherweise zu ihrem Rückfall in die Bedeutungslosigkeit geführt. In dieser geschichtlichen Stunde kam es entscheidend darauf an, ob es der Regierung Schleicher gelang, eine breitere Basis im Reichstag und im Lande selbst zu finden. Schleicher stand vor seiner Bewährungsprobe als Staatsmann. Es mußte sich erweisen, ob er mehr als nur ein geschickter Arrangeur hinter den Kulissen war.

Mit einem sachlich klaren Wirtschafts-, Finanz- und Sozialprogramm versuchte er nicht nur die im Abflauen begriffene „Große Krise" endgültig zu bannen, sondern zugleich auch um Vertrauen beim Reichstag und im Volk zu werben. In seiner Programmrede im Rundfunk am 15. Dezember führte er aus:

Ich habe es schon verschiedentlich zum Ausdruck gebracht und wiederhole es heute: Es sitz sich schlecht auf der Spitze der Bajonette. Das heißt, man kann auf die Dauer nicht ohne breite Volksstimmung hinter sich regieren. Diese Stimmung in den breiten Schichten der Bevölkerung wird sich aber gerade eine Regierung wie die von mir geführte erst durch Taten erwerben müssen. Ich gebe mich über die Schwere dieser Aufgabe keiner Illusion hin.

Zunächst werde ich schon zufrieden sein, wenn die Volksvertretung, der ich für diese Zeit gern eine starke Dosis gesunden Mißtrauens zubillige, der Regierung ohne Hineinreden und ohne die hinlänglich bekannten parlamentarischen Methoden Gelegenheit gibt, ihr Programm durchzuführen. Dieses Programm besteht aus einem einzigen Punkt: Arbeit schaffen! Alle Maßnahmen, die die Reichsregierung in den nächsten Monaten durchführen wird, werden mehr oder weniger diesem Ziel dienen. Denn ich habe mich in den letzten Wochen auf Fahrten durch die deutschen Lande davon überzeugen können, daß die Deutschen aller Stände ausschließlich der eine Gedanke beherrscht: Gebt uns Arbeit und damit die Hoffnung zum wirtschaftlichen Wiederaufstieg! Alles andere interessiert uns nicht, am wenigsten Verfassungsänderungen und sonstige schöne Dinge, von denen wir nicht satt werden.

Fraglos ist ein solches Arbeitsbeschaffungsprogramm, volkswirtschaftlich betrachtet, mit größeren Risiken behaftet als eine auf natürlichem Wege eintretende Arbeitsvermehrung. Luxusaufwendungen scheiden daher aus dem Arbeitsbeschaffungsprogramm vollkommen aus. Das Programm muß in erster Linie auf die Instandsetzung vorhandener Produktionsgüter und auf Verbesserungen abgestellt werden, und die Vergebung der Arbeiten an Unternehmer ist der Ausführung in eigener Regie vorzuziehen. Außerdem wird sichergestellt werden, daß die bereitgestellten Geldmittel ausschließlich für die Finanzierung dieser Arbeiten verwandt werden. Entscheidend wichtig war es, daß für diese Finanzierung eine Lösung gefunden wurde, die jede Inflation vollkommen ausschließt.

Dafür bietet die Mitarbeit des Reichsbankpräsidenten Luther, den man wohl als den Gralshüter der Währung bezeichnen darf, die sicherste Garantie, ebenso wie es für eine allmähliche Besserung der immer noch gespannten Finanzlage des Reichs keine bessere Garantie gibt als das berechtigte Vertrauen, das dem derzeitigen Reichsfinanzminister in allen Kreisen des In- und Auslandes entgegengebracht wird. In kurzen Sätzen kann man diese Finanzlage folgendermaßen charakterisieren:

1. Wir werden im laufenden Haushalt im Reich ohne neue Steuern und ohne weitere Kürzungen der Pesonalausgaben durchkommen, was immerhin einen Fortschritt gegen die beiden letzten Krisenjahre bedeutet.

2. Das Reich hilft Ländern und Gemeinden, deren finanzielle Verhältnisse sehr schwierig liegen, durch organisatorische und finanzielle Maßnahmen.

Mit der Frage der Arbeitsbeschaffung hängt die Siedlung eng zusammen.

Gerade auch als Wehrminister muß ich auf Besiedlung unserer Ostmark den größten Wert legen.[296])

Das schien endlich nach den Experimenten Papens ein realistischeres Programm zu sein, auch wenn in der Betonung des Siedlungsprogramms völkische Töne mitschwangen und offenblieb, mit welcher Reichstagsmehrheit er dieses Programm durchsetzen wollte; denn, daß er es mit Hilfe von Notverordnungen durchsetzen konnte, dürfte Schleicher nach den Erfahrungen mit Hindenburgs Stellungnahme zu ähnlichen Plänen am Ende der Brüning-Zeit kaum erwartet haben.

Alle Bemühungen Schleichers, eine breitere Basis zu finden, blieben trotz seiner eindringlichen Aufforderung zur Mitarbeit vergeblich. Die Spaltung der NSDAP, auf die er seine größten Hoffnungen gesetzt hatte, blieb aus, wenn auch der Rücktritt Strassers von allen Parteiämtern am 8. Dezember zunächst einen Schock auf Hitler ausübte – er drohte sogar mit Selbstmord („Wenn die Partei einmal zerbricht, dann mache ich in drei Minuten mit der Pistole Schluß!") – und „in der Organisation schwere Depressionen" herrschten (Goebbels). Es gelang Hitler trotz allem, schließlich die Partei fest in der Hand zu behalten, so daß der Abfall Strassers ein Einzelvorgang blieb. Ebenso schwerwiegend für Schleicher war, daß die SPD-Führung Ende Dezember seine Vorschläge zu einer „Zusammenarbeit in letzter Stunde" – darüber hinaus auch „jegliches Paktieren" – ablehnte und unter ihrem Einfluß auch Schleichers Bemühungen um die Gewerkschaften Anfang Januar scheiterten. Im Gegensatz zur Situation im März 1930 setzte sich diesmal die Parteiführung gegenüber der Gewerkschaft durch. Schleicher erhielt die Quittung für seine Politik seit 1929, deren eines Hauptziel ja gewesen war, die SPD aus der Regierung hinauszudrängen und von der Macht fernzuhalten. Mochte er jetzt auch entschlossen sein, eine Regierungsübernahme Hitlers zu verhindern und zu diesem Zweck mit den Gewerkschaften und der SPD zusammenzuarbeiten, so war das Mißtrauen doch nur allzu begründet. Der immer mehr in die Isolierung geratene Kanzler erwog nach der Absage der SPD eine Annäherung an die DNVP und die Aufnahme Hugenbergs ins Kabinett, doch blieben die tastenden Versuche angesichts der erneuten Rechtswendung Hugenbergs Mitte Januar 1933 ebenfalls ergebnislos.

Obwohl sich Schleicher betont als „sozialer General" bezeichnete, gelang es ihm nicht, bei seinen Partnern das Mißtrauen gegen einen versteckten reaktionären Kurs zu überwinden, während er bei der Rechten durch seine Fühler nach den Gewerkschaften jeglichen Kredit einbüßte.

Der außenpolitische Erfolg am 11. Dezember 1932, die grundsätzliche Anerkennung der militärischen Gleichberechtigung Deutschlands und die gemeinsame Erklärung der fünf Mächte, USA, Großbritannien, Frankreich, Italien, Deutschland – auch er letztlich auf die langwierigen Bemühungen Brünings zurückzuführen –, blieb demgegenüber ohne nachhaltige innenpolitische Wirkung.

Artikel 1 der Erklärung lautete:

Die Regierungen des Vereinigten Königreiches, Frankreichs und Italiens haben erklärt, daß einer der Grundsätze, die die Konferenz (die Abrüstungskonferenz des Völkerbundes in Genf) leiten sollen, darin bestehen muß, Deutschland und den anderen durch Vertrag abgerüsteten Staaten die Gleichberechtigung zu gewähren in einem System, das allen Nationen Sicherheit bietet, und daß dieser Grundsatz in dem Abkommen, das die Beschlüsse der Abrüstungskonferenz enthält, verkörpert werden soll. Diese Erklärung schließt in sich, daß die Rüstungsbeschränkungen für alle Staaten in dem in Aussicht genommenen Abrüstungsabkommen enthalten sein müssen. Es besteht Einigung darüber, daß die Art und Weise der Anwendung dieser Gleichberechtigung auf der Konferenz erörtert werden soll.²⁹⁷)

Wenige Wochen vor dem Ende der Weimarer Republik war damit der zweite wesentliche Teil des Versailler Vertrages, nach den Reparationen nun die militärischen Beschränkungen, gefallen oder zum mindesten der nicht mehr umkehrbare Weg dahin eingeschlagen worden. Dank der Bemühungen vor allem Stresemanns und Brünings waren die „Fesseln von Versailles" so weit gelockert, daß ihre endgültige Lösung nur noch eine Frage der Zeit war. Kurze Zeit später, mit der Machtübernahme Hitlers, war jedoch die Grundlage dafür, das gegenseitige Vertrauen der Mächte, zerstört.

An der Wende 1932/1933 war indessen die Lage Deutschlands im ganzen günstiger als in den Monaten, ja in den letzten Jahren zuvor. Die saisonbedingte winterliche Zunahme der Arbeitslosigkeit erreichte nicht mehr ganz das Ausmaß des Vorjahres, immerhin aber noch die Sechsmillionengrenze. Dagegen konnte eine Minderung des Fehlbetrages im Reichshaushalt als erfreuliches Zeichen einer Aufwärtsentwicklung gedeutet werden. Diese fand vor allem aber ihren Ausdruck in einer teilweisen Erhöhung der Produktion und im Aufhören des jahrelangen Produktionsrückganges in anderen Industriezweigen (vgl. Statistischer Anhang, Tabelle 9) und entsprach damit der Wendung zum Besseren, die sich in fast allen Industrieländern seit Mitte 1932 zeigte. Das Gefühl, bereits jenseits des Wendepunktes zu sein, machte sich in den Leitartikeln der großen Blätter anläßlich des Jahreswechsels bemerkbar, drang allerdings noch nicht in breitere Bevölkerungsschichten. Hindenburg selbst erklärte beim Neujahrsempfang, „daß die härteste Notzeit überwunden und der Weg aufwärts nunmehr für uns frei wird". In einem Brief an seinen „lieben, jungen Freund" versicherte Hindenburg Schleicher „seiner größten Zufriedenheit mit der Regierungsführung". „Die Tatsache der Entzauberung der NSDAP" ließ die „Frankfurter Zeitung" am 1. Januar 1933 sogar zu der optimistischen Feststellung kommen: „Der gewaltige nationalsozialistische Angriff auf den Staat ist abgeschlagen". In dieser für den „Koloß auf tönernen Füßen", wie Goebbels seine Partei nannte, äußerst kritischen Situation gewann die gegen seinen Nachfolger Schleicher gerichtete Aktivität, die der Reichskanzler a. D. von Papen entfaltete, eine Bedeutung, die weit über das schon fast übliche Intrigenspiel dieser Jahre hinausging. Bereits am 16. Dezember hatte er in einer Rede vor dem Herrenklub in Berlin nicht nur wieder seine Ideen vom „Neuen Staat" entwickelt, sondern sich überraschenderweise für neue Verhandlungen mit der NSDAP eingesetzt. Der Leiter des Herrenklubs in Köln, Kurt Frhr. v. Schröder, der seit längerer Zeit in Verbindung mit nationalsozialistischen Politikern stand, sprach Papen im Anschluß an seine Rede an und vermittelte eine persönliche Aussprache zwischen Papen und Hitler, die am 4. Januar in seinem Hause in Köln stattfand. Über das Gespräch machte Schröder in einer eidesstattlichen Erklärung für den Nürnberger

Gerichtshof 1945 folgende Aussage (die von Papen allerdings in ihrer Richtigkeit bestritten wird):

Hitler, von Papen und ich begaben uns in mein Studierzimmer, wo wir uns während einer ungefähr zwei Stunden langen Besprechung einschlossen. Papen erzählte Hitler, daß es ihm als Bestes erschien, die Konservativen und die Nationalisten, welche ihn unterstützt hatten, mit den Nazis zusammenzutun und eine Regierung zu gründen. Er schlug vor, daß diese neue Regierung, wenn möglich, von Hitler und von Papen in gleichberechtigter Weise geleitet werden soll. Dann hielt Hitler eine lange Rede, in welcher er sagte, daß, wenn er zum Kanzler gemacht würde, es für ihn notwendig sein würde, an der Spitze der Regierung zu stehen, aber daß die Anhänger Papens in seine (Hitlers) Regierung als Minister eintreten könnten, wenn sie willens wären, mit ihm seinen Richtlinien entsprechend vorzugehen. Unter den Änderungen, die er zu diesem Zeitpunkt andeutete, waren die Entfernung aller Sozialdemokraten, Kommunisten und Juden aus führenden Stellungen und Wiederherstellung der Ordnung im öffentlichen Leben. Von Papen und Hitler erzielten ein prinzipielles Abkommen.[298])

Eine Geheimhaltung des Zusammentreffens, dieser „Geburtsstunde des Dritten Reiches", wie es beide Partner ursprünglich vereinbart hatten, konnte indessen nicht aufrechterhalten werden. Schleicher erfuhr sofort davon, daß Papen hinter seinem Rücken Verhandlungen mit Hitler geführt hatte. In einer für ihn bezeichnenden Weise äußerte sich Schleicher später einem Freunde gegenüber über das Verhalten Papens:

Im übrigen, was heißt böse? In der Politik bekämpft man sich eben manchmal, und deswegen braucht man sich noch nicht böse zu sein, aber mit Herrn von Papen liegt die Sache doch anders, er hat nämlich ein Prinzip verraten. Als er Reichskanzler wurde, war alles für ihn vorbereitet, die Pferde standen gesattelt, und wir wollten zusammen in guter Kameradschaft in die Arena reiten, um ein anständiges aristokratisches Prinzip zur Geltung zu bringen. Na, nun ging das nicht gleich so schnell, wie wir das erhofft haben. Der Stier war nicht gleich tot, und das deutsche Volk, das auf den Tribünen saß, schrie unter der Führung des Herrn Hitler: „Seht doch mal die Ritter, die können ja auch nichts!" Und wie Fränzchen Papen das hörte, hat er mir schnell den Bügel weggezogen, so daß ich kopfüber ging, und dann hat er mein Pferd genommen und hat es unter dem Beifall der johlenden Menge dem Volkstribunen vorgeführt und gesagt: „Bitte, Herr Hitler, steigen Sie doch in den Sattel."

Und damit hat er unser Prinzip verraten, und das nehme ich ihm übel.[299])

Papen fand am 9. Januar den direkten Weg zu Hindenburg, der ihn „persönlich und streng vertraulich" mit der Fortführung seiner Sondierungen beauftragte. Am gleichen Tage erfuhr die NS-Führung, daß Hindenburg den Reichstag nicht mehr auflösen wollte und daß ihr damit (im Zusammenwirken mit den Kommunisten) die Möglichkeit gegeben war, beim ersten Zusammentritt des Reichstages, der wenig später auf den 31. Januar festgesetzt wurde, dem Kanzler eine parlamentarische Niederlage zu bereiten und seinen Rücktritt zu erzwingen.

Die mit dem neuen Spiel Papens einsetzende endgültige Entfremdung zwischen Hindenburg und Schleicher wurde durch die Vorstellungen von Interessengruppen bei

Hindenburg verstärkt, die — wie im Mai 1932 gegen die „Siedlungsverordnung" des Kabinetts Brüning — nun auch gegen die Wirtschafts- und Siedlungspläne der Regierung Schleicher Stellung nahmen. Am 11. Januar griff das Präsidium des „Reichslandsbundes" bei einem Empfang bei Hindenburg scharf die Politik Schleichers an. Hindenburg forderte daraufhin von der Regierung die Abänderung aller entsprechenden Wirtschafts- und Siedlungspläne. In einer dramatischen Aussprache mit Schleicher soll Hindenburg gesagt haben: *„Ich ersuche Sie, Herr Reichskanzler von Schleicher, und als alter Soldat wissen Sie ja, daß das Ersuchen nur die höfliche Form eines Befehls ist, daß noch heute nacht das Kabinett zusammentritt, Gesetze in dem dargelegten Sinne beschließt und mir morgen vormittag zur Unterschrift vorlegt. Und nun wollen wir uns noch einmal die Hand geben."*[300])

Obwohl diese Äußerung in dem offiziellen Protokoll der Besprechung nicht enthalten ist und der offene Bruch zwischen Hindenburg und Schleicher noch vermieden wurde, ließ die Entzweiung zwischen Präsident und Kanzler die am Jahreswechsel 1932/1933 schon völlig abgesunkene Hoffnung der NSDAP neu entflammen. Schon am 6. Januar schrieb Goebbels in sein Tagebuch: *In Anbetracht der erfreulich fortschreitenden politischen Entwicklung findet man kaum noch Lust, sich um die schlechte Finanzlage der Organisation zu kümmern. Kommen wir diesmal zum Streich, dann spielt das alles keine Rolle mehr.*[301]) Die bevorstehende Wahl in dem Zwergstaat Lippe mit seinen 100 000 Wählern am 15. Januar, die sachlich gar keine Bedeutung hatte, gewann in diesem Sinne für die Partei die Rolle eines Testes: *Der lippische Wahlkampf setzt nun ein,* notierte Goebbels am 3. Januar. *Es ist uns mit Mühe gelungen, die dafür nötigen Gelder zusammenzubringen. Wir werden alle Kraft auf dieses kleine Land konzentrieren, um einen Prestigeerfolg herbeizuführen. Jetzt muß die Partei wieder zeigen, daß sie noch siegen kann.*[302])

Unter intensiver Wahlpropaganda gelang es der NSDAP tatsächlich, knapp 40 Prozent der abgegebenen Stimmen auf sich zu vereinigen. Obwohl das immer noch weniger waren, als die Partei dort bei den Reichstagswahlen am 31. Juli 1932 erhalten hatte, und mit rund 40 000 Stimmen nur 6 000 Stimmen mehr darstellte, als die NSDAP am 6. November 1932 auf sich gezogen hatte, wurde das Ergebnis von der NS-Propaganda als großer Sieg herausgestellt. Goebbels triumphierte: „Das Kabinett Schleicher ist nun von allen Vernünftigen bereits aufgegeben." Hitler verlegte sein Hauptquartier in das Hotel Kaiserhof in Berlin, gegenüber der Reichskanzlei. Er saß damit, für alle sichtbar, ante portas.

Es kam nun alles darauf an, ob einerseits Hindenburg dafür gewonnen werden konnte, einer Betrauung Hitlers mit der Reichskanzlerschaft zuzustimmen, und ob andererseits Hitler bereit war, ein Mindestmaß an Kompromißbereitschaft zu zeigen, um nicht, wie im August und November 1932, die von Papen angestrebte „nationale Lösung" zum Scheitern zu verurteilen.

Von den Hauptberatern des jetzt 86jährigen Reichspräsidenten war Schleicher mit seinem Einfluß stark in den Hintergrund getreten. Von den übrigen drei (Papen, Meißner und Oskar v. Hindenburg) war zu diesem Zeitpunkt nur Papen bedingt für eine

Kanzlerschaft Hitlers — am liebsten wäre er selber wieder in einem Präsidialkabinett Reichskanzler geworden —, während die übrigen, vor allem Hindenburg selbst, eine Wiederberufung Papens befürworteten.

Gespräche im Hause v. Ribbentrops (der sich jetzt als Vermittler betätigte und damit erstmals Einfluß gewann) zwischen Hitler und Papen am 11. Januar und zwischen Hitler und dem „in der Verfassung nicht vorgesehenen" Sohn des Reichspräsidenten am 22. Januar brachten weitere Annäherungen. Allerdings war der Präsident selbst auch am 23. Januar noch nicht zu einem Nachgeben bereit. Der Empfang Schleichers durch Hindenburg an diesem Tage zeigte zwar, daß Hindenburg entschlossen war, seinen Kanzler fallenzulassen, aber er steuerte auch jetzt noch eine Papen-Lösung an. Schleichers Antrag auf vorläufige Aussetzung von Reichstagsneuwahlen nach der Auflösung des alten Reichstages und der Erklärung des Staatsnotstandes, unter dem die NSDAP und die KPD verboten werden sollten, wurde von Hindenburg unter Hinweis auf die Verfassungswidrigkeit des Projekts verworfen. In der Zwangslage, in die Schleicher nach dem Scheitern seiner innerpolitischen Spaltungspläne geraten war, war ihm somit nur eine Rückkehr zu Papens Plan vom 1. Dezember geblieben, den er damals selbst mit anscheinend wohldurchdachten Argumenten zurückgewiesen hatte. Als Begründung für seinen veränderten Standpunkt führte Schleicher an, daß die Aussichten für eine Durchsetzung des Staatsstreichs jetzt viel günstiger als Anfang Dezember seien, weil er mit einer Duldung des militärischen Ausnahmezustandes durch SPD, Gewerkschaften und Reichsbanner rechnen könne und einen Generalstreik nicht zu befürchten habe. Angesichts des Standes der Abrüstungsverhandlungen sei jetzt auch kein Widerspruch der Westmächte mehr zu befürchten, wenn er die Reichswehr durch Freiwillige verstärke und so der SA und SS überlegen mache.

Während sich jedoch Hindenburg am 1. Dezember für Papens Staatsstreichplan ausgesprochen hatte, versagte er sich nun Schleicher. Scharfe Proteste von Zentrum und SPD gegen die gerüchtweise bekanntgewordenen Pläne Schleichers verstärkten Hindenburgs Abneigung gegen die Vorschläge des Kanzlers. Diesem blieb nur das Dementi. Am 24. Januar ließ er erklären, daß er sich die Theorie des „staatlichen Notstandes" nicht zu eigen gemacht habe und daß er mit allen Mitteln die Verfassung aufrecht erhalten werde.

Die SPD sah bis zuletzt in Schleicher eine größere Gefahr für die Republik als selbst in einer Regierung Hitler, ein Irrtum, der nach Schleichers bisherigem Verhalten zwar verständlich, aber dennoch verhängnisvoll war. Die Unterschätzung Hitlers allerdings, die Meinung, daß dieser Demagoge keine allzu große Gefahr bedeute, weil er bald abgewirtschaftet haben werde, teilten die Sozialdemokraten mit fast allen gesellschaftlichen und politischen Gruppen, von den Deutschnationalen bis zu den Kommunisten.

Die Gründe für Hindenburgs Entschluß, sich von Schleicher zu trennen, lagen in seiner Abneigung gegen einen offenen Bruch der Verfassung, in der Furcht vor einem Bürgerkrieg und darin, daß er die mit der dauernden Anwendung des Artikels 48 verbundene Verantwortung wieder loswerden wollte. Die von Papen, dem er jetzt mehr als allen anderen Beratern vertraute, ihm schließlich nahegebrachte Lösung eines

Papen-Hitler-Kabinetts schien den Weg zu einer normalen parlamentarischen Regierung zu eröffnen.

Allerdings erklärte Hindenburg noch am 27. Januar bei einem Empfang des Chefs der Heeresleitung, General Frhr. v. Hammerstein, der sich dem Routinevortrag des Chefs des Heerespersonalamtes, Generalleutnant Frhr. v. d. Bussche-Ippenburg, angeschlossen hatte. *„Sie werden mir doch nicht zutrauen, meine Herren, daß ich diesen österreichischen Gefreiten zum Reichskanzler berufe."*[303])

Nachdem Göring, der nun im Auftrage des ungeduldig wartenden Hitler die Verhandlungen für die NSDAP führte, Staatssekretär Meißner am 27. Januar versichert hatte, daß man stets die verfassungsmäßigen Rechte des Reichspräsidenten und Oberbefehlshabers der Wehrmacht sowie die Befugnisse von Reichstag und Reichsrat respektieren werde, und nachdem am 28. Januar Hindenburgs alter Freund und Gutsnachbar, der Kammerherr v. Oldenburg-Januschau, ihm erklärt hatte, ein Kabinett Hitler könne die Landwirtschaft retten, und mit Hilfe der Reichswehr und der christlich-konservativen Kräfte, die gleichzeitig erstarken würden, werde man mit den „Nazis" schon fertig werden, war die Lage so weit geklärt, daß Hindenburg am 28. Januar den Rücktritt Schleichers annahm. Das offizielle Kommuniqué hierüber lautete:

Reichskanzler v. Schleicher erstattete heute dem Reichspräsidenten Bericht über die Lage. Er erklärte, daß die gegenwärtige Reichsregierung, ihrem Charakter als Präsidialregierung entsprechend, vor dem Reichstag ihr Programm und ihre Auffassung nur dann zu vertreten in der Lage wäre, wenn der Reichspräsident ihr die Auflösungsorder zur Verfügung stellte. Reichspräsident v. Hindenburg erklärte, diesem Vorschlag bei der zur Zeit gegebenen Lage nicht entsprechen zu können. Reichskanzler v. Schleicher erklärte hierauf den Gesamtrücktritt der Reichsregierung, den der Reichspräsident unter Beauftragung mit der Weiterführung der Geschäfte entgegennahm. Der Reichspräsident sprach dem Reichskanzler und den Mitgliedern der Regierung den Dank für ihre in schwerster Zeit geleisteten Dienste aus.

Reichspräsident v. Hindenburg berief heute mittag den Reichskanzler a. D. v. Papen und beauftragte ihn, durch Verhandlungen mit den Parteien die politische Lage zu klären und die vorhandenen Möglichkeiten festzustellen.[304])

Die „Frankfurter Zeitung" analysierte am 29. Januar die Situation nach dem Sturz Schleichers treffend wie folgt:

Während die Bestellung eines neuen einseitig parteipolitisch orientierten und diktaturbereiten Präsidialkabinetts (sei es mit, sei es ohne nationalsozialistische Mitwirkung) von der großen Volksmehrheit als eine unerhörte Provokation empfunden würde, deren Folgen außerordentlich ernst sein könnten, ließe sich vom Standpunkt der Demokratie prinzipiell gegen ein Mehrheitskabinett oder gegen ein durch Tolerierung mit einer parlamentarischen Mehrheit versehenes Kabinett an sich nichts einwenden: das wäre ja eine Lösung, die während des ganzen letzten Jahres vom Reichspräsidenten auch für die Person des nationalsozialistischen Führers gutgeheißen wurde, die aber damals nicht zustande kam, weil Herr Hitler nicht wollte. Nur bleibt die Frage: Wer garantiert dabei

die Einhaltung der Verfassung, wer garantiert, daß Herr Hitler wieder abgeht, wenn er gestürzt wird?
Wie das offizielle Kommuniqué andeutete, ohne es klar auszusprechen, hatten im Anschluß an den letzten Empfang Schleichers bei Hindenburg, der mit dem Rücktritt des Kanzlers endete, Gespräche stattgefunden, die die endgültige Entscheidung zugunsten einer Hitler-Papen-Lösung gebracht hatten. Oskar v. Hindenburg und Meißner unterstützten dabei gemeinsam das Argument Papens, daß eine „Rechtsregierung" unter Hitler „mit möglichst starken Gegengewichten" die einzige verfassungsrechtliche Lösung der Krise darstelle. Daraufhin beauftragte der Reichspräsident Papen als „homo regius" mit der offiziellen Aufnahme von Verhandlungen auf dieser Grundlage. Daß Hindenburg es nur mit halbem Herzen tat, zeigte seine Unterredung mit Schleicher: *Lieber Schleicher, ob das, was ich jetzt tue, richtig ist, weiß ich nicht, ich werde es aber bald wissen, wenn ich da oben bin.*[305])
Als Bedingungen für seine Zustimmung hatte Hindenburg genannt, daß Neurath Außenminister bleiben müsse und daß an Stelle von Schleicher, der ihm nun auch als Reichswehrminister untragbar erschien, Generalleutnant Frh. v. Blomberg, Befehlshaber im Wehrkreis I Ostpreußen und zur Zeit Leiter der deutschen Delegation auf der Abrüstungskonferenz in Genf, der ihm persönlich bekannt war, treten solle. Er konnte nicht ahnen, daß dieser General, der von ihm als Hüter der Reichswehrtradition gedacht war, sich so leicht von Hitler beeinflussen lassen würde. Daß Hitler bereits mit Blomberg gewisse Beziehungen aufgenommen hatte und vor allem, daß sein Chef des Stabes, Oberst v. Reichenau, einer der wenigen höheren Offiziere war, die mit dem Nationalsozialismus offen sympathisierten, wußte er nicht. Hindenburg wünschte ferner, daß Hugenberg, der Führer der DNVP, Wirtschaftsminister und Minister für Ernährung und Landwirtschaft werden sollte. Mit diesen drei Männern, Neurath, Blomberg und Hugenberg — ganz abgesehen von Papen —, werde, so hatte man dem Reichspräsidenten klargemacht, ein starker Damm gegen die zu erwartenden Machterweiterungstendenzen Hitlers vorhanden sein.
Indessen hatte sich Hitler inzwischen auch auf die Forderung nach der Übernahme des Reichskommissariats für Preußen versteift. Erst in einer langen Aussprache mit Papen, der seinerseits Wert darauf legte, dieses Amt wieder zu übernehmen, schlug Hitler als Kompromiß vor, für das Zugeständnis des Reichskommissariats an Papen den Reichstag auflösen zu lassen und Neuwahlen auszuschreiben, von denen er sich ein starkes Anwachsen der Stimmenzahl zugunsten der NSDAP erhoffte. Auf Hitlers — seltsam prophetische — Zusicherung, „daß dies die letzten Wahlen seien", gab Hindenburg, dem die ständigen Reichstagsauflösungen als Zeichen der Krise zuwider waren, schließlich seine Zustimmung, doch erhielt Hugenberg, dem als schwächeren Koalitionspartner ein solches Zugeständnis nachteilig sein mußte, hiervon keine Kenntnis.
Das Kabinett der „Einrahmung", das noch am 29. Januar abends zusammengestellt wurde, sah oberflächlich nach einem Duumvirat Hitler-Papen aus. Letzterer war nicht nur als Vizekanzler mit dem Recht, bei jedem Vortrag Hitlers beim Reichspräsidenten anwesend zu sein, sondern auch als Reichskommissar für Preußen vorgesehen.

Überhaupt standen den drei Nationalsozialisten im Kabinett, Hitler als Reichskanzler, Frick als Reichsinnenminister und Göring als Reichsminister ohne Geschäftsbereich, acht konservative Minister gegenüber, von denen der DNVP-Vorsitzende Hugenberg als „Wirtschaftsdiktator" eine Schlüsselposition einzunehmen schien. Demgegenüber verfügte nun allerdings Göring, weniger als Minister ohne Geschäftsbereich, aber als stellvertretender Reichskommissar für Preußen und preußischer Innenminister, ebenso wie Frick als Reichsinnenminister, über ein Machtzentrum, das für eine volle „Machtübernahme" im nationalsozialistischen Sinne die geeignete Ausgangsstellung bot. Allen kritischen Warnern gegenüber behauptete hingegen Papen: *Sie irren, wir haben ihn uns engagiert.* Zu Kleist-Schmenzin erklärte er am 30. Januar: *Was wollen Sie denn. Ich habe das Vertrauen Hindenburgs. In zwei Monaten haben wir Hitler in die Ecke gedrückt, daß er quietscht.*[306])

Wesentlich zur Beschleunigung der Kabinettsbildung am 29. Januar abends hatten Gerüchte beigetragen, denen zufolge Schleicher und Hammerstein einen Putsch planten und beabsichtigten, mit der Potsdamer Garnison das Regierungsviertel in Berlin zu besetzen, um eine Machtergreifung Hitler-Papen in letzter Stunde zu vereiteln. Oskar v. Hindenburg holte General v. Blomberg, der mit dem Nachtzug aus Genf eintraf, am Anhalter Bahnhof ab und fuhr mit ihm direkt zu seinem Vater in das Reichspräsidentenpalais, wo er um neun Uhr von Hindenburg empfangen und über die Lage ins Bild gesetzt wurde. Er wurde schon vor den übrigen Mitgliedern des neuen Kabinetts vereidigt, „um damit jedes falsche Eingreifen der Reichswehr auszuschalten" (so Göring vor dem Nürnberger Gerichtshof).

Hitler selbst erklärte in seiner Rede vom 23. September 1933:

Wir alle wissen genau, wenn das Heer nicht in den Tagen unserer Revolution auf unserer Seite gestanden hätte, dann stünden wir heute nicht hier.[307])

Nicht die Welle einer Volksbewegung hat Adolf Hitler und seine NSDAP — trotz ihres Massenanhangs, den sie in den harten Jahren der Krise von 1930 bis 1932 gefunden hatten und der Hitler zweifellos erst als Faktor ins große politische Spiel gebracht hatte — am 30. Januar 1933 an die Spitze der Reichsregierung getragen und damit die Möglichkeit gegeben, unter Bruch seines Eides in einem schrittweisen Prozeß eine totale Machtergreifung, die Beseitigung der parlamentarischen Demokratie und die Aushöhlung des Rechtsstaates in Deutschland durchzuführen. Karl Dietrich Bracher schreibt: *Es waren durchaus unverantwortliche, außerverfassungsmäßige Exponenten politischer und wirtschaftlicher Bestrebungen und Illusionen, die Hitler die Macht in die Hände spielten. Die rechtmäßig politisch verantwortlichen Instanzen dagegen, vor allem die Parteien, der Reichstag und der Reichspräsident, ließen sich von diesen Vorgängen ausschalten oder irreführen.*[308])

„Legal" dem Buchstaben der Verfassung nach, war Hitlers Ernennung dennoch dem Sinne nach der stärkste Bruch eben dieser Verfassung, da ihr geschworener Feind an die Spitze der Regierung trat, gewillt, die Macht, die man ihm einmal gegeben hatte, nie mehr aus den Händen zu lassen, sondern ständig zu erweitern, so wie er es am 17. Oktober 1932 in einer Rede in Königsberg verkündet hatte: *Ich will nur die Macht. Wenn wir einmal die Macht bekommen, dann werden wir sie, so wahr uns Gott helfe, behalten. Wegnehmen lassen wir sie uns dann nicht mehr.*[309])

Nachdem die jahrelang mühsam gehaltenen Dämme einmal gebrochen waren, ließ sich die revolutionäre Sturmflut nicht mehr durch eine formale Legalität und eine Einrahmung durch bürgerliche Minister, die voller Illusionen waren und machtpolitisch nichts hinter sich hatten, „kanalisieren".

Erst ein neuer Weltkrieg, der Millionen von Opfern forderte, vermochte Hitler und sein System wieder zu beseitigen.

Anmerkungen

Die im Text zitierten Reden, Noten, Briefe, Tagebuchaufzeichnungen usw. konnten aus Raumgründen oft nur im Auszug der wichtigsten Stellen wiedergegeben werden. Dabei wurden die Texte ohne Kenntlichmachung der Auslassungen gekürzt. Der vollständige Wortlaut findet sich in den hier angegebenen Quellen.

[1]   Zahlen nach: Handbuch der deutschen Wirtschafts- und Sozialgeschichte, hrsg. von H. Aubin und W. Zorn, Bd. 2, Stuttgart 1976, S. 204, 211, 213, 528, 796; Statistisches Bundesamt, Tabellenteil aus »Bevölkerung und Wirtschaft 1872 - 1972«, Stuttgart 1972, S. 176; vgl. auch Tabelle 9 im Statistischen Anhang.

[2]   vgl. Ralf Dahrendorf, Gesellschaft und Demokratie in Deutschland, München 1965, S. 48.

[3]   Handbuch (Anm. 1) S. 546 ff.

[4]   Karl Hardach, Wirtschaftsgeschichte Deutschlands im 20. Jahrhundert, Göttingen 1976, S. 261.

[5]   Handbuch S. 692.

[6]   z. B. im Kohlenbergbau von 1920 bis 1929 um 100 Prozent, Wolfram Fischer in: Industrielles System und politische Entwicklung in der Weimarer Republik, hrsg. von H. Mommsen, D. Petzina, B. Weisbrod, Düsseldorf 1974, S. 30 f.

[7]   Handbuch S. 691; vgl. auch Statistischer Anhang, Tabelle 13.

[8]   diese und die folgenden Zahlen nach: Stat. Bundesamt (Anm. 1) S. 90, 101 ff., 110.

[9]   Ebenda S. 92 ff.

[10]   Ebenda S. 142.

[11]   nach: Karl Martin Bolte, Deutsche Gesellschaft im Wandel, Opladen 1966, S. 276 ff.

[12]   Sigmund Neumann, Die Parteien der Weimarer Republik, Neuausgabe, Stuttgart 1965, S. 23 f., mit zahlreichen Beispielen für die »Feudalisierung des Bürgertums«; vgl. Dahrendorf (Anm. 2) S. 72.

[13]   Belege bei: Gerhard A. Ritter, Kontinuität und Umformung des deutschen Parteiensystems 1918 - 1920, in der Festschrift für Hans Rosenberg, Berlin 1970, S. 359 ff.

[14]   hier die Zusammenfassung bei Bolte (Anm. 11) S. 282 f.

[15]   Dahrendorf S. 429.

[16]   Stenogr. Berichte des Reichstags, Bd. 306, S. 2.

[17]   Max Weber, Gesammelte Politische Schriften, München 1921, S. 20, 29.

[18]   Deutsche Parteiprogramme, hrsg. von W. Mommsen, München 1960, S. 89 ff.

[19]   Stenogr. Berichte des Reichstags, Bd. 233, S. 5396.

[19a]   Werner Frauendienst, Der Reichstag im Zeitalter des persönlichen Regiments Wilhelms II. 1890 - 1914, in: Der Reichstag, Frankfurt a. M. und Bonn 1963, S. 73.

[20] Fritz Fischer, Krieg der Illusionen. Die deutsche Politik von 1911 bis 1914, Düsseldorf 1969, S. 682.

[21] Golo Mann, Dtsch. Geschichte d. 20. Jhrh., Frankfurt a. M. 1958, S. 104 f.

[22] Stenogr. Berichte des Reichstags, Bd. 306, S. 8 f.

[23] Ebenda S. 6 f.

[24] Egmont Zechlin, Friedensbestrebungen und Revolutionierungsversuche. Aus Politik und Zeitgeschichte, Beilage zur Wochenzeitung »Das Parlament«, Nr. 20/1961, S. 284.

[25] Der Krieg zur See 1914 - 1918, hrsg. v. Marinearchiv, Nordsee Bd. II, S. 301 f.

[26] F. Fischer (Anm. 20) S. 767 f.

[27] Richard Müller, Vom Kaiserreich zur Republik, Wien 1924, S. 187 f.

[28] Graf Westarp, Konservative Politik, Bd. II, S. 217 f.

[29] S. Grumbach, Das annexionistische Deutschland, Lausanne 1917, S. 409.

[30] E. O. Volkmann, Der große Krieg 1914 - 1918, kurzgef. Darstel. auf Grund d. amtl. Werke, Leipzig 1938, S. 217 f.

[31] Drahn-Leonhard, Unterirdische Literatur im revolutionären Deutschland während des Weltkrieges, Berlin 1920, S. 52.

[32] Stenogr. Berichte des Reichstags, Bd. 308, S. 2331 f.

[33] Ebenda.

[34] Purlitz' Deutscher Geschichtskalender 1916, II, S. 1158.

[35] Stenogr. Berichte d. Preuß. Abgeordnetenhauses 1916, Sp. 4, nach: Ursachen und Folgen, Bd. I, S. 310.

[36] Erich Ludendorff, Urkunden d. Obersten Heeresleitung über ihre Tätigkeit 1916 - 1918, Berlin 1922, S. 319 ff.

[37] Untersuchungsausschuß (Nationalversammlung), 2. Unterausschuß, Beilagen, S. 125 f.

[38] »Vorwärts« Nr. 19 v. 20.1.1917, nach: Ursachen und Folgen, Bd. I, S. 93.

[39] Ludendorff, Urkunden der OHL, S. 83 f.

[40] Reichsgesetzblatt 1916, S. 83 f.

[41] Paul Umbreit, Die deutschen Gewerkschaften im Kriege, Berlin-Leipzig 1928, S. 247.

[42] Untersuchungsausschuß (Nat.-Vers.), 2. Unterausschuß, Beilagen, S. 177.

[43] Ebenda S. 226 f.

[44] J. H. Bernstorff, Deutschland und Amerika, Berlin 1920, S. 284.

[45] Ludendorff, Urkunden der OHL, S. 319.

[46] Rudolf v. Valentini, Kaiser und Kabinettschef, Nach eigenen Aufzeichnungen d. d. Briefwechsel dargestellt v. Bernhard Schwertfeger, Oldenburg 1931, S. 144 f.

[47] Golo Mann, Deutsche Geschichte im 20. Jahrhundert, S. 141.

[48] Purlitz' Deutscher Geschichtskalender 1917, II, S. 864.

[49] Werner Hahlweg, Lenins Rückkehr nach Rußland 1917, Leiden 1957, S. 104.

[50] »Vorwärts« Nr. 92 v. 3.4.1917, nach: Ursachen und Folgen, Bd. I, S. 197 f.

[51] Dtsch. Reichsanzeiger u. Kgl. Preuß. Staatsanzeiger Nr. 84 v. 7.4.1917.

[52] Untersuchungsausschuß (Reichstag), 4. Reihe, Bd. 5, S. 130 f.

[53] Philipp Scheidemann, Der Zusammenbruch, Berlin 1921, S. 161 f.

[54] W. Nicolai, Nachrichtendienst, Presse und Volksstimmung im Weltkrieg, Berlin 1920, S. 121 ff.

[55] Untersuchungsausschuß, 4. Reihe, Bd. 8, S. 108 f.

[56] Ludendorff, Urkunden der OHL, S. 407.

[57] Untersuchungsausschuß, 4. Reihe, Bd. 2, S. 155.

[58]) Conrad Haußmann, Schlaglichter, Berlin-Frankfurt a. M. 1924, S. 130.

[59]) Theodor Eschenburg, Die improvisierte Demokratie, München 1963, S. 31.

[60]) Stenogr. Berichte des Reichstags. Bd. 310, S. 3573.

[61]) »Nordd. Allgem. Zeitung« v. 12.9.1917, nach: Ursachen und Folgen, Bd. II, S. 48 f.

[62]) Erinnerungen des Kronprinzen Wilhelm, S. 161 f.

[63]) Ein Jahrhundert Dtsch. Geschichte, Berlin 1928, Faksimileabdruck, Nr. 120.

[64]) Untersuchungsausschuß, 4. Reihe, Bd. 8, S. 100 f.

[65]) „Frankfurter Zeitung" Nr. 310 vom 9.11.1917,n.:Ursachen und Folgen,Bd.II,S.55,Anm.1.

[66]) Scheidemann, Der Zusammenbruch, S. 69.

[67]) Dokumente u. Materialien zur Geschichte d. Deutschen Arbeiterbewegung, Berlin 1957, Bd. II, S. 39.

[68]) Untersuchungsausschuß, 4. Reihe. Bd. 6, S. 391 f.

[69]) Ludendorff, Urkunden der OHL, S. 99 f.

[70]) Paul von Hindenburg, Aus meinem Leben, Leipzig 1920, S. 403 (niedergeschrieben 1919).

[71]) Albrecht v. Thaer, Generalstabsdienst. a. d. Front und i. d. OHL. Aus Briefen und Tagebuchaufzeichnungen 1915 - 1919. Hrsg. von S. A. Kaehler, Göttingen 1958, S. 188.

[72]) Ebenda, S. 196.

[73]) Ebenda, S. 197 f.

[74]) Amtl. Urkunden zur Vorgeschichte d. Waffenstillstandes 1918, hrsg. v. Ausw. Amt u. v. Reichsministerium d. Innern, Berlin 1924, S. 7

[75]) Ebenda, S. 3 f.

[76]) Bernhard Huldermann, Albert Ballin, Oldenburg 1922, S. 375.

[77]) Prinz Max von Baden, Erinnerungen und Dokumente, Stuttgart 1927, S. 291 f.

[78]) Hans Thimme, Weltkrieg ohne Waffen, Die Propaganda der Westmächte gegen Deutschland, ihre Wirkung und ihre Abwehr, Stuttgart-Berlin 1932, S. 266 ff.

[79]) »Vossische Zeitung« Nr. 466 v. 12.9.1918, nach: Ursachen und Folgen, Bd. II, S. 316 f.

[80]) W. Foerster, Der Feldherr Ludendorff im Unglück, Wiesbaden 1952, S. 59 f.

[81]) Ebenda, S. 55.

[82]) Untersuchungsausschuß, 4. Reihe, Bd. 2, S. 400 f.

[83]) v. Thaer, Generalstabsdienst, S. 234 f.

[84]) Ludendorff, Urkunden der OHL, S. 53, 524 f.

[85]) nach: Ludwig Reiners, In Europa gehen die Lichter aus, Der Untergang des Wilhelminischen Reiches, München 1954, S. 358.

[86]) Prinz Max von Baden, Erinnerungen und Dokumente, S. 342.

[87]) Scheidemann, Der Zusammenbruch, S. 157 f.

[88]) Stenogr. Berichte des Reichstags, Bd. 314, S. 6177 f.

[89]) Amtl. Urkunden z. Vorgesch. d. Waffenstillstandes 1918, S. 73.

[90]) Der Waffenstillstand 1918 - 1919. Hrsg. v. H. v. Hammerstein, Berlin 1928, Bd. I, S. 11.

[91]) nach: Ursachen und Folgen, Bd. II, S. 381.

[92]) Der Waffenstillstand 1918 - 1919, Bd. I, S. 13 f.

[93]) Amtl. Urkunden z. Vorgesch. d. Waffenstillstandes 1918, S. 139, 149.

[94]) Der Waffenstillstand 1918 - 1919, Bd. I, S. 17 f.

[95]) Amtl. Urkunden z. Vorgesch. d. Waffenstillstandes 1918, S. 203.

[96]) Friedrich Payer, Von Bethmann Hollweg bis Ebert, Erinnerungen und Bilder, Frankfurt a. M. 1923, S. 141 f.

[97]) Amtl. Urkunden z. Vorgesch. d. Waffenstillstandes 1918, S. 195.

98) Der Waffenstillstand 1918 - 1919, Bd. 1, S. 59.

99) Prinz Max von Baden, Erinnerungen und Dokumente, S. 502.

100) nach: Ursachen und Folgen, Bd. II, S. 556.

101) Eugen Schiffer, Ein Leben für den Liberalismus, Berlin 1951, S. 135 f.

102) Kriegstagebuch der Seekriegsleitung, zitiert bei Wilhelm Deist, Seekriegsleitung und Flottenrebellion 1918, in: Vierteljahrshefte für Zeitgeschichte, XIV/1966, S. 341.

103) Untersuchungsausschuß, 4. Reihe, Bd. 9, 2. Halbband, S. 69.

104) Ebenda, Bd. 10, 1. Halbband, S. 215 f.

105) F. Runkel, Die deutsche Revolution, Leipzig 1919, S. 108 f.

106) A. Niemann, Revolution von oben – Umsturz von unten, Berlin 1927, S. 378 f.

107) nach: Walter Tormin, Zwischen Rätediktatur und sozialer Demokratie, Die Geschichte der Rätebewegung in der deutschen Revolution 1918/1919, Düsseldorf 1954, Anhang.

108) Prinz Max von Baden, Erinnerungen und Dokumente, S. 619.

109) Emil Barth, Aus der Werkstatt der deutschen Revolution, Berlin 1919, S. 53.

110) Niemann, Revolution von oben – Umsturz von unten, S. 338.

111) Ebenda, S. 339 f.

112) Dtsch. Reichsanzeiger Nr. 267 v. 9.11.1918, nach: Ursachen und Folgen, Bd. II, S. 570.

113) Niemann, Revolution von oben – Umsturz von unten, S. 311 f.

114) Max von Baden, Erinnerungen und Dokumente, S. 635, 643.

115) Scheidemann auf einer 1924 erschienenen Schallplatte (Lautarchiv des Deutschen Rundfunks, 56 - 1236).

116) Ebenda.

117) Eberhard Kolb, Die Arbeiterräte in der deutschen Innenpolitik 1918/1919, Düsseldorf 1962; Matthias-Morsey, die Regierung des Prinzen Max v. Baden, Düsseldorf 1962, S. 629; Revolutions-Almanach für das Jahr 1919, S. 69 ff.; ferner Scheidemann selbst in seiner Darstellung aus dem Jahr 1921 »Der Zusammenbruch«, S. 173 ff., wo er Liebknecht mit keinem einzigen Wort erwähnt; schließlich der Bericht von Franz O. Büchel, letztes noch lebendes Mitglied des »Vollzugsrates der Arbeiter- und Soldatenräte von Groß-Berlin« in einer vom Zweiten Deutschen Fernsehen am 5. November 1968 ausgestrahlten Sendung.

118) Revolutions-Almanach für das Jahr 1919, Hamburg 1919, S. 72, stenographische Aufzeichnung.

119) Eugen Schiffer, Ein Leben für den Liberalismus, S. 77.

120) Otto Braun, Von Weimar zu Hitler, Hamburg 1949, S. 10.

121) »Vossische Zeitung« vom 10.11.1918, nach: Ursachen und Folgen, Bd. II, S. 574.

122) Karl Liebknecht, Politische Aufzeichnungen aus seinem Nachlaß, Berlin 1921, S. 34.

123) Rosa Luxemburg, Die russische Revolution, Hamburg 1948, S. 60.

124) Eduard Bernstein, die deutsche Revolution, Berlin 1921, S. 34.

125) Friedrich Stampfer, Die ersten 14 Jahre der deutschen Republik, Offenbach (Main) 1947, S. 60.

126) Der Dolchstoß-Prozeß in München, München 1925, S. 223.

127) »Vorwärts« vom 13.11.1918.

128) Arthur Rosenberg, Entstehung und Geschichte der Weimarer Republik, Frankfurt a. M. 1955, S. 283.

129) nach: Carl Severing, Mein Lebensweg, Köln 1950, Bd. I, S. 233.

130) E. Kolb in: Vom Kaiserreich zur Weimarer Republik, hrsg. von Eberhard Kolb, Köln 1972, S. 26.

131) E. R. Huber, Dokumente zur deutschen Verfassungsgeschichte, Bd. 3, Stuttgart 1966, S. 51.
132) nach: Gustav Noske, Von Kiel bis Kapp, Berlin 1920, S. 69 f.
133) Ebenda, S. 68.
134) Plakat »Ausrufung der sozialistischen Republik Bremen«, Bremen, Staatsarchiv.
135) Noske, S. 109.
136) Harry Graf Kessler, Tagebücher 1918 - 1937, Frankfurt/Main 1961, S. 155 f.
137) E. J. Gumbel, Vier Jahre politischer Mord, Berlin 1922, S. 113.
138) Die Weimarer Nationalversammlung, Schriftenreihe der Bundeszentrale für Heimatdienst, Heft 46, Bonn 1960, S. 47 f.
139) Ebenda, S. 49 f.
140) Stampfer, S. 117.
141) Graf Brockdorff-Rantzau, Dokumente, Charlottenburg 1920, S. 113 ff.
142) Jacques Bainville, Frankreichs Kriegsziel (Les conséquences politiques de la paix), Hamburg 1941, S. 46.
143) Dokumente der deutschen Politik und Geschichte. Hrsg. von Joh. Hohlfeld, Bd. III, S. 30f.
144) Noske, S. 151.
145) Dokumente, Bd. III, S. 35.
146) nach: Stampfer, S. 129.
147) Dorothea Groener-Geyer, General Groener, Soldat und Staatsmann, Frankfurt a. M. 1954, S. 161. Der zitierte Text ist ein Telegramm, in dem Groener den Inhalt des Gesprächs zusammenfaßte und bestätigte.
148) Reginald Phelps, Aus den Seeckt-Dokumenten, nach Otto-Ernst Schüddekopf, Das Heer und die Republik, Hannover und Frankfurt a. M. 1955, S. 74, Anm. 227.
149) nach: Stampfer, S. 130.
150) Untersuchungsausschuß, 4. Reihe, Bd. 4, S. 7.
151) Interview von Johannes Fischart (Erich Dombrowski), nach: Schüddekopf, S. 50.
152) Schüddekopf, S. 101 ff.
153) Ebenda, S. 60 f.
154) F. von Rabenau, Hans von Seeckt. Aus seinem Leben 1918 - 1936, Leipzig 1940, S. 212.
155) Karl Dietrich Bracher, Die Auflösung der Weimarer Republik, Stuttgart und Düsseldorf 1955, S. 264, Anm. 121.
156) Noske, S. 209.
157) Stampfer, S. 165 f.
158) Gumbel, S. 99 ff.
159) Schüddekopf, S. 119
160) Ebenda, S. 114.
161) Stampfer, S. 226 f.
162) Erich Eyck, Geschichte der Weimarer Republik, 1. Bd., Zürich 1954, S. 256.
163) Viscount d'Abernon, Ein Botschafter der Zeitenwende, Memoiren, Leipzig 1939, Bd. I, S. 351 ff. Der Bericht enthält einige Irrtümer: Der Anrufer bei Maltzan war nicht Tschitscherin, sondern Joffé (ein Mitglied der sowjetischen Delegation).
164) Dokumente, Bd. III, S. 126 f.
165) Schüddekopf, S. 155 ff.
166) Ebenda, S. 160 ff.
167) nach: Stampfer, S. 283 ff.

168) Rosenberg, S. 399.
169) Ernst Niekisch, Das Reich der niederen Dämonen, Hamburg 1953, S. 13.
170) Stenogr. Berichte des Reichstags, Bd. 361, S. 11933 ff., nach: Ursachen und Folgen, Bd. V, S. 215.
171) Huber, Dokumente, Bd. 3, S. 330.
172) Stampfer, S. 385.
173) D' Abernon, Bd. II, S. 337 f.
174) Norman Davis, unter Wilson Unterstaatssekretär des Äußeren, am 12.3.1921, nach: Werner Link, Die amerikanische Stabilisierungspolitik in Deutschland 1921 - 1932, Düsseldorf 1970, S. 56.
175) Ebenda S. 75.
176) Ebenda S. 221.
177) Paul Schmidt, Statist auf diplomatischer Bühne, Bonn 1953, S. 51 ff.
178) Stampfer, S. 418; Schmidt, S. 66.
179) Albert Schwarz, Die Weimarer Republik, Konstanz 1958, S. 115.
180) Max Peters, Friedrich Ebert, Berlin, 1950, S. 110.
181) Stresemann in der »Zeit«, nach: Karl Mielcke, Dokumente zur Geschichte der Weimarer Republik, Braunschweig 1951, S. 61 ff.
182) Link, S. 356 f.
183) Dokumente, Bd. III, S. 145.
184) Ebenda.
185) Red Cross and Berlin Embassy 1915 - 1926. Extracts from the Diaries of Viscountess d' Abernon, London 1946, S. 138 (27.1.1926).
186) Stresemanns Vermächtnis, Bd. II, S. 62 f.; vgl. M. O. Maxelon, Stresemann und Frankreich, Düsseldorf 1972, S. 173 f.
187) Dokumente, Bd. III, S. 148 ff.
188) Ebenda, S. 153.
189) Stenogr. Berichte des Reichstags, Bd. 388, S. 4503 f.; Stresemanns Vermächtnis II, S. 207.
190) Stenogr. Berichte des Reichstags, S. 4561 f.
191) Aristide Briand, Frankreich und Deutschland. Hrsg. von Arthur Rosenberg, Dresden 1928, S. 138 und 145 f.
192) Dokumente Bd. III, S. 153 f.
193) »Frankfurter Zeitung« vom 8.6.1926, 2. Morgenblatt.
194) Stenogr. Berichte des Reichstags, Bd. 390, S. 7196.
195) Otto Braun, S. 99 f.
196) Reginald H. Phelps, Aus den Seeckt-Dokumenten, in: Deutsche Rundschau, Jahrg. 78, Heft 9 (September 1952), S. 889.
197) Ebenda, S. 890 f.
198) Stenogr. Berichte des Reichstags, Bd. 391, S. 8584 u. 8585.
199) Stresemanns Vermächtnis, Bd. II, S. 592 f.
200) Ebenda, S. 591.
201) Ebenda, Bd. III, S. 16-23.
202) Emile Moreau, Souvenirs d'un Gouverneur de la Banque de France. Histoire de la Stabilisation du France (1926 - 1928), Paris 1954, S. 111 (übersetzt).
203) Eduard Heimann, Der Sinn der Arbeitslosenversicherung, nach: H. Timm, Die deutsche Sozialpolitik und der Bruch der großen Koalition im März 1930, Düsseldorf 1952, S. 128.

204) Stampfer, S. 503.
205) Stresemanns Vermächtnis, Bd. III, S. 264 f.
206) Ebenda, S. 263 f.
207) Dokumente, Bd. III, S. 195 f.
208) Schüddekopf, S. 255 ff.
209) Dokumente, Bd. III, S. 204 f.
210) Ebenda, S. 203.
211) Stresemanns Vermächtnis, Bd. III, S. 353 f.
212) Stampfer, S. 523; Stresemanns Vermächtnis, Bd. III, S. 369.
213) Moreau, S. 451.
214) Julius Curtius, Der Young-Plan, Entstellung und Wahrheit, Stuttgart 1950, S. 22 f.
215) Link, S. 435.
216) Rolf E. Lüke, Von der Stabilisierung zur Krise (hrsg. vom Basle Centre for Economic and Financial Research, Series B, No. 3), Zürich 1958, S. 176 f.; nach einer Unterhaltung mit Geheimrat Kastl vom 7.5.1954.
217) Zur Beurteilung von Stresemanns Politik vgl. besonders: M. O. Maxelon, S. 194 ff., S. 274 ff.
218) Dokumente, Bd. III, S. 271.
219) Ebenda, S. 251 f.
220) Ebenda, S. 252.
221) »Frankfurter Zeitung« vom 7.1.1930, Abendblatt.
222) Stresemanns Vermächtnis, Bd. III, S., 385.
223) nach: Timm S. 139, Anm. 263.
224) »Frankfurter Zeitung« vom 14.12.1929, Abendblatt.
225) nach: Timm S. 163.
226) Timm S. 185; »Frankfurter Zeitung« vom 28.3.1930, 1. Morgenblatt.
227) »Vorwärts« Nr. 147 vom 28.3.1930.
228) »Frankfurter Zeitung« vom 28.3.1930, 2. Morgenblatt.
229) Protokoll des sozialdemokratischen Parteitags 1929, Berlin 1929, S. 165 und 170.
230) »Die Gesellschaft«, Internationale Revue für Sozialismus und Politik, 7. Jahrg., Bd. 1, Berlin 1930, S. 389.
231) Heinrich Brüning, Memoiren 1918 - 1934, Stuttgart 1970, S. 145 f.
232) Ebenda, S. 373.
233) Stenogr. Berichte des Reichstags, Bd. 427, S. 4728 - 30.
234) Ebenda.
235) Ebenda, S. 4730 ff.
236) Ebenda, S. 6523.
237) Reichsgesetzblatt 1930, Teil I, S. 299.
238) »Völkischer Beobachter« vom 10.9.1930.
239) »Die Rote Fahne« vom 23.4.1930.
240) »Frankfurter Zeitung« vom 15.9.1930.
241) Thomas Mann, Deutsche Ansprache. Ein Appell an die Vernunft. Berlin 1930, S. 12 ff.
242) »Frankfurter Zeitung« vom 26.9.1930.
243) Otto Braun, S. 310.
244) Joseph Goebbels, Was wollen wir im Reichstag? in: »Der Angriff« vom 30.4.1928.
245) Memorandum der SPD-Reichstagsfraktion, nach: Stampfer S. 580 f.

246) Schultheß' Europäischer Geschichtskalender, 1931, S. 9.

247) Schultheß, 1931, S. 246 ff.

248) vgl. Handbuch (Anm. 1) S. 709; Hardach, S. 57 ff.; H. Heiber in: Deutsche Geschichte seit dem Ersten Weltkrieg, Stuttgart 1971, S. 178 f.; Gustav Stolper, Deutsche Wirtschaft seit 1870, Tübingen 1964, S. 135 ff.

249) Schultheß, 1931, S. 224 ff.; »Der Stahlhelm« vom 18.10.1931.

250) Otto Dietrich, Mit Hitler an die Macht, München 1934, S. 45.

251) Joseph Goebbels, Die nationale Opposition, in: »Der Angriff« vom 19.12.1931.

252) Stenogr. Berichte des Reichstags, S. 2068 ff. (13.10.1931).

253) Ebenda, S. 2138.

254) Auszugsweiser Abdruck einer Niederschrift des Generalmajors a. D. H. v. Holtzendorff vom 22.6.1946, in: Werner Conze, Zum Sturz Brünings, Vierteljahreshefte für Zeitgeschichte, 1. Jahrg. (1953), S. 269.

255) Brief Groeners an v. Gleichen vom 11.11.1931, in: Phelps, Aus den Groener-Dokumenten, S. 1017.

256) Dorothea Groener-Geyer, General Groener, Soldat und Staatsmann. Frankfurt a. M. 1955, S. 286.

257) Schultheß 1931, S. 262 f.; »Das Parlament«, 3. Jahrg. Nr. 11 (18.3.1953), S. 2; Bracher, S. 432.

258) nach: Max Domarus, Hitler. Reden und Proklamationen 1932 - 1945, Bd. 1, 1. Halbband, S. 68 ff.

259) »Frankfurter Zeitung« vom 12.2.1932.

260) nach: Thilo Vogelsang, Neue Dokumente zur Geschichte der Reichswehr 1930 - 1933, Vierteljahreshefte für Zeitgeschichte, 2. Jahrg. (1954), S. 240 f.

261) »Der Propagandist«. Hrsg. vom ZK der KPD, 2. Jahrg., Heft 9, Berlin 1931, S. 4 f.

262) »Vorwärts« vom 27.2.1932.

263) Stenogr. Berichte des Reichstags, S. 2245 ff. (23.2.1932).

264) Ebenda, S. 2253 f.

265) Ebenda, S. 2400 f. (26.2.1932).

266) August Weber, Erinnerungen, masch.-schriftl. Manuskript, Koblenz, Bundesarchiv.

267) »Frankfurter Zeitung« vom 11.4.1932.

268) Bracher, S. 479.

269) Reichsgesetzblatt 1932, Teil I, S. 175 ff.

270) Phelps, Aus den Groener-Dokumenten, S. 413 ff.; Vogelsang, S. 417.

271) Stenogr. Berichte des Reichstags, S. 2545 (11.5.1932).

272) Stenogr. Berichte des Reichstags, S. 2597.

273) Joseph Goebbels, Vom Kaiserhof zur Reichskanzlei, 11. Aufl. München 1934, S. 89 ff.

274) Ebenda, S. 96 ff.

275) Conze, S. 276 f.

276) Brüning, S. 598 f.

277) Bracher, S. 519 (nach einem Bericht v. F. K. v. Zitzewitz-Muttrin an O. H. v. d. Gablentz).

278) Franz von Papen, Der Wahrheit eine Gasse, München 1952, S. 191 f.

279) Otto Braun, S. 403 f.

280) Goebbels, S. 107.

281) Conze, S. 288.

282) Jakob Diel, Das Ermächtigungsgesetz, in: »Die Freiheit« 1, Nr. 5, 1. Okt.-Heft 1946, S. 27f.

283)   Otto Braun, S. 393 ff.

284)   Reichsgesetzblatt 1932, Teil I, S. 377.

285)   Paul Löbe, Der Weg war lang, Lebenserinnerungen, 2. Aufl. Berlin 1954, S. 209 f.

286)   Goebbels, S. 139.

287)   Schultheß 1932, S. 138.

288)   Fritz Poetzsch-Heffter, Vom Staatsleben unter der Weimarer Verfassung, II. Teil, in: Jahrbuch des öffentlichen Rechts der Gegenwart, 21 (1933/1934), S. 161.

289)   »Völkischer Beobachter« vom 24.8.1932.

290)   Bracher, S. 623.

291)   Reichsgesetzblatt 1932, Teil I, S. 441.

292)   Goebbels, S. 196 ff.

293)   nach: Walter Görlitz, Hindenburg, Ein Lebensbild, Bonn 1953, S. 388.

294)   nach: Walther Hofer, Der Nationalsozialismus, Dokumente 1933 - 1945, Frankfurt a. M. 1957 ff., S. 25.

295)   Eugen Ott, Auszug aus der 1946 verfaßten Aufzeichnung »Wehrmacht und Nationalsozialismus«, nach: Huber, Dokumente, Bd. 3, S. 561 ff.

296)   »Frankfurter Zeitung« vom 16.12.1932.

297)   Deutsches Weißbuch: Material zur Gleichberechtigungsfrage, Nr. 2, Berlin 1933, S. 5 ff.

298)   Nürnberger Dokumente, Bd. XVI, S. 384, Dok. PS - 3337.

299)   Vogelsang Anm. 260, S. 430.

300)   nach: Görlitz, S. 399.

301)   Goebbels, S. 236.

302)   Ebenda, S. 236 ff.

303)   General a. D. v. d. Bussche-Ippenburg in: »Frankfurter Allgemeine Zeitung« vom 5.2.1952.

304)   »Frankfurter Zeitung« vom 28.1.1933.

305)   Görlitz, S. 401.

306)   Lutz Graf Schwerin von Krosigk, Es geschah in Deutschland, Tübingen-Stuttgart 1951, S. 147; Ewald von Kleist-Schmenzin, Die letzte Möglichkeit, in: »Politische Studien«, Febr. 1959, S. 91.

307)   Schultheß 1933, S. 213.

308)   Bracher, S. 731.

309)   Cuno Horkenbach, Das Deutsche Reich von 1918 bis heute, Berlin 1932, S. 346.

Quellen und Literatur (Auswahl)

In den meisten der genannten Werke, insbesondere unter b), finden sich weiterführende Literaturangaben.

a) Quellensammlungen

Akten der Reichskanzlei, Weimarer Republik, hrsg. von Karl Dietrich Erdmann, Wolfgang Mommsen und Hans Booms. Boppard 1968 ff.

Akten zur deutschen auswärtigen Politik 1918 - 1945. Aus den Archiven des Auswärtigen Amtes. Göttingen 1966 ff.

Deutsche Geschichte seit dem Ersten Weltkrieg, hrsg. vom Institut für Zeitgeschichte, Bd. III: Wolfgang Benz, Quellen zur Zeitgeschichte, Stuttgart 1973.

Die deutsche Revolution 1918/19. Dokumente, hrsg. von Gerhard A. Ritter und Susanne Miller. 2. Aufl. Hamburg 1975.

Dokumente zur deutschen Verfassungsgeschichte, hrsg. von Ernst Rudolf Huber, Bd. 3: 1918 - 1933, Stuttgart 1966.

Immanuel Geiss, Julikrise und Kriegsausbruch 1914. Eine Dokumentensammlung. 2. Aufl. Bonn 1970.

Quellen zur Geschichte des Parlamentarismus und der politischen Parteien, hrsg. von der Kommission für Geschichte des Parlamentarismus und der politschen Parteien, Düsseldorf 1959 ff. Darin u. a.:

  Bd. 1: Der Interfraktionelle Ausschuß 1917/18, bearbeitet von Erich Matthias und Rudolf Morsey.

  Bd. 2: Die Regierung des Prinzen Max von Baden, bearbeitet von Erich Matthias und Rudolf Morsey.

  Bd. 6: Die Regierung der Volksbeauftragten 1918/19, bearbeitet von Susanne Miller.

Gustav Stresemanns Vermächtnis. Der Nachlaß (in Auswahl) in drei Bänden, hrsg. von Henry Bernhard, Berlin 1932/33.

Ursachen und Folgen. Vom deutschen Zusammenbruch 1918 und 1945 bis zur staatlichen Neuordnung Deutschlands in der Gegenwart. Eine Urkunden- und Dokumentensammlung zur Zeitgeschichte, hrsg. von Herbert Michaelis und Ernst Schraepler. Bd. I (1916/17) – VIII (1930 - 33), Berlin 1958 - 1962.

b) Gesamtdarstellungen und Aufsatzsammlungen

Gerhart Binder, Epoche der Entscheidungen. Deutsche Geschichte im 20. Jahrhundert, 13. und 14. Aufl. Stuttgart 1969.

Karl-Heinz Dederke, Reich und Republik. Deutschland 1917-1933, Klett Studienbücher, Stuttgart 1969.

Deutsche Geschichte seit dem Ersten Weltkrieg, hrsg. vom Institut für Zeitgeschichte, Bd. I, Stuttgart 1971.
Darin:
Helmut Heiber, Die Republik von Weimar.
Hermann Graml, Europa zwischen den Kriegen.

Theodor Eschenburg, Die improvisierte Demokratie. Gesammelte Aufsätze zur Weimarer Republik. München 1963.

Hans H. Hermann, Weimar – Bestandsaufnahme einer Republik. Reinbek bei Hamburg 1969 (ro-ro-ro-tele).

Hans Herzfeld, Die Weimarer Republik. Ullstein-Taschenbuch, Frankfurt/M.-Berlin 1966.

Hans Herzfeld, Der Erste Weltkrieg. dtv-Weltgeschichte des 20. Jahrhunderts, Bd. 1, München 1968.

F. A. Krummacher (Hrsg.), Fünfzig Jahre deutsche Republik. Entstehung – Scheitern – Neubeginn. Frankfurt/M. 1969.

Golo Mann, Deutsche Geschichte des 19. und 20. Jahrhunderts. Frankfurt/M. 1966.

Ernst Niekisch, Die Legende von der Weimarer Republik. Köln 1968.

Arthur Rosenberg, Die Entstehung der Weimarer Republik. Hrsg. von Kurt Kersten, (10. Aufl.) Frankfurt/M. 1968.

Arthur Rosenberg, Geschichte der Weimarer Republik. Hrsg. von Kurt Kersten, (9. Aufl.) Frankfurt/M. 1968.

Albert Schwarz, Die Weimarer Republik, in: Brandt-Meyer-Just, Handbuch der deutschen Geschichte. Konstanz 1958.

c) Einzelprobleme

Volker R. Berghan, Der Stahlhelm, Bund der Frontsoldaten 1918 - 1935. Düsseldorf 1965.

Karl Dietrich Bracher, Die Auflösung der Weimarer Republik. Eine Studie zum Problem des Machtverfalls in der Demokratie. 3. Aufl. Villingen 1960.

Karl Dietrich Bracher, Die deutsche Diktatur. Entstehung, Struktur, Folgen des Nationalsozialismus. Köln und Berlin 1969.

Heinrich Brüning, Memoiren 1918 - 1934. Stuttgart 1970.

Alan Bullock, Adolf Hitler. Eine Studie über Tyrannei. 2. Aufl. Düsseldorf 1967.

Francis Ludwig Carsten, Reichswehr und Politik 1918 - 1933. Köln und Berlin 1964.

Werner Conze und Hans Raupach (Hrsg.). Die Staats- und Wirtschaftskrise des Deutschen Reiches 1929/33. Industrielle Welt, Bd. 8. Stuttgart 1967.

Ralf Dahrendorf, Gesellschaft und Demokratie in Deutschland, München 1965.

Klaus Epstein, Matthias Erzberger und das Dilemma der deutschen Demokratie. Berlin und Frankfurt/M. 1962.

Fritz Fischer, Krieg der Illusionen. Die deutsche Politik von 1911 bis 1914, Düsseldorf 1969.

Ossip K. Flechtheim, Die KPD in der Weimarer Republik. Neuausgabe mit einer Einleitung von Hermann Weber. Frankfurt/M. 1969.

Ferdinand A. Hermens und Theodor Schieder (Hrsg.) Staat, Wirtschaft und Politik in der Weimarer Republik. Festschrift für Heinrich Brüning. Berlin und München 1967.

Industrielles System und politische Entwicklung in der Weimarer Republik. Verhandlungen des Internationalen Symposiums in Bochum vom 12. - 17.6.1973, hrsg. von H. Mommsen, D. Petzina, B. Weisbrod, Düsseldorf 1974.

Gotthard Jasper (Hrsg.), Von Weimar zu Hitler 1930 - 1933. Köln 1968. Neue Wissenschaftliche Bibliothek 25.

Eberhard Kolb, Die Arbeiterräte in der deutschen Innenpolitik 1918 - 19. Düsseldorf 1962.

Eberhard Kolb (Hrsg.), Vom Kaiserreich zur Weimarer Republik, Köln 1972. Neue Wissenschaftliche Bibliothek 49.

Friedrich A. Krummacher und Helmut Lange, Krieg und Frieden. Geschichte der deutsch-sowjetischen Beziehungen von Brest-Litowsk zum Unternehmen Barbarossa. München 1970.

Walter Laqueur, Weimar – Die Kultur der Republik, Frankfurt 1976.

Werner Link, Die amerikanische Stabilisierungspolitik in Deutschland 1921 - 1932, Düsseldorf 1970.

Erich Matthias und Rudolf Morsey, Das Ende der Parteien 1933. Düsseldorf 1964.

Prinz Max von Baden, Erinnerungen und Dokumente. Neu hersg. von Golo Mann und Andreas Burckhardt. Stuttgart 1968.

Michael-Olaf Maxelon, Stresemann und Frankreich, 1914 - 1929. Deutsche Politik der Ost-West-Balance. Düsseldorf 1972.

Alfred Milatz, Wahlen und Wähler in der Weimarer Republik. Schriftenreihe der Bundeszentrale für Politische Bildung, Heft 66. Bonn 1965.

Rudolf Morsey, Die deutsche Zentrumspartei 1917 - 23. Düsseldorf 1966.

Sigmund Neumann, Die Parteien der Weimarer Republik. Neuausgabe mit einer Einführung von Karl Dietrich Bracher. Stuttgart 1965.

Heinrich Potthoff, Die Sozialdemokratie von den Anfängen bis 1945, 2. Aufl. Bonn 1975.

Karl Rohe, Das Reichsbanner Schwarz-Rot-Gold. Ein Beitrag zur Geschichte und Struktur der politischen Kampfverbände zur Zeit der Weimarer Republik. Düsseldorf 1966.

Kurt Sontheimer, Antidemokratisches Denken in der Weimarer Republik. München 1962.

Werner Stephan, Aufstieg und Verfall des Linksliberalismus 1919 - 1933. Geschichte der Deutschen Demokratischen Partei. Göttingen 1973.

Michael Stürmer, Koalition und Opposition in der Weimarer Republik, 1924 - 1928. Düsseldorf 1967.

Walter Tormin, Zwischen Rätediktatur und sozialer Demokratie. Die Geschichte der Rätebewegung in der deutschen Revolution 1918/19. Düsseldorf 1954.

Walter Tormin, Geschichte der deutschen Parteien seit 1848. 3. Aufl. Stuttgart 1968.

Henry Ashby Turner, Stresemann – Republikaner aus Vernunft. Berlin und Frankfurt/M. 1968.

Thilo Vogelsang, Kurt von Schleicher. Ein General als Politiker. Göttingen 1965.

Hermann Weber, Die Wandlung des deutschen Kommunismus. Die Stalinisierung der KPD 1924 - 1929, Frankfurt/M. 1969.

Zeittafel

	Innenpolitik	*Außenpolitik und Kriegführung*

1871

    18. 1. Proklamation des Kaiserreichs
           in Versailles

1888

    15. 6. Thronbesteigung
           Kaiser Wilhelms II.

1890

    20. 3. Entlassung Bismarcks

1908   Okt.–Nov. Daily-Telegraph-Affäre

1909

    14. 7. Bethmann Hollweg wird
           Reichskanzler

1914   28. 6. Ermordung des österreichischen
                                                    Thronfolgerpaares in Sarajewo

                                        1. 8. Deutsche Kriegserklärung
                                                    an Rußland

                                        3. 8. Deutsche Kriegserklärung
                                                    an Frankreich

                                        4. 8. England tritt in den Krieg ein

                                   26.-30. 8. Schlacht bei Tannenberg

                                    6.– 9. 9. Schlacht an der Marne

    14. 9. Entlassung Moltkes als
           Generalstabschef;
           Nachfolger: v. Falkenhayn

1915

    25. 1. Beginn der Zwangsbewirtschaftung
           in Deutschland

                                    23. 5. Italien tritt in den Krieg ein

                                Oktober–Dez. Eroberung Serbiens

1916   21. 2. Beginn der Verdunoffensive

                                  31.5.– 1. 6. Seeschlacht vor dem Skagerrak

    27. 8. Hindenburg und Ludendorff über-
           nehmen die Oberste Heeresleitung

                                    27. 8. Rumänien tritt in den Krieg ein

                                    7. 11. Wiederwahl Woodrow Wilsons
                                          zum Präsidenten der
                                          Vereinigten Staaten von Amerik

Innenpolitik	Außenpolitik und Kriegführung

<table>
<tr><td></td><td>21.11.</td><td>Tod Kaiser Franz Josephs I. von Österreich; Nachfolger: Kaiser Karl I.</td></tr>
</table>

Innenpolitik

▶17

14. 7. Rücktritt Bethmann Hollwegs; Nachfolger: Georg Michaelis
19. 7. Friedensresolution des Reichstages
25.10. Rücktritt Michaelis'; Nachfolger: Graf Hertling

▶18
Ende Januar Munitionsarbeiterstreik

29. 9. OHL verlangt Waffenstillstand und Parlamentarisierung des Reiches
3. 10. Prinz Max von Baden wird Reichskanzler

Außenpolitik und Kriegführung

6.12. Sieg der Mittelmächte in Rumänien
10.12. David Lloyd George wird britischer Premierminister
12.12. Friedensangebot der Mittelmächte
1. 2. Beginn des unbeschränkten U-Boot-Krieges
8. 3. Beginn der russischen Revolution
16. 4. Ankunft Lenins in St. Petersburg
6. 4. Kriegserklärung der Vereinigten Staaten an Deutschland

7.11. Machtergreifung der Bolschewisten in Rußland
17.11. Georges Clemenceau wird französischer Ministerpräsident

8. 1. Wilson verkündet seine 14 Punkte
3. 3. Friedensvertrag von Brest-Litowsk
21. 3. Beginn der großen Offensive im Westen
18. 7. Beginn der Gegenoffensive der Alliierten
8. 8. Durchbruch bei Amiens (»Schwarzer Freitag«)
27. 9. Militärischer Zusammenbruch Bulgariens

4. 10. Deutsches Waffenstillstandsangebot an Wilson

Innenpolitik	*Außenpolitik und Kriegführung*

26.10.	Entlassung Ludendorffs; Nachfolger: Groener	
3.11.	Beginn der Revolution in Deutschland	
9.11.	Abdankung Wilhelms II.; Ausrufung der Republik; Ebert Reichskanzler	
10.11.	Rat der Volksbeauftragten, Bündnis Ebert-Groener	
		11.11. Unterzeichnung des Waffen- stillstandes in Compiègne
16.–19.12.	Kongreß der Arbeiter- und Soldatenräte	
31.12.	Gründung der KPD	
1919		
4.–11. 1.	Spartakusaufstand in Berlin	
15. 1.	Mord an Liebknecht und Rosa Luxemburg	
		18. 1. Beginn der Friedenskonferenz in Paris
19. 1.	Wahl zur Nationalversammlung	
Januar–Mai	Unruhen, Streiks, Aufstände, Räterepubliken in vielen Teilen des Reiches	
13. 2.	Regierung Scheidemann, Weimarer Koalition	
		16. 6. Ultimatum zur Annahme des Friedensvertrages
		28. 6. Unterzeichnung des Versailler Vertrages
11. 8.	Unterzeichnung der Weimarer Verfassung	
1920		
13.–16. 3.	Kapp-Putsch	10. 1. Versailler Vertrag in Kraft
März–April	Kämpfe im Ruhrgebiet und in Mitteldeutschland	
6. 6.	Reichstagswahl, Regierung Fehrenbach	
		5.–16. 7. Konferenz in Spa
16.10.	Spaltung der USPD	
1921		1.– 7. 3. Londoner Konferenz, Drohung mit Sanktionen
8. 3.	Besetzung von Duisburg, Düsseldorf und Ruhrort	

Innenpolitik	*Außenpolitik und Kriegführung*

20. 3. Abstimmung in Oberschlesien

10. 5. Regierung Wirth,
Erfüllungspolitik

        5. 5. Londoner Ultimatum

      25. 8. Friedensvertrag mit den USA
    6.–13. 1. Konferenz in Cannes
  10.4.–19. 5. Konferenz in Genua
    16. 4. Vertrag von Rapallo

24. 6. Mord an Rathenau
24. 9. Vereinigung der USPD
mit der SPD

    28.10. Mussolinis »Marsch auf Rom«
(Vorbild für Hitlers
Münchner Putsch)

22.11. Regierung Cuno

    11. 1. Einmarsch französischer
und belgischer Truppen
ins Ruhrgebiet

13. 1. Verkündung des passiven
Widerstandes
13. 8. Regierung Stresemann
26. 9. Ende des passiven Widerstandes
Herbst Höhepunkt der Inflation
21.10. Einmarsch der Reichswehr
in Sachsen
Oktober Rheinische Republik,
Pfälzische Republik
8.–9.11. Hitler-Putsch in München
20.11. Ende der Inflation
23.11. Sturz der Regierung Stresemann

    22. 1. Kabinett Macdonald in England

4. 5. Reichstagswahl,
Gewinne der radikalen Parteien

    11. 5. Wahl in Frankreich,
Kabinett Herriot
  16.7.–16. 8. Londoner Konferenz,
Dawes-Abkommen

29. 8. Annahme der Dawes-Gesetze
im Reichstag
7.12. Reichstagswahl, Verluste der
radikalen Parteien

    20.1./9. 2. Stresemanns Memorandum
an die britische und französische
Regierung

Innenpolitik	*Außenpolitik und Kriegführung*

	28. 2.	Tod des Reichspräsidenten Ebert			
	26. 4.	Wahl Hindenburgs zum Reichspräsidenten			
				31. 7.	Räumung des Ruhrgebietes vollendet
				5.–16. 10.	Locarno-Konferenz
	27. 11.	Genehmigung der Locarno-Verträge im Reichstag			
				1. 12.	Unterzeichnung der Locarno-Verträge
1926	19. 1.	Zweite Regierung Luther			
				1. 2.	Räumung der Kölner Zone beendet
				24. 4.	Deutsch-russischer Vertrag in Berlin unterzeichnet
	5. 5.	Flaggenverordnung Hindenburgs			
	12./17. 5.	Rücktritt der Regierung Luther, zweite Regierung Marx			
	20. 6.	Volksentscheid über die Fürstenenteignung			
				10. 9.	Aufnahme Deutschlands in den Völkerbund
				17. 9.	Frühstück von Thoiry
	8. 10.	Seeckt verabschiedet; Nachfolger: Heye			
				10. 12.	Stresemann erhält den Friedensnobelpreis
1927	29. 1.	Vierte Regierung Marx			
	7. 7.	Gesetz über Arbeitsvermittlung und Arbeitslosenversicherung			
1928	15. 2.	Bruch der Koalition wegen des Reichsschulgesetzes			
	20. 5.	Reichstagswahl			
	28. 6.	Regierung Hermann Müller (Große Koalition)			
				27. 8.	Unterzeichnung des Kellogg-Paktes
	Oktober–Dez.	Eisenkonflikt Nordwest			
	20. 10.	Hugenberg Vorsitzender der DNVP			
	9. 12.	Prälat Kaas Vorsitzender des Zentrums			

Innenpolitik	*Außenpolitik und Kriegführung*

1929

9. 2.–7. 6. Young-Plan-Konferenz in Paris
6.–31. 8. Erste Konferenz im Haag
über den Young-Plan

3.10. Tod Stresemanns;
Nachfolger: Curtius

24.10. Börsenkrach in New York,
Beginn der Weltwirtschaftskrise

1930

3.–20. 1. Zweite Konferenz im Haag
über den Young-Plan

12. 3. Annahme der Young-Gesetze
im Reichstag
27. 3. Sturz der Regierung Müller;
Nachfolger: Brüning

30. 6. Endgültige Räumung des
Rheinlandes
15. 7. Antwort der Reichsregierung auf
Briands Europa-Plan

14. 9. Reichstagswahl, Gewinne der
radikalen Parteien
1.12. Mehrere Notverordnungen

1931

19. 3. Der Plan einer deutsch-
österreichischen Zollunion
scheitert
20. 6. Präsident Hoover schlägt ein
Zahlungsmoratorium vor

13. 7. Zusammenbruch der Darmstädter
und Nationalbank
7.10. Zweites Kabinett Brüning
11.10. Treffen der nationalen
Opposition in Bad Harzburg

1932

3. 2. Beginn der Abrüstungskonferenz
in Genf

13.3./10. 4. Reichspräsidentenwahlen
13.4.–16. 6. SA-Verbot
30. 5. Rücktritt Brünings;
Nachfolger: von Papen

16.6.–8. 7. Konferenz von Lausanne,
Ende der Reparationen

20. 7. Papens Staatsstreich gegen
Preußen
31. 7. Reichstagswahl,
NSDAP stärkste Partei
9./10. 8. Mordfall von Potempa

6. 11.	Reichstagswahl, Verluste der NSDAP
2. 12.	Rücktritt Papens; Nachfolger: v. Schleicher

11. 12.   Anerkennung der militärischen
Gleichberechtigung Deutschland

1933

4. 1.	Treffen Hitler – Papen in Köln
30. 1.	Ernennung der Regierung Hitler

tatistischer Anhang

Länder des Deutschen Reiches

nd	Fläche in qkm	in % des Reiches	Bevölkerung in 1000	in % des Reiches
ußen	295 978	62,5	38 175	61,2
yern	75 996	16,2	7 380	11,8
hsen	14 986	3,2	4 994	8,0
irttemberg	19 507	4,2	2 580	4,1
den	15 071	3,2	2 312	3,7
üringen	11 763	2,5	1 607	2,6
ssen	7 692	1,6	1 347	2,2
mburg	415	0,09	1 152	1,8
cklenburg-Schwerin	13 162	2,8	674	1,1
denburg	6 424	1,4	545	0,9
unschweig	3 672	0,8	502	0,8
halt	2 306	0,5	351	0,6
men	257	0,06	352	0,6
pe	1 215	0,3	164	0,3
beck	298	0,06	128	0,2
cklenburg-Strelitz	2 930	0,6	110	0,2
aumburg-Lippe	340	0,07	48	0,08
rgebiet (unter /ölkerbundsverwaltung)	1 910	0,4	768	1,2
utsches Reich	470 616		63 179	

ch: Cuno Horkenbach, Das Deutsche Reich von 1918 bis heute, Berlin 1930.
hlenangaben nach dem Stand von 1930.)

Tabelle 2

Die kriegführenden Mächte 1914-1918

Alliierte und assoziierte Mächte	Mittelmächte			
	Bulgarien	Deutschland	Österreich-Ungarn	Türkei
1 Belgien		(4. 8.14)	*28. 8.14.*	9.11.14
2 Bolivien		(14. 4.17)		
3 Brasilien		25.10.17	12. 9.18	
4 China		14. 8.17	14. 8.17	
5 Costa Rica	24. 5.18	24. 5.18	24. 5.18	24. 5.18
6 Cuba		6. 4.17	23.12.17	
7 Dominikanische Republik		(11. 6.17)		
8 Ecuador		(9.12.17)		
9 England	15.10.15	4. 8.14	13. 8.14	5.11.14
10 Frankreich	16.10.15	*3. 8.14*	11. 8.14	5.11.14
11 Griechenland	25.11.16	25.11.16	30. 6.17	2. 7.17
12 Guatemala	23. 4.18	23. 4.18	23. 4.18	
13 Haiti		16. 7.18		
14 Honduras		18. 7.18		
15 Italien	19.10.15	28. 8.16	23. 5.15	20. 8.15
16 Japan		23. 8.14	*27. 8.14*	
17 Liberia		4. 8.17		
18 Montenegro		11. 8.14	7. 8.14	3.11.14
19 Nicaragua	7. 5.18	7. 5.17	7. 5.18	7. 5.18
20 Panama		7. 4.17	11.12.17	
21 Persien				14. 8.14
22 Peru		(10.10.17)		
23 Portugal		*9. 3.16*	14. 3.16	
24 Rumänien	*1. 9.16*	*28. 8.16*	*27. 8.16*	*30. 8.16*
25 Rußland	20.10.15	*1. 8.14*	*6. 8.14*	1.11.14
26 Serbien	*14.10.15*	6. 8.14	*28. 7.14*	3.11.14
27 Siam		28. 7.17	30. 7.17	
28 Uruguay		(10.10.17)		
29 USA	10. 4.17	6. 4.17	8.12.17	
30 San Marino			24. 5.15	

Datum in N o r m a l d r u c k : Kriegserklärung durch die betreffende alliierte oder assoziierte Mac
Datum in K u r s i v d r u c k : Kriegserklärung durch Deutschland und seine Verbündeten; Datum
K l a m m e r n : Abbruch der diplomatischen Beziehungen.

Nach: Gebhardt, Handbuch der deutschen Geschichte, Bd. 4.

Tabelle 3

Die Parteientwicklung in der Weimarer Republik

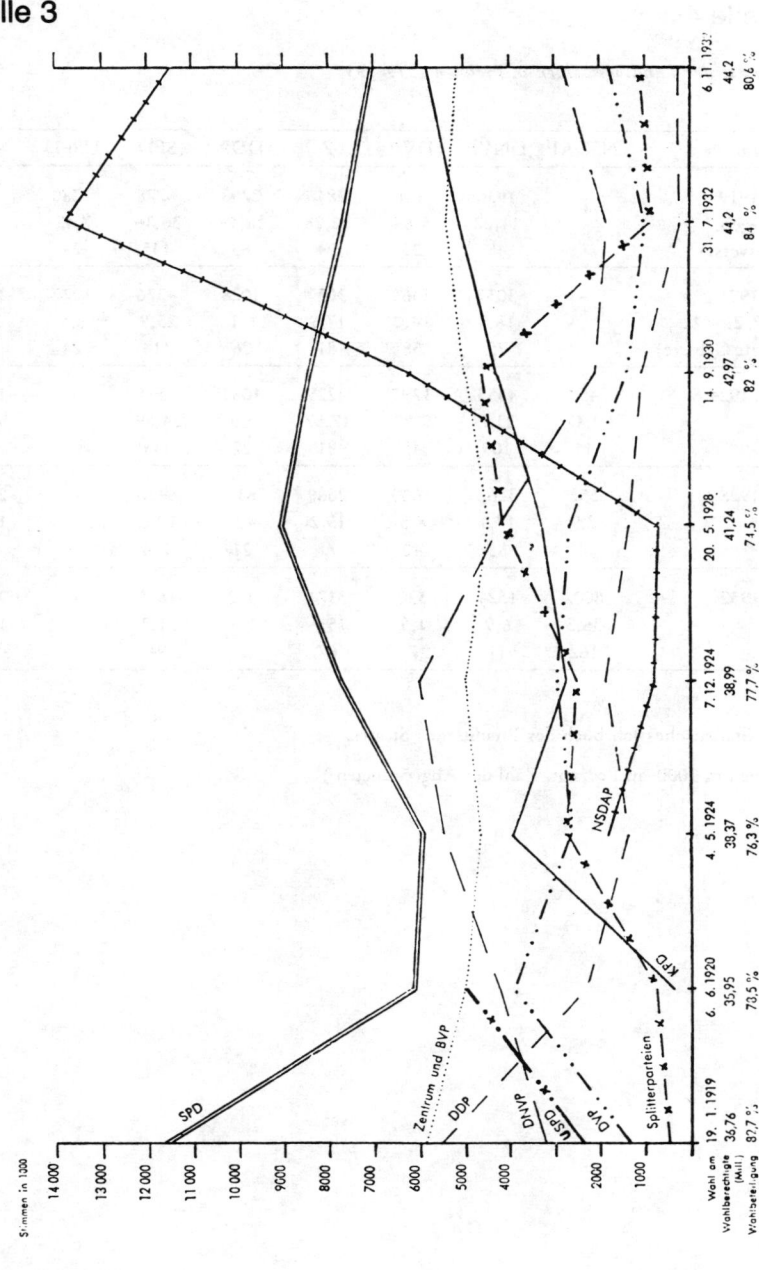

Nach: Entwurf des Herausgebers

Tabelle 4

Ergebnisse der Landtagswahlen in Preußen 1919–1932

Wahl am:	NSDAP	DNVP	DVP	Z	DDP	SPD	USPD	KPD	Sonsti
26. 1. 1919	–	1936	981	3846	2796	6278	1280	–	148
(Verf.-geb.		11,22	5,68	22,28	16,19	36,36	7,42		0,86
Landesvers.)		48	23	94	65	145	24		3
20. 2. 1921	–	3037	2361	3037	1028	4376	1077	1253	738
und 19. 2. 1922		18,0	14,0	17,9	6,1	25,9	6,4	7,4	4,3
(besetzte Gebiete)		75	58	81	26	114	28	31	15
7. 12. 1924	454	4355	1797	3229	1083	4575	–	1767	658
	2,47	23,7	9,78	17,57	5,9	24,89		9,62	6,15
	11	109	45	81	27	114		44	19
20. 5. 1928	552	3267	1600	2869	839	5456	–	2236	2000
	2,9	17,4	8,5	15,2	4,5	29,0		11,9	10,6
	8	82	40	71	21	136		56	35
24. 4. 1932	8007	1524	330	3371	332	4675	–	2819	1002
	36,3	6,9	1,5	15,3	1,5	21,2		12,8	4,5
	162	31	7	67	2	94		57	3

Nach: Statistisches Jahrbuch des Preußischen Staates.

(Stimmen in 1000, in Prozent, Zahl der Abgeordneten.)

abelle 5a

ichspräsidentenwahl 1925

Wahlgang (29. 3. 1925)	in 1000	v. H.	2. Wahlgang (26. 4. 1925)	in 1000	v. H.
immberechtigte	39226,1	100		39414,3	100
ahlbeteiligung	27016,8	68,9		30567,9	77,6
ltige Stimmen	26866,1	100		30351,8	100
von entfielen auf:					
rres (DVP)	10416,6	38,8	Hindenburg	14655,6	48,3
eld (BVP)	1007,5	3,7			
dendorff (NSDAP)	285,8	1,1			
aun (SPD)	7802,5	29			
arx (Z)	3887,7	14,5		13751,6	45,3
ellpach (DDP)	1568,4	5,8			
älmann (KPD)	1871,8	7		1931,2	6,4
rschiedene	25,8	0,1		13,4	0

abelle 5b

ichspräsidentenwahl 1932

Wahlgang (13. 3. 1932)	in 1000	v. H.	2. Wahlgang (10. 4. 1932)	in 1000	v. H.
mmberechtigte	43949,7	100		44064	100
ahlbeteiligung	37890,5	86,2		36771,8	83,5
tige Stimmen	37648,3	100		36490,8	100
davon entfielen auf:					
esterberg (DNVP)	2557,7	6,8			
ndenburg					
(Weimarer Koalition)	18651,5	49,6		19360	53
tler (NSDAP)	11339,5	30,1		13418,5	36,8
älmann (KPD)	4983,3	13,2		3706,8	10,2
nter (Splitterpartei)	111,4	0,3			
rschiedene	4,9	0		5,5	0

ch: Statistisches Jahrbuch des Deutschen Reiches.

Tabelle 6   Die wichtigsten Minister in de

Beginn	Koalition	Reichskanzler	Vizekanzler	Außenminister	Innenminister
10. 11. 1918	SPD-USPD (Rat der Volksbeauftr.)	Ohne Ressorts: Ebert (SPD), Scheidemann (SPD), Landsberg (SI			
29. 12. 1918	SPD (Rat der Volksbeauftr.)	Ohne Ressorts: Ebert, Scheidemann, Landsberg, Wissel, Noske			
13. 2. 1919	SPD-Ztr.-DDP (Weimarer Koalition)	Scheidemann (SPD)	Schiffer (DDP) ab 30. 4. 1919: Dernburg (DDP)	Graf Brock-dorff-Rantzau (parteilos)	Preuß (DDP)
21. 6. 1919	SPD-Ztr. ab Okt. 1919 auch DDP	Bauer (SPD)	Erzberger (Ztr.) ab 2. 10. 1919: Schiffer (DDP)	H. Müller (SPD)	David (SPD) ab 5. 10. 1919: Koch (DDP)
27. 3. 1920	SPD-Ztr.-DDP	H. Müller (SPD)	Koch (DDP)	Köster (SPD)	Koch (DDP)
21. 6. 1920	Ztr.-DDP-DVP	Fehrenbach (Ztr.)	Heinze (DVP)	Simons (parteilos)	Koch (DDP)
10. 5. 1921	SPD-Ztr.-DDP	Wirth (Ztr.)	Bauer (SPD)	Rosen (parteilos)	Gradnauer (SPD)
26. 10. 1921	SPD-Ztr.-DDP	Wirth (Ztr.)	Bauer (SPD)	Wirth (Ztr.) 21.1.–24.6.1922:(SPD) Rathenau (DDP)	Köster (SPD)
22. 11. 1922	DVP-Ztr.-DDP	Cuno (parteilos)	–	von Rosenberg (parteilos)	Oeser (DDP)
13. 8. 1923	SPD-Ztr.-DDP-DVP (Große Koalition)	Stresemann (DVP)	Schmidt (SPD)	Stresemann (DVP)	Sollmann (SPD)
6. 10. 1923	SPD (bis 3. 11. 1923)-Ztr.-DDP-DVP	Stresemann (DVP)	–	Stresemann (DVP)	Sollmann (SPD ab 11. 11. 1923 Jarres (DVP)
30. 11. 1923	Ztr.-BVP-DVP-DDP	Marx (Ztr.)	Jarres (DVP)	Stresemann (DVP)	Jarres (DVP)

egierungen der Weimarer Republik

eichswehrmin.	Wirtschaftsmin.	Finanzminister	Ernährungsmin.	Arbeitsminister	Justizminister

aase (USPD), Dittmann (USPD), Barth (USPD)

eichswehrmin.	Wirtschaftsmin.	Finanzminister	Ernährungsmin.	Arbeitsminister	Justizminister
oske PD)	Wissell (SPD)	Schiffer (DDP) ab 19. 4. 1919: Dernburg (DDP)	Schmidt (SPD)	Bauer (SPD)	Landsberg (SPD)
oske PD)	Wissell (SPD) ab 15. 7. 1919: Schmidt (SPD)	Erzberger (Ztr.)	Schmidt (SPD)	Schlicke (SPD)	ab 2. 10. 1919: Schiffer (DDP)
eßler DDP)	Schmidt (SPD)	Wirth (Ztr.)	Hermes (Ztr.)	Schlicke (SPD)	Blunck (DDP)
eßler DDP)	Scholz (DVP)	Wirth (Ztr.)	Hermes (Ztr.)	Brauns (Ztr.)	Heinze (DVP)
eßler DDP)	Schmidt (SPD)	Wirth (Ztr.)	Hermes (Ztr.)	Brauns (Ztr.)	Schiffer (DDP)
eßler DDP)	Schmidt (SPD)	Hermes (Ztr.)	Hermes (Ztr.) ab 31. 3. 1922: Fehr (BVP)	Brauns (Ztr.)	Radbruch (SPD)
eßler DDP)	Becker (DVP)	Hermes (Ztr.)	Luther (parteilos)	Brauns (Ztr.)	Heinze (DVP)
eßler DDP)	von Raumer (DVP)	Hilferding (SPD)	Luther (parteilos)	Brauns (Ztr.)	Radbruch (SPD)
eßler DDP)	Koeth (parteilos)	Luther (parteilos)	Graf von Kanitz (parteilos)	Brauns (Ztr.)	Radbruch (SPD) bis 3. 11. 1923
eßler DDP)	Hamm (DDP)	Luther (parteilos)	Graf von Kanitz (parteilos)	Brauns (Ztr.)	Emminger (BVP) bis 15. 4. 1924

Die wichtigsten Minister in de

Beginn	Koalition	Reichskanzler	Vizekanzler	Außenminister	Innenminister
3. 6. 1924	Ztr.-DDP-DVP	Marx (Ztr.)	Jarres (DVP)	Stresemann (DVP)	Jarres (DVP)
15. 1. 1925	Ztr.-DDP-DVP-DNVP	Luther (parteilos)	–	Stresemann (DVP)	Schiele (DNVP ab 26. 10. 1925: Geßler (DDP)
20. 1. 1926	Ztr.-BVP-DVP-DDP	Luther (parteilos)	–	Stresemann (DVP)	Külz (DDP)
17. 5. 1926	Ztr.-DVP-DDP	Marx (Ztr.)	–	Stresemann (DVP)	Külz (DDP)
29. 1. 1927	Ztr.-BVP-DVP-DNVP	Marx (Ztr.)	Hergt (DNVP)	Stresemann (DVP)	von Keudell (DNVP)
29. 6. 1928	SPD-Ztr.-BVP-DDP-DVP	H. Müller (SPD)	–	Stresemann (DVP) ab 4. 10. 1929: Curtius (DVP)	Severing (SPD)
30. 3. 1930	Präsidialkabinett	Brüning (Ztr.)	Dietrich (DDP)	Curtius (DVP)	Wirth (Ztr.)
9. 10. 1931	Präsidiales Fachkabinett	Brüning (Ztr.)	Dietrich (DDP)	Brüning (Ztr.)	Groener (parteilos)
1. 6. 1932	Präsidialkabinett	von Papen (parteilos)	–	Frhr. v. Neurath (parteilos)	Frhr. v. Gayl (DNVP)
3. 12. 1932	Präsidialkabinett	von Schleicher (parteilos)	–	Frhr. v. Neurath (parteilos)	Bracht (parteilos)
30. 1. 1933	NSDAP-DNVP	Hitler (NSDAP)	von Papen (parteilos)	Frhr. v. Neurath (parteilos)	Frick (NSDAP)

Regierungen der Weimarer Republik

eichswehrmin.	Wirtschaftsmin.	Finanzminister	Ernährungsmin.	Arbeitsminister	Justizminister
Geßler (DDP)	Hamm (DDP)	Luther (parteilos)	Graf von Kanitz (parteilos)	Brauns (Ztr.)	–
Geßler (DDP)	Neuhaus (DNVP) ab 26. 10. 1925: Krohne (DVP)	von Schlieben (DNVP) ab 26. 10. 1925: Luther (parteilos)	Graf von Kanitz (parteilos)	Brauns (Ztr.)	Frenken (Ztr.) ab 21. 11. 1925: Luther (parteilos)
Geßler (DDP)	Curtius (DVP)	Reinhold (DDP)	Haslinde (Ztr.)	Brauns (Ztr.)	Marx (Ztr.)
Geßler (DDP)	Curtius (DVP)	Reinhold (DDP)	Haslinde (Ztr.)	Brauns (Ztr.)	Marx (Ztr.) ab 16. 7. 1926: Bell (Ztr.)
Geßler (parteilos) ab 19. 1. 1928: Groener (parteilos)	Curtius (DVP)	Köhler (Ztr.)	Schiele (DNVP)	Brauns (Ztr.)	Hergt (DNVP)
Groener (parteilos)	Curtius (DVP) ab 23. 12. 1929: Schmidt (SPD)	Hilferding (SPD) ab 23. 12. 1929: Moldenhauer (DVP)	Dietrich (DDP)	Wissell (SPD)	Koch (DDP) ab 13. 4. 1929: v. Guérard (Ztr.)
Groener (parteilos)	Dietrich (DDP)	Moldenhauer (DVP) ab 26. 6. 1930: Dietrich (DDP)	Schiele (DNVP)	Stegerwald (Ztr.)	Bredt (Wirtschaftsp.)
Groener (parteilos)	Warmbold (parteilos)	Dietrich (DDP)	Schiele (Landvolk-Part.)	Stegerwald (Ztr.)	Joël (parteilos)
on Schleicher (parteilos)	Warmbold (parteilos)	Graf Schwerin-v. Krosigk (parteilos)	Frhr. v. Braun (DNVP)	Schäffer (parteilos)	Gürtner (DNVP)
on Schleicher (parteilos)	Warmbold (parteilos)	Graf Schwerin-v. Krosigk (parteilos)	Frhr. v. Braun (DNVP)	Syrup (parteilos)	Gürtner (DNVP)
on Blomberg (parteilos)	Hugenberg (DNVP)	Graf Schwerin-v. Krosigk (parteilos)	Hugenberg (DNVP)	Seldte (Stahlhelm)	Gürtner (DNVP)

Tabelle 7

Der Anteil der drei Sektoren an der deutschen Volkswirtschaft

I   = Landwirtschaft und Fischerei
II = produzierendes Gewerbe
III = Handel, Verkehr, Dienstleistungen

Periode	Beschäftigtenstruktur Anteil in %				Beitrag zum Sozialprodukt in % (Preise von 1913)		
	I	II	III		I	II	III
1849/58	55	25	20		45	22	33
1900/04	38	37	25		29	40	31
1910/13	35	38	27		23	45	32
1925	31	41	28		16	48	36
1933	29	40	31	1930/34	21	42	37

Nach: Handbuch der deutschen Wirtschafts- und Sozialgeschichte, hrsg. von H. Aubin und W. Zorn, Bd. 2, Stuttgart 1976, S. 528 und 796.

Indexziffern der Lebenshaltungskosten
1913/1914 = 1)

Tabelle 8

Index für:	Ernährung allein	Wohnung	Bekleidung	Ernährung, Heizung, Bekleidung, Wohnung / Gesamtindex
1920				
Februar	8,54			6,35
August	10,49			7,9
1921				
Februar	11,91			9,01
August	13,99			10,45
1922				
Februar	30,2	2,4	–	24,49
August	97,46	4,03	125,71	77,65
1923				
Februar	2 183	58	4 164	2 643
August	670 485	4 932	1,089 Mill.	586 045
1924	(neue Berechnungsmethode, neuer Maßstab: 1913/1914 = 100)			
Februar	130,2	31,3	171,6	119,9
August	132,5	64,2	166,2	126,7
1925				
Februar	145,3	71,5	172,4	135,6
August	154,4	87,7	173,4	145
1926				
Februar	141,8	91,4	169,3	138,8
August	145,7	104,9	160,8	142,5
1927				
Februar	152,3	104,9	156,4	145,4
August	150,3	115,1	157,7	146,6
1928				
Februar	151,2	125,6	167,9	150,6
August	155,6	125,9	170,5	153,5
1929				
Februar	155,7	125,9	172,5	154,4
August	155	126,2	171,9	154
1930				
Februar	147,9	126,8	169,4	150,3
August	145,3	130,2	163,2	148,8
1931				
Februar	131	131,8	144,7	138,8
August	126,1	131,6	137,5	134,9
1932				
Februar	113,9	121,5	120,2	122,3
August	114,5	121,2	109,6	119,5
1933				
Januar	111,3	121,4	106,9	117,2

Nach: Statistisches Jahrbuch für das Deutsche Reich.

274

Tabelle 9

Index der industriellen Produktion

1913 = 100		1928 = 100			
1870	18	1926	79	1931	73
1880	25	1927	101	1932	59
1889	39	1928	100	1933	66
1900	65	1929	101		
1910	89	1930	89		

Nach: Statistisches Bundesamt, Tabellenteil aus »Bevölkerung und Wirtschaft 1872–1972«, Stuttgart 1972, S
176.

Tabelle 10

Produktion wichtiger Güter

Produkt	Angaben für	1900	1913	1919	1925	1930	1932
	Förderung in						
Steinkohle	Mill. t	109,3	190,1	116,7	132,6	142,7	104,7
Roheisen	Mill. t.	7,5	16,8	6,3	11,6	11,6	5,3
Rohstahl	Mill. t	7,6	17,7	7,9	13,8	13,5	7,2
Elektrizität	Mill. kWh	246	2533	5067	9915	16101	13423
Neubau von Wohnungen	1000	–	–	57	179	311	141

Nach: Statistisches Bundesamt, S. 181 und 185.

Tabelle 11

Mitgliederzahl der Gewerkschaften
(in Mill., jeweils Jahresende)

	Freie Gewerkschaften	Christliche Gewerkschaften	Hirsch-Dunckersche Gewerkschaften
1919	5,48	0,86	0,19
1922	7,89	1,05	0,23
1929	4,91	0,67	0,17

Nach: Handbuch (s. Tabelle 7), S. 877.

Tabelle 12

Streiks

Jahr	betroffene Betriebe	beteiligte Arbeitnehmer	verlorene Arbeitstage
1900	7740	131810	3189000
1910	8276	167908	4582000
1920	40863	1417649	15444000
1923	21484	1507707	11014000
1925	16302	502230	4025000
1927	8079	229534	3071000
1929	7831	106452	1637000
1931	4126	130545	1461000

Nach: Statistisches Bundesamt, S. 149.

Tabelle 13

Ausgaben und Einnahmen der Gebietskörperschaften
(in Mill. Mark bzw. Reichsmark)

Rechnungs- jahr	Ausgaben insgesamt	Personalausgaben	Einnahmen insgesamt	Steuern	Schuldenaufnahme
1913	7 185	2 214	6 783	4 050	628
1925	14 485	4 306	13 876	10 112	833
1927	18 994	5 055	18 861	12 662	1 598
1929	21 168	5 721	20 156	13 508	1 529
1931	17 079	5 157	16 592	11 950	388
1932	14 720	4 674	13 943	10 201	213

Nach: Statistisches Bundesamt, S. 229.

Tabelle 14

Deutsche Reparationsleistungen

	Bewertung in Mill. Goldmark bzw. RM			
	Deutsche Regierung 1932	Institute of Economics (USA)	Brentano	Reparations- kommission
A. Bis zum Inkrafttreten des Dawes-Planes 31. 8. 1923	40 689	25 791	36 246	8 719
B. Während der Ruhr- besetzung erzwungene Leistungen	1 370	–	–	921
C. Leistungen auf Grund des Dawes-Planes	7 993	–	–	7 553
D. Leistungen auf Grund des Young-Planes	3 103	–	–	2 800
E. Innere Leistungen Deutschlands in den ersten Nachkriegsjahren	14 518	–	–	788
Gesamtsumme	67 673	–	–	20 781

Gekürzt aus: Ferdinand Friedensburg, Die Weimarer Republik. Neuauflage, Hannover und Frankfurt (Main) 1957, S. 73 ff.

Personenregister

Sachregister